Programmieren mit Java

Programmieren mit Java

Eine methodische Einführung

Reinhard Schiedermeier

PEARSON Studium

ein Imprint von Pearson Education

München • Boston • San Francisco • Harlow, England
Don Mills, Ontario • Sydney • Mexico City
Madrid • Amsterdam

Bibliografische Information Der Deutschen Bibliothek

Die Deutsche Bibliothek verzeichnet diese Publikation in der Deutschen Nationalbibliografie; detaillierte bibliografische Daten sind im Internet über <http://dnb.ddb.de> abrufbar.

Umwelthinweis:
Dieses Buch wurde auf chlorfrei gebleichtem Papier gedruckt. Die Einschrumpffolie — zum Schutz vor Verschmutzung — ist aus umweltverträglichem und recyclingfähigem PE-Material.

10 9 8 7 6 5 4 3 2 1

07 06 05

ISBN 3-8273-7116-3

Lektorat: Dr. Isabel Schneider, ischneider@pearson.de
Korrektorat: Katharina Pieper, Bad Fredeburg
Einbandgestaltung: adesso 21, Thomas Arlt, München
Herstellung: Monika Weiher, mweiher@pearson.de
Satz: Hilmar Schlegel, Berlin — gesetzt in Linotype Melior, Frutiger
Druck und Verarbeitung: Kösel, Krugzell (www.KoeselBuch.de)
Printed in Germany

5

Inhaltsverzeichnis

Vorwort

Der Titel des Buches nennt zwei Stichpunkte, „Programmieren“ und „Java“.

Software zählt zu den komplexesten Strukturen, die Menschen heute erschaffen können. Programmieren ist nichts anderes als das Erstellen neuer Software. In diesem Buch werden die Bausteine beschrieben, aus denen Software konstruiert wird. Darüber hinaus wird gezeigt, wie man mit diesen Bausteinen umgeht und wie man daraus systematisch und planmäßig Programme aufbaut.

Um konkrete Software zu schreiben, bedient man sich einer Programmiersprache. Eine populäre und weit verbreitete Programmiersprache ist Java. Für den Erfolg von Java gibt es verschiedene Gründe:

- Java ist eine verhältnismäßig einfache Sprache, die sich weitgehend so verhält, wie es der gesunde Menschenverstand erwarten lässt.
- Java wird mit einer großen Bibliothek geliefert, die fertige Lösungen für viele Teilprobleme von Softwareprojekten zur Verfügung stellt.
- Java-Programme sind plattformunabhängig und laufen auf ganz unterschiedlichen Systemen, vom Windows-PC über den Unix-Server bis zum PDA.

Dieses Buch soll Ihnen dabei helfen, zielgerichtet und effizient mit Java programmieren zu lernen. Die wichtigste Zielgruppe dieses Buches sind Leser, die noch ganz wenig oder überhaupt keine Erfahrung mit Programmentwicklung haben. Ein gewisses Maß an mathematischem Verständnis ist zwar erforderlich, darüber hinaus reichen aber Grundkenntnisse im Umgang mit einem Computer vollkommen aus. Wenn Sie eine Textdatei erstellen und von der Kommandozeile ein Programm starten können, bringen Sie alle Voraussetzungen mit.

Die zweite Zielgruppe sind Leser mit grundlegenden Erfahrungen in anderen Programmiersprachen als Java. Die Ideen und Konzepte in den ersten Kapiteln des Buches sind Ihnen in diesem Fall vermutlich vertraut, weil sich die elementaren Sprachmittel heute in den meisten populären Programmiersprachen, einschließlich Java, weitgehend angeglichen haben. Beginnend mit Kapitel 4 („Klassen“) kommen aber zunehmend Java-spezifische Techniken und Mechanismen ins Spiel, die in anderen Programmiersprachen auf andere Art oder überhaupt nicht umgesetzt sind. Das Buch führt Sie schrittweise durch die Aspekte der Sprache Java, von den elementaren Grundlagen bis hinauf zu sehr ausdrucksstarken Sprachmitteln, wie den Generics.

Aufbau des Buches

Das Buch umfasst 12 Kapitel, die sich in vier Abschnitte einteilen lassen.

Die ersten drei Kapitel führen in die Grundlagen der Programmierung ein. Sie zeigen Konzepte, die sich in ähnlicher Form in den meisten gängigen Programmiersprachen finden. Mit Kenntnis der ersten drei Kapitel kann Java wie eine nicht objektorientierte, prozedurale Programmiersprache benutzt werden.

- In Kapitel 1 („Einführung") wird ein einfaches einführendes Beispiel betrachtet, das ein Gefühl für die Programmentwicklung vermittelt. Dabei wird der Umgang mit verschiedenen Werkzeugen, wie Compiler und virtuelle Maschine, gezeigt. Weiter werden allgemeine Regeln für die Gestaltung von Javaquelltext gegeben.

- Kapitel 2 („Arithmetik und Variablen") behandelt arithmetische Ausdrücke, die elementaren Bausteine von Programmen. Dabei werden Variablen und Wertzuweisungen eingeführt, mit denen Rechenergebnisse aufgezeichnet und wieder verwendet werden können. Auch der Unterschied zwischen ganzzahliger und Gleitkommaarithmetik wird an dieser Stelle betrachtet.

- In Kapitel 3 („Kontrollstrukturen") werden Sprachmittel erarbeitet, mit denen der Ablauf eines Programms gesteuert wird. Mit Kontrollstrukturen lassen sich komplexe Algorithmen formulieren und anspruchsvolle Probleme lösen.

Die nächsten vier Kapitel befassen sich mit Klassen, Objekten und der Konstruktion größerer Programme, die aus vielen Komponenten bestehen. Klassen sind die wichtigsten Strukturen in Javaprogrammen und dienen als Bezugspunkt für viele andere Sprachmittel. Die ganze Idee der Objektorientierung beruht auf Klassen und verwandten Konzepten.

- Kapitel 4 („Klassen") ist eines der wichtigsten Kapitel des Buches. Hier werden Klassen als grundlegendes Modellierungsmittel von Java eingeführt. Im Zusammenhang mit Klassen stehen Methoden mit allen Konsequenzen, wie Parameterübergabe, Überladen, Verbergen von Datenelementen hinter Gettern und Settern, Datenkapselung und vielen weiteren.

- In Kapitel 5 („Strings") wird die Klasse `String` vorgestellt, die Zeichenfolgen repräsentiert. Strings werden in fast allen Javaprogrammen benutzt. Dieses Kapitel und die beiden nächsten greifen praktische Gesichtspunkte der Javaprogrammierung auf.

- Kapitel 6 („Packages“) befasst sich mit Packages, die der Organisation von größeren Javaprogrammen und Bibliotheken dienen. Packages stützen sich auf Klassen als Organisationseinheiten.

- Kapitel 7 („Dokumentation“) wendet sich einem manchmal verdrängten Problem zu, nämlich konsistenter Dokumentation. In Java ist Dokumentation eng an den Quelltext gebunden und kann mit Standard-Werkzeugen erzeugt, geprüft und gelesen werden.

Die nächsten Kapitel gehen auf Vererbung und den Umgang mit Laufzeitfehlern ein. Diese beiden Kapitel zählen zu den schwierigsten in diesem Buch, sind aber entscheidend für den routinierten Umgang mit Java oder anderen objektorientierten Programmiersprachen.

- Kapitel 8 („Vererbung“) bildet ein weiteres zentrales Kapitel des Buchs. Es führt die verschiedenen Spielarten und Gesichtspunkte der Vererbung ein, die in Java angeboten werden. Vererbung ist ein sehr mächtiges Konstruktionsmittel mit weit reichenden Folgen. Sie eröffnet äußerst elegante Lösungen, kann aber bei unbedachtem Gebrauch ebenso großes Chaos auslösen.

- In Kapitel 9 („Exceptions“) wird gezeigt, wie Javaprogramme kontrolliert auf unerwartete Situationen, meistens Fehler, reagieren können. Die dabei eingesetzten Exceptionklassen demonstrieren anschaulich den Nutzen von Vererbung.

Die abschließenden drei Kapiteln beschäftigen sich mit so genannten Container-Datenstrukturen und mit Generics, deren Ansatz im Zusammenhang mit Container-Datenstrukturen steht.

- In Kapitel 10 („Arrays“) werden Arrays untersucht, die elementarste Art von Containern, die direkt in der Sprache verankert sind. Arrays speichern und organisieren eine Anzahl Elemente anderer Typen und sind in Javaprogrammen praktisch allgegenwärtig. Dieses Kapitel ist essentiell für den Umgang mit Java.

- Kapitel 11 („Collections“) stellt eine Gruppe von Klassen vor, die die Idee der Container-Datenstrukturen drastisch ausweiten. Sie bieten Lösungen für zahllose wiederkehrende Probleme in Javaprogrammen. Dieses Kapitel ist das einzige in diesem Buch, das sich auf die Laufzeitbibliothek bezieht und nicht direkt auf die Sprache Java.

- Kapitel 12 („Generics“) betrifft eine Neuerung in Java Version 5.0. Mit Generics können Klassen und Methoden entworfen werden, in denen untergeordnete Typen offen gelassen und durch Typvariablen ersetzt sind. Generics erschließen Lösungswege, die vorher nur mit viel Aufwand und unsicheren Konstruktionen möglich waren.

Dieses Buch befasst sich in erster Linie mit der *Sprache* Java. Abgesehen von einzelnen Exkursen (insbesondere Kapitel 11, „Collections“) wird die ausgezeichnete, aber mittlerweile auch weitläufige Laufzeitbibliothek nur so weit behandelt, wie es der Zusammenhang erfordert.

Hinweise für Dozenten

Dieses Buch ist aus einem Vorlesungsskript hervorgegangen, das an den Fachhochschulen München und Landshut in den Fachbereichen Informatik für die Vorlesung „Einführung in die Programmierung“ verwendet wird. Es hat sich über einige Jahre hinweg entwickelt und wurde fortlaufend korrigiert und verbessert.

Der Stoff der ersten zehn Kapitel wird im ersten Semester behandelt. Die Veranstaltung umfasst zwei Vorlesungen pro Woche (2×90 Minuten), dazu ein betreutes Praktikum im Labor (90 Minuten).

Aus dem Umfang der Kapitel ergibt sich folgender Vorschlag für einen Zeitplan:

Kapitel	Thema	Anzahl Vorlesungen	in Semesterwoche
1	Einführung	1	1
2	Arithmetik und Variablen	2	1–2
3	Kontrollstrukturen	3	2–3
4	Klassen	6	4–6
5	Strings	1	7
6	Packages	1	7
7	Dokumentation	1	8
8	Vererbung	5	8–10
9	Exceptions	3	11–12
10	Arrays	2	12–13

Vielleicht fällt Ihnen auf, dass Klassen verhältnismäßig früh behandelt werden, noch vor Strings und Arrays. Dieses Arrangement hat sich didaktisch bewährt. Sicher wären Strings und Arrays bei der Einführung von Klassen recht nützlich. Allerdings würden damit viele Aspekte von Referenztypen zu einem Zeitpunkt ins Spiel kommen, an dem das entsprechende Hintergrundwissen noch fehlt.

Die beiden Kapitel 11 und 12 („Collections“ und „Generics“) können wahrscheinlich nur dann innerhalb eines Semesters behandelt werden, wenn dafür andere Themen herausfallen. Für Hörer mit Vorkenntnissen in imperativen Programmiersprachen bietet es sich an, die ersten drei Kapitel dieses Buches wegzulassen und mit Kapitel 4 („Klassen") zu beginnen. Damit wird genug Spielraum geschaffen für Collections und Generics. Der alternative Zeitplan sieht folgendermaßen aus:

Kapitel	Thema	Anzahl Vorlesungen	in Semesterwoche
4	Klassen	6	1–3
5	Strings	1	4
6	Packages	1	4
7	Dokumentation	1	5
8	Vererbung	5	5–7
9	Exceptions	3	8–9
10	Arrays	2	9–10
11	Collections	3	10–11
12	Generics	4	12–13

Das Material der ersten zehn Kapitel dieses Buches steht in Form von „virtuellen Folien" zum Download von der Webseite zu diesem Buch zur Verfügung (siehe Seite xiv). Die Folien können mit einem Beamer im Hörsaal projiziert und den Studenten zum häuslichen Studium überlassen werden. Sie bestehen aus HTML-Seiten und können mit jedem beliebigen Browser präsentiert werden. Der Inhalt der Folien ist gegenüber dem Buch auf Stichpunkte reduziert und liefert nur eine Leitlinie.

Hinweise für Studenten

Ihr Erfolg bei der Bewältigung des Stoffes in diesem Buch hängt ganz entscheidend davon ab, wie viel Sie selbst programmieren. Nur dabei werden Sie auf die eigentlichen Probleme und Schwierigkeiten stoßen. Es reicht nicht aus, der Argumentation im Text zu folgen oder eine prinzipielle Vorstellung vom Lösungsweg für ein Problem zu entwickeln. Betrachten Sie eine Aufgabe erst dann als gelöst, wenn Ihr Programm tatsächlich abläuft und die erwarteten Ergebnisse liefert.

Am Ende jedes Kapitels finden Sie Übungsaufgaben mit unterschiedlichem Schwierigkeitsgrad. Diese Aufgaben sollen Ihnen helfen, ein Mindestmaß an praktischer Erfahrung zu sammeln. Obwohl damit ein Grundstein gelegt wird, sollten Sie sich damit nicht zufrieden geben.

Gehen Sie auch Ihren eigenen Ideen nach und setzen Sie sie in lauffähige Programme um!

Für die Aufgaben in diesem Buch stehen keine kompletten Lösungen zum Download zur Verfügung. Stattdessen wird ein online-Service angeboten, der Ihre Lösungen automatisch testet (siehe nächster Abschnitt).

Wenn Sie dieses Buch im Selbststudium bearbeiten, geben Ihnen die oben gezeigten Zeitpläne einen Anhaltspunkt für den Zeitaufwand, den Sie in die verschiedenen Kapitel investieren müssen. Mit entsprechenden Vorkenntnissen brauchen Sie sicher nicht am Anfang des Buches zu beginnen, sondern können in späteren Kapiteln einsteigen. Zur Kontrolle sollten Sie aber dennoch die Aufgaben der übersprungenen Kapitel lösen.

Zusätzliches Material

Sie finden zusätzliches Material zu diesem Buch im Internet unter

`http://www.pearson-studium.de`

Das hier aufgeführte Material steht zum Gebrauch in nichtkommerziellen Bildungseinrichtungen zur freien Verfügung. Das schließt die Nutzung durch Studenten für persönliche Studienzwecke mit ein. Jede andere Nutzung bedarf der ausdrücklichen Genehmigung des Autors.

Im Einzelnen finden Sie auf der Webseite:

Vorlesungsfolien
: Die Datei `slides.jar` enthält einen kompletten Satz Vorlesungsfolien zum Buch in Form von HTML-Seiten.

Beispielprogramme
: In der Datei `examples.jar` finden Sie viele vollständige Beispielprogramme, die im Buchtext zum Teil nur in Ausschnitten gezeigt sind.

online-Test
: Sie können Ihre Lösungen von Übungsaufgaben zu diesem Webservice hochladen. Ihre Lösungen werden dort automatisch getestet und das Testergebnis an Sie zurückgeschickt. Der Service ist auf einen Teil der Aufgaben beschränkt, weil sich nicht alle Aufgaben für einen automatischen Test eignen.

online-Compiler
: Dieser Webservice übersetzt Ihre hochgeladenen Quellen mit dem aktuellen Java-Entwicklungssystem und führt das übersetzte Programm aus. Dieser Service ist von Nutzen, wenn

Sie über kein Entwicklungssystem der passenden Version verfügen. Er ist allerdings auf kleinere Programme beschränkt, erlaubt zum Beispiel keine Datei- oder Netzwerkzugriffe und begrenzt die maximale Rechenzeit.

Software

Dieses Buch bezieht sich auf das Entwicklungssystem Java2SE SDK 5.0 von Sun Microsystems, Inc. Ältere Versionen des SDK reichen nicht aus. Das erforderliche Entwicklungssystem steht im Internet zum kostenlosen Download zur Verfügung. Die Nutzungsbestimmungen sind dem Download-Paket zu entnehmen.

Das Entwicklungssystem lässt sich mit vertretbarem Aufwand und moderaten Systemkenntnissen installieren. Für dieses Buch wird davon ausgegangen, dass das bereits geschehen ist. Sie können die Verfügbarkeit des Entwicklungssystems überprüfen, wenn Sie auf der Kommandozeile die folgende Anweisung eingeben:

```
java -version
```

Die Antwort des Systems muss ungefähr folgendermaßen lauten:

```
java version "1.5.0-beta3"
Java(TM) 2 Runtime Environment, Standard Edition (build 1.5.0-beta3)

Java HotSpot(TM) Client VM (build 1.5.0-beta3, mixed mode, sharing)
```

Entscheidend ist die Angabe „1.5“ in der ersten Zeile. Wie oben beschrieben (siehe „online-Compiler“), können Sie einfache Programme auch online übersetzen und ablaufen lassen, wenn Ihnen kein lokal installiertes Entwicklungssystem zur Verfügung steht.

Neben dem Java-Entwicklungssystem brauchen Sie einen einfachen Texteditor. Ein Textverarbeitungsprogramm, wie zum Beispiel OpenOffice oder MS-Word, eignet sich dafür nicht. Im Internet gibt es viele kostenlose Texteditoren, die zum Teil die Syntax von Java kennen und die Programmeingabe erleichtern.

Eine integrierte Entwicklungsumgebung, wie zum Beispiel Eclipse oder NetBeans, ist nicht notwendig. Nach meiner Erfahrung ist sie sogar eher hinderlich und sollte, wenigstens für die erste Zeit, nicht benutzt werden.

Anglizismen

Vorrangiges Kriterium im Umgang mit englischen Ausdrücken ist bestmögliche Lesbarkeit zugunsten von grammatikalischer Korrektheit.

Gebräuchliche englische Wörter werden nicht übersetzt und so benutzt, als wären es deutsche Wörter, wie zum Beispiel „Bytecode", „Compiler" und „Array".

Auch weniger verbreitete englische Ausdrücke, für die es keine griffige und treffende deutsche Übersetzung gibt, werden im Englischen belassen, wie zum Beispiel „Modifier", „Setter" und „Generic".

Mehrteilige Wörter werden als zusammengesetzte Wörter geschrieben, wie im Deutschen üblich. Beispiele sind „Wildcardtyp" und „Subpackage". Sofern der Lesbarkeit dienlich und auch bei langen Wörtern werden Bindestriche eingefügt, wie zum Beispiel bei „Type-Erasure", „Type-Inference" und „Exception-Handling".

Dank

Mein Dank gilt allen, die auf die eine oder andere Art zur Entstehung dieses Buches beigetragen haben. Dazu zählen Studenten, Mitarbeiter und Kollegen, die in vielen Diskussionen dieses Buch direkt oder indirekt mitgestaltet haben.

Besonders möchte ich den Prüflesern danken, die sich in mühsamer Kleinarbeit durch oft noch recht unausgegorene Fassungen dieses Textes gearbeitet haben und zahllose Verbesserungen und Korrekturen beigesteuert haben (in alphabetischer Reihenfolge): Oliver Firbach, Eduard Hildebrandt, Klaus Köhler, Giannina Köllhofer, Nikolas Mangold, Ulrich Möncke, Florian Nykrin, Christoph Pleier, Kilian Ruess und insbesondere Tschucky, meiner Frau.

Die Zusammenarbeit mit dem Verlag war vollkommen problemlos und durchweg angenehm. Ich danke Katharina Pieper, der sehr gründlichen und konstruktiven Korrekturleserin, und Isabel Schneider, die das Projekt von Anfang bis Ende geduldig und fachkundig betreut hat.

Anregungen, Kritik und Verbesserungsvorschläge zu diesem Buch sind jederzeit willkommen. Bitte richten Sie Ihre Nachricht an `rs@cs.fhm.edu`.

München, Sommer 2004
Reinhard Schiedermeier

Einführung

1

ÜBERBLICK

Vor dem Aufbruch in die Programmierung mit Java sind ein paar Vorbereitungen nötig, die in diesem ersten Kapitel getroffen werden.

- Zu Beginn wird in 1.1 die Lösung eines **einfachen Rechenproblems** mit Hilfe eines Javaprogramms gezeigt. Es macht nichts aus, wenn Sie dabei noch nicht alle Einzelheiten verstehen. In diesem Kapitel geht es vor allem darum, Ihnen ein Gefühl für das typische Vorgehen bei der Konstruktion eines Programms zu geben.
- Die **Merkmale von Programmiersprachen** werden in 1.2 diskutiert und dabei wird auch auf Java im Besonderen eingegangen.
- In 1.3 wird das **Entwicklungsmodell von Java** vorgestellt, in dessen Mittelpunkt der Compiler und die virtuelle Maschine stehen.
- Mit 1.4 schließen allgemeine **Leitlinien** für **Java-Quelltext** dieses Kapitel ab und legen den Grundstein zum Einstieg in die eigentliche Programmierung mit Java.

1.1 Erstes Beispielprogramm

In diesem Kapitel wird ein kleines Javaprogramm entwickelt, das eine einfache Rechenaufgabe löst. Wenn Sie die Schritte auf Ihrem System nachvollziehen, können Sie dabei auch gleich sicherstellen, dass Ihre Java-Entwicklungsumgebung korrekt funktioniert und bereit ist für die vielen weiteren Programme und Programmideen, die Sie in diesem Buch erwarten.

Entwicklungsschritte

Softwareentwicklung in Schritten

Softwareentwicklung vom Problem bis zur Lösung in Form eines fertigen Programms ist eine sehr komplexe Aufgabe, die sich kaum in einem einzigen, ausholenden Schritt bewältigen lässt. Um diese Aufgabe besser in den Griff zu bekommen, geht man in kleineren Einzelschritten vor, die jeweils charakteristische, nachprüfbare Zwischenergebnisse weitergeben. Wenn die Einzelschritte, jeder für sich gesehen, sorgfältig abgewickelt werden, kommt man in der Regel planmäßig und zuverlässig zum Ziel.

Software-Lifecycle

Die verschiedenen Schritte, die hier an einem einfachen Beispiel vorgeführt werden, finden sich bei praktisch allen Arten von Softwareentwicklung wieder. Sie sind vielleicht nicht immer so klar erkennbar und deutlich getrennt wie in diesem Beispiel oder sie sind feiner untergliedert. An ihrer grundsätzlichen Abfolge ändert das nichts. Zusammen ergeben sie den so genannten „**Software-Lifecycle**", den „Lebenslauf" eines Programms:

- Anforderungsanalyse
- Entwurf
- Implementierung
- Test
- Betrieb

Softwareentwicklung als Kunst

Es sei nicht verschwiegen, dass der Software-Lifecycle ein ziemlich idealisiertes Bild zeichnet, das in der Praxis weit weniger konsequent durchgehalten werden kann. Die Vorstellung, man könnte Software in einem maschinellen Prozess „herstellen", ist unrealistisch. In vielen Schritten der Programmentwicklung sind Kreativität, Findigkeit und Phantasie gefordert, die sich nicht auf Knopfdruck abrufen lassen. Man sollte darin aber eine Chance sehen: Programmieren ist eine *Kunst*, die sich kaum jemals automatisieren lässt und damit eine Herausforderung für den menschlichen Verstand bleibt.[1]

Anforderungsanalyse

Anforderungsanalyse fixiert ein Problem

Am Anfang steht die **Anforderungsanalyse**. Hier wird geklärt, welche Aufgabe das Programm genau lösen soll. Ziel dieses ersten Schrittes ist eine möglichst genaue, eindeutige und vollständige Abgrenzung des Problems. Dabei geht es noch nicht um Lösungswege, sondern ausschließlich darum, *was* erledigt werden soll.

Problem unterschiedlicher Fachsprachen

Oft wird ein Problem nicht von Informatikern herangetragen, sondern von Fachleuten anderer Gebiete. Diese sprechen aber meistens ihre eigene „Fachsprache", sodass es leicht zu Verständigungsproblemen kommt, die im schlimmsten Fall nicht einmal erkannt werden. Fachfremden leuchten die Grenzen von Software oft nicht ein, sodass in der

[1] Immer neue Systeme zur Programmgenerierung jagen dem Wunschtraum zur anstrengungslosen, mechanisierten Softwareentwicklung hinterher. Der Aufwand wird dabei allerdings nur auf eine andere Ebene verschoben, denn die generierenden Systeme sind selbst Programme, die nur das in sie investierte schöpferische Potenzial reproduzieren.

Anforderungsanalyse insbesondere auch *nicht* zu erbringende Leistungen klar festgelegt werden müssen.

Die Anforderungsanalyse erfordert viel Erfahrung und Bereitschaft zum Zuhören. Hilfreich sind Beispiele und Szenarien, in denen die Arbeitsweise der noch nicht existierenden Software von Auftraggebern und Entwicklern gemeinsam durchgespielt wird.

In diesem ersten Beispiel fällt die Anforderungsanalyse noch sehr einfach aus und wird auf eine ziemlich eindeutig formulierte Forderung reduziert:[2] Das Programm soll die Summe der natürlichen Zahlen von 1 bis n berechnen, also $1 + 2 + 3 + ... + n$. Dabei ist n eine vorher vereinbarte, natürliche Zahl. Zum Beispiel soll für $n = 4$ das Ergebnis 10 herauskommen.

Entwurf

Entwurf definiert Lösungsweg

Im zweiten Schritt, dem **Entwurf**, wird ein Lösungsweg festgelegt. Es geht hier nicht mehr darum, *was* erledigt werden muss, sondern *wie* das Ziel erreicht werden soll. Dafür reicht eine vage Idee nicht aus: Der Lösungsweg muss so genau formuliert werden, dass es keine Zweifel über den Ablauf gibt.

Entwurf ist system-neutral

Ein Entwurf ist nicht auf eine bestimmte Programmiersprache oder auf ein bestimmtes System festgelegt. In der Praxis wird man natürlich eine bestimmte Art von Programmiersprache oder System im Auge haben und im Entwurf berücksichtigen.

Ein tragfähiger Entwurf erfordert Erfahrung, Weitblick und Kreativität. Deshalb ist der Entwurf der vielleicht schwierigste Schritt im ganzen Software-Lifecycle.

Umgangssprachlicher Entwurf

Für die Zahlensumme liegt der Lösungsweg auf der Hand: Die Zahlen werden der Reihe nach betrachtet, beginnend mit 1 als erster Zahl bis hinauf zu n als letzter Zahl. Jede Zahl wird einzeln zu einer Teilsumme addiert, die zu Beginn noch den Wert 0 hat und dann schrittweise anwächst. Am Ende entspricht die Teilsumme der gesuchten Gesamtsumme.

Entwurf als „Kochrezept"

Diese Beschreibung ist immer noch ungenau und lässt einige Einzelheiten im Dunkeln. Um einen Lösungsweg präziser zu fassen, bedient man sich oft einer Art „Kochrezept", das in der Informatik als **Algorithmus** bezeichnet wird.[3] Zunächst werden die „Zutaten" aufgezählt und dann die „Zubereitung" in Form einer Liste von einzelnen Arbeitsanweisungen beschrieben. Für die Zahlensumme sieht das folgendermaßen aus:

---

[2] Mathematische Probleme lassen sich oft recht gut abgrenzen, weil die Mathematik einen universellen und eindeutigen Formalismus bietet.

[3] Was einen „Algorithmus" genau ausmacht, wird auf Seite 59 geklärt.

„Zutaten“:

A. Die Zahl n, die vorher festgelegt wird.

B. Die Summe s der bisher addierten Zahlen.

C. Eine Zahl i, die jeweils an der Reihe ist.

„Zubereitung“:

1. Die Zahl n festlegen.
2. Der Summe s den Wert 0 geben, weil bisher noch nichts addiert wurde.
3. Der Zahl i den Wert 1 geben, weil die 1 als Erstes verarbeitet wird.
4. Wiederholen solange $i \leq n$ ...
   (a) s um den Wert von i erhöhen.
   (b) i hochzählen auf die nächste Zahl.
5. Die Summe s ausgeben.

Der Entwurf ist unabhängig von einer bestimmten Programmiersprache. Er enthält die „reine“ Lösungsidee für das Problem, das in der Anforderungsanalyse abgegrenzt wurde.

Implementierung

In der **Implementierung** wird der Entwurf in einem Programm niedergeschrieben. Zur Formulierung des Programms wird eine bestimmte Programmiersprache benutzt, in diesem Buch Java. Der oben beschriebene Algorithmus zur Berechnung der Zahlensumme sieht in Java so aus:

Implementierung als Javaprogramm

```
class Sum
{
    public static void main(String[] args)
    {
        // "Zutaten"
        int n;                  // A.
        int s;                  // B.
        int i;                  // C.
```

```
            // "Zubereitung"
            n = 4;                  // 1.
            s = 0;                  // 2.
            i = 1;                  // 3.

            while(i <= n)           // 4.
            {
                s = s + i;          // 4a.
                i = i + 1;          // 4b.
            }

            System.out.println(s);  // 5.
        }
    }
```

Listing 1.1: Beispielprogramm `Sum` zur Berechnung der Zahlensumme

Speichern Sie 1.1 in einer Textdatei mit dem Namen `Sum.java` ab.

Auf den ersten Blick wirkt Programm 1.1 vielleicht unverständlich, aber bei genauerem Hinsehen können Sie die verschiedenen Bestandteile des Algorithmus vielleicht doch wiedererkennen. Zur Orientierung sind die Nummern aus dem Algorithmus jeweils nach den Zeichen `//` in das Programm eingefügt.

Übersetzen in Binärcode

Um Programm 1.1 laufen zu lassen, muss es noch in eine andere Form, in so genannten „**Binärcode**", umgewandelt werden. Binärcode ist für Menschen nicht mehr lesbar, kann aber vom Computer ausgeführt werden. Die Umwandlung in Binärcode nennt man „Übersetzung" oder „Compilierung". Das Kommando[4]

```
$ javac Sum.java
```

erzeugt den ausführbaren Binärcode und speichert ihn in einer Datei mit dem Namen `Sum.class`.

Test

Test zur Funktionsprüfung

`Sum.java` ist jetzt in ausführbaren Binärcode übersetzt. Ob es allerdings funktioniert und korrekte Ergebnisse liefert, ist noch nicht klar. Das Programm muss einem **Test** unterzogen werden.

---

4 Um Kommandos einzugeben brauchen Sie eine Kommandozeile. Unter Windows benutzen Sie eine „Kommandozeileneingabe", unter Linux eine Kommandoshell. Das Zeichen „$" steht für das Prompt Ihres Kommandointerpreters und kann auf verschiedenen Systemen unterschiedlich aussehen. Bei Windows steht hier vielleicht „`C:\>`", bei anderen Unix-Systemen „%" statt „$". Der Text auf der Zeile nach dem Prompt wird vom Benutzer als Kommando eingegeben, die nachfolgenden Zeilen sind die Ausgabe des Kommandos.

Die Erfahrung zeigt, dass der ursprüngliche Autor eines Programms der denkbar ungeeignetste Tester ist. Das hat psychologische Ursachen, auf die hier nicht weiter eingegangen werden soll. Viel wirksamer ist der Test durch Fachleute, die darauf spezialisiert sind. In der Regel werden sogar Programme automatisch durch andere Programme getestet, die auf diese Aufgabe spezialisiert sind und große Mengen von Eingaben und Ergebnissen in kurzer Zeit abgleichen. Für viele der Übungsaufgaben in diesem Buch finden Sie auf der Webseite zum Buch Testprogramme, die Fehler in Lösungen recht zuverlässig aufstöbern.

Ergebnis des Beispielprogramms

Das Beispielprogramm `Sum` kann folgendermaßen gestartet werden und gibt dann das Ergebnis in der nächsten Zeile aus:

```
$ java Sum
10
```

Für kleine Werte von n lässt sich das Ergebnis im Kopf nachrechnen. Im Beispiel ist $n = 4$. Das Ergebnis $10 = 1 + 2 + 3 + 4$ ist offenbar richtig. Das soll hier als Test genügen. Es wird angenommen, dass das Programm auch für andere Werte von n das korrekte Ergebnis berechnet.

Betrieb

Ein kommerzielles Softwaresystem ist nach dem Test bereit zur Auslieferung an den Kunden, bei dem es im Produktionsbetrieb läuft. Im Idealfall funktioniert das Programm störungsfrei und entspricht vollständig den Erwartungen des Auftraggebers. In der Praxis ist dieser Idealfall allerdings eher selten.

Korrekturen oder Nachbesserungen eines im Betrieb befindlichen Programms sind verhältnismäßig kostspielig — nicht zuletzt bezüglich des Images des Entwicklers. Man wird sich deshalb bemühen, ein Programm so gründlich wie möglich zu testen, bevor es ausgeliefert wird.

Für das Beispielprogramm `Sum` entfällt dieser Schritt im Software-Lifecycle. Vermutlich wird man mit `Sum` nicht sehr reich werden …

1.2 Programmiersprachen

Programmiersprachen zur Kommunikation mit dem Computer

Java ist nur eine unter vielen verschiedenen Programmiersprachen. Davon sind längst nicht mehr alle im Gebrauch, und nur eine Hand voll wird tatsächlich weltweit eingesetzt.

Allen Programmiersprachen ist gemeinsam, dass sie als Ausdrucksmittel zum Formulieren von Programmen dienen. Sie spielen damit eine Mittlerrolle zwischen Mensch und Maschine: Auf der einen Seite sind sie für Menschen verständlich, auf der anderen Seite können sie auch von Maschinen verarbeitet werden.

Eines der Hauptprobleme beim Umgang mit Programmiersprachen ist die manchmal nervtötende Pedanterie und Phantasielosigkeit des Computers. So lange ein Programm nicht bis zum letzten Semikolon korrekt geschrieben ist, wird es nicht weiterverarbeitet. Diese Sturheit hat allerdings durchaus ihre Berechtigung. Um Missverständnisse kategorisch auszuräumen, wird jede Möglichkeit für Mehrdeutigkeiten ausgeschlossen. Als Folge dessen „denkt sich" der Computer überhaupt nichts selbst, sondern verlangt bis zum allerletzten Detail präzise Anweisungen.

Generationen

Generationen von Programmiersprachen

In der historischen Entwicklung der Programmiersprachen lassen sich einige Generationen erkennen:

- maschinenorientierte Sprachen
- prozedurale Sprachen
- objektorientierte Sprachen

Maschinenorientierte Sprachen

Die ersten Programmiersprachen in den 1950er Jahren waren auf einzelne Maschinen ausgerichtet und werden deshalb heute als **maschinenorientierte Sprachen** (engl. „*assembler*") bezeichnet. Diese nutzen zwar die Möglichkeiten „ihres" Rechners gut aus, aber die Umsetzung auf einen anderen Rechner ist, wenn überhaupt, nur mit großem Aufwand möglich.

Prozedurale Sprachen

In den 1960er und 1970er Jahren setzten sich **prozedurale Sprachen** (auch: „imperative Sprachen") durch, wie zuerst Algol, Cobol und Fortran, später Basic, Pascal und C. Diese orientieren sich an menschlichen Denkmustern, stellen Abläufe in den Vordergrund und abstrahieren von spezifischen Maschineneigenschaften. Spezielle Übersetzungsprogramme (engl. „*compiler*") erzeugen aus den maschinenneutralen Programmen automatisch äquivalenten Maschinencode für konkrete Maschinen.

Objektorientierte Sprachen

Mit wachsender Rechenleistung stieg die Komplexität von Software. In den 1990er Jahren begannen sich **objektorientierte Sprachen** durchzusetzen, wie C++, Java und zuletzt C#. Die Abläufe der prozeduralen Sprachen werden hier in Form von Methoden einzelnen Objekten zugeordnet, die reale oder abstrakte Einheiten repräsentieren. In den Mittelpunkt rückt die Koordinierung und Kommunikation von Objekten. Mit objektorientierten Sprachen lassen sich große Softwaresysteme leichter erstellen und unter Kontrolle halten als mit prozeduralen Sprachen, weil die Modularisierung in vieler Hinsicht unterstützt wird.

Java für große Programme

Den eigentlichen Wert von Java kann man an kleinen Programmen, wie den Beispielen in diesem Buch, oft nicht gut erkennen. Der Leser mag vielleicht an manchen Stellen sogar den Eindruck gewinnen, dass Java unnötig umständlich ist. Dieser Eindruck täuscht aber, denn viele Sprachmittel von Java spielen ihr Potenzial erst bei komplexer Software aus, wie sie heute gefordert und produziert wird.

Strukturebenen

Unabhängig von der historischen Einordnung kann man Programmiersprachen auf verschiedenen Strukturebenen betrachten, ganz ähnlich wie natürliche Sprachen:

- Syntax
- Semantik
- Pragmatik

Syntax regelt „Rechtschreibung"

Die **Syntax** einer Programmiersprache regelt die Form und Struktur von Sprachelementen. Im Beispielprogramm `Sum` dürfen zum Beispiel die Klammern in der Zeile

```
while(i <= n)
```

nicht weggelassen werden, denn die Syntax von Java schreibt sie so und nicht anders vor.

In einer natürlichen Sprache, wie Deutsch, legt die Syntax die Schreibweise von einzelnen Wörtern und den Satzbau fest.

Die Syntax von Java wirkt im Vergleich mit einer natürlichen Sprache unleserlich, ist aber nicht schwer zu erlernen. Verstöße gegen die Syntax sind vergleichsweise harmlos, weil sie auf Knopfdruck und ohne Ausnahme aufgestöbert werden. Sie können sich nicht unerkannt in ein fertiges Produkt einschleichen.

Semantik legt Bedeutung fest

Die **Semantik** einer Programmiersprache regelt die Bedeutung, das heißt das sinnvolle Zusammenwirken mehrerer, isoliert betrachtet jeweils syntaktisch korrekter Programmfragmente. Im Beispielprogramm `Sum` müssen beispielsweise erst die „Zutaten" genannt werden, dann die „Zubereitung", weil die Semantik von Java diese Reihenfolge verlangt und die umgekehrte verbietet.

In einer natürlichen Sprache sind längst nicht alle syntaktisch korrekten Sätze sinnvoll. Die Semantik der deutschen Sprache erlaubt zum Beispiel den Satz „Der Apfel ist grün", aber nicht „Das Schiff singt grün".

Dieses Buch befasst sich zum großen Teil mit der Semantik von Java. Fehler in der Semantik sind weit weniger harmlos als Syntaxfehler. Einige semantische Fehler können frühzeitig erkannt werden, noch bevor das Programm tatsächlich abläuft. Die übrigen äußern sich aber erst zur Laufzeit, mit mehr oder weniger schwerwiegenden Folgen. Java bietet einige Unterstützung, um mit solchen Laufzeitfehlern möglichst kontrolliert fertig zu werden und ein Programm keinesfalls Amok laufen zu lassen.

Pragmatik = tatsächlicher Gebrauch

Die **Pragmatik** einer Sprache beschreibt Schablonen und Muster, die sich allgemein bewährt haben und erfahrungsgemäß funktionieren. Fundierte Kenntnisse der Pragmatik unterscheiden einen professionellen Entwickler von einem Anfänger. Im Beispielprogramm `Sum` (Seite 5) bewirken die Zeilen

```
i = 1;
while(i <= n)
{
    ...
    i = i + 1;
}
```

den Durchlauf des Zahlenbereichs von 1 bis n. Dieses Muster findet sich in vielen Programmen, die mit ganz unterschiedlichen Zielen Zahlenbereiche verarbeiten. Es ist Teil der Pragmatik von Java. Andere Muster sind weitaus komplexer und tiefgründiger und erschließen sich erst nach längerem Gebrauch der Sprache.

Auch bei natürlichen Sprachen gibt es eine Pragmatik. Die Pragmatik der eigenen Muttersprache beherrscht man meist unbewusst, die einer Fremdsprache dagegen nicht ohne weiteres. Die Pragmatik einer Sprache kann man sich in der Regel nur durch intensiven Gebrauch aneignen. Das gilt auch für Programmiersprachen. Deshalb ist es sehr wichtig, dass Sie selbst Javaprogramme schreiben.

Java-Versionen

Version 1.0 in 1996

Java wurde ungefähr 1996 allgemein verfügbar und hat sich seither über mehrere Versionen hinweg entwickelt. Die Versionszählung folgt dabei dem Entwicklungssystem von Sun Microsystems, Inc.

Bis Version 1.4 ist die *Sprache* Java weitgehend unverändert geblieben. Stark ausgebaut wurde dagegen die mitgelieferte Bibliothek. Erst im letzten Versionsschritt von 1.4 auf 5.0 kamen viele neue Konstrukte dazu, die die Ausdrucksmöglichkeit von Java drastisch erweitern.

5.0 bringt viele Spracherweiterungen

Zum Zeitpunkt, zu dem dieses Buch geschrieben wurde, war die endgültige Version von Java 5.0 noch nicht veröffentlicht. Der Text beruht auf Version „1.5.0-beta3-b57". Möglicherweise gibt es noch Änderungen zwischen dieser Betaversion und der endgültigen Version („*final release*"). Tiefer gehende Inkompatibilitäten sind allerdings nicht zu erwarten.

Java Version 5.0

Sun Microsystems, Inc., hat die ursprünglich fortlaufende Versionsnummer 1.5 auf 5.0 angehoben, um den Abstand von der Vorgängerversion 1.4 zu unterstreichen. Inhaltliche Auswirkungen hat dieser Versionssprung allerdings nicht.

Java-Software

Sun Microsystems, Inc., stellt ein komplettes Java-Entwicklungssystem „Java2 Development Kit" (JDK 5.0) für Windows, Linux und Solaris zur Verfügung. Dieses Entwicklungssystem umfasst einige Werkzeuge, in erster Linie den Compiler `javac` und die JVM `java`. Dazu kommt die Laufzeitbibliothek und umfassende Dokumentation in Form von HTML-Seiten.

Entwicklungssystem von Sun

Sun Microsystems, Inc., bündelt drei verschiedene Javasysteme mit unterschiedlichen Zielgruppen:

Zielgruppen

Standard Edition (SE)
: Java zum Einsatz auf Desktop-Systemen

Enterprise Edition (EE)
: Java zum Einsatz auf Servern

Micro Edition (ME)
: Java zum Einsatz auf Geräten mit begrenzten Ressourcen, wie zum Beispiel PDAs oder Handys.

Die *Sprache* Java ist in allen Editionen die gleiche. Die drei Editionen unterscheiden sich in der Auswahl und im Umfang der mitgelieferten Werkzeuge und Bibliotheken. Dieses Buch bezieht sich auf die „Standard Edition Version 5.0", das heißt auf Java2 SE 5.0.

Auch andere Hersteller liefern Java-Compiler und Laufzeitsysteme, die sich allerdings in der Praxis immer mit der Referenzimplementierung von Sun Microsystems messen müssen.

Java Runtime Environment

Parallel zum Entwicklungssystem bietet Sun Microsystems auch ein reines Laufzeitsystem an (engl. *„Java runtime environment"*, JRE). Das JRE umfasst die Komponenten, die zur Ausführung fertig übersetzter Javaprogramme nötig sind, wie zum Beispiel die JVM und die Laufzeitbibliothek. Dagegen fehlen alle Werkzeuge und Hilfsmittel zum Entwickeln von Javaprogrammen, wie zum Beispiel der Compiler und die Dokumentation der Laufzeitbibliothek. Das JRE ist wesentlich kleiner als das komplette Entwicklungssystem und ist für Anwender gedacht, die Javaprogramme benutzen, aber nicht selbst produzieren.

Kein offizieller Java-Standard

Java ist heute nicht durch eine unabhängige Instanz standardisiert. Entsprechende Ansätze sind in der Vergangenheit gescheitert. Den *Defacto*-Standard setzt bis auf weiteres die Referenzimplementierung von Sun. Grundsätzlich kann jedermann über den so genannten *„Java Community Process"* (JCP) Einfluss auf die weitere Entwicklung von Java nehmen. Die neuen Spracheigenschaften von Java 5.0 wurden zum Beispiel maßgeblich vom JCP mitgestaltet.

1.3 Compiler und virtuelle Maschine

Javaprogramme werden in Form von Java-Quelltexten erstellt. Quelltext wird von Entwicklern geschrieben. Aus der Sicht des Rechners entsteht er aus dem Nichts. Er lässt sich nicht aus anderen Daten automatisch erzeugen.[5]

Bytecode ist übersetzter Quelltext

Quelltext kann nicht direkt ablaufen. Er muss erst in eine andere Form transformiert werden, in so genannten Binärcode.[6] Im Fall von Java wird der Binärcode als **Bytecode** bezeichnet. Die Gründe dafür werden auf den nächsten Seiten klar. Bytecode kann von einer Maschine ausgeführt werden, ist aber dafür für den Menschen praktisch unleserlich. Nachfolgend der komplette Bytecode des Programms `Sum` (Listing 1.1, Seite 6):[7]

```
CA FE BA BE 00 00 00 31 00 1B 0A 00 05 00 0E 09
00 0F 00 10 0A 00 11 00 12 07 00 13 07 00 14 01
00 06 3C 69 6E 69 74 3E 01 00 03 28 29 56 01 00
04 43 6F 64 65 01 00 0F 4C 69 6E 65 4E 75 6D 62
65 72 54 61 62 6C 65 01 00 04 6D 61 69 6E 01 00
```

[5] Es gibt Programmgeneratoren, die automatisch Quelltext für spezielle Anwendungsfälle produzieren. Allerdings brauchen auch diese Generatoren selbst wieder Vorgaben in einer anderen Form, die die Rolle des Quelltextes übernehmen.

[6] So genannte „Interpreter" transformieren Quelltext unter der Hand, also während des Lesens, und führen ihn scheinbar direkt aus. Das ändert aber nichts daran, dass Quelltext selbst für Prozessoren unverdaulich ist.

[7] Aus den ersten vier Bytes kann man immer den Text „CAFE BABE" herauslesen. Das ist ein charakteristisches Merkmal von Java-Bytecode.

```
16 28 5B 4C 6A 61 76 61 2F 6C 61 6E 67 2F 53 74
72 69 6E 67 3B 29 56 01 00 0A 53 6F 75 72 63 65
46 69 6C 65 01 00 08 53 75 6D 2E 6A 61 76 61 0C
00 06 00 07 07 00 15 0C 00 16 00 17 07 00 18 0C
00 19 00 1A 01 00 03 53 75 6D 01 00 10 6A 61 76
61 2F 6C 61 6E 67 2F 4F 62 6A 65 63 74 01 00 10
6A 61 76 61 2F 6C 61 6E 67 2F 53 79 73 74 65 6D
01 00 03 6F 75 74 01 00 15 4C 6A 61 76 61 2F 69
6F 2F 50 72 69 6E 74 53 74 72 65 61 6D 3B 01 00
13 6A 61 76 61 2F 69 6F 2F 50 72 69 6E 74 53 74
72 65 61 6D 01 00 07 70 72 69 6E 74 6C 6E 01 00
04 28 49 29 56 00 20 00 04 00 05 00 00 00 00 00
02 00 00 00 06 00 07 00 01 00 08 00 00 00 1D 00
01 00 01 00 00 00 05 2A B7 00 01 B1 00 00 00 01
00 09 00 00 00 06 00 01 00 00 00 01 00 09 00 0A
00 0B 00 01 00 08 00 00 00 56 00 02 00 04 00 00
00 1E 07 3C 03 3D 04 3E 1D 1B A3 00 0E 1C 1D 60
3D 1D 04 60 3E A7 FF F3 B2 00 02 1C B6 00 03 B1
00 00 00 01 00 09 00 00 00 26 00 09 00 00 00 0B
00 02 00 0C 00 04 00 0D 00 06 00 0F 00 0B 00 11
00 0F 00 12 00 13 00 13 00 16 00 15 00 1D 00 16
00 01 00 0C 00 00 00 02 00 0D
```

Compiler übersetzt Quelltext in Bytecode

Die Transformation von Quelltext in den entsprechenden Bytecode könnte man von Hand abwickeln, wenigstens theoretisch. Der Aufwand wäre aber immens, und der Prozess selbst höchst fehlerträchtig. Diese Routineaufgabe überlässt man deshalb einem darauf spezialisierten Programm, dem „**Compiler**“. Der Java-Compiler liest Java-Quelltext und produziert äquivalenten Bytecode, vorausgesetzt er findet keine Fehler im Quelltext. Der Compiler wird mit dem Kommando `javac` aufgerufen. Zusätzlich wird der Name der Quelltextdatei angegeben, die übersetzt werden soll:

```
$ javac Sum.java
```

Der Bytecode wird dabei automatisch in einer Datei mit dem gleichen Namen wie die Quelltextdatei, aber der Extension „`.class`“ abgespeichert. Im Beispiel erzeugt der Compiler die Datei „`Sum.class`“ mit dem oben abgedruckten Inhalt.

Bytecode für virtuelle Maschine

Bei vielen Programmiersprachen wird das Ergebnis des Compilers, der Binärcode, direkt vom Prozessor des Rechners ausgeführt.[8] Bei Java-Bytecode ist das anders: Er ist für keinen real existierenden Prozessor bestimmt, sondern für einen hypothetischen Prozessor, der auch als

8 Dazu zählen beispielsweise C++, C und Pascal. C# arbeitet dagegen, ähnlich wie Java, mit Binärcode für eine hypothetische Maschine, der so genannten „*Microsoft Intermediate Language*“ (MSIL).

virtuelle Maschine bezeichnet wird.[9] Aus diesem Grund spricht man in der Regel bei Java nicht von „Binärcode“, sondern von „Bytecode“.[10]

JVM führt Bytecode aus

In Ihrem Rechner ist aber keine hypothetische Maschine eingebaut, sondern ein realer Prozessor, der zum Beispiel echten Strom verbraucht und echte Hitze produziert. Um den Bytecode dennoch auf Ihrem Rechner ablaufen zu lassen, wird ein weiteres Programm benutzt, das den hypothetischen Prozessor auf dem realen simuliert. Dieses Programm heißt ***„Java virtual machine“*** (JVM). Es wird mit dem Kommando „`java`“ aufgerufen und erwartet den Namen einer Bytecodedatei, ohne die Extension „`.class`“:

```
$ java Sum
```

Abbildung 1.1 zeigt die Komponenten und ihr Zusammenspiel.

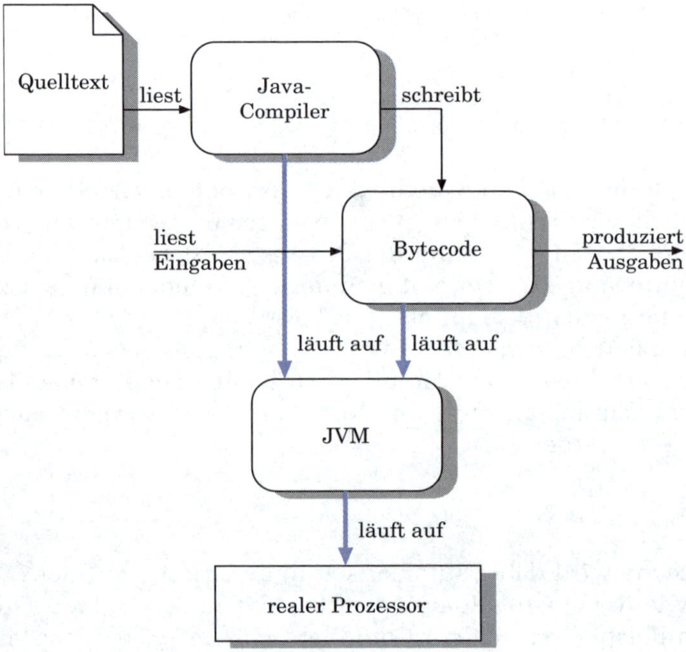

Abbildung 1.1: Verarbeitungsmodell von Java

Begriff „Programm“ für Quelltext und Bytecode

Der Begriff „Programm“ wird ziemlich dehnbar verwendet. Einerseits steht er für den Quelltext, andererseits für den übersetzten Bytecode. Oft wird überhaupt kein Unterschied gemacht und mit „Programm“ beides gleichermaßen angesprochen.

---

9 Es gibt auch „Javachips“, die Bytecode direkt und ohne JVM ausführen können. Diese haben sich aber nicht breit durchgesetzt.

10 „Bytecode“ ist also ein Sonderfall von „Binärcode“, der für eine virtuelle Maschine bestimmt ist, im Falle von Java für die JVM.

Der Java-Compiler `javac` ist selbst ein Javaprogramm, besteht also aus Bytecode und läuft auf der JVM.[11]

Vor- und Nachteile der JVM

JVM entkoppelt Bytecode vom System

Der Einschub der JVM zwischen Bytecode und realem Prozessor wirkt auf den ersten Blick unnötig kompliziert, hat aber einen entscheidenden Vorteil: Übersetzter Bytecode kann unverändert auf *jedem* System verwendet werden, das über eine JVM und die notwendigen Betriebsmittel verfügt. Eine JVM gibt es heute für fast alle Systeme. Damit spielt es keine Rolle mehr, auf welchem Rechner ein Programm ursprünglich entwickelt wurde; es kann praktisch überall eingesetzt werden. Ein Hersteller kann zum Beispiel mit einem einzigen Produkt Kunden auf beliebigen Plattformen bedienen, wenn diese nur über eine JVM verfügen.

Höherer Ressourcenverbrauch

Der Preis für diese Systemneutralität ist erhöhter Ressourcenbedarf[12], weil zusätzlich zum Bytecode ja auch die JVM abläuft. Javaprogramme sind langsamer und verbrauchen mehr Speicherplatz als Programme, die direkt auf einem System ausgeführt werden (engl. „*native code*").[13]

Das Argument des Ressourcenverbrauchs verliert mit wachsender Komplexität von Software zunehmend an Gewicht. Überspitzt formuliert lauten die Alternativen oft nicht mehr „langsam oder schnell", sondern „machbar oder nicht". Der heute unverändert rasante Preisverfall von Ressourcen tut ein Übriges.

1.4 Java-Quelltext

Quelltext in reinen Textdateien

Java-Quelltext (engl. „*source code*" oder nur „*source*") ist in reinen Textdateien gespeichert, die sich mit einem beliebigen Texteditor erstellen und bearbeiten lassen. Quelltext soll einerseits für den Menschen verständlich sein, andererseits wird er maschinell verarbeitet, in erster Linie vom Compiler.

Dass der Quelltext den Anforderungen der Maschine genügt, wird vom Compiler zuverlässig sichergestellt. Jede Abweichung wird mit einer

---

[11] Es gibt auch Java-Compiler von anderen Herstellern als Sun. Diese sind nicht unbedingt selbst in Java geschrieben und laufen auch nicht auf der JVM ab. Sie erzeugen aber den gleichen Bytecode wie der Sun-Compiler.

[12] Als Ressourcen bezeichnet man alle Betriebsmittel eines Rechners, wie zum Beispiel Speicherplatz, Rechenleistung oder Übertragungskapazität.

[13] Wie viel langsamer als *native code* ein Javaprogramm arbeitet, hängt sehr stark von der Art des Programms ab. Wenn dessen Laufzeit zum Beispiel wesentlich von der Übertragungskapazität eines Netzwerks bestimmt wird, fällt die JVM nicht mehr ins Gewicht.

Fehlermeldung quittiert und der ganze Quelltext nicht weiterverarbeitet.

Leserlicher Quelltext ist wichtig

Um die Anforderungen menschlicher Leser kümmert sich der Compiler dagegen nicht. Es gibt dennoch gute Gründe dafür, Quelltext leicht lesbar und gut verständlich zu gestalten, wie zum Beispiel:

- Der Autor korrigiert nach möglicherweise langer Zeit Fehler im eigenen Programm.
- Ein fremder Entwickler erweitert das Programm um zusätzliche Fähigkeiten oder adaptiert es an neue Vorgaben.
- Teammitglieder stimmen Komponenten eines größeren Softwareprojektes aufeinander ab.

Unleserlicher Quelltext ist praktisch wertlos, selbst wenn das Programm funktioniert, weil kaum noch Eingriffe möglich sind. Gut lesbarer Quelltext eines nicht ganz funktionierenden Programms ist dagegen durchaus interessant, weil man davon ausgehen kann, dass Fehler mit vertretbarem Aufwand lokalisiert und behoben werden können.

In den nachfolgenden Abschnitten sind einige allgemein gültige Forderungen an lesbaren und verständlichen Quelltext zusammengestellt.

Dateinamen und Programmrahmen

Rahmen für Quelltext

Ein einfaches Javaprogramm hat den folgenden Aufbau:

```
class name
 {
     public static void main(String[] args)
     {...}
}
```

Das erste Wort „class“ ist wörtlich zu nennen. Mit dem zweiten Wort „*name*“ wird dem Programm ein Name gegeben,[14] der ziemlich frei gewählt werden kann. Üblicherweise werden dafür englische Substantive verwendet, die mit einem großen Buchstaben beginnen. Weitere Hinweise zur Wahl von Namen finden Sie auf Seite 19.

Das Programm in Listing 1.1 zur Berechnung der Zahlensumme heißt `Sum` und folgt dem oben gezeigten Aufbau:

[14] Später stellt sich heraus, dass diese Sicht stark vereinfacht ist. Der Name benennt nur eine einzige Klasse, von denen ein Programm sehr viele enthalten kann.

```
class Sum
{
    public static void main(String[] args)
    {...}
}
```

Die Quelltextdatei hat den gleichen Namen wie das Programm, einschließlich Groß- und Kleinschreibung. An den Dateinamen wird zusätzlich die Extension „.java“ angefügt.[15] Der Quelltext des Programms `Sum` steht folglich in der Datei „`Sum.java`“.

Dateiname = Klassenname

Der Java-Compiler liest eine Quelltextdatei und erzeugt daraus, wie weiter vorne beschrieben, eine Bytecodedatei mit dem gleichen Namen, aber der Extension `.class`.

Bytecodedatei mit gleichem Namensrumpf

Die JVM erwartet Bytecode in Dateien mit der Extension `.class`.

Layout

Als „**Layout**“ bezeichnet man das optische Arrangement des Quelltextes. Es umfasst Leerzeilen, Zeilenumbruch, Einrückung und Zwischenraum. Der Compiler verlangt Zwischenraum lediglich zwischen zwei aufeinander folgenden Wörtern. „`class Sum`“ darf beispielsweise nicht zu „`classSum`“ zusammengezogen werden, denn das wäre für den Compiler ein einziges Wort, das er nicht kennt und am Anfang eines Programms auch nicht zulässt. Ansonsten ignoriert der Compiler das Layout weitgehend. Es dient dagegen der Lesbarkeit von Quelltext.

Layout für Lesbarkeit

Im Allgemeinen sollte man großzügig mit Zwischenraum umgehen. Die folgenden Faustregeln mögen als Ansatz für ein angemessenes Layout dienen:

Zwischenraum zeigt Programmstruktur

- Einfache Anweisungen enden mit einem Semikolon. In einer Zeile sollte immer nur eine einzige einfache Anweisung stehen.
- Komplizierte Anweisungen sind manchmal wesentlich länger als die etwa 80 Zeichen Breite einer Textseite auf dem Bildschirm beziehungsweise einer Druckseite. In diesem Fall sollte die Anweisung auf mehrere Zeilen umgebrochen werden.
- Mit geschweiften Klammern werden Programmbestandteile gruppiert. Text zwischen geschweiften Klammern sollte um eine bestimmte, immer gleiche Spaltenanzahl eingerückt werden. Bei meh-

[15] Extensions dienen zur Klassifizierung von Dateiinhalten. Dem Betriebssystem ist die Extension von Java-Quelltextdateien gleichgültig. Viele Programme und Werkzeuge im Umfeld von Java verlassen sich aber darauf, dass Javaquelltext immer in Dateien mit der Extension `.java` steht.

reren, ineinander geschachtelten Klammerpaaren addiert sich die Einrückung. Bewährt haben sich etwa 4 Spalten pro Klammerebene.

- Blöcke mit logisch zusammengehörenden Anweisungen sollten zur optischen Gliederung mit Leerzeilen abgesetzt werden.

Das Beispielprogramm `Sum` zur Berechnung der Zahlensumme (Seite 6) folgt diesen Regeln. Aus der Sicht des Compilers äquivalent und völlig in Ordnung ist auch die folgende Fassung von `Sum`, bei der alle vorgenannten Empfehlungen in den Wind geschlagen wurden:

```
class Sum{public static void main(String[
]qq){int pq=4;int pp=0;int qp=1;while(qp<=
pq){pp=pp+qp;qp=qp+1;}System.out.println(pp);}}
```

Kommentare

Kommentare zur Erläuterung

In den Quelltext kann der Entwickler zur Erläuterung **Kommentare** einfügen. Kommentare sind Freitext und werden vom Compiler ignoriert.[16] Der Freitext muss markiert werden, sodass ihn der Compiler erkennen kann.

Kommentarformen

Es gibt zwei Formen von Kommentaren:

Zeilenkommentare
beginnen mit zwei Schrägstrichen „//“ und reichen bis zum Ende der Zeile. Sie eignen sich für kurze Erläuterungen:

```
sum = 0;    // Startwert 0, weil noch nichts addiert wurde
```

Blockkommentare
beginnen mit „/*“ und enden mit „*/“. Blockkommentare können sich über viele Zeilen erstrecken und dienen längeren, erklärenden Textpassagen:

```
/*
Alle natürlichen Zahlen zwischen 1 und n werden addiert
und die Summe nachher ausgegeben.
Der Wert von n steht zur Vereinfachung hier fest im Code.
Besser wäre es, ihn beispielsweise von der Kommandozeile
einzulesen.
Das lässt sich erreichen, wenn man diese Anweisung
verwendet:
```

[16] Der Compiler behandelt Kommentare wie Zwischenraum.

```
n = Integer.parseInt(args[0]);
*/
n = 4;
```

Blockkommentare dürfen nicht geschachtelt werden. Innerhalb eines Blockkommentars darf also kein weiterer eingebettet sein.

Eine besondere Art von Blockkommentaren sind „Doc-Kommentare", die in Kapitel 7 diskutiert werden.

Angemessenes Kommentieren ist nicht ganz einfach und verlangt etwas Fingerspitzengefühl und Erfahrung. Sicher sollte man nicht in Kommentaren wiederholen, was ein halbwegs kompetenter Leser ohnehin dem Code entnehmen kann:

```
i = 1;      // hier erhält die Variable i den Wert 1
```

Zweck statt Funktionsweise kommentieren

Im Allgemeinen sagen schlichte Java-Anweisungen nichts über die Absichten und Ideen des Autors aus. Deshalb sollten Kommentare Sinn und Zweck von Programmfragmenten erklären. Dagegen sollte undurchsichtiger Code nicht in Kommentaren verteidigt, sondern lieber klarer und verständlicher formuliert werden.

Programme sind selten übermäßig, sondern meistens zu dürftig kommentiert. Man sollte generell nicht mit Kommentaren sparen, weil sie die Programmqualität in der Regel verbessern.

Identifier

Regeln zum Aufbau von Identifiern

An vielen Stellen im Programm dürfen Namen frei gewählt werden. Solche Namen für Programmbestandteile heißen „Bezeichner" oder „**Identifier**". Java-Identifier bestehen aus großen und kleinen Buchstaben, Dezimalziffern und dem Unterstrich-Zeichen („_", engl. „*underscore*").[17] Das erste Zeichen darf keine Ziffer sein. Beachten Sie, dass große und kleine Buchstaben unterschieden werden. Beispielsweise sind „`Sum`" und „`sum`" zwei verschiedene Identifier. Die textuelle Ähnlichkeit ist für Java belanglos.

Reservierte Wörter

Etwa fünfzig Wörter tragen in Java eine feste Bedeutung und dürfen nicht als Identifier verwendet werden. Beispielsweise steht „`class`" am

[17] Auch das Dollarzeichen („`$`") kann in Identifiern benutzt werden. Davon sollte man aber Abstand nehmen, weil derartige Namen für interne Zwecke vorgesehen sind.

Anfang eines Programms. Eine vollständige Liste der reservierten Wörter finden Sie in Anhang A.[18]

Beispiele für korrekte Identifier sind:

```
counter
colorDepth
iso9660
runningTotal
```

Unzulässig sind dagegen:

```
1stTry              // erster Buchstabe darf keine Ziffer sein
Herz Dame           // Leerzeichen im Namen nicht erlaubt
muenchen-erding     // Bindestrich im Namen nicht erlaubt
const               // reserviertes Wort
```

Empfehlungen zur Schreibweise

Es gibt darüber hinaus einige Konventionen zur Wahl von Identifiern:

- kleine Buchstaben verwenden (`counter` statt `COUNTER`);
- neue Wortteile in zusammengesetzten Namen mit großen Buchstaben beginnen (`newWordDelimiter` statt `newworddelimiter`);
- sehr kurze Namen vermeiden (`counter` statt `c`);
- aussagekräftige Namen suchen (`counter` statt `o0071`);
- mehrdeutige Abkürzungen ausschreiben (`terminalValue` statt `tval`);
- gebräuchliche Akronyme in großen Buchstaben belassen (`HTML` statt `Html`);
- englische Begriffe wählen (`counter` statt `zähler`);[19]

Im Gegensatz zur Syntax sind Konventionen keine strikt verbindlichen Regeln, sondern nur eine allgemeine Übereinkunft, die die Lesbarkeit und den Austausch von Quelltext erleichtern soll. Der Compiler interessiert sich nicht für Konventionen.

---

[18] Formal gesehen sind die drei reservierten Wörter „`true`", „`false`" und „`null`" so genannte „Literale". Die übrigen reservierten Wörter werden als „Schlüsselwörter" bezeichnet.

[19] Bezeichner in Landessprache sind oft nur im betreffenden Sprachraum verständlich. Gerade von Entwicklern kann man zudem erwarten, dass sie mit Englisch zurecht kommen. Für die Benutzeroberfläche eines Programms gilt das natürlich nicht.

1.5 Aufgaben

1a. Zahlensumme

Bringen Sie das Beispielprogramm `Sum` von Seite 6 zum Laufen. Gehen Sie dazu in den folgenden drei Schritten vor:

1. Geben Sie den Quelltext des Programms mit einem Texteditor ein und speichern Sie ihn in der Datei `Sum.java` ab.

2. Übersetzen Sie den Quelltext mit dem Kommando

   ```
   $ javac Sum.java
   ```

3. Starten Sie das Programm und verifizieren Sie das Ergebnis:

   ```
   $ java Sum
   10
   ```

Vergleichen Sie die Dateigrößen des Quelltextes und der Bytecodedatei `Sum.class`. Finden Sie einen Weg, den Inhalt der Bytecodedatei sichtbar zu machen. Steht die Signatur „`CAFE BABE`" in den ersten vier Bytes?

Modifizieren Sie das Programm, sodass es die Summe der Zahlen von 1 bis 100 berechnet. Verifizieren Sie das Ergebnis.

1b. Summe der Vielfachen von 7

Sie verstehen das Programm `Sum` sicher noch nicht in allen Einzelheiten, aber die grundsätzliche Arbeitsweise sollte Ihnen klar sein.

Erstellen Sie ein neues Programm `Sum7`, das alle Vielfachen von 7 unter 1000 addiert und die Summe ausgibt. Denken Sie daran, den Programmnamen `Sum7` im Quelltext einzutragen und die Quelltextdatei unter dem Namen `Sum7.java` abzuspeichern.

Können Sie das Ergebnis verifizieren?

Hinweis: Die Zahl `i` wird im Programm 1.1 immer um 1 erhöht. Stattdessen kann man `i` auch in jedem Schritt um einen anderen Wert hochsetzen.

1c. Fakultätsfunktion

Ähnlich wie die Summe der Zahlen von 1 bis zu einer Obergrenze n ist das Produkt definiert, das als „Fakultät von n", in Zeichen „$n!$", bezeichnet wird:

$$n! = 1 \cdot 2 \cdot 3 \cdot \ldots \cdot (n-2) \cdot (n-1) \cdot n \text{ für } n \geq 1$$

Schreiben Sie ein Programm `Fact`, das die Fakultät einer fest im Programm genannten Zahl berechnet und ausgibt. Die Multiplikation wird in Java mit dem Rechenzeichen `*` geschrieben.

Testen Sie Ihr Programm mit $n = 6$. Das korrekte Ergebnis ist 720.

1d. Doppelfaktorielle

Die so genannte „Doppelfaktorielle von n" ist definiert als

$$1 \cdot 3 \cdot 5 \cdot \ldots \cdot (n-4) \cdot (n-2) \cdot n \text{ für ungerade } n \geq 1 \text{ und}$$
$$2 \cdot 4 \cdot 6 \cdot \ldots \cdot (n-4) \cdot (n-2) \cdot n \text{ für gerade } n \geq 2.$$

Entwickeln Sie ein Programm `DFact`, das die Doppelfaktorielle einer Zahl n berechnet und ausgibt.

Ersetzen Sie im Quelltext die Anweisung „`n = 6;`" durch:

```
n = Integer.parseInt(args[0]);
```

Diese neue Anweisung holt sich bei jedem Programmaufruf den Wert für `n` von der Kommandozeile. Beim Start des Programms geben Sie das gewünschte n hinter dem Programmnamen an, wie beispielsweise für $n = 10$:

```
$ java DFact 10
3840
```

In diesem Beispiel wird das korrekte Ergebnis $3840 = 2 \cdot 4 \cdot 6 \cdot 8 \cdot 10$ ausgegeben, wie man mit einem Taschenrechner schnell überprüfen kann.

Hinweis: Statt mit der kleinsten Zahl zu beginnen und diese schrittweise zu erhöhen, kann man mit der größten Zahl beginnen und diese schrittweise verringern.

Arithmetik und Variablen

2

ÜBERBLICK

Das Rechnen mit Zahlen gehört zu den grundlegenden Fähigkeiten der meisten Programmiersprachen, einschließlich Java.

- In 2.1 wird zuerst der **Aufbau** numerischer Ausdrücke beschrieben.
- Die Regeln, die die **Auswertung** und damit auch das Ergebnis von Ausdrücken bestimmen, werden in 2.2 diskutiert.
- Um einmal berechnete Werte zu speichern und wieder zu verwenden, werden **Variablen und Wertzuweisungen** benutzt, die in 2.3 eingeführt werden.
- In 2.4 wird der Typ `double` für **Floatingpoint-Werte** vorgestellt, die zur Lösung numerischer Aufgaben eignen.
- In 2.5 werden **mathematische Bibliotheksmethoden** gezeigt, die Routineaufgaben erledigen und viel Zeit sparen.
- Zum Abschluss des Kapitels wird in 2.6 auf einige Möglichkeiten zur **Ein- und Ausgabe** eingegangen. Mit Ausgabeanweisungen kann ein Programm Informationen auf den Bildschirm ausgeben. Eingaben lassen sich von der Tastatur, von der Kommandozeile und aus Umgebungsvariablen des Betriebssystems lesen.

2.1 Numerische Ausdrücke

Numerale und Syntaxdefinition

Schreibweise ganzzahliger Numerale

Bevor ein Programm mit Zahlen rechnen kann, müssen Zahlen überhaupt im Programmtext genannt werden. Für ganze Zahlen ist das fast trivial: Sie werden als Folge von Ziffern geschrieben. Eine Zahl, die wörtlich im Programm steht, heißt „**Numeral**“. Numeralen kann ein positives oder negatives Vorzeichen (+ oder –) vorangestellt werden, wobei ein fehlendes Vorzeichen + bedeutet. Ein solches Sprachelement heißt „optional“, das heißt, es darf wahlweise genannt oder weggelassen werden. Hier sind einige Beispiele von Numeralen:

```
0
23
+23
-4000
-0
+230859160
```

Grammatik

Um die Schreibweise von Elementen einer Programmiersprache exakt zu fixieren, bedient man sich einer **Grammatik**, ebenso wie die Rechtschreibung einer natürlichen Sprache einer Grammatik folgt. Allerdings wird eine Grammatik für Programmiersprachen nicht umgangssprachlich aufgezeichnet, sondern selbst formal verfasst, um jede Möglichkeit von Missverständnissen auszuschließen.

Es gibt verschiedene Schreibweisen für Programmiersprachen-Grammatiken. Eine einfache und populäre Schreibweise ist die „***Extended Backus-Naur Form***“ (EBNF). Eine EBNF besteht aus einer Liste von Ersetzungsregeln („Produktionen“). In jeder Produktion steht auf der linken Seite ein Platzhalter („Nichtterminal“), auf der rechten Seite eine Folge von Symbolen, durch die der Platzhalter ersetzt werden darf. Die Symbole auf der rechten Seite können wieder Nichtterminale oder auch „Terminale“ sein, die für sich selbst stehen und nicht mehr ersetzt werden. Zur besseren Unterscheidung von Nichtterminalen werden Terminale in Gänsefüßchen gesetzt. Auf der rechten Seite können außerdem einige Sonderzeichen benutzt werden, die im Weiteren erklärt werden.

Die beiden folgenden Produktionen legen zum Beispiel fest, dass das Nichtterminal *sign* für eines der beiden Zeichen „+“ oder „–“ steht:[1]

```
sign ⇒ "+"
sign ⇒ "-"
```

Zur Vereinfachung kann man mehrere mögliche Ersetzungen des gleichen Nichtterminals mit einem senkrechten Strich (|) trennen, der als „oder“ zu lesen ist. Die folgende Produktion ist gleichwertig zu den beiden vorhergehenden:

```
sign ⇒ "+" | "-"
```

Die nächste Produktion regelt, dass das Nichtterminal *digit* für eine der zehn Dezimalziffern steht:

```
digit ⇒ "0" | "1" | "2" | "3" | "4" | "5" | "6" | "7" | "8" | "9"
```

Die folgenden, weiteren Sonderzeichen können in einer EBNF benutzt werden:

1 Nichtterminale werden in diesem Text zusätzlich kursiv gedruckt. Das ist nicht Teil der EBNF. Die linke und die rechte Seite werden mit einem Pfeil (⇒) getrennt, der zu lesen ist als „... kann ersetzt werden durch ...“.

[...] Symbole zwischen eckigen Klammern sind optional. Sie dürfen auch weggelassen werden.

* Symbole, denen ein Stern nachgestellt ist, sind beliebig wiederholbar. Sie können auch ganz weggelassen werden (entspricht 0-maligem Wiederholen).

+ Symbole mit einem Pluszeichen sind ein- oder mehrmals wiederholbar. Sie dürfen aber nicht ganz fehlen.

(...) Runde Klammern gruppieren Symbolfolgen, die dann zum Beispiel für * und + wie ein einziges Symbol behandelt werden.

Die folgende Produktion beschreibt exakt den Aufbau eines Numerals. *sign* und *digit* sind oben definiert.

numeral ⇒ [*sign*] *digit*+

Die Produktion bedeutet: Ein Numeral besteht aus einem Vorzeichen, das auch weggelassen werden darf, gefolgt von einer oder mehreren Dezimalziffern.

Die Syntax der gesamten Programmiersprache Java ist in Form von Produktionen erfasst und damit eindeutig und zweifelsfrei fixiert. Im Compiler sind diese Produktionen fest eingebaut. Er benutzt sie beim Übersetzen, um den Quelltext zu analysieren. Wenn es ihm gelingt, den Quelltext aus den Produktionen durch fortgesetzte Ersetzungen herzuleiten, ist das Programm syntaktisch korrekt und wird weiter verarbeitet. Andernfalls ist das Programm syntaktisch falsch und wird abgewiesen.

Grundrechenarten

Rechnen mit Numeralen

Die Schreibweise von arithmetischen Ausdrücken in Java ist an die Schreibweise in der Mathematik angelehnt. Ein arithmetischer Ausdruck besteht zunächst aus zwei Numeralen, die mit einem **Operator** (Rechenzeichen) verknüpft sind:

expression ⇒ *numeral operator numeral*

operator steht dabei für eine der vier Grundrechenarten:

+ Addition
− Subtraktion
* Multiplikation
/ Division

Die entsprechende Produktion lautet:[2]

```
operator ⇒ "+" | "-" | "*" | "/"
```

Programme werden als einfacher Text verfasst, ohne weitere Darstellungsmöglichkeiten wie Hoch-, Tief- oder Übereinanderstellen. Deshalb müssen mathematische Ausdrücke in eine lineare Zeichenfolge „flach geklopft“ werden. Der Bruch $\frac{3}{5}$ wird zum Beispiel geschrieben als

```
3/5
```

Im Gegensatz zur Mathematik muss der Multiplikationsoperator „*“ in Java *immer* eingefügt werden. Der mathematische Ausdruck „2*a*“ zum Beispiel wird im Programm geschrieben als

Multiplikationsoperator immer ausschreiben

```
2*a
```

Ganzzahlige Division und Modulus

Die Arithmetik, soweit bisher beschrieben, verläuft ausschließlich ganzzahlig. Das heißt, dass alle Operanden und alle Ergebnisse *ganze Zahlen* sind. Das ist weiter kein Problem, abgesehen von der **ganzzahligen Division**: Hier gilt, dass als Ergebnis nur der ganzzahlige Anteil des Quotienten herauskommt. Der Nachkommaanteil wird ohne Runden abgeschnitten. Das Ergebnis von `11/4` ist somit nicht `2.75` sondern `2`:[3]

Division schneidet Nachkommaanteil ab

```
11/4 → 2
```

Auf den ersten Blick klingt das ziemlich unbrauchbar. Wie soll ein Programm sinnvoll arbeiten, wenn jede simple Division, die nicht zufällig aufgeht, ein rechnerisch falsches Ergebnis liefert? Es stellt sich aber heraus, dass die ganzzahlige Division in der Praxis recht nützlich ist und sich oft sinnvoll einsetzen lässt. Falls genau gerechnet werden soll, stehen dafür andere Sprachmittel zur Verfügung (siehe Kapitel 2.4).

Zu den vier Grundrechenarten kommt in Java eine fünfte Operation hinzu, der Divisionsrest- oder **Modulusoperator**, der als „%“ geschrieben wird.[4]

Modulusoperator liefert Divisionsrest

---

[2] In dieser Produktion steht das Plus-Zeichen in Gänsefüßchen und ist deshalb wörtlich zu nehmen. Ohne die Gänsefüßchen wäre eine Wiederholung gemeint, die allerdings in dieser Produktion unzulässig wäre, weil kein zu wiederholendes Symbol voransteht.

[3] Das Zeichen → steht für „ergibt“.

[4] Trotz des Rechenzeichens hat diese Operation überhaupt nichts mit Prozentrechnung zu tun.

Zum Beispiel liefert

```
11%4 → 3
```

Der Modulusoperator und die ganzzahlige Division hängen über die folgende Gleichung zusammen:

```
a%b = a - (a/b)*b
```

Negative Operanden für Modulus

Diese Gleichung legt auch das Verhalten des Modulusoperators bei negativen Operanden fest:

```
 11%4  →  11 - (11/4)*4      →  11 - 2*4       →  11 - 8 →  3
 11%-4 →  11 - (11/-4)*(-4)  →  11 - (-2)*(-4) →  11 - 8 →  3
-11%4  → -11 - (-11/4)*4     → -11 - (-2)*4    → -11 + 8 → -3
-11%-4 → -11 - (-11/-4)*(-4) → -11 - 2*(-4)    → -11 + 8 → -3
```

Das Ergebnis von % hat immer das gleiche Vorzeichen wie der erste Operand.

Zusammengesetzte Ausdrücke

Induktive Definition von arithmetischen Ausdrücken

Ein arithmetischer Ausdruck kann induktiv definiert werden:

1. Ein Numeral ist ein Ausdruck („elementarer Ausdruck").
2. Zwei Ausdrücke, die mit einem Operator verknüpft sind, bilden wieder einen Ausdruck („zusammengesetzter Ausdruck").

Damit können beliebig lange Ausdrücke aufgebaut werden, zumindest aus formaler Sicht. Die entsprechenden Produktionen lauten:

```
expression ⇒ numeral
expression ⇒ expression operator expression
```

Beispiele für zusammengesetzte Ausdrücke sind:

```
3 + 2*4
2*3 + 4*5
100 - 10 - 20
+4*+5
-2--1
```

Die Leerzeichen sind zur optischen Gliederung eingefügt und werden vom Compiler ignoriert.

2.2 Auswertung arithmetischer Ausdrücke

Obwohl die Produktionen den syntaktisch korrekten Aufbau von Ausdrücken exakt festlegen, regeln sie nicht die Auswertung, also den Ablauf der Berechnung des Wertes. Die nachfolgenden Beispiele zeigen, dass diese Auswertung keineswegs immer selbstverständlich ist. Jetzt geht es nicht mehr um die Syntax von Ausdrücken, sondern um deren Semantik.

Syntax vs. Semantik von Ausdrücken

Wenn in einem zusammengesetzten arithmetischen Ausdruck mehrere verschiedene Operatoren vorkommen, muss eine Berechnungsreihenfolge festgelegt werden. Dass diese nicht belanglos ist, zeigt schon ein einfaches Beispiel, wie „2 + 3 * 4“. Es gibt zwei Alternativen:

Ergebnis abhängig von der Reihenfolge der Operatorenanwendung

1. Die Addition wird vor der Multiplikation ausgeführt:

   2 + 3 * 4 → 5 * 4 → 20

2. Die Multiplikation wird vor der Addition ausgeführt:

   2 + 3 * 4 → 2 + 12 → 14

Von diesen beiden Ergebnissen kann nur eines gelten. Sicher wird man das zweite erwarten, aber aus der Sicht einer Maschine gibt es dafür keinen Anlass.

Priorität

In Java orientiert sich die Auswertungsreihenfolge an der **Priorität** (auch „Bindungsstärke“ oder „Operatorenvorrang“) der einzelnen Operatoren. Die „Punkt-Operatoren“ (*, / und %) haben höhere Priorität als die „Strich-Operatoren“ (+ und -). In arithmetischen Ausdrücken gilt also „Punkt vor Strich“, wie aus der Schulmathematik gewohnt. Das Ergebnis von „2 + 3 * 4“ ist damit 14 und nicht 20.

Operatorenvorrang für „Punkt-vor-Strich“

Klammern

Mit runden Klammern kann eine beliebige Auswertungsreihenfolge erzwungen werden. Eingeklammerte Teilausdrücke werden immer zuerst ausgerechnet. Die Prioritätsverhältnisse zwischen Operatoren innerhalb und außerhalb der Klammern sind außer Kraft gesetzt:

Klammern legen Reihenfolge explizit fest

(2 + 3) * 4 → 5 * 4 → 20

Jeder eingeklammerte Ausdruck ist selbst ein Ausdruck. Das Schema für den Aufbau von Ausdrücken wird um geklammerte Ausdrücke erweitert:

```
...
expression ⇒ "(" expression ")"
```

Klammern können gemäß dieser Produktionen um jeden Ausdruck gesetzt werden, selbst wenn sie nichts bewirken:

```
2 + (3 * 4) → 2 + 12 → 14
(2 + 3) → 5
(((2))) → 2
```

Unäre Vorzeichenoperatoren

Vorzeichen formal als unäre Operatoren

Neben den bisher vorgestellten fünf binären („zweistelligen") arithmetischen Operatoren (+, -, *, /, %) gibt es in Java die unären („einstelligen") Vorzeichenoperatoren + und -.[5] Sie werden ihrem einzigen Operanden vorangestellt und haben die erwartete Wirkung:

```
-(1 + 2) → -(3) → -3
3*-4 → 3*(-4) → -12
-3+-4 → (-3)+(-4) → -7
-(2 + -3) → -(-1) → 1
```

Die Produktionen für Ausdrücke werden entsprechend erweitert:

```
...
expression ⇒ unaryoperator expression
unaryoperator ⇒ "+" | "-"
```

Die Vorzeichenoperatoren haben eine noch höhere Priorität als die binären Operatoren.

Assoziativität

Bindungsrichtung regelt Reihenfolge bei gleichrangigen Operatoren

Wenn mehrere Operatoren mit *gleicher* Priorität ohne Klammern nebeneinander in einem Ausdruck vorkommen, gibt es wieder mehrere Alternativen für die Auswertungsreihenfolge. Der Ausdruck „8 - 3 - 2" kann zwei verschiedene Ergebnisse liefern:

[5] Der positive Vorzeichenoperator + existiert aus Symmetriegründen.

1. Der linke Subtraktionsoperator wird zuerst ausgewertet:

   `8 - 3 - 2 → (8 - 3) - 2 → 5 - 2 → 3`

2. Der rechte Subtraktionsoperator wird zuerst ausgewertet:

   `8 - 3 - 2 → 8 - (3 - 2) → 8 - 1 → 7`

Jeder Operator hat, neben seiner Priorität, auch eine charakteristische **Assoziativität** (auch: „Bindungsrichtung"), die „links" oder „rechts" sein kann. Alle binären arithmetischen Operatoren sind *links*-assoziativ: Der am weitesten *links* stehende Operator wird zuerst ausgewertet, erst dann werden die übrigen betrachtet. Von den beiden oben genannten Alternativen gilt also die erste:[6]

`8 - 3 - 2 → 3`

Die Assoziativität muss für *alle* Operatoren geregelt werden, einschließlich Addition und Multiplikation, wie das folgende Beispiel zeigt:

`8 + 3 - 2 → (8 + 3) - 2 → 11 - 2 → 9`

Alle Operatoren mit gleicher Priorität müssen auch die gleiche Assoziativität haben, andernfalls wäre ein Ausdruck wie im vorhergehenden Beispiel wieder unbestimmt. Stellen Sie sich vor, „+" würde von links und „–" von rechts binden. Wird zuerst addiert oder zuerst subtrahiert?

Die unären Vorzeichenoperatoren sind rechts-assoziativ. Das ist aber mehr eine formale Festlegung, denn Links-Assoziativität wäre sinnlos:

`--3 → (--)3 → ?`

Operatorentabelle

Tabelle der Eigenschaften von Operatoren

Priorität und Assoziativität der verschiedenen Operatoren müssen geregelt werden, um das Ergebnis von Ausdrücken eindeutig festzulegen. Die verschiedenen Operatoren und ihre Eigenschaften lassen sich in einer Tabelle zusammenfassen:

6 Das stimmt mit der Schulmathematik überein. Arithmetische Ausdrücke werden in Java so berechnet, wie man es gewohnt ist.

Operator	Priorität	Assoziativität	Operanden	Bemerkung
+	1	rechts	1	positives Vorzeichen
–	1	rechts	1	negatives Vorzeichen
*	2	links	2	Multiplikation
/	2	links	2	Division
%	2	links	2	Modulus = Divisionsrest
+	3	links	2	Addition
–	3	links	2	Subtraktion

Java kennt noch viele weitere Operatoren. Diese Liste ist nur ein Auszug aus der kompletten Operatorentabelle (Anhang B, Seite 429).

2.3 Variablen und Wertzuweisungen

Speichern von Werten in Variablen

Arithmetische Ausdrücke liefern bei der Auswertung einen Wert. Bisher fehlt die Möglichkeit, einmal ausgerechnete Werte zu speichern und später wieder zu verwenden, ohne sie neu zu berechnen. Für diesen Zweck gibt es **Variablen**. Stellen Sie sich eine Variable wie einen Behälter vor, in dem ein Wert verstaut und zur weiteren Verwendung aufgehoben werden kann.

Variablennamen

Benennung von Variablen

Jede Variable hat einen Namen, mit dem sie angesprochen werden kann. Variablennamen sind Identifier (siehe Seite 19) und müssen der Javasyntax genügen. Die Syntax von Identifiern lässt sich mit Produktionen beschreiben:[7]

```
letter ⇒ "a" | "b" | "c" | "d" | "e" | "f" | "g" | "h" | "i"
       | "j" | "k" | "l" | "m" | "n" | "o" | "p" | "q" | "r"
       | "s" | "t" | "u" | "v" | "w" | "x" | "y" | "z"
       | "A" | "B" | "C" | "D" | "E" | "F" | "G" | "H" | "I"
       | "J" | "K" | "L" | "M" | "N" | "O" | "P" | "Q" | "R"
       | "S" | "T" | "U" | "V" | "W" | "X" | "Y" | "Z"
       | "$" | "_"
identifier ⇒ letter (letter | digit)*
```

[7] Zusätzlich dürfen in Identifiern alle Buchstaben und Ziffern des Unicode (siehe Kapitel 5.1, Seite 180) verwendet werden. Zum Beispiel ist auch „Zähler“ ein zulässiger Identifier.

Variablennamen sollten darüber hinaus per Konvention immer mit kleinen Buchstaben beginnen. Einige Beispiele für Variablennamen:

```
i
counter
theUltimateAnswer
track2
```

Definition von Variablen

Vor der ersten Verwendung muss eine Variable **definiert** werden. Bildlich gesprochen wird dabei ein neuer Behälter geschaffen, der vorher nicht existiert hat. Variablendefinitionen (engl. „*definition*") sind folgendermaßen aufgebaut:

Definition von Variablen

```
definition ⇒ type identifier ";"
type ⇒ "int"
```

Vor dem Namen wird der **Typ** der Variablen genannt. Der Typ „`int`" legt fest, dass in der neuen Variablen ganze Zahlen gespeichert werden. Im Moment ist `int` der einzige Typ; später kommen weitere Typen dazu. Beispiele für Variablendefinitionen sind:

Variablentyp `int` für ganze Zahlen

```
int i;
int counter;
int theUltimateAnswer;
int track2;
```

Eine Definition ist eine Anweisung (engl. „*statement*"), die eine neue Variable bekannt gibt und verfügbar macht. Ein Variable darf nur einmal definiert werden. [8]

Wertzuweisung

Eine **Wertzuweisung** (engl. „*assignment*") gibt einer Variablen einen Wert. Übertragen auf die Vorstellung von Behältern wird eine Zahl im Behälter verstaut. Eine Wertzuweisung hat den folgenden Aufbau:

Wertzuweisung schreibt Wert in Variable

```
assignment ⇒ identifier "=" expression ";"
```

Beispiele für Wertzuweisungen sind:

[8] Genau genommen: An einem Punkt im Programm darf nur eine Definition einer bestimmten Variablen gelten. Später werden weitere Arten von Variablen eingeführt, für die andere Regeln gelten.

```
absoluteZero = -273;
daysPerYear = 31 + 28 + 31 + 30 + 31 + 30
            + 31 + 31 + 30 + 31 + 30 + 31;
theUltimateAnswer = 179%18*5/2;
```

Mehrfache Wertzuweisungen überschreiben Werte

Einer Variablen können beliebig oft neue Werte zugewiesen werden. Der zuletzt zugewiesene Wert ist in der Variablen gespeichert, der jeweils vorhergehende Wert wird dabei kommentarlos überschrieben. Im folgenden Beispiel werden der Variablen `counter` nacheinander die Werte `1`, `2` und `3` zugewiesen. Am Ende hat sie den Wert `3`. Die beiden vorher zugewiesenen Werte `1` und `2` wurden ersetzt und sind spurlos verschwunden.

```
int counter;
counter = 1;
counter = -(6 - 8);
counter = 11%4;      // counter hat jetzt den Wert 3
```

Unveränderliche Variablen

Sperre gegen Überschreiben mit `final`

Oft möchte man einer Variablen einen Wert geben, der sich nicht mehr ändern soll. Um eine Variable vor unbeabsichtigten Änderungen zu schützen, stellt man ihrer Definition den Modifier „`final`“ voran, wie die folgende erweiterte Produktion für Variablendefinitionen regelt:

```
definition ⇒ ["final"] type identifier ";"
```

Ein Beispiel:

```
final int speedOfLight;
speedOfLight = 299793218;
```

Als „**Modifier**“ werden optionale Zusätze zu Definitionen bezeichnet. Im Laufe des Buches werden noch einige weitere Modifier eingeführt.

Mit dem Modifier „`final`“ wird *eine einzige* Wertzuweisung an die Variable akzeptiert und jede weitere als Fehler abgelehnt:

```
final int speedOfLight;
speedOfLight = 299793218;
speedOfLight = 0;            // Fehler!
```

Diese Bedingung prüft der Compiler. In einem fertig übersetzten Programm gibt es keinen entsprechenden Test mehr.

Vorteil von `final`

Rein technisch gesehen ist `final` überflüssig. Ein disziplinierter Entwickler könnte einfach jede weitere Wertzuweisung nach der ersten unterlassen und hätte den gleichen Effekt erzielt. Dennoch ist `final` sehr sinnvoll, weil der Autor zusätzliche Information im Quelltext verankert. Außerdem hilft der Compiler mit, Abweichungen von der geplanten Verwendung einer Variablen aufzuspüren.[9] Variablen sollten immer mit dem Modifier `final` definiert werden, wenn keine Änderungen vorgesehen sind.

Variablen in Ausdrücken

Lesen und Schreiben von Variablen

Wenn eine Variable auf der linken Seite einer Wertzuweisung steht, wird ihr ein neuer Wert zugewiesen. Sie kann auch auf der rechten Seite einer Wertzuweisung verwendet werden, das heißt als Ausdruck oder als Teil eines Ausdrucks. In diesem Fall wird die Variable gelesen und der aktuelle Wert verwendet. Die Produktionen für Ausdrücke werden ergänzt:

```
...
expression ⇒ identifier
```

Je nach Kontext spielt eine Variable eine unterschiedliche Rolle:

- Auf der linken Seite einer Wertzuweisung wird in die Variable *geschrieben*. Dabei wird sie verändert. Ein eventuell vorher gespeicherter Wert wird dabei stillschweigend ersetzt.
- Auf der rechten Seite einer Wertzuweisung wird die Variable *gelesen*. Dabei bleibt ihr Wert unverändert.

In der ersten Zeile des folgenden Beispiels wird der Wert `91` in die Variable „`fahrenheit`" geschrieben. In der zweiten Zeile wird dieser Wert wieder aus der gleichen Variablen gelesen und zur Berechnung des Ausdrucks benutzt, dessen Ergebnis dann in die Variable `celsius` geschrieben wird:

```
fahrenheit = 91;
celsius = 4*fahrenheit/7 - 32;
```

[9] Die Wahrscheinlichkeit für Irrtümer ist beim ersten Erstellen eines kleinen Programms noch gering. Erst wenn das Programm später, an einem anderen Ort oder von anderen Entwicklern, verändert wird, zahlen sich derartige Selbstschutz-Maßnahmen aus.

Variablen in Java und in der Mathematik

Mathematische vs. programmiersprachliche Variablen

Variablen in Java und anderen Programmiersprachen sind nicht vergleichbar mit Variablen in der Mathematik. Aus mathematischer Sicht ist die folgende Konstruktion ein Widerspruch:

```
i = i + 1
```

In einem Programm macht sie dagegen Sinn: Der Wert von i wird erst gelesen, dann um 1 erhöht und schließlich wieder an i zugewiesen. Insgesamt erhöht sich der Wert von i um 1 (im Programmiersprachen-Slang: „i wird inkrementiert"). Eine programmiersprachliche Variable kann zu verschiedenen Zeitpunkten unterschiedliche Werte annehmen.

Rolle des Gleichheitszeichens

Auch das Gleichheitszeichen spielt in Java und in der Mathematik eine völlig unterschiedliche Rolle. In der Mathematik wird damit eine Relation ausgedrückt, die keine zeitliche Dimension hat. In einem Javaprogramm steht das Gleichheitszeichen für eine Wertzuweisung, das heißt für eine Abfolge von getrennten, nacheinander abgewickelten Teilschritten.

Nicht initialisierte Variablen

Compiler überwacht Verwendung von Variablen

Eine neu definierte Variable hat noch keinen Wert, sie ist „nicht initialisiert". Eine nicht initialisierte Variable darf nicht gelesen werden. Das folgende Beispiel wird nicht übersetzt:

```
int i;
int j;
j = 2*i;      // Fehler - i ist nicht initialisiert
```

Diese Prüfung läuft beim Übersetzen ab und nicht erst dann, wenn das Programm ausgeführt wird. Das Weiterrechnen mit zufälligen oder ungewollten Werten ist damit ausgeschlossen.

Initialisierung

Initialisierung kombiniert Definition mit Wertzuweisung

Variablen können im Zuge der Definition sofort mit einem Wert versorgt, das heißt *initialisiert*, werden. Die folgende, noch einmal erweiterte Produktion beschreibt die Syntax:

```
definition ⇒ ["final"] type identifier ["=" expression] ";"
```

Beispiele für Definitionen mit Initialisierung sind:

```
int fahrenheit = 91;
int celsius = 4*fahrenheit/7 - 32;
final int speedOfLight = 299793218;
```

Eine Initialisierung entspricht einer Definition mit sofort nachfolgender Wertzuweisung. Das linke und das rechte Codefragment sind äquivalent:

```
int a;                         int a = 1;
a = 1;
```

Es ist in der Regel eine gute Idee, Variablen bei der Definition zu initialisieren, weil der Leser des Quelltextes sofort den Startwert der Variablen erfährt und nachfolgenden Code nicht absuchen muss.

Anweisungsarten

Einfache Anweisungen

Wir haben bisher zwei Arten von Anweisungen kennen gelernt:[10]

- Definitionen und
- Wertzuweisungen.

Die folgende Produktion drückt das formal aus:

```
statement ⇒ definition | assignment
```

Anweisungen der beiden Arten können in der Reihenfolge gemischt werden, solange die folgenden Forderungen eingehalten werden:

- Eine Variable muss erst definiert werden, bevor sie verwendet werden kann.
- Einer Variablen muss erst ein Wert zugewiesen werden, bevor sie in einem Ausdruck benutzt werden kann.

Beide Forderungen werden vom Compiler geprüft.

[10] Ausdrücke sind *keine* eigenständigen Anweisungen, sondern nur Bestandteile von Anweisungen.

2.4 Floatingpoint-Zahlen

Floatingpoint-Werte für numerische Zwecke

Für viele Zwecke reicht ganzzahlige Arithmetik aus. Manchmal werden aber gebrochene Werte gebraucht, wie zum Beispiel 3.14. Auch sehr große oder sehr kleine Werte, wie 10^{23} und 10^{-34}, können mit ganzen Zahlen bloß umständlich oder überhaupt nicht ausgedrückt werden. Für diese Zwecke gibt es **Floatingpoint-Zahlen** (dt. „Gleitkommazahlen“ oder „Fließkommazahlen“).

Zahlentypen `int` und `double`

Ganze Zahlen und Floatingpoint-Zahlen sind zwei verschiedene **numerische Typen**. Der Typ der Floatingpoint-Zahlen wird mit „`double`“ bezeichnet, der Typ der ganzen Zahlen mit „`int`“. Beide stehen gleichberechtigt nebeneinander. Jeder Zahlenwert hat einen eindeutigen Typ, entweder `int` oder `double`.[11]

Floatingpoint-Numerale

Schreibweise von Floatingpoint-Numeralen

Die Schreibweise von ganzzahligen Konstanten ist selbstverständlich. Für Floatingpoint-Numerale gilt das nicht unbedingt.

- Ein Nachkommaanteil wird mit einem Dezimalpunkt abgetrennt:

```
3.14
0.001
-123.04
21200.0
```

- Ein Zehnerexponent wird mit einem der Buchstaben „`E`“ und „`e`“ markiert, den man als „mal-zehn-hoch“ lesen kann:

`1E23`	10^{23}
`1e-34`	10^{-34}
`6.670E-11`	$6.670 \cdot 10^{-11}$
`-4.17e-4`	$-4.17 \cdot 10^{-4}$

  Zehnerexponenten sind ganzzahlige Konstanten, wahlweise mit einem Vorzeichen. Gebrochene Exponenten, Variablen oder Ausdrücke sind nicht erlaubt.

- Darüber hinaus kann man einem Numeral auch einen der beiden Buchstaben „`D`“ und „`d`“ nachstellen und erklärt es damit zum Floatingpoint-Numeral:

---

[11] Java bietet noch einige weitere numerische Typen, siehe Anhang C. `int` und `double` werden aber am häufigsten gebraucht. Einen Typ „`single`“, entsprechend zu „`double`“, gibt es nicht. Dessen Rolle nimmt der Typ „`float`“ ein.

```
1D
-234d
0.001D
1e-34d
```

In den letzten beiden Beispielen ist der Zusatz überflüssig, weil der Dezimalpunkt beziehungsweise der Exponent das Numeral bereits eindeutig als Floatingpoint-Numeral ausweisen.

Die folgenden Produktionen beschreiben die Syntax von Floatingpoint-Numeralen [5]:

```
fpnumeral ⇒ [sign] digit+ "." digit* [exponent] [doublesuffix]
fpnumeral ⇒ [sign] "." digit+ [exponent] [doublesuffix]
fpnumeral ⇒ [sign] digit+ exponent [doublesuffix]
fpnumeral ⇒ [sign] digit+ doublesuffix
exponent ⇒ ("E" | "e") [sign] digit+
doublesuffix ⇒ "D" | "d"
```

Im Gegensatz zu ganzzahligen Werten gibt es bei Floatingpoint-Zahlen unterschiedliche Schreibweisen für den gleichen Zahlenwert:

Mehrere Schreibweisen der gleichen Zahl

```
20.5
0.0205E3
205000E-4
```

Ein Numeral mit Nachkommaanteil oder Zehnerexponent oder nachgestelltem `D` oder einer Kombination davon hat den Typ `double`, andernfalls hat es den Typ `int`.

```
20     int
20.0   double
20E0   double
20.E0  double
20D    double
```

Ein `double`-Numeral und ein rechnerisch gleiches `int`-Numeral sind aus der Sicht von Java nicht austauschbar. Zum Beispiel beanspruchen „`20`" und „`20.0`" unterschiedlich viel Platz und werden unterschiedlich schnell verarbeitet.

Rechnerisch gleiche Werte als unterschiedliche Typen

Floatingpoint-Variablen

Variablen können entweder ganze Zahlen oder Floatingpoint-Werte speichern. Der Typ einer Variablen wird bei der Definition festgelegt, wie in den beiden folgenden Beispielen:

Variablen vom Typ `double`

```
int i;
double d;
```

Einmal definiert kann der Typ einer Variablen nicht mehr verändert werden. Wie alle Variablen können auch `double`-Variablen mit dem Modifier `final` gegen Änderungen geschützt und mit Startwerten initialisiert werden:[12]

```
final double pi = 3.14;
```

Polymorphismus

Ablauf von Rechenoperationen abhängig vom Operandentyp

Die arithmetischen Operatoren verarbeiten `int`- und `double`-Operanden. Der Typ des Ergebnisses hängt von den Operanden ab:

```
20/8 → 2
20.0/8.0 → 2.5
```

Obwohl in beiden Ausdrücken der gleiche Operator „/" benutzt wird, laufen intern ganz unterschiedliche Arten der Division ab. Ein derartiges Verhalten wird in Programmiersprachen als **Polymorphismus** bezeichnet.

Polymorphismus heißt allgemein, dass ein und dasselbe Sprachkonstrukt, *abhängig vom Kontext*, in grundsätzlich verschiedene Mechanismen umgesetzt wird. Im vorhergehenden Beispiel bestimmen die Operanden des Operators `/`, welche Art von Division abläuft: die einfache Ganzzahldivision oder die kompliziertere Floatingpoint-Division.

Existenzberechtigung verschiedener numerischer Typen

Angesichts der polymorphen arithmetischen Operatoren stellt sich die Frage, wozu überhaupt ganzzahlige Arithmetik gebraucht wird, wo doch Floatingpoint-Arithmetik rechnerisch viel genauer arbeitet. Es gibt allerdings gute Gründe dafür, dass Java und andere Programmiersprachen beide Typen anbieten:

- Rechenoperationen mit `int`-Werten sind schneller.[13]
- `double`-Werte brauchen mehr Speicherplatz.
- `int`-Arithmetik liefert immer ein exaktes Ergebnis, `double`-Arithmetik nicht.

---

[12] Die Kreiszahl π ist in der Variablen `Math.PI` mit der maximal möglichen Genauigkeit vordefiniert und sollte besser nicht selbst neu definiert werden.

[13] Das macht bei einzelnen Operationen keinen großen Unterschied, kann aber spürbar werden, wenn viel gerechnet wird.

Beispielsweise ist der Ausdruck

```
(1.0/x)*x - 1.0
```

nicht für alle x gleich null, weil double-Werte nur eine begrenzte Anzahl von Nachkommastellen haben.[14]

Man sollte beim Typ int bleiben, wo immer das möglich ist, und nur dann auf double ausweichen, wenn es die Aufgabenstellung erfordert.

Implizite Typkonversionen

Wechsel zwischen numerischen Typen

Die polymorphen arithmetischen Operatoren arbeiten wie erwartet, wenn beide Operanden den gleichen Typ haben. Bei gemischten Operandentypen ergibt sich als Ergebnis ein double-Wert:

```
1   + 2   → 3   (int)
1.0 + 2   → 3.0 (double)
1   + 2.0 → 3.0 (double)
1.0 + 2.0 → 3.0 (double)
```

Automatische Typkonversion int→double

Im zweiten und dritten Beispiel wird der int-Operand zuerst stillschweigend in einen double-Wert umgewandelt. Anschließend arbeitet der arithmetische Operator wieder mit zwei Operanden gleichen Typs. Das zweite Beispiel läuft also in den beiden folgenden Einzelschritten ab:

```
1.0 + 2 → 1.0 + 2.0 → 3.0
```

Die stillschweigende Typumwandlung int→double heißt **implizite Typkonversion**. Sie wird immer dann eingeschoben, wenn ein int-Wert zur Verfügung steht, aber ein double-Wert gebraucht wird.

Keine automatische Typkonversion double→int

Zu jedem int-Wert gibt es einen äquivalenten double-Wert, zum Beispiel 2.0 zu 2. Aus diesem Grund kann die Typkonversion int→double immer angewendet werden. Umgekehrt gilt das nicht: Zu vielen double-Werten gibt es keinen auch bloß *annähernd* gleichen int-Wert. Deshalb gibt es keine implizite Typkonversion double→int.[15]

Die implizite Typkonversion int→double erlaubt zum Beispiel eine Wertzuweisung eines int-Wertes an eine double-Variable. Hier wird

[14] Gegenbeispiele sind x = 49, 98, 103.

[15] Hier geht es nicht um Nachkommastellen, sondern um die Größenordnung der Wertebereiche. Implizite Typkonversionen verlaufen immer von Typen mit kleineren zu Typen mit größeren Wertebereichen. Dabei können durchaus Dezimalstellen weggerundet werden, wie bei der impliziten Konversion long→float. Eine Übersicht über alle impliziten Typkonversionen zwischen primitiven Typen gibt Anhang C.

wieder erst stillschweigend `4` → `4.0` konvertiert und dann `4.0` an die Variable zugewiesen.

```
double d = 4;  // implizite Typkonversion 4 -> 4.0
```

Die umgekehrte Zuweisung eines `double`-Wertes an eine `int`-Variable ist unzulässig, weil die entsprechende implizite Typkonversion `double`→`int` nicht existiert:

```
int i = 4.0;   // Fehler!
```

Kompatibilität

Kompatibilität zwischen Typen

Man bezeichnet allgemein einen Typ `T` als **kompatibel** zu einem anderen Typ `U`, wenn ein Wert vom Typ `T` einer Variablen vom Typ `U` zugewiesen werden kann.

Wegen der impliziten Typkonversion `int`→`double` ist `int` kompatibel zu `double`. Kompatibilität ist nicht symmetrisch, denn `double` ist nicht kompatibel zu `int`.

Im Verlauf des Buches werden noch einige weitere Mechanismen auftauchen, die ebenfalls Kompatibilität zwischen Typen zur Folge haben. Eine Zusammenfassung der Regeln für Typkompatibilitäten gibt Anhang E.

Explizite Typkonversionen

Explizite Typumwandlung trotz Informationsverlust

Die Typkonversion `double`→`int` wird nicht automatisch durchgeführt. Sie kann aber erzwungen werden durch eine **explizite Typkonversion** (engl. „*type cast*"). Ein Typecast muss mit der folgenden Konstruktion ausdrücklich verlangt werden:

```
expression ⇒ "(" type ")" expression
```

Der Ausdruck *`expression`* wird zuerst ausgerechnet und dann das Ergebnis in den Typ *`type`* umgewandelt.

Typecast als unärer Operator

Aus syntaktischer Sicht wird ein Typecast als unärer Operator betrachtet, ebenso wie die Vorzeichenoperatoren. Er hat die gleiche hohe Priorität wie die anderen unären Operatoren und wird vor den binären arithmetischen Operatoren ausgeführt:

```
(int)2.5*3 → 2*3 → 6
```

Wenn eine andere Auswertungsreihenfolge gebraucht wird, dann müssen Klammern gesetzt werden:

```
(int)(2.5*3) → (int)7.5 → 7
```

Typecasts sind immer suspekt

Ein expliziter Typecast führt eine Typumwandlung durch, wenn irgendwie möglich, selbst wenn dabei unsinnige und völlig falsche Ergebnisse herauskommen.[16] In der Regel sollte die Programmlogik das ausschließen. In einem fehlerhaften Programm kommt allerdings *jeder einzelne* Typecast als potenzielle Fehlerursache in Frage und muss überprüft werden. Um die Fehlersuche zu vereinfachen, sollte man den Einsatz von Typecasts auf das Minimum beschränken oder noch besser ganz vermeiden.

Wertebereiche

Begrenzte Wertebereiche

Alle Werte, ob `int` oder `double`, verbrauchen Speicherplatz. Der Speicherplatz ist begrenzt und seine Größe in Java für jeden Typ verbindlich festgelegt. Beispielsweise wird ein `int`-Wert immer in 4 Byte gespeichert und ein `double`-Wert immer in 8 Byte. Die Speichergrößen hängen nicht vom System ab und gelten in jedem Javaprogramm und auf jedem System. Einen Überblick gibt Anhang C.

Grenzen von `int`-Werten

Mit den 32 Bits eines `int`-Wertes lassen sich nur endlich viele verschiedene Zahlen codieren. Es gibt also einen maximalen negativen und einen maximalen positiven `int`-Wert:

Grenze	Wert	Vordefinierte Variable
größter negativer `int`-Wert	$-2147483648 = -2^{31}$	`Integer.MIN_VALUE`
größter positiver `int`-Wert	$+2147483647 = +2^{31} - 1$	`Integer.MAX_VALUE`

In einem Programm lassen sich diese Grenzwerte mit den vordefinierten Variablen ansprechen, die einfacher zu merken sind.

[16] Im Laufe des Buches werden weitere Typen eingeführt, zwischen denen es zum Teil keine Möglichkeit der Typumwandlung mehr gibt. In diesen Fällen lehnt der Compiler die Übersetzung ab.

Grenzen von double-Werten

Die Codierung von `double`-Werten in 8 Byte ist komplizierter und führt zu den folgenden Wertebereichsgrenzen:[17]

Grenze	Wert	Vordefinierte Variable
größter negativer `double`-Wert	$-1.79769 \cdot 10^{308}$	`-Double.MAX_VALUE`
kleinster negativer `double`-Wert	$-4.94065 \cdot 10^{-324}$	`-Double.MIN_VALUE`
kleinster positiver `double`-Wert	$+4.94065 \cdot 10^{-324}$	`Double.MIN_VALUE`
größter positiver `double`-Wert	$+1.79769 \cdot 10^{308}$	`Double.MAX_VALUE`

Maximale Anzahl Dezimalstellen

Zusätzlich ist die maximale Anzahl der gültigen Stellen von `double`-Werten auf etwa 16 Dezimalziffern beschränkt. Das bedeutet zum Beispiel, dass zwar korrekt berechnet wird

```
(1.0 + 1E-15) - 1.0 → 1.000000000000001 - 1.0 → 1E-15
```

dagegen aber mathematisch falsch:

```
(1.0 + 1E-20) - 1.0 → 1.0 - 1.0 → 0.0
```

Im zweiten Beispiel reicht die Genauigkeit des `double`-Typs nicht mehr aus, um alle erforderlichen Dezimalstellen des Zwischenergebnisses der Addition zu speichern. Die letzten Stellen werden abgeschnitten, gehen verloren und führen schließlich zu einem rechnerischen Fehler.

Bereichsüberschreitung

Falsche Ergebnisse bei Überschreitung des int-Bereichs

Die beiden numerischen Typen `int` und `double` verhalten sich unterschiedlich, wenn das Ergebnis einer arithmetischen Operation außerhalb des zulässigen Wertebereichs liegt.

Bei ganzzahliger Arithmetik wird kommentarlos falsch gerechnet. Zum Beispiel ergibt:

```
2147483647 + 1 → -2147483648
```

Dieses Resultat entsteht durch *„wrap around“*: Denken Sie sich das Werteintervall `[Integer.MIN_VALUE, Integer.MAX_VALUE]` zu einem

[17] In der Tabelle sind nicht alle Nachkommastellen der Grenzwerte abgedruckt.

Ring geschlossen. Arithmetik verläuft, bildlich gesprochen, im Kreis herum. Die Addition über das obere Ende des Wertebereichs hinaus führt also vom unteren Ende her wieder in den Wertebereich hinein. Das erklärt auch das Ergebnis des vorhergehenden Beispiels.

Man könnte den Eindruck gewinnen, dass sich angesichts dieses Verhaltens überhaupt nicht sinnvoll rechnen lässt. Ganzzahlige Arithmetik ist allerdings nicht für numerische Aufgaben gedacht, sondern für die effiziente Verarbeitung nicht allzu großer Zahlen. Ein Test jeder einzelnen Rechenoperation würde Zeit kosten und auch triviale Berechnungen spürbar abbremsen. In der Praxis kommt man mit dem Wertebereich der `int`-Zahlen recht problemlos zurecht.[18]

Fluchtwerte bei Überschreitung des `double`-Bereichs

Anders verhält sich `double`-Arithmetik:

- Beim Überlauf in Richtung $+\infty$ oder $-\infty$ erhält man die Werte `Double.POSITIVE_INFINITY` bzw. `Double.NEGATIVE_INFINITY`. Ein Beispiel:

  ```
  1E308 + 1E308 → Double.POSITIVE_INFINITY
  ```

  Diese beiden Werte unterscheiden sich von allen anderen `double`-Werten. Ein Programm kann sie erkennen und darauf reagieren.

- Beim Unterlauf des Wertebereichs ergibt sich null:

  ```
  5E-324/2 → 0.0
  ```

Unzulässige Operationen

Division durch null bricht ein Programm ab

Division durch null ist weder mit ganzen Zahlen, noch mit Floatingpoint-Zahlen zulässig. Das Programm wird in diesem Fall abgebrochen.[19] In der Regel weist Division durch null auf einen Konstruktionsfehler des Programms hin.

2.5 Bibliotheksmethoden

Vordefinierte mathematische Funktionen

Einige mathematische Funktionen werden oft gebraucht, wie zum Beispiel die Quadratwurzel, Logarithmen und die trigonometrischen Funktionen. Die entsprechenden Algorithmen sind vordefiniert und werden

[18] Statistisch betrachtet spielt sich fast die gesamte ganzzahlige Arithmetik im Bereich zwischen 0 und 10 ab.

[19] Hier kommt das so genannte Exception-Handling (Kapitel 9) zum Einsatz, das zum Programmabbruch führt, wenn keine anderen Maßnahmen vorgesehen werden.

in der **Laufzeitbibliothek** bereit gestellt, sodass sie nicht in jedem Programm neu definiert werden müssen. Die Bibliothek ist Teil des Entwicklungssystems und steht auf allen Systemen in der gleichen Form zur Verfügung.

Java-API Der Funktionsumfang der Laufzeitbibliothek wird als **Java-API** („*Java Application Programming Interface*“) bezeichnet. Das Java-API definiert die Schnittstelle zwischen Benutzercode und vorgegebenen Systemteilen. Die von Sun mit dem Java-Entwicklungssystem gelieferte Laufzeitbibliothek hat einen Umfang von vielen Megabytes und legt das Java-API fest. Alternative Laufzeitbibliotheken von anderen Herstellern sind defacto an dieses API gebunden.

Beispiele für mathematische Bibliotheksmethoden sind:[20]

Quadratwurzel	`Math.sqrt`
Natürlicher Logarithmus	`Math.log`
Logarithmus zur Basis 10	`Math.log10`
e-Funktion	`Math.exp`
Sinus	`Math.sin`
Arcus-Tangens	`Math.atan`

Argumente und Ergebnis

Aufrufe von Bibliotheksmethoden Eine Bibliotheksmethode erwartet Argumente, berechnet daraus einen Funktionswert und liefert diesen als Ergebnis zurück. Die Argumente werden in runden Klammern aufgezählt, wie die folgenden Produktionen festlegen:

```
expression ⇒ "Math." identifier "(" [arguments] ")"
arguments ⇒ expression ("," expression)*
```

Zum Beispiel liefert die Methode `Math.sin` den Sinus eines Winkels. Der folgende Ausdruck berechnet den Sinus von 0.5:

```
Math.sin(0.5) → 0.479425538604203
```

Alle Winkel werden im Bogenmaß gemessen. Neben den mathematischen Bibliotheksmethoden stehen die zwei vordefinierten Variablen `Math.PI` und `Math.E` für die Kreiszahl π und die Eulerzahl e zur Verfügung. Der folgende Ausdruck berechnet den Sinus von $45° = \frac{\pi}{4}$:

```
Math.sin(Math.PI/4) → 0.7071067811865475
```

[20] Der Vorsatz „`Math.`“ kann weggelassen werden, wenn am Programmanfang eine „statische Import-Klausel“ angegeben wird (siehe Seite 206). Das lohnt sich, wenn in einem Programm viele mathematische Bibliotheksmethoden benutzt werden.

Mehrere Argumente

Zwei oder mehr Argumente werden mit Kommata getrennt. Zum Beispiel berechnet die Funktion `Math.pow` die Potenz x^y. Sie erwartet als Argumente die Basis x und den Exponenten y in dieser Reihenfolge. Der Wert 3^7 wird beispielsweise berechnet mit:

Mehrere Argumente

```
Math.pow(3, 7) → 6561.0
```

Ein anderes Beispiel ist die Methode `Math.hypot`, die aus den Längen x und y der Katheten eines rechtwinkligen Dreiecks die Länge der Hypotenuse $\sqrt{x^2 + y^2}$ berechnet:

```
Math.hypot(1, 2) → 2.23606797749979
```

Geschachtelte Aufrufe

Die Argumente für Bibliotheksmethoden dürfen beliebig komplizierte Ausdrücke sein. Der Aufruf einer Bibliotheksmethode ist selbst wiederum ein Ausdruck. Damit lassen sich Aufrufe von Bibliotheksmethoden schachteln. Einige Beispiele:

Aufruf als Ausdruck

3^{3^3}	`Math.pow(3, Math.pow(3, 3))`
$(3^3)^3$	`Math.pow(Math.pow(3, 3), 3)`
$\sqrt{\frac{1}{4}\sin^2 a + \cos^2 \frac{a}{2}}$	`Math.hypot(Math.sin(a)/2, Math.cos(a/2))`

Die mathematischen Bibliotheksmethoden sind nur ein Sonderfall allgemeiner Methoden, die in Kapitel 4.5 eingeführt werden. Bibliotheksmethoden sind zum Teil sehr flexibel. Sie sollten allerdings nicht unbedacht eingesetzt werden, weil einfachere Konstrukte oft schneller ablaufen.

Laufzeiten von Bibliotheksmethoden

Der Wert von 4^3 wird zum Beispiel durch den Ausdruck „`4*4*4`“ wesentlich schneller berechnet als mit „`Math.pow(4, 3)`“. Entsprechend ist die Methode `Math.sqrt` um Größenordnungen effizienter als ein Aufruf von `Math.pow` mit dem Exponenten 0.5.

2.6 Ein- und Ausgabe

Entsprechend zu den mathematischen Bibliotheksmethoden sind auch Methoden vordefiniert, mit denen Werte von der Tastatur ein- und auf den Bildschirm ausgegeben werden können. Tastatur und Bildschirm werden gemeinsam als „Konsole“ bezeichnet und bilden aus der Sicht eines Programms die „Standard-Eingabe“ beziehungsweise die „Standard-Ausgabe“.

Die hier beschriebenen Methoden stehen ohne weitere Maßnahmen zur Verfügung. Weitere Beispielprogramme zur Ein- und Ausgabe finden Sie in Anhang F.

Ausgabeanweisungen

Ausgabe von Informationen aus dem Programm

Ausgabeanweisungen haben zwar nicht direkt mit arithmetischen Operationen und Variablen zu tun, werden aber in vielen Programmen gebraucht. Sie zählen zu den einfachen Anweisungen und stehen damit auf der gleichen Stufe wie Wertzuweisungen und Variablendefinitionen. Deshalb werden sie an dieser Stelle eingeführt.

Eine Anweisung der folgenden Form gibt einen festen Text aus, der in Gänsefüßchen angegeben wird.[21] Die beiden Anweisungen

```
System.out.println("Hello");
System.out.println("World");
```

produzieren die Ausgabe:

```
Hello
World
```

Die nachfolgende Ausgabe beginnt bei `println` jeweils auf einer neuen Zeile. Wenn die nächste Ausgabe in der gleichen Zeile, also unmittelbar im Anschluss an die vorhergehende folgen soll, wird `print` statt `println` benutzt. Die beiden Anweisungen

```
System.out.print("Hello");
System.out.print("World");
```

geben aus:

```
HelloWorld
```

Mit `println` und `print` kann anstelle eines festen Textes auch der Wert eines Ausdrucks ausgegeben werden:

```
System.out.println(Math.sin(Math.PI/4));
```

gibt aus:

```
0.7071067811865475
```

[21] Klartext in Gänsefüßchen wird als „String“ (Kapitel 5.2) bezeichnet.

Formatierte Ausgabe

Eine präzise Kontrolle der Ausgabe erlaubt die Methode `printf`. Diese erwartet als erstes Argument einen **Formatstring**. Der Formatstring ist eine Schablone, die aus einem festen Text in Gänsefüßchen besteht, in den **Formatangaben** eingebettet sind.[22] Alle Formatangaben beginnen mit einem Prozentzeichen. Es gibt unter anderem die folgenden Formatangaben:

Genaue Steuerung der Ausgabe

- `%d` ganzzahliger Wert
- `%x` ganzzahliger Wert in hexadezimaler Darstellung
- `%g` Floatingpoint-Wert, bei Bedarf mit Exponenten
- `%n` Wechsel in die nächsten Zeile
- `%%` das %-Zeichen selbst

Der folgende Formatstring enthält die vier Formatangaben `%d`, `%d`, `%g` und `%n`:

Formatangaben im Formatstring

```
"Der Abstand des Punktes (%d, %d) vom Ursprung ist %g.%n"
```

Nach dem Formatstring muss für jede der Formatangaben `%d`, `%x` und `%g` in der gleichen Reihenfolge ein Argument passenden Typs angegeben werden. Für `%n` und `%%` wird kein Argument erwartet. Zum Formatstring aus dem vorhergehenden Beispiel sind drei Ausdrücke erforderlich, zwei vom Typ `int` und einer vom Typ `double`:

```
System.out.printf(
        "Der Abstand des Punktes (%d, %d) vom Ursprung ist %g.%n",
         1,
         2,
         Math.hypot(1, 2));
```

Die Ausgabe lautet:

```
Der Abstand des Punktes (1, 2) vom Ursprung ist 2.23606797749979
```

Formatangaben können mit zusätzlichen **Steuerzeichen** genauer kontrolliert werden. Die Steuerzeichen stehen zwischen dem einleitenden %-Zeichen und dem schließenden Buchstaben. Unter anderem gibt es die folgenden Steuerzeichen, die auch kombiniert werden können:

Steuerzeichen für Formatangaben

`-`	Die Zahl wird linksbündig ausgegeben.
`+`	Eine positive Zahl wird mit Vorzeichen + ausgegeben.

[22] Die etwas eigenartige Arbeitsweise von `printf` spiegelt ihre Abstammung aus der viel älteren Programmiersprache C wider. Diese Art der Ausgabesteuerung hat sich seit langer Zeit bewährt und wurde deshalb in Java übernommen.

- `0` Eine Zahl wird mit führenden Nullen ausgegeben.
- `m` Die Mindestbreite in Spalten, die die entsprechende Ausgabe einnimmt.
- `.p` Bei `%g` die Anzahl Stellen nach dem Dezimalpunkt.

In den folgenden Beispielen sind die Ausgaben in Kommentaren angefügt. Leerzeichen sind dabei durch Underscores (_) ersetzt, um sie besser erkennbar zu machen:

```
System.out.printf("*%d*", 27);                    // *27*
System.out.printf("*%8d*", 27);                   // *______27*
System.out.printf("*%-8d*", 27);                  // *27______*
System.out.printf("*%08d*", 27);                  // *00000027*
System.out.printf("*%-+8d*", 27);                 // *+27_____*
System.out.printf("*%8x*", 27);                   // *______1b*
System.out.printf("*%g*", Math.sqrt(2));          // *1.414214*
System.out.printf("*%16g*", Math.sqrt(2));        // *________1.414214*
System.out.printf("*%16.10g*", Math.sqrt(2));     // *____1.4142135624*
System.out.printf("*%d%%*", 80);                  // *80%*
```

Eingabewerte

Die meisten Programme brauchen Eingabewerte, um ihre Ergebnisse zu berechnen. Eingabewerte können auf verschiedenen Wegen an ein Programm übermittelt werden.

Feste Startwerte im Quelltext

Im einfachsten Fall werden Eingabewerte fest im Quelltext verankert. Das ist allerdings auch eine recht starre Lösung, weil der Quelltext für jeden neuen Eingabewert neu compiliert werden muss. Um mit dem Beispielprogramm von Listing 1.1 die Zahlensumme für ein anderes *n* als 4 zu bestimmen, muss die Definition

```
int n = 4;
```

im Quelltext geändert und das Programm neu übersetzt werden.

Eingabewerte von der Kommandozeile

Flexibler ist die Vorgabe von Eingabewerten beim Programmstart auf der Kommandozeile („Kommandozeilenargumente"). Die beide Ausdrücke

```
Integer.parseInt(args[0])
Double.parseDouble(args[0])
```

holen eine ganze Zahl beziehungsweise eine Floatingpoint-Zahl von der Kommandozeile ab.

Kommandozeilenargumente werden beim Programmstart nach dem Klassennamen angefügt. Dabei können auch mehrere Werte angegeben werden, die beginnend mit 0 durchnummeriert werden. args[0] bezieht sich auf den ersten Eingabewert, args[1] auf den zweiten, args[2] auf den dritten und so fort. Das folgende Programm liest zwei ganzzahlige Werte und einen Floatingpoint-Wert von der Kommandozeile:

```
class EchoNumbers
{
    public static void main(String[] args)
    {
        int a = Integer.parseInt(args[0]);
        int b = Integer.parseInt(args[1]);
        double c = Double.parseDouble(args[2]);
        System.out.println(a);
        System.out.println(b);
        System.out.println(c);
    }
}
```

Die drei Werte werden unverändert wieder ausgegeben:

```
$ java EchoNumbers 5 -60 82.0
5
-60
82.0
```

Im Summenprogramm (Listing 1.1) kann n folgendermaßen initialisiert werden:

```
int n = Integer.parseInt(args[0]);
```

Hier wird ein einziger Eingabewert gelesen und an n zugewiesen. Die folgenden Kommandos berechnen verschiedene Zahlensummen mit dem gleichen Programm:

```
$ java Sum 10
55
$ java Sum 12
78
```

Eingabewerte aus Umgebungsvariablen

Eine dritte Möglichkeit ist die Vorgabe von Eingabewerten in **Umgebungsvariablen**. Umgebungsvariablen dürfen nicht mit Java-Variablen verwechselt werden. Sie werden ausschließlich vom Betriebssystem verwaltet und leben komplett außerhalb von Java. Leider geht jedes System anders mit Umgebungsvariablen um. Drei populäre Varianten zeigt die folgende Tabelle:

System	typisches Prompt	Kommando zur Definition
Windows	`C:\>`	`set N=10`
Unix, Bash	`$`	`export N=10`
Unix, C-Shell	> oder `%`	`setenv N 10`

Der Name „`N`“ der Umgebungsvariablen ist hier willkürlich gewählt und hat keinen Bezug zu den Namen im Javaprogramm.[23] Die zwei folgenden Anweisungen initialisieren eine `int`- und eine `double`-Variable aus zwei Umgebungsvariablen names `N` und `F`:

```
int i = Integer.parseInt(System.getenv("N"));
double d = Double.parseDouble(System.getenv("F"));
```

Im Summenprogramm von Listing 1.1 kann `n` folgendermaßen aus einer Umgebungsvariablen initialisiert werden:

```
int n = Integer.parseInt(System.getenv("N"));
```

Im folgenden Beispiel wird eine Bash unter Unix benutzt. Erst wird die Umgebungsvariable `N` festgelegt, dann das Programm gestartet.

```
$ export N=10
$ java Sum
55
$ export N=12
$ java Sum
78
$ java Sum
78
```

Mit Umgebungsvariablen können die gleichen Vorgabewerte für viele Tests verwendet werden, ohne dass die Werte fest im Quelltext eingebrannt werden müssen.

23 Üblicherweise werden die Namen von Umgebungsvariablen mit Großbuchstaben geschrieben. Das Betriebssystem selbst benutzt einige Umgebungsvariablen, sodass die Gefahr von Kollisionen besteht. Dagegen gibt es kaum einen Schutz.

2.7 Aufgaben

2a. Schräge Bezeichner

Welche der folgenden Identifier entsprechen den Konventionen für Variablen, welche sind syntaktisch korrekt und welche sind unzulässig? Benutzen Sie keinen Computer, um diese Aufgabe zu lösen.

```
Top10
007
3malschwarzerkater
fax0123/456789
OOoOOoOooOO
CAFEBABE
SunJava2SE15
Sum.java
track17sector190
dieserBezeichneristunzulaessigweilzulangDiemaximaleLaengeist32
XXIV
```

2b. Assoziativitäten und Prioritäten

Der Ausdruck „3*4-5*2-1" wird in Java folgendermaßen ausgewertet:

```
3*4-5*2-1 → (3*4)-(5*2)-1 → 12-10-1 → (12-10)-1 → 2-1 → 1
```

Angenommen, der Subtraktionsoperator würde von *rechts nach links* binden, statt wie in allen gängigen Programmiersprachen von links nach rechts. Was wäre dann der Wert des Ausdrucks?

Angenommen, der Subtraktionsoperator würde normal von links nach rechts binden, aber *stärker* als der Multiplikationsoperator. Was wäre dann der Wert des Ausdrucks?

Angenommen, der Subtraktions- und der Multiplikationsoperator würden *beide gleich stark* und beide normal von links nach rechts binden. Was wäre dann der Wert des Ausdrucks?

2c. Syntaxpuzzle

Finden Sie ohne Computer heraus, welche der folgenden Ausdrücke korrekt und welche falsch sind. Welchen Wert und welchen Typ haben die korrekten Ausdrücke?

```
9+3 * 12
-+1
24 / 8-(((3))) / 2
24 / 8(((-3))) / 2
-(-(-(-1)-1)-1)-1
7/-3+8*-2- -1.0/-2
5+-+5+-5
5*/*5*/5
(((1)))(((1)))
23/7%4+1
23%4%4%4%4%4%4+1.0
```

2d. Mathematische Formeln

Geben Sie Java-Ausdrücke an, die den folgenden mathematischen Formeln entsprechen. Versuchen Sie mit der minimalen Anzahl Operatorzeichen auszukommen. Klammern werden dabei nicht mitgezählt.[24]

$$\frac{a}{b} - \frac{c}{d}$$

$$\frac{a+b}{a-b} \cdot \frac{c+d}{c-d}$$

$$ax^3 + bx^2 + cx + d$$

$$a^3 - 3a^2b + 3ab^2 - b^3$$

$$\frac{1}{a} + \frac{2}{a^2} + \frac{3}{a^3}$$

Schreiben Sie ein Programm `Formulas`, das die `double`-Variablen `a`, `b`, `c`, `d` und `x` definiert, Werte von der Kommandozeile einliest und ihnen zuweist, die oben genannten Formeln berechnet und die Ergebnisse wieder ausgibt.

Das Programm gibt zum Beispiel aus:

```
$ java Formulas 1 2 3 4 5
-0.25
21.0
```

[24] Im Allgemeinen ist es kein erstrebenswertes Ziel, die Länge eines Ausdrucks zu minimieren.

```
194.0
-1.0
6.0
```

2e. Quadratische Gleichung

Die Lösungen der quadratischen Gleichung $ax^2 + bx + c = 0$ liefert die Formel

$$x_{1,2} = \frac{-b \pm \sqrt{b^2 - 4ac}}{2a}$$

Schreiben Sie ein Programm `SolveQuadratic`, das drei `double`-Koeffizienten a, b und c von der Kommandozeile einliest und die Lösungen ausgibt. Was liefert Ihr Programm für Gleichungen mit zwei, einer und keiner Lösung?

2f. Satellitenzeit

Ein Satellit funkt Zeitspannen als „Anzahl Sekunden" zur Erde. Schreiben Sie ein Programm `SatelliteTime`, das einen Sekundenbetrag von der Kommandozeile akzeptiert und die Zeitspanne in der Form „`d h m s`" wieder ausgibt, wobei gilt:

`d` = Anzahl Tage,
`h` = Anzahl Stunden im Bereich 0 bis 23,
`m` = Anzahl Minuten im Bereich 0 bis 59,
`s` = Anzahl Sekunden im Bereich 0 bis 59.

Testen Sie das Programm beispielsweise mit dem Aufruf

```
$ java SatelliteTime 10000
0 2 46 40
```

Die Ausgabe ist korrekt, denn

0 Tage + 2 Stunden + 46 Minuten + 40 Sekunden
= $(2 \cdot 3600 + 46 \cdot 60 + 40)$ Sekunden
= 10000 Sekunden

2g. Bananen

Schreiben Sie ein Programm `Bananas`, das als erste Zahl den Brutto-Kilopreis von Bananen in Cent von der Kommandozeile liest. Als zweite Zahl liest das Programm das Gewicht einer Menge von Bananen in Gramm. Beide sind ganze, nicht-negative Zahlen. Daraufhin gibt das Programm den Bruttopreis aus, wie im unten stehenden Beispiel gezeigt.

Erweitern Sie Ihr Programm so, dass es auch den Nettopreis und die enthaltene Mehrwertsteuer ausgibt. Der Mehrwertsteuersatz in Prozent wird als dritte Zahl von der Kommandozeile eingelesen.

`Bananas` liefert beispielsweise folgende Ergebnisse:

```
$ java Bananas 232 1500 16
Brutto  3.48 Euro
MWSt    0.48 Euro
Netto   3.00 Euro
```

Achten Sie darauf, dass

1. sich aus Nettopreis und Steuersatz der enthaltene Steuerbetrag ergibt und dass
2. die Summe aus Nettopreis und Steuerbetrag exakt den Bruttopreis ergibt.

In beiden Schritten wird „kaufmännisch gerechnet“, das heißt dass Bruchteile von Cents immer zu ganzen Cents gerundet werden. Aus 99,50 Cents ergibt sich zum Beispiel 1,– €, aus 99,49 Cents dagegen –,99 €.

Kontrollstrukturen

3

ÜBERBLICK

Der Begriff „Kontrollstrukturen" bezeichnet alle Sprachmittel, die die Ausführungsreihenfolge von Anweisungen steuern. Aus struktureller Sicht liegen die Kontrollstrukturen eine Abstraktionsebene über den bisher betrachteten, einfachen Anweisungen (Variablendefinition, Wertzuweisung, Ausgabeanweisung).

- In 3.1 wird der für die Informatik zentrale Begriff des **„Algorithmus"** eingeführt. Algorithmen erfassen auf programmiersprachen-neutrale Art die Idee eines Lösungsweges.
- Die in 3.2 vorgestellten **`if`-Anweisungen** sind eine erste wichtige Art von Kontrollstruktur. Sie erlauben es, untergeordnete Anweisungen wahlweise auszuführen oder auszulassen. Die Entscheidung darüber wird von einer Bedingung gesteuert.
- In 3.3 wird der Typ `boolean` für **Wahrheitswerte** beschrieben. Bedingungen von `if`-Anweisungen sind Ausdrücke mit einem `boolean`-Ergebnis. Mit relationalen und logischen Operatoren lassen sich auch komplexe Bedingungen formulieren.
- Die zweite, grundlegende Art von Kontrollstruktur, neben `if`-Anweisungen, sind die in 3.4 vorgestellten **Schleifen**. Schleifen wiederholen untergeordnete Anweisungen so lange wie eine Bedingung vorgibt.
- Mit den in 3.5 gezeigten Anweisungen `break` und `continue` können Schleifen recht flexibel kontrolliert werden, allerdings um den Preis einer möglicherweise unübersichtlichen Programmstruktur.
- Ein zentrales Konzept für den Umgang mit Variablen sind **Gültigkeitsbereiche**, die in 3.6 besprochen werden. Sie tragen entscheidend dazu bei, die Abhängigkeiten zwischen verschiedenen Programmteilen zu reduzieren.
- In 3.7 werden **`for`-Schleifen** diskutiert. Diese haben zwar eine etwas barocke Syntax, erlauben aber in vielen Fällen kompakten und prägnanten Code.

3.1 Algorithmen

Einfache Anweisungen

Im vorhergehenden Kapitel wurden Variablendefinitionen, Wertzuweisungen und Ausgabeanweisungen vorgestellt. Diese drei Arten von Anweisungen werden als „einfache Anweisungen" bezeichnet, weil sie nicht mehr in kleinere Anweisungen zerlegt werden können.

In diesem Kapitel werden Kontrollstrukturen eingeführt. Kontrollstrukturen sind „zusammengesetzte Anweisungen", die als Bausteine wieder vollständige, untergeordnete Anweisungen enthalten.

Schon das schlichte Aneinanderreihen von Anweisungen lässt sich als Kontrollstruktur sehen, als eine „Anweisungsfolge" oder „Sequenz". Eigentlich ganz selbstverständlich werden die Anweisungen einer Sequenz genau in der Reihenfolge ausgeführt, in der sie im Quelltext stehen.

Sequenz = Anweisungsfolge

Idee

Mit den Kontrollstrukturen dieses Kapitels lassen sich sehr komplexe, vielfach verschachtelte Abläufe konstruieren. Eine allgemeine Rechenvorschrift wird als **Algorithmus** bezeichnet.

Algorithmus = Rechenvorschrift

Will man einen Algorithmus aufzeichnen und festhalten, dann kann man dazu ein Javaprogramm benutzen. Allerdings ist Java nur eine Programmiersprache unter anderen, und nicht jeder Entwickler arbeitet mit Java. Wie bei natürlichen Sprachen würde es zu Verständigungsproblemen kommen.

Aus diesem Grund formuliert man Algorithmen besser in einer Darstellung, die von keiner bestimmten Programmiersprache abhängig ist, von den allermeisten Entwicklern verstanden wird und sich in fast jede Programmiersprache übertragen lässt.

Eine populäre und bewährte Darstellung sind **Struktogramme** (auch „Nassi-Shneiderman-Diagramme"). Ein Struktogramm hält den Aufbau und die Struktur eines Algorithmus fest. Von Details wird dabei bewusst abstrahiert. Es geht um die „reine Idee", die Essenz des Algorithmus.

Struktogramm = Neutrale Darstellung

Merkmale

An einen Algorithmus, wie immer er formuliert ist, stellt man gewisse Anforderungen. Die folgenden fünf Eigenschaften wurden von Donald E. Knuth [6] formuliert:

Anforderungen an einen Algorithmus

Definiteness

Ein Algorithmus ist aus Bausteinen zusammengesetzt, die einfache Anweisungen sind. Eine einzelne, einfache Anweisung muss so klar und eindeutig formuliert sein, dass sie jeder Leser mit hinreichenden Sachkenntnissen auf die gleiche Art versteht und umsetzt.

Effectiveness
Zur Ausführung eines einzelnen Schrittes darf nur ein begrenzter Zeitaufwand nötig sein.

Input Für jeden Algorithmus muss festgelegt werden, welche Informationen von außen zur Verfügung gestellt werden.

Output Ebenso wird festgelegt, welches Ergebnis der Algorithmus produziert. Das Ergebnis kann aus einer einfachen Zahl oder aus einer ganzen Menge von Informationen bestehen.

Finiteness
Schließlich wird von einem Algorithmus verlangt, dass er in jedem Fall mit einer endlichen Anzahl von Einzelschritten zu einem Ergebnis kommt. Das ist die schwierigste Anforderung, denn es ist keineswegs immer klar, dass ein Algorithmus überhaupt für jeden zulässigen Input zu einem Ende kommt.

Praxis: Anforderungen gelockert

Diese Ansprüche an einen Algorithmus lassen sich in der Praxis nicht immer konsequent durchsetzen. Zum Beispiel verbirgt sich hinter der letzten Forderung ein schwieriges theoretisches Problem, das für die wenigsten Programme tatsächlich gelöst ist.[1]

Struktogramme

Struktogramm = übersichtliche Darstellung

Struktogramme sind halbgraphische Darstellungen, mit denen sich der Aufbau von Algorithmen festhalten lässt. Dabei werden viele Details unterschlagen, die zwar ein Compiler fordert, den Blick auf die eigentliche Struktur eines Algorithmus aber verstellen würden.

Elementarbaustein eines Struktogramms

Elementare Bausteine eines Struktogramms sind einfache, meistens umgangssprachliche Anweisungen, wie zum Beispiel

Definiere n als ganze Zahl
Gib n den Wert 4
Zähle n um 1 hoch
Gib n aus

Oft benutzt man auch so genannten „Pseudocode“. Als Pseudocode bezeichnet man kurze Codefragmente, die so oder ganz ähnlich in den

[1] Es wurde bewiesen, dass es kein Verfahren gibt, das automatisch für ein beliebiges Programm feststellen kann, ob dieses immer zu einem Ende kommt oder nicht („Halteproblem“). Das ist ein wichtiges, aber auch ernüchterndes Ergebnis der theoretischen Informatik.

meisten Programmiersprachen vorkommen und mit großer Wahrscheinlichkeit von jedem Leser verstanden werden. Pseudocode ist für keinen Compiler bestimmt und muss beispielsweise nicht der Javasyntax entsprechen. Beispiele für Anweisungen in Pseudocode sind:

int n
$n = 4$
$n = n + 1$
print n

Jede einzelne einfache Anweisung wird in eine Box verpackt. Eine Box mit einer Anweisung ist das einfachste Struktogramm:

Gib n den Wert 4

Mehrere Anweisungen, die nacheinander ausgeführt werden sollen, werden in gestapelte Boxen gesetzt:

Sequenz = Stapel von Struktogrammen

Definiere n als ganze Zahl
Gib n den Wert 4
Zähle i um 1 hoch

Wenn die Reihenfolge keine Rolle spielt, kann man auch mehrere einfache Anweisungen in eine einzige Box packen, um die Darstellung zu vereinfachen:

Gib n den Wert 4, gib i den Wert 5

Weitere Struktogrammelemente werden im Verlauf dieses Kapitels eingeführt.

Jedes Struktogramm hat genau einen Eingang (von oben) und genau einen Ausgang (nach unten). Es gibt keinen seitlichen Eingang und keinen seitlichen Ausgang.

Einschränkung: ein Eingang, ein Ausgang

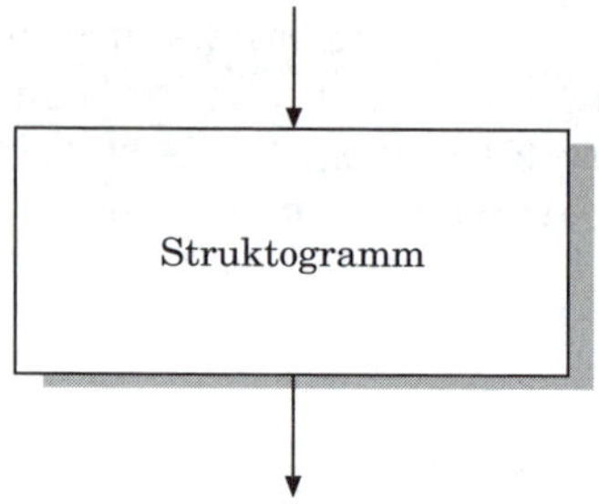

Das ist eine sehr wichtige Eigenschaft, die Struktogramme zum Beispiel von den älteren „Flussdiagrammen“ unterscheidet.[2] Durch die Einschränkung auf einen einzigen Eingang und einen einzigen Ausgang lassen sich Struktogramme immer mit den Kontrollstrukturen moderner Programmiersprachen ausdrücken, ohne dass das geächtete „goto“ benutzt werden müsste.

Struktogramme setzen die Idee der „strukturierten Programmierung“ um. Strukturierte Programmierung bedeutet nichts anderes als die freiwillige Selbstbeschränkung auf gerade die Ausdrucksmittel, die sich mit Struktogrammen formulieren lassen.

Ein populärer Verfechter der strukturierten Programmierung ist Niklaus Wirth. Seine Programmiersprache „Pascal“ ist auf strukturierte Programmierung ausgerichtet [7]. Die Kontrollstrukturen vieler nachfolgender Programmiersprachen, einschließlich Java, orientieren sich an denen von Pascal.

3.2 `if`-Anweisungen

`if`: Anweisung ausführen oder auslassen

In einer `if`-Anweisung (auch „Alternative“, „bedingte Anweisung“ oder „Verzweigung“) wird eine Anweisung nur dann ausgeführt, wenn eine bestimmte Voraussetzung („Bedingung“, engl. „*condition*“) erfüllt ist. Andernfalls wird die betreffende Anweisung ausgelassen.

Die Syntax einer `if`-Anweisung lautet:

```
statement ⇒ "if" "(" condition ")"
                statement
```

Das Wort „`if`“ und die runden Klammern sind fester Bestandteil der `if`-Anweisung. Beachten Sie, dass die `if`-Anweisung, für sich betrachtet, nicht mit einem Semikolon abgeschlossen wird. Allerdings kann das Semikolon Teil der untergeordneten Anweisung *`statement`* sein.

2 Gerade dieser Vorzug wird aber mit den Anweisungen `break` und `continue` (Kapitel 3.5, Seite 90) untergraben.

Die folgende `if`-Anweisung gibt den Text „snow“ aus, wenn die Variable `temperature` einen negativen Wert hat. Andernfalls wird nichts ausgegeben.

```
if(temperature < 0)
    System.out.println("snow");
```

Listing 3.1: Beispiel für eine `if`-Anweisung

In dieser `if`-Anweisung wird zuerst der Wert der Variablen `temperature` geprüft:

- Ist der Wert negativ, dann wird die nachfolgende Ausgabeanweisung ausgeführt.
- Andernfalls, wenn der Wert null oder positiv ist, wird die Ausgabeanweisung ausgelassen.

Struktogramm

Struktogramm für `if`-Anweisung

In Struktogrammen werden `if`-Anweisungen in folgender Form dargestellt:

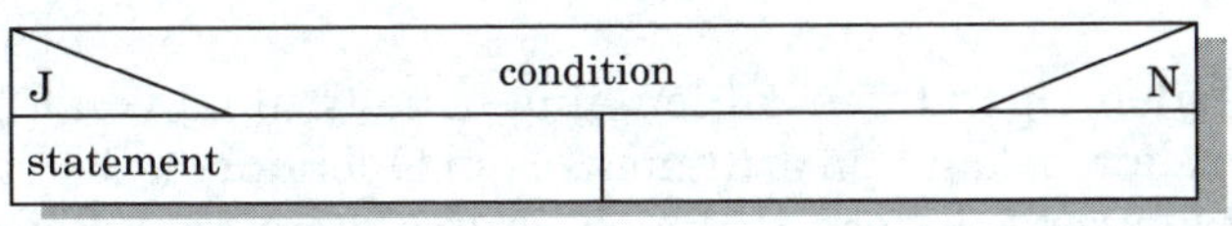

Diese T-förmige Anordnung gehört zum Formalismus von Struktogrammen und darf nicht abgewandelt werden.[3] Die Frage im oberen Teil ist eine ja/nein-Frage. Wenn sie mit „ja“ beantwortet werden kann, wird der linke untere Teil ausgeführt. Andernfalls wird er ignoriert. In jedem Fall ist die `if`-Anweisung dann beendet.

Hier ist das Struktogramm zu Anweisung 3.1:

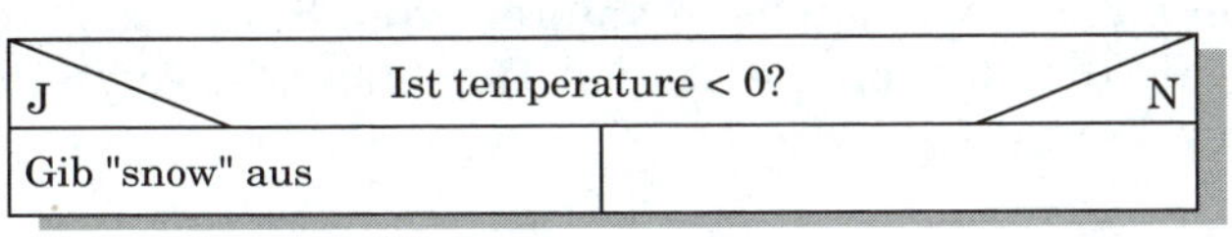

3 Die Bedingung sollte ohne Verneinung formuliert werden. Die positive Antwort (ja, trifft zu) sollte auf die linke Seite führen, die negative (nein, trifft nicht zu) auf die rechte Seite. Das ist allerdings nur eine Konvention, keine feste Vorschrift für Struktogramme.

Bedingung

Bedingung = Ausdruck mit ja/nein-Ergebnis

Die Bedingung in den runden Klammern einer `if`-Anweisung ist eine neue Art von Ausdruck. Entweder er „trifft zu“ oder er „trifft nicht zu“. Eine dritte Möglichkeit außer diesen beiden gibt es nicht. Ein derartiger Ausdruck heißt „`boolean`-Ausdruck“, das Ergebnis seiner „Berechnung“ ist ein **Wahrheitswert**. `boolean`-Ausdrücke werden in Kapitel 3.3 im Detail erklärt.

Vergleichsoperatoren

Relationale Operatoren

In der Bedingung einer `if`-Anweisung können zwei Ausdrücke verglichen werden. Dazu wird ein **relationaler Operator** („Vergleichsoperator“) benutzt. Java kennt die folgenden relationalen Operatoren:[4]

`<`	echt kleiner
`<=`	kleiner oder gleich
`>`	echt größer
`>=`	größer oder gleich
`==`	gleich
`!=`	nicht gleich

Gegensatz zu arithmetischen Operatoren

Die relationalen Operatoren bilden eine neue Gruppe von Operatoren, neben den schon bekannten arithmetischen Operatoren. Sie verknüpfen je zwei Zahlenwerte, liefern als Ergebnis aber einen Wahrheitswert und keinen Zahlenwert. Die Syntax von Bedingungen lautet:

```
condition ⇒ expression reloperator expression
reloperator ⇒ "<" | "<=" | ">" | ">=" | "==" | "!="
```

Priorität und Assoziativität

Wie die arithmetischen Operatoren hat jeder relationale Operator eine charakteristische Priorität und Assoziativität (siehe Anhang B). Allgemein binden die Vergleichsoperatoren von links nach rechts und schwächer als die Rechenoperatoren. Der folgende Vergleich ist syntaktisch korrekt und trifft zu:

```
2 + 3 < 2*3 → 5 < 6
```

[4] Die Schreibweise der letzten beiden Vergleichsoperatoren ist etwas gewöhnungsbedürftig. Für den Test auf Gleichheit mit dem Operator == wird oft irrtümlich nur ein einzelnes Gleichheitszeichen geschrieben, wie aus der Mathematik gewohnt. Unglücklicherweise ist die Konstruktion mit einem Gleichheitszeichen auch noch manchmal syntaktisch zulässig und wird vom Compiler übersetzt, hat aber dann kaum die beabsichtigte Wirkung.

Beispiel: Größter von drei Werten

Den Einsatz von `if`-Anweisungen zeigt das folgende Beispiel: In den drei Variablen `a`, `b` und `c` seien drei beliebige Zahlenwerte gespeichert. Der größte der drei Werte soll in die Variable `max` kopiert und der Wert dieser Variablen dann ausgegeben werden.

Dieses Problem lässt sich mit folgendem Algorithmus lösen, der zunächst umgangssprachlich formuliert wird:

1. Zunächst wird angenommen, dass `a` der größte Wert sei.
2. Anschließend wird dieser erste mögliche Maximalwert mit `b` verglichen. Falls `b` tatsächlich größer ist, wird der Maximalwert auf `b` korrigiert.
3. In der Variablen `max` ist jetzt der größere der Werte `a` und `b` gespeichert. Dieser Wert wird jetzt mit `c` verglichen. Falls `c` noch größer ist, wird der Maximalwert erneut korrigiert, diesmal auf `c`.
4. Schließlich steht hier in `max` der größte der drei Werte. Er kann ausgegeben werden.

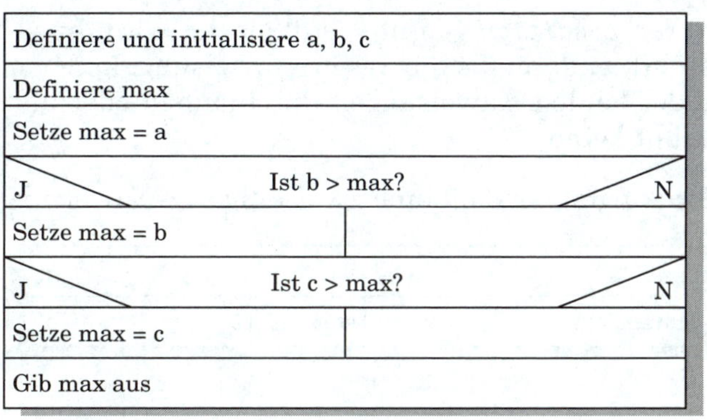

Abbildung 3.1: Algorithmus: Größter von drei Werten

Abbildung 3.1 zeigt das Struktogramm zu diesem Algorithmus. Das entsprechende Javaprogramm lautet:

```
class Max3
{
    public static void main(String[] args)
    {
        int a = Integer.parseInt(args[0]);
        int b = Integer.parseInt(args[1]);
        int c = Integer.parseInt(args[2]);
```

```
            int max = a;
            if(b > max)
                max = b;
            if(c > max)
                max = c;
            System.out.println(max);
        }
    }
```

Listing 3.2: Beispielprogramm `Max3` zur Bestimmung des größten von drei Werten

Zweiseitige `if`-Anweisungen

`if/else`: Entscheidung zwischen zwei Anweisungen

Eine Erweiterung der einfachen einseitigen `if`-Anweisung ist die zweiseitige `if`-Anweisung mit folgendem Aufbau:

```
statement ⇒ "if" "(" condition ")"
                 statement
            "else"
                 statement
```

Wie „`if`" ist auch „`else`" ein Schlüsselwort.

Genau eine Anweisung wird ausgeführt

Zuerst wird die *`condition`* geprüft. Trifft sie zu, wird die erste Anweisung ausgeführt, andernfalls die zweite Anweisung. In jedem Fall wird genau eine der beiden Anweisungen durchlaufen, aber niemals beide oder überhaupt keine.

In einem Struktogramm sieht eine zweiseitige `if`-Anweisung so aus:

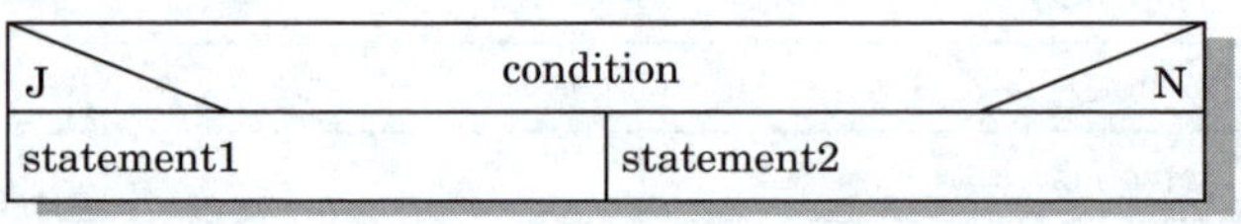

Beispiel: Absolutwert

In der Variablen `x` ist eine beliebige Zahl gespeichert. An die Variable `a` soll der Absolutwert von `x` zugewiesen werden. Dafür eignet sich eine zweiseitige `if`-Anweisung:

```
double x = ...;
double a;
if(x >= 0)
    a = x;
else
    a = -x;
```

Vergleich von Floatingpoint-Werten

Wie die Rechenoperatoren sind die Vergleichsoperatoren polymorph: Sie können ganze Zahlen und Floatingpoint-Werte vergleichen. Gemischte Operandentypen werden über implizite Typkonversion angeglichen.

Relationale Operatoren sind polymorph

Die int-Arithmetik ist frei von Rundungsfehlern, nicht aber die Floatingpoint-Arithmetik. Deshalb liefert der Vergleich von double-Werten mit == und != manchmal unerwartete Ergebnisse, wie das folgende Beispiel zeigt:

Rundungsfehler bei Floatingpoint-Werten

```
double a = 1.0/3.0;
double b = 10 + a - 10;
if(a == b)
    System.out.println("gleich");
else
    System.out.println("verschieden");
```

Obwohl a und b rechnerisch gleich sind, gibt das Programm „verschieden" aus.

Im Allgemeinen ist es ratsam, bei Floatingpoint-Vergleichen Toleranzgrenzen vorzusehen, statt exakte Werte abzuprüfen:[5]

Floatingpoint-Werte mit Bereichen vergleichen

```
double a = 1.0/3.0;
double b = 10 + a - 10;
final double epsilon = 1E-10;
if(Math.abs(a - b) < epsilon)
    System.out.println("gleich");
else
    System.out.println("verschieden");
```

Diese zweite Fassung des Programms gibt „gleich" aus. Die Wahl eines passenden epsilon ist nicht immer ganz einfach.

Geschachtelte if-Anweisungen

Eine if-Anweisung kontrolliert eine oder zwei untergeordnete Anweisungen. Auch die if-Anweisung selbst ist wieder eine Anweisung. Im Gegensatz zu einfachen Anweisungen, wie Definitionen und Wertzuweisungen, bezeichnet man eine if-Anweisung als „zusammengesetzte Anweisung", weil sie als Bestandteile andere Anweisungen enthält.

Kontrolle über beliebige andere Anweisung

5 Die Bibliotheksfunktion abs im nachfolgenden Beispiel liefert den Absolutwert des Argumentes.

if-Anweisung kontrolliert andere if-Anweisung

Die einer `if`-Anweisung untergeordnete Anweisung kann selbst wieder eine `if`-Anweisung sein. `if`-Anweisungen können also geschachtelt werden.

Im folgenden Beispiel ist eine geschachtelte `if`-Anweisung sinnvoll anwendbar: Eine quadratische Gleichung $ax^2 + bx + c = 0$ hat keine, eine oder zwei Lösungen, abhängig vom Vorzeichen der Diskriminante $d = b^2 - 4ac$. Das folgende Programm gibt die Lösungen aus:

```
class SolveSqrt
{
    public static void main(String[] args)
    {
        double a = Double.parseDouble(args[0]);
        double b = Double.parseDouble(args[1]);
        double c = Double.parseDouble(args[2]);
        double d = b*b - 4*a*c;
        if(d < 0)
            System.out.printf("no solution%n");
        else
            if(d == 0)
                System.out.printf("1 solution: %g%n",
                    -b/(2*a));
            else
                System.out.printf("2 solutions: %g, %g%n",
                    (-b + Math.sqrt(d))/(2*a),
                    (-b - Math.sqrt(d))/(2*a));
    }
}
```

Listing 3.3: Lösung einer quadratischen Gleichung

Dieses Programm hat den folgenden Aufbau:

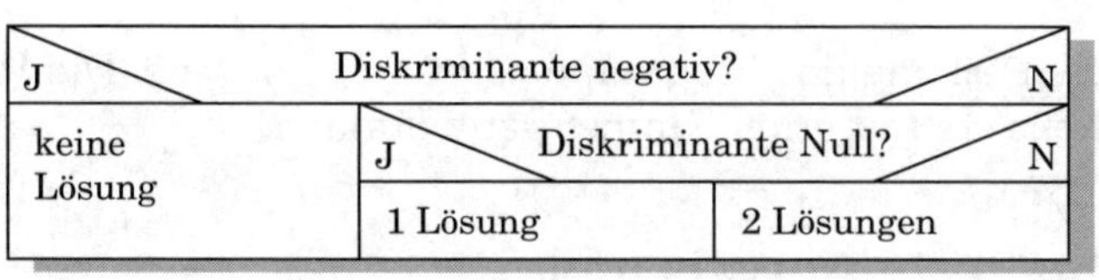

Das gleiche Ergebnis könnte ohne geschachtelte `if`-Anweisungen berechnet werden:

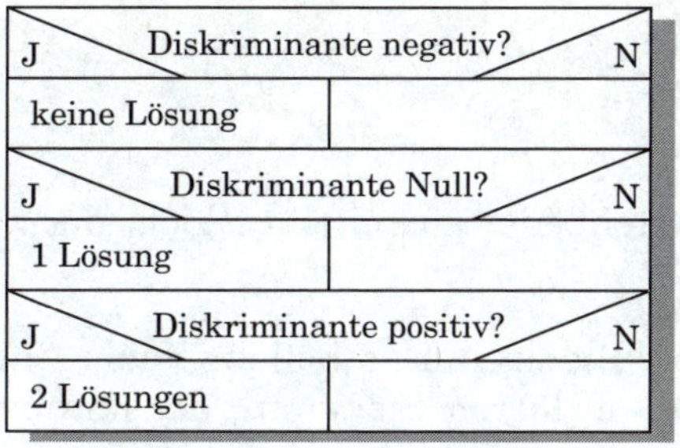

Die zweite Lösung ist allerdings weniger effizient: In jedem Fall werden drei Vergleiche ausgeführt. In der ersten Lösung sind nur ein oder zwei Vergleiche notwendig. Das spielt bei diesen Beispielprogrammen sicher keine Rolle. Später kommen aber Objekte ins Spiel, deren Vergleich durchaus Rechenzeit kosten kann.

Untergeordnete `if`-Anweisungen können im ersten Zweig der übergeordneten `if`-Anweisung stehen oder im zweiten Zweig, oder auch in beiden.

Blöcke als Anweisungsgruppe

`if`-Anweisung kontrolliert nur eine oder zwei Anweisungen

In der bisher gezeigten Form kontrolliert eine `if`-Anweisung nur eine oder zwei untergeordnete Anweisungen. Oft möchte man aber eine ganze Liste von Anweisungen von einer einzigen Bedingung abhängig machen.

Gruppieren einer Sequenz zu einem Block

Zu diesem Zweck lässt sich eine Folge von beliebigen Anweisungen mit geschweiften Klammern zu einem **Block** gruppieren:

```
statement ⇒ "{" statement* "}"
```

Nach außen wird ein Block wie eine einzige, allerdings zusammengesetzte Anweisung behandelt und kann beispielsweise komplett einer `if`-Anweisung untergeordnet werden. Programm 3.3 kann etwas beschleunigt werden, wenn die Quadratwurzel der Diskriminante im Fall von zwei Lösungen nur einmal berechnet und dann zweimal benutzt wird:

```
...
if(d == 0)
    ...
else
{
    d = Math.sqrt(d);
    System.out.printf("2 solutions: %g, %g%n",
        (-b + d)/(2*a),
```

```
            (-b - d)/(2*a));
    }
    ...
```

Der else-Zweig besteht hier aus einem Block, der zwei Anweisungen enthält.

Leerer Block Die Klammern eines Blocks dürfen beliebig viele Anweisungen enthalten. Das schließt einen leeren Block ein, der überhaupt keine Anweisungen enthält:

```
{}
```

Der leere Block hat keine Wirkung im Programm. Er ist gleichwertig mit der leeren Anweisung, die nur aus einem Semikolon besteht:

```
;
```

Abgesehen von der Gruppierung eingeschlossener Anweisungen haben Blöcke noch weitere Eigenschaften, die in Kapitel 3.6 diskutiert werden.

Dangling Else

Syntaktische Unregelmäßigkeit Die Möglichkeit zur Schachtelung ein- und zweiseitiger if-Anweisungen hat ein eher lästiges, syntaktisches Problem zur Folge: In einer Anweisung der Gestalt[6]

```
if(condition1) if(condition2) statement1 else statement2
```

könnte man das einzelne else dem ersten oder dem zweiten if zuordnen. Man bezeichnet ein else in dieser Stellung deshalb als „*dangling else*". Die beiden folgenden Struktogramme veranschaulichen die zwei Interpretationen:

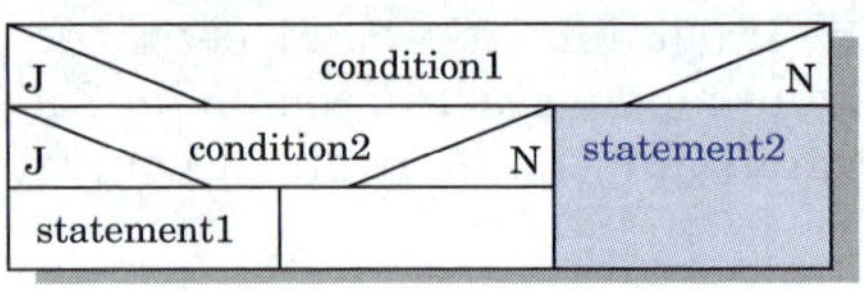

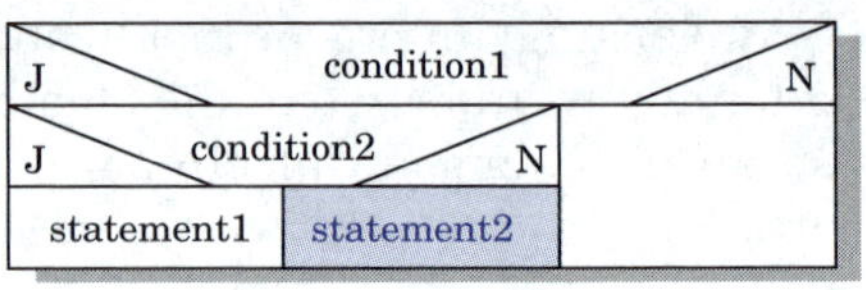

Interpretationsmöglichkeiten Die beiden Struktogramme entsprechen den folgenden Programmfragmenten, in denen die beabsichtigte Struktur durch Einrückung deutlich gemacht ist:

6 Hier mit Absicht ohne Zeilenumbruch abgedruckt.

```
if(condition1)                if(condition1)
    if(condition2)                if(condition2)
        statement1                    statement1
else                              else
    statement2                        statement2
```

Entscheidung in Java

Der Compiler ignoriert allerdings die Einrückung vollkommen, er orientiert sich ausschließlich am Programmtext. Dieser ist aber in beiden Fällen genau der Gleiche.

Eine Mehrdeutigkeit ist natürlich nicht zulässig, deshalb gilt folgende Regel: Ein `else` bezieht sich immer auf das *textuell letzte freie* `if` im selben Block.[7] Ein „freies `if`" ist noch keinem `else` zugeordnet. Von den beiden oben gezeigten Interpretationen gilt also die rechte.

Explizites Klammern vermeidet Fehler

Trotz der eindeutigen Regelung werden geschachtelte `if`-Anweisungen leicht falsch gelesen. Im Zweifelsfall sollte man zusätzliche Block-Klammern einfügen, selbst wenn das formal nicht nötig wäre:

```
if(condition1)
{
    if(condition2)
        statement1
    else
        statement2
}
```

Hier gibt es keinen Zweifel mehr über die Struktur der geschachtelten `if`-Anweisung. Ebenfalls mit Block-Klammern kann ein *dangling else* bei Bedarf dem ersten `if` zugeordnet werden:

```
if(condition1)
{
    if(condition2)
        statement1
}
else
    statement2
```

if-Kaskade

Tiefe Verschachtelung von if-Anweisungen

`if`-Anweisungen können beliebig tief geschachtelt werden. Man spricht dann von einer „`if`-Kaskade". Eine `if`-Kaskade kann zum Beispiel benutzt werden, um einen einzelnen Wert mit einer Liste von Möglichkeiten zu vergleichen.

[7] Die gleiche Regel gilt auch in allen anderen Programmiersprachen, in denen `if`-Anweisungen diese syntaktische Gestalt haben und in denen deshalb ebenfalls das Problem des *dangling else* auftritt.

Im folgenden Beispiel wird eine Monatszahl (1 = Januar bis 12 = Dezember) in der Variablen `month` geliefert. In `days` soll die Anzahl der Tage des betreffenden Monats gespeichert werden, wobei Schaltjahre unberücksichtigt bleiben:[8]

```
if(month == 1)
    days = 31;
else
    if(month == 2)
        days = 28;
    else
        if(month == 3)
            days = 31;
        ...
            else
                if(month == 12)
                    days = 31;
```

Listing 3.4: `if`-Kaskade zur Bestimmung der Tage eines Monats

Layout für `if`-Kaskaden

Rückt man in `if`-Kaskaden konsequent mit jeder Schachtelungsebene weiter nach rechts ein, dann passt die ganze Konstruktion bald nicht mehr auf eine normale Textseite. Stattdessen kann man in diesem Fall das Einrückungsschema aufgeben und die `if`-Anweisungen untereinander anordnen. Für den Compiler ist das ohnehin belanglos, und ein Leser kommt wahrscheinlich besser damit zurecht:

```
if(month == 1)
    days = 31;
else if(month == 2)
    days = 28;
else if(month == 3)
    days = 31;
...
else if(month == 12)
    days = 31;
```

Listing 3.5: Ausgerückte `if`-Kaskade

[8] Diese Konstruktion dient hier nur zur Illustration. Das Problem lässt sich mit anderen Mitteln eleganter lösen.

3.3 Wahrheitswerte

Datentyp boolean

Die Bedingung in einer `if`-Anweisung ist ein Ausdruck mit einem Wahrheitswert als Ergebnis. Wahrheitswerte sind in Java ein eigenständiger Typ mit der Bezeichnung „`boolean`". `boolean` steht gleichrangig neben `int` und `double`, ist aber im Gegensatz zu diesen kein numerischer Typ.

Typ boolean für Wahrheitswerte

Es gibt nur zwei `boolean`-Werte, die die Bedeutung „wahr" und „falsch" haben. Die beiden `boolean`-Konstanten heißen

`true` für „wahr" und
`false` für „falsch".

Explizit im Programmtext genannte Konstanten heißen **Literale**. „`true`" und „`false`" sind die beiden `boolean`-Literale. Zahlenkonstanten, also Konstanten der numerischen Typen sind ein Sonderfall von allgemeinen Literalen und werden als „Numerale" bezeichnet (siehe Seiten 24 und 38).

boolean-Literale

Der Typ `boolean` ist nicht kompatibel zu `int` und `double`, oder umgekehrt, denn `boolean`-Werte haben keine numerische Interpretation.[9]

Relationale Operatoren

Die bereits weiter oben vorgestellten relationalen Operatoren akzeptieren Zahlen als Operanden und liefern einen `boolean`-Wert als Ergebnis.

Relationale Operatoren liefern boolean-Ergebnis

Ein Ausdruck mit einem relationalen Operator wird nach genau dem gleichen Schema ausgewertet wie ein arithmetischer Ausdruck. Zum Beispiel binden im Ausdruck

```
2 + 3 < 2*3
```

die arithmetischen Operatoren stärker als der Vergleichsoperator und werden darum vorrangig angewendet. Der Vergleich „trifft zu", deshalb ist das Ergebnis `true`:

Auswertungsreihenfolge

```
2 + 3 < 2*3 → 5 < 6 → true
```

[9] Gelegentlich ist man versucht, die Zahl 0 wie den Wert `false` zu behandeln. `true` entspräche dann einer 1 oder einer anderen, von Null verschiedenen Zahl. Diese Deutung mag auf elektrotechnischer Ebene noch einen Sinn ergeben, aus programmlogischer Sicht entbehrt sie aber jeder Grundlage.

Logische Operatoren

Logische Operatoren verknüpfen Wahrheitswerte

Neben den arithmetischen und relationalen Operatoren gibt es **logische Operatoren**. Diese verknüpfen zwei Wahrheitswerte und liefern als Ergebnis wieder einen Wahrheitswert:

`&&` And, logisches Und:
Liefert `true` genau dann, wenn beide Operanden `true` sind.

`||` Or, inklusives logisches Oder:
Liefert `true` genau dann, wenn wenigstens ein Operand `true` ist.

`^` Xor, exklusives logisches Oder:
Liefert `true`, wenn genau ein Operand `true` ist.

`!` Not, logisches Nicht:
Liefert `true` genau dann, wenn der Operand `false` ist.

Zusammengesetzte Bedingungen

Mit den logischen Operatoren lassen sich zusammengesetzte Bedingungen formulieren, wie zum Beispiel „x ist größer als -5 und x ist kleiner als $+5$“:[10]

```
(x > -5) && (x < 5)
```

Die Syntax für Bedingungen wird folgendermaßen erweitert:

```
condition ⇒ condition "&&" condition
condition ⇒ condition "||" condition
condition ⇒ condition "^" condition
condition ⇒ "!" condition
condition ⇒ expression reloperator expression
reloperator ⇒ "<" | "<=" | ">" | ">=" | "==" | "!="
```

Listing 3.4 zur Berechnung der Tage eines Monats lässt sich jetzt kürzer fassen:

```
if((month == 4) || (month == 6) || (month == 9) || (month == 11))
    days = 30;
else
    if(month == 2)
        days = 28;
    else
        days = 31;
```

Listing 3.6: Or-Bedingung zur Berechnung der Tage eines Monats

[10] Es gibt keinen „Bereichsoperator“ für eine Bedingung der Art „x liegt zwischen -5 und $+5$“.

Die binären logischen Operatoren (`&&`, `||`, `^`) binden schwächer als die arithmetischen und relationalen Operatoren. Wie diese sind sie linksassoziativ.

Priorität und Assoziativität

Das logische Not (`!`) ist ein unärer Operator und bindet sehr stark, ebenso wie die unären arithmetischen Vorzeichenoperatoren. Einzelheiten finden Sie in der kompletten Operatorentabelle in Anhang B.

Wahrheitstabellen

Die binären logischen Operatoren lassen sich vollständig mit Wahrheitstabellen definieren. Das ist möglich, weil es für zwei `boolean`-Operanden überhaupt nur 4 Wertekombinationen gibt:

Operanden für binäre logische Operatoren

```
true,  true
true,  false
false, true
false, false
```

Ein beliebiger, binärer logischer Operator ordnet jeder dieser 4 Wertekombinationen einen Ergebniswert `true` oder `false` zu. Die Wahrheitstabelle für And lautet zum Beispiel:

Tabellen für And, Or, Xor

```
true  && true  → true
true  && false → false
false && true  → false
false && false → false
```

Entsprechend definieren die folgenden Wahrheitstabellen Or:

```
true  || true  → true
true  || false → true
false || true  → true
false || false → false
```

und Xor:

```
true  ^ true  → false
true  ^ false → true
false ^ true  → true
false ^ false → false
```

Es gibt insgesamt $2^4 = 16$ unterschiedliche Tabellen und dementsprechend auch nur 16 verschiedene binäre logische Operatoren. And, Or und Xor sind drei davon. Unter den verbleibenden 13 finden sich zum Beispiel die in der Elektronik bekannten Nand- und Nor-Verknüpfungen.

Nur 16 mögliche binäre logische Operatoren

Operatorgruppen

Bisher wurden drei Operatorgruppen eingeführt. Die Gruppen unterscheiden sich in den Typen der Operanden und Ergebnisse:

Arithmetische Operatoren: numerisch → numerisch
`+  -  *  /  %`

Relationale Operatoren: numerisch → `boolean`
`<  >  <=  =>  ==  !=`

Logische Operatoren: `boolean` → `boolean`
`&&  ||  ^  !`

Eine weitere Möglichkeit drückt die Tabelle nicht aus: Auch `boolean`-Werte lassen sich mit == und != auf Gleichheit und Ungleichheit prüfen. Die anderen vier relationalen Operatoren (<, >, <=, >=) sind für Wahrheitswerte nicht definiert, weil `true` und `false` keiner Reihenfolge unterliegen.

Teilweise und vollständige Auswertung

Abhängige Teilbedingungen

Bei zusammengesetzten Bedingungen hängen die verschiedenen Einzelbedingungen oft voneinander ab. Im Beispiel

```
(d != 0) && (x/d > 0)
```

prüft die linke Teilbedingung „`d != 0`“, ob die Division in der rechten Teilbedingung „`x/d > 0`“ überhaupt zulässig ist.

Auswertungsschema arithmetischer Operatoren unpassend

Die arithmetischen Operatoren berechnen zuerst beide Operanden und verknüpfen sie anschließend zum Ergebnis. Wenn das logische And ebenso vorgehen würde, dann würde das Programm für `d = 0` bereits beim Versuch den rechten Operanden auszurechnen durch null teilen und mit einem Fehler abbrechen. Das Struktogramm in Abbildung 3.2 veranschaulicht den Ablauf.

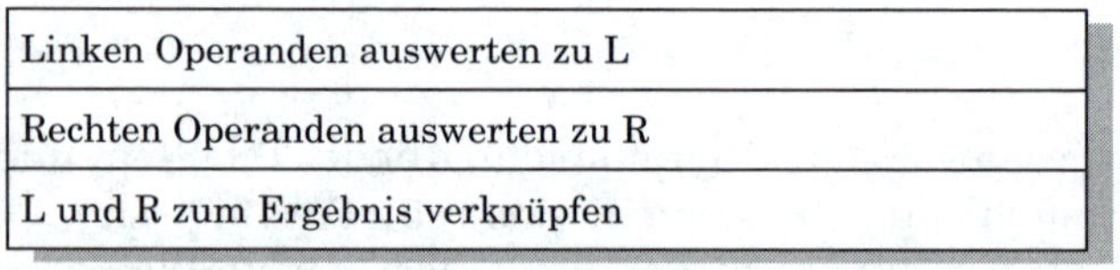

Abbildung 3.2: Vollständige Auswertung

Das widerspricht der Intuition: Für `d = 0` sollte die Gesamtbedingung

```
(d != 0)  &&  (x/d > 0)
```

nicht zutreffen, weil schon die linke Teilbedingung nicht gilt.

Teilweise Auswertung logischer Operatoren

Um dieser Vorstellung entgegenzukommen, arbeitet das logische And anders als arithmetische Operatoren: Nur dann, wenn der linke Operand `true` liefert, wird der rechte Operand überhaupt betrachtet und dann verknüpft. Andernfalls ist das Ergebnis `false`, ohne dass der rechte Operand überhaupt angefasst wird. Vergleichen Sie dazu das Struktogramm in Abbildung 3.3 mit dem in Abbildung 3.2.

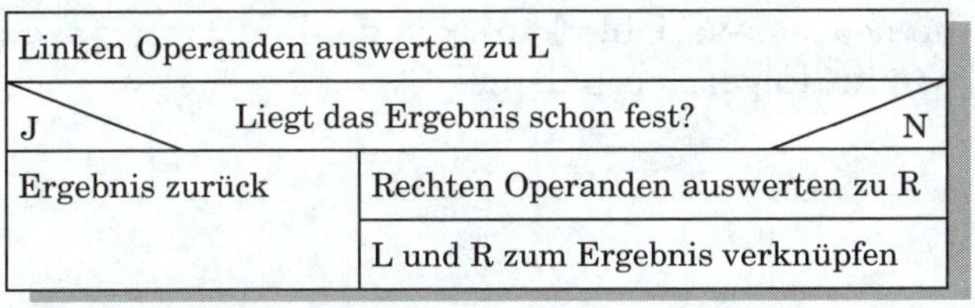

Abbildung 3.3: Teilweise Auswertung

Diese Arbeitsweise wird als „**teilweise Auswertung**" bezeichnet. Allgemein wird bei teilweiser Auswertung zunächst nur ein Teil der Operanden berechnet. Je nach Ergebnis werden dann die übrigen Operanden ignoriert oder ebenfalls ausgewertet.

Auswertung bricht ab, sobald Ergebnis bekannt

Teilweise Auswertung ist bei And sinnvoll, wie die letzten beiden Zeilen der Wahrheitstabelle zeigen. Wenn der linke Operand `false` ist, ist das Ergebnis immer `false`. Der Wert des rechten Operanden spielt dabei keine Rolle:

```
true  && true  → true
true  && false → false
false && true  → false
false && false → false
```

Ähnlich liegen die Verhältnisse bei Or: Wenn der linke Operand `true` ist, ist das Ergebnis `true`, unabhängig vom rechten Operanden, wie man den ersten beiden Zeilen der Wahrheitstabelle entnehmen kann:

```
true  || true  → true
true  || false → true
false || true  → true
false || false → false
```

Keine teilweise Auswertung für Xor

Im Gegensatz dazu ist bei Xor das Endergebnis auch mit Kenntnis des linken Operanden immer noch offen: Der rechte Operand muss in jedem Fall ausgewertet werden, teilweise Auswertung reicht nicht aus:

```
true  ^ true  → false
true  ^ false → true
false ^ true  → true
false ^ false → false
```

Teilweise Auswertung bei drei Operatoren

In Java werden nur And, Or und der „bedingte Operator" (Seite 88) teilweise ausgewertet. Alle anderen Operatoren werden vollständig ausgewertet.

boolean-Variablen

boolean-Variablen

Variablen können von jedem Typ definiert werden, einschließlich `boolean`. Eine `boolean`-Variable kann die beiden Werte `true` und `false` speichern, wie im folgenden Beispiel:

```
boolean isOk;
isOk = true;
```

Die beiden Anweisungen lassen sich in einer Definition mit Initialisierung zusammenfassen:

```
boolean isOk = true;
```

Wertzuweisung von Bedingungen

Logische Ausdrücke können nicht nur in Bedingungen verwendet, sondern zum Beispiel auch an `boolean`-Variablen zugewiesen werden:

```
boolean validTemperature = celsius > -273.16;
boolean percentageOutOfRange = (percent < 0) || (percent > 100);
```

boolean-Variablen in Bedingungen

`boolean`-Variablen sind ihrerseits (sehr einfache) logische Ausdrücke und können, ohne Vergleich, in Bedingungen eingesetzt werden:

```
if(percentageOutOfRange)
    System.out.println("cannot continue ...");
```

3.4 Schleifen

Wiederholen von Anweisungen

Schleifen sind Kontrollstrukturen zur wiederholten Ausführung von Anweisungen. Eine einfache Schleifenkonstruktion ist die `while`-**Schleife** mit folgendem Aufbau:

```
statement ⇒ "while" "(" condition ")"
                    statement
```

boolean-Ausdruck steuert Ablauf

Wie bei der `if`-Anweisung ist *`condition`* ein `boolean`-Ausdruck und *`statement`* eine beliebige Anweisung. Die Anweisung wird auch als „Schleifenrumpf“ bezeichnet, der Vorspann als „Schleifenkopf“.

Zuerst wird die Bedingung geprüft. Trifft sie zu, wird der Schleifenrumpf ausgeführt und anschließend von vorne begonnen. Trifft die Bedingung nicht zu, ist die ganze Schleife beendet.

Struktogramm für Schleife

In Struktogrammen werden Schleifen folgendermaßen dargestellt:

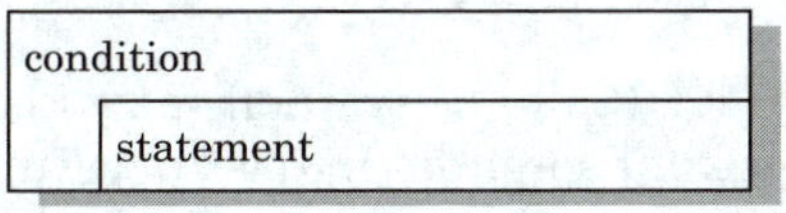

Beispiel: Wertebereich abzählen

Durchlauf Zahlenbereich

Eine der häufigsten Anwendungen von Schleifen ist der schrittweise Durchlauf eines Wertebereiches, beginnend mit einem Startwert und bis zu einem Endwert. Dafür wird eine Hilfsvariable definiert, der „Schleifenzähler“. Vor der Schleife wird der Zähler auf einen Startwert gesetzt und dann im Rumpf erhöht. Im Kopf wird geprüft, ob der Zähler den Endwert erreicht hat oder noch nicht:

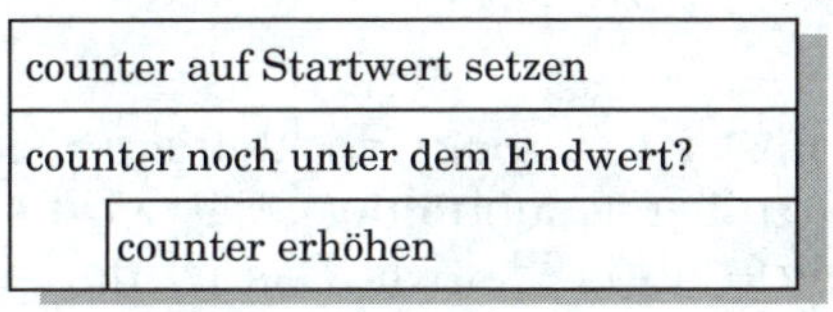

Als Javaprogramm sieht das zum Beispiel folgendermaßen aus:

```
int counter = 0;
while(counter < 10)
    counter = counter + 1;
```

Anzahl Durchläufe

Der Rumpf der Schleife wird 10-mal ausgeführt. Im ersten Durchlauf gilt `counter = 0`, im letzten `counter = 9`. Für `counter = 10` wird der Schleifenrumpf nicht mehr durchlaufen, weil im Kopf der Vergleich „`10 < 10`“ nicht zutrifft und die ganze Schleife damit beendet ist.

Wie bei `if`-Anweisungen können mehrere Anweisungen in den Rumpf einer Schleife gestellt werden, wenn sie als Block zusammengefasst sind:

```
int counter = 0;
while(counter < 10)
{
```

```
        System.out.println(counter);
        counter = counter + 1;
    }
```

Reihenfolge von Anweisungen

Diese Schleife gibt nacheinander die Werte 0, 1, 2, ..., 9 aus. Die Reihenfolge der beiden Anweisungen im Rumpf ist entscheidend. Tauscht man sie, erhält man die Ausgabe 1, 2, 3, ..., 10.

Beispiel: Zahlensumme

Rückblende zum Einführungsbeispiel

Teile von Programm 1.1 (Seite 6) werden jetzt klarer. Die Bedingung „`i <= n`“ im Schleifenkopf sorgt dafür, dass der Rumpf mit dem Wert `n` ein letztes Mal durchlaufen wird, sodass alle Zahlen bis einschließlich `n` aufsummiert werden.

Beispiel: Größter gemeinsamer Teiler (Differenzalgorithmus)

Ein anderes Beispiel für den Einsatz einer Schleife ist die Berechnung des größten gemeinsamen Teilers („ggT“) von zwei gegebenen, positiven ganzen Zahlen m und n. Dafür gibt es verschiedene Algorithmen, unter denen der so genannte „Differenzalgorithmus“ zwar einfach, aber auch ineffizient ist.

Simpler Algorithmus für ggT

Der Algorithmus selbst ist simpel: Die kleinere der beiden Zahlen m und n wird von der größeren subtrahiert. Das wird so lange fortgesetzt, bis zwei gleiche Werte übrig bleiben. Das ist der ggT der ursprünglichen Zahlen. Abbildung 3.4 zeigt das Struktogramm zum Algorithmus, Listing 3.7 die Implementierung:

```
class DifferenceGCD
{
    public static void main(String[] args)
    {
        int m = Integer.parseInt(args[0]);
        int n = Integer.parseInt(args[1]);
        while(m != n)
            if(m > n)
                m = m - n;
            else
                n = n - m;
        System.out.println(m);
    }
}
```

Listing 3.7: Berechnung des ggT mit dem Differenzalgorithmus

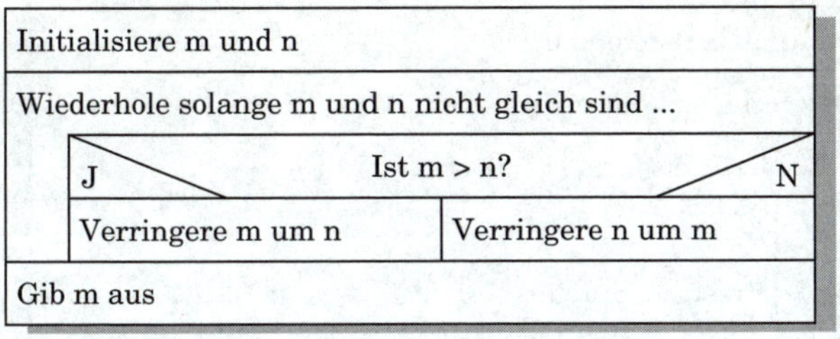

Abbildung 3.4: Differenzalgorithmus zur Berechnung des ggT

Beispiel: Größter gemeinsamer Teiler (Euklids Algorithmus)

Ein effizienterer Algorithmus zur Berechnung des ggT ist bekannt als „Euklids Algorithmus". Dieser zählt zu den ältesten Algorithmen überhaupt. Er läuft wesentlich schneller ab als der Differenzalgorithmus.

Effizienter Algorithmus für ggT

Die größere der beiden Zahlen *m* und *n* wird durch die kleinere geteilt. Wenn die Division aufgeht, ist die kleinere Zahl der ggT und der Algorithmus endet. Andernfalls wird das Verfahren mit Divisor und Divisionsrest wiederholt. Abbildung 3.5 zeigt das Struktogramm zum Algorithmus, Listing 3.8 die Implementierung:

```
class EuclidGCD
{
    public static void main(String[] args)
    {
        int m = Integer.parseInt(args[0]);
        int n = Integer.parseInt(args[1]);
        int r = m%n;
        while(r > 0)
        {
            m = n;
            n = r;
            r = m%n;
        }
        System.out.println(n);
    }
}
```

Listing 3.8: Berechnung des ggT mit Euklids Algorithmus

Es spielt kein Rolle, ob beim Start des Algorithmus m oder n die größere Zahl ist. Die erste Modulus-Operation bringt sie in die richtige Reihenfolge.

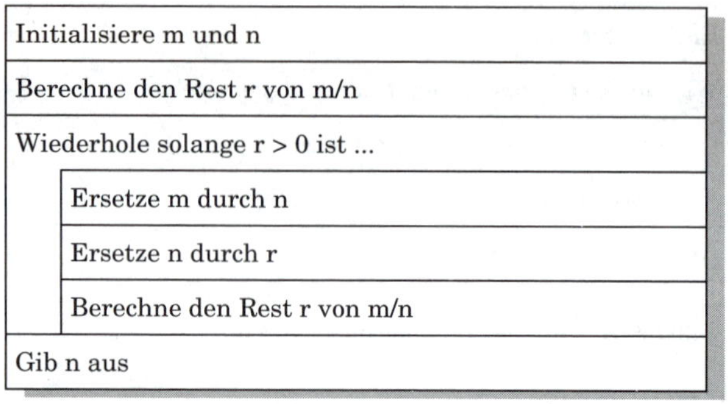

Abbildung 3.5: Euklids ggT-Algorithmus

Beispiel: Collatzfolge

Zahlenfolge mit interessanten Eigenschaften

Die Collatzfolge oder auch „$3n + 1$"-Folge ist eine Zahlenfolge mit interessanten Eigenschaften.

Zunächst wird eine beliebige positive Startzahl z_0 gewählt. Der Rest der Folge ergibt sich nach folgenden Regeln:

- Für ein gerades z_n ist das nächste Element der Folge halb so groß: $z_{n+1} = \frac{1}{2}z_n$.
- Für ein ungerades z_n ist das nächste Element $z_{n+1} = 3z_n + 1$. Diese zweite Formel gibt der Folge den Namen.

Zyklus als Ende

Aus der Startzahl $z_0 = 6$ ergibt sich zum Beispiel die Folge

$$6, 3, 10, 5, 16, 8, 4, 2, 1, 4, 2, 1, \ldots$$

Die drei Zahlen $4, 2, 1$ bilden offenbar einen Zyklus, der sich endlos wiederholt.

Empirische Beobachtungen

Inzwischen wurden viele Startzahlen ausprobiert. Dabei hat sich herausgestellt, dass es offenbar keinen anderen Zyklus als $4, 2, 1$ gibt. Darüber hinaus scheint jede Folge über kurz oder lang in diesen einen Zyklus zu münden. Die Folge entzieht sich bisher mathematischen Beweisen. Das bedeutet, dass die genannten Beobachtungen zwar vermutet werden, aber nicht nachgewiesen sind.

Abbildung 3.6 zeigt den Algorithmus zur Berechnung der $3n + 1$-Folge für eine gegebene Startzahl, bis zum ersten Mal eine 1 auftaucht. Das folgende Programm implementiert diesen Algorithmus:

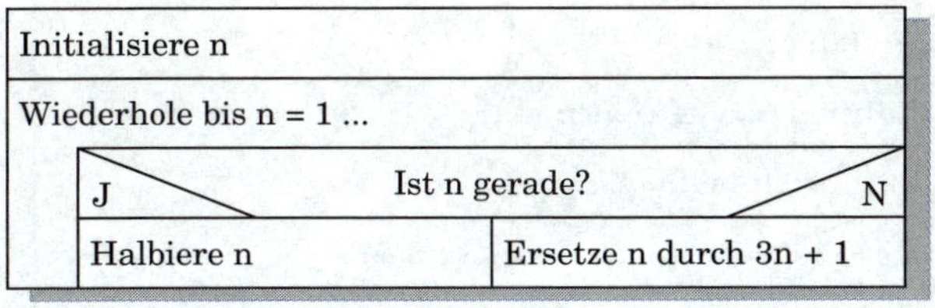

Abbildung 3.6: Algorithmus Collatzfolge

```
class Collatz
{
    public static void main(String[] args)
    {
        int n = Integer.parseInt(args[0]);
        while(n != 1)
        {
            if(n%2 == 0)
                n = n/2;
            else
                n = 3*n + 1;
            System.out.println(n);
        }
    }
}
```

Listing 3.9: Berechnung der Collatzfolge

Streng genommen ist das überhaupt kein Algorithmus, weil eine wesentliche Eigenschaft fehlt (siehe Seite 59): Es ist offen, ob die Schleife überhaupt je zu einem Ergebnis kommt. Der Zyklus 4, 2, 1 für jede Startzahl wird ja bisher nur vermutet!

Eigenschaften der Collatzfolge

Länge einer Folge

Als „Länge" der Collatzfolge mit Startzahl n soll die Anzahl der Elemente von der Startzahl (einschließlich) bis zur ersten 1 (ausschließlich) bezeichnet werden. Die Folge mit $n = 6$ hat zum Beispiel die Länge 8.

Um die Länge einer Folge zu berechnen, wird ein Zähler verwendet, der im Schleifenrumpf hochgezählt wird. Programm `CollatzLength` verwirklicht das Struktogramm von Abbildung 3.7:

```
class CollatzLength
{
    public static void main(String[] args)
    {
        int n = Integer.parseInt(args[0]);
        int counter = 0;
        while(n != 1)
```

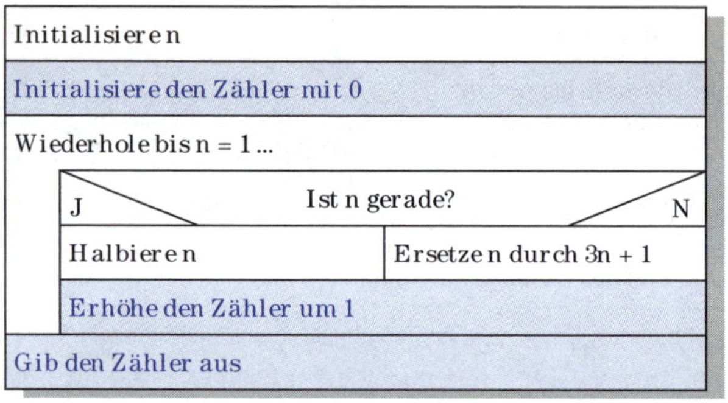

Abbildung 3.7: Algorithmus Collatzfolge mit Länge

```
            {
                if(n%2 == 0)
                    n = n/2;
                else
                    n = 3*n + 1;
                counter = counter + 1;
            }
            System.out.println(counter);
        }
    }
```

Listing 3.10: Berechnung der Länge einer Collatzfolge

Größtes Element einer Folge

Das Programm soll noch einmal erweitert werden, um das größte Element („Maximum") einer Folge zu bestimmen und auszugeben. Die Folge mit $n = 6$ hat das Maximum 16.

Zu diesem Zweck wird eine weitere Variable `max` eingesetzt, deren Wert im Programmablauf das bisher größte Element ist. Initialisiert wird `max` mit der Startzahl selbst. Immer wenn ein neu berechnetes Element größer als der bisherige Rekordhalter `max` ist, wird dieser aktualisiert. Am Ende steht in `max` das größte Element der Folge. Programm `CollatzMax` implementiert das Struktogramm in Abbildung 3.8:

```
class CollatzMax
{
    public static void main(String[] args)
    {
        int n = Integer.parseInt(args[0]);
        int counter = 0;
        int max = n;
        while(n != 1)
        {
            if(n%2 == 0)
                n = n/2;
            else
                n = 3*n + 1;
```

```
            counter = counter + 1;
            if(n > max)
                max = n;
        }
        System.out.println(counter);
        System.out.println(max);
    }
}
```

Listing 3.11: Berechnung der Länge und des Maximums einer Collatzfolge

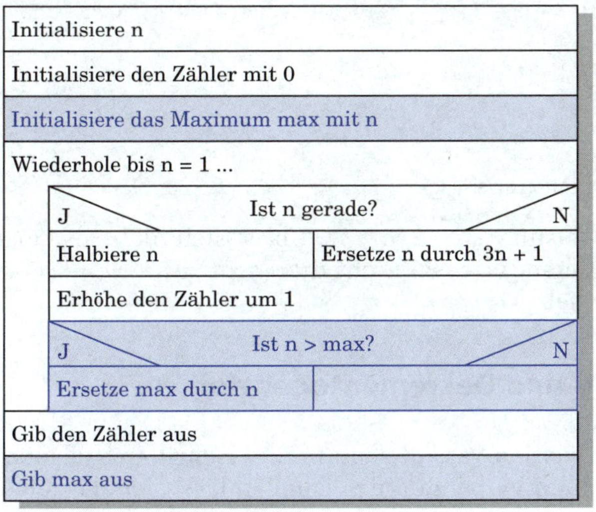

Abbildung 3.8: Algorithmus Collatzfolge mit Länge und Maximum

Die Startzahl $n = 27$ produziert eine besonders lange Folge mit 111 Elementen und dem Maximum 9232.

Operatorzuweisungen

Syntaktische Kurzform

In vielen Programmen kommen Wertzuweisungen der folgenden Gestalt vor:

```
variable = variable operator expression;
```

`variable` ist dabei auf beiden Seiten die gleiche Variable, `operator` ein binärer Operator und `expression` ein beliebiger Ausdruck. Diese Form der Zuweisung lässt sich kürzer schreiben als **Operatorzuweisung**:

```
variable operator= expression;
```

Eine Operatorzuweisung ist eine syntaktische Kurzform, die Schreibarbeit spart und die Leserlichkeit verbessert. Die Sprache Java wird damit aber nicht ausdrucksfähiger.

Im Programm 3.11 kann die Operatorzuweisung an zwei Stellen eingesetzt werden:

```
...
while(n != 1)
{
    if(n%2 == 0)
        n /= 2;          // vorher n = n/2;
    else
        n = 3*n + 1;
    counter += 1;        // vorher counter = counter + 1;
    if(n > max)
        max = n;
}
...
```

Listing 3.12: Operatorzuweisungen

Die Wertzuweisung „`n = 3*n + 1;`" lässt sich nicht als Operatorzuweisung formulieren, weil sie nicht die Form „*variable = variable operator expression*;" hat.

Inkrement- und Dekrementoperator

Zählen in Einerschritten

In Schleifen werden Variablen oft in Einerschritten nach oben oder nach unten gezählt. Mit Operatorzuweisungen lässt sich das folgendermaßen schreiben:

```
variable += 1;
variable -= 1;
```

Speziell für dieses schrittweise Zählen gibt es eine weitere Kurzform mit dem **Inkrementoperator** „++" beziehungsweise dem **Dekrementoperator** „--":

```
variable++;
variable--;
```

Die folgenden drei Anweisungen sind äquivalent:

```
variable = variable + 1;
variable += 1;
variable++;
```

In Programm 3.12 kann der Inkrementoperator verwendet werden, um den Zähler hochzuzählen:

```
...
while(n != 1)
{
    if(n%2 == 0)
        n /= 2;
    else
        n = 3*n + 1;
    counter++;              // vorher counter += 1;
    if(n > max)
        max = n;
}
...
```

Listing 3.13: Inkrementoperator

Inkrementoperator als Anweisung oder Ausdruck

Die Konstruktion `variable++` spielt in einer weiteren Hinsicht eine Zwitterrolle: Sie kann einerseits als Anweisung benutzt werden, wie vorher gezeigt. Sie kann aber auch als Ausdruck verwendet werden und liefert dann den Wert der Variablen *vor* dem Inkrementieren. Das Entsprechende gilt für `variable--`. Im folgenden Beispiel hat `a` am Ende den Wert `2` und `b` den Wert `1`:

```
int a = 1;
int b = a++;
```

Prä- und Postfixstellung

Zudem können die beiden Operatoren ++ und -- vor und nach der Variablen stehen.

- Der **Präfixoperator** inkrementiert (dekrementiert) *zuerst* und liefert *dann* den Wert.
- Der **Postfixoperator** liefert *zuerst* den Wert und inkrementiert (dekrementiert) *dann*.

Das folgende Beispiel zeigt alle vier Möglichkeiten (die Variablen `a`, `b`, `c` und `d` sind mit `1` initialisiert):

```
int e = ++a;        // e = 2, a = 2
int f = b++;        // f = 1, b = 2
int g = --c;        // g = 0, c = 0
int h = d--;        // h = 1, d = 0
```

Verschachtelte Ausdrücke mit mehreren Inkrement- oder Dekrementoperatoren sind oft schwer zu durchschauen und schlecht lesbar, wie das folgende Negativbeispiel zeigt:

```
int a = 1;
int b = a++ + ++a;  // b = ?
```

Der Gewinn an Schreibersparnis ist dagegen meist vernachlässigbar. Aus diesem Grund sollten die beiden Operatoren nicht in zusammengesetzten Ausdrücken benutzt werden.

Bedingter Operator

Dreistelliger Operator

Ein interessanter Operator ist der dreistellige „bedingte Operator" (engl. „*conditional operator*") mit der folgenden Syntax:

```
expression ⇒ condition "?" expression ":" expression
```

Die beiden Zeichen „?" und „:" trennen die drei Operanden.

Zuerst wird der erste Operand, der `boolean`-Ausdruck *`condition`*, ausgewertet. Wenn er `true` liefert, wird der mittlere Operand ausgewertet und liefert das Ergebnis. Andernfalls liefert der rechte Operand das Ergebnis.

Um die Bestandteile optisch ganz eindeutig zu trennen, wird die Bedingung oft zusätzlich in Klammern gesetzt, obwohl diese formal unnötig sind. Im folgenden Programmfragment wird beispielsweise `b = 1` zugewiesen:

```
int a = 5;
int b = (a > 0)? 1: 2;
```

In jedem Fall wird genau einer der beiden hinteren Operanden ausgewertet und der jeweils andere nicht. Beide müssen den gleichen Typ haben.

Ähnlichkeit mit `if`-Anweisung

Der Ablauf ähnelt einer zweiseitigen `if`-Anweisung. Der bedingte Operator bildet aber einen Ausdruck und liefert einen Wert, während eine `if`-Anweisung keinen Wert hat. Die Zuweisung

```
variable = condition? expression1: expression2;
```

ist äquivalent zu:

```
if(condition)
    variable = expression1;
else
    variable = expression2;
```

Teilweise Auswertung

Ebenso wie die logischen Operatoren And und Or wertet der bedingte Operator teilweise aus: Die drei Operanden werden nicht alle drei vorher berechnet, sondern nur zwei davon nach Bedarf.

Listing 3.13 (Seite 87) lässt sich mit dem bedingten Operator noch kompakter schreiben:

```
...
while(n != 1)
{
    n = (n%2 == 0)?  n/2:  3*n + 1;
    counter++;
    max = (n > max)?  n:  max;
}
...
```

Listing 3.14: Bedingter Operator

Der zweite der beiden bedingten Operatoren in diesem Beispiel schießt sicher über das Ziel hinaus. Die ursprüngliche Fassung mit einer `if`-Anweisung war leichter lesbar.

Geschachtelte Schleifen

Schleife kontrolliert andere Schleife

Eine `while`-Schleife ist als Ganzes selbst eine zusammengesetzte Anweisung. Sie kann damit als Baustein in anderen Kontrollstrukturen eingesetzt werden. Insbesondere lassen sich Schleifen schachteln. Das folgende Programm druckt eine 1 × 1-Tabelle aus:

```
01 class MultTable
02 {
03     public static void main(String[] args)
04     {
05         int x = 1;
06         int y;
07         while(x <= 10)  // äußere Schleife
08         {
09             y = 10;
10             while(y <= 20)  // innere Schleife
11             {
12                 System.out.printf("%dx%d = %d%n", x, y, x*y);
13                 y++;
14             }
15             x++;
16         }
17     }
18 }
```

Äußere und innere Schleife

Die beiden Schleifen werden als „äußere" und „innere" Schleife bezeichnet.

Der Rumpf der äußeren Schleife (Zeilen 08–16) wird 10-mal durchlaufen mit den Werten `x = 1, 2, 3, ..., 10`.

Für jeden einzelnen Durchgang der äußeren Schleife wird der Rumpf der inneren Schleife (Zeilen 11-14) wiederum 11-mal durchlaufen mit den Werten `y = 10, 11, 12, ..., 20`. Insgesamt wird die Ausgabeanweisung also 10·11-mal = 110-mal ausgeführt.

Hotspots Sehr häufig ausgeführte Anweisungen werden als *„Hotspots"* eines Programms bezeichnet. An Hotspots wirken sich selbst marginale Performance-Unterschiede oft drastisch auf das Laufzeitverhalten des ganzen Programms aus. Nicht ganz zu Unrecht wird deshalb manchmal etwas plakativ behauptet, dass 90% der Laufzeit eines Programms in 10% des Codes verbraucht werden.

3.5 break und continue

Unterbrechung als einfache Anweisung `break` und `continue` sind Anweisungen, die nur im Rumpf von Schleifen verwendet werden dürfen. Beide sind eigenständige, elementare Anweisungen und stehen auf der gleichen Stufe wie Definitionen, Wertzuweisungen und Ausgabeanweisungen.

Schleifenabbruch mit break

Abbruch einer Schleife als Ganzes Sobald innerhalb eines Schleifenrumpfes die Anweisung

```
break;
```

erreicht wird, wird die Schleife sofort beendet. Der Rest des Rumpfes wird nicht mehr ausgeführt, die Bedingung im Schleifenkopf nicht mehr geprüft und das Programm hinter der Schleife fortgesetzt.

Vereinfachung mancher Schleifenkonstruktionen Eine `break`-Anweisung ist oft nützlich, um umständlichere Konstruktionen zu vereinfachen. Im folgenden Beispiel wird eine unbekannte Anzahl von Eingabewerten verarbeitet, bis eine null erscheint und das Ende markiert.

```
while(true)
{
    int n;
    // n ermitteln ...
    if(n == 0)
        break;
    // n verarbeiten ...
}
```

Ein anderes Beispiel ist Euklids Algorithmus zur Berechnung des ggT (Listing 3.8), der zunächst folgendermaßen implementiert wurde:

```
...
int r = m%n;
while(r > 0)
{
    m = n;
    n = r;
    r = m%n;
}
...
```

Die Berechnung des Divisionsrestes kommt in zwei Kopien vor. Mit einer break-Anweisung lässt sich das vermeiden:

```
...
while(true)
{
    int r = m%n;
    if(r == 0)
        break;
    m = n;
    n = r;
}
...
```

Im diesem Beispiel ist die Rechenzeit-Einsparung sicher vernachlässigbar. Bei größeren Programmen können aber solche Vereinfachungen durchaus lohnenswert sein.

Widerspruch zur Idee von Struktogrammen

Aus konzeptioneller Sicht ist eine break-Anweisung ein zweischneidiges Schwert. Eine Prämisse bei Struktogrammen ist, dass jedes Teil-Struktogramm genau einen Eingang und genau einen Ausgang hat. Mit break-Anweisungen trifft das nicht mehr zu, weil sie „seitlich" aus einer Schleife ausbrechen.

Im letzten Beispiel lautet die Schleifenbedingung einfach „true". Eigentlich wäre das eine Endlosschleife, die in Wahrheit aber mit break beendet wird. Auch diese, bei flüchtiger Betrachtung irreführende Konstruktion weist darauf hin, dass break zurückhaltend eingesetzt werden sollte.

Schleifenkurzschluss mit continue

Abbruch eines Schleifendurchgangs

Ähnlich wie break unterbricht continue den regulären Ablauf von Schleifen: Sobald continue ausgeführt wird, wird sofort der nächste Schleifendurchgang mit dem Test der Bedingung im Kopf gestartet, ohne dass der Rest des Rumpfes abgearbeitet wird.

Auch mit continue können Schleifenkonstruktionen gekürzt und vereinfacht werden. Im folgenden Beispiel wird eine Folge von Eingabewerten verarbeitet. Negative Werte sollen dabei ignoriert werden:

```
while(true)
{
    int n;
    // n ermitteln ...
    if(n < 0)
        continue;
    // n verarbeiten ...
}
```

Wie die `break`-Anweisung fügt sich `continue` nur schlecht in Struktogramme ein.

Syntaktische Kurzform für längere Konstruktion

`break` oder `continue` machen die Sprache Java nicht ausdrucksstärker und können immer durch `if`-Anweisungen ersetzt werden. Sie sind ein syntaktisches „Reserverad", um andernfalls übermäßig tief verschachtelte `if`-Anweisungen zu ersetzen und damit die Lesbarkeit von Code zu verbessern. Der Idee der strukturierten Programmierung stehen sie aber entgegen und sollten deshalb nur in Ausnahmefällen verwendet werden.

3.6 Gültigkeitsbereiche

Zusätzliche Eigenschaft eines Blocks

Wie auf Seite 69 beschrieben, können Folgen beliebig vieler Anweisungen mit geschweiften Klammern zu einem **Block** zusammengefasst und dieser als eine einzelne Anweisung behandelt werden. Die Folgen dieser Konstruktion gehen tiefer, als man auf den ersten Blick vermuten würde.

Variablendefinition endet mit Block

In einem Block sind alle Arten von Anweisungen erlaubt, und damit auch Variablendefinitionen. Eine Variablendefinition gilt ab dem Ort der Definition bis zum Ende des Blocks, in dem sie steht. Außerhalb des Blocks gilt die Definition nicht mehr.

Der Programmbereich, in dem eine Definition gilt, wird als **Gültigkeitsbereich** (engl. „*scope*") bezeichnet. Das folgende Beispielprogramm berechnet die Summe von Quadratzahlen. Dabei wird jedes einzelne Quadrat in der Variablen `square` zwischengespeichert.[11]

```
class SquareSum
{
    public static void main(String[] args)
    {
        int n = 10;
        int sum = 0;
        int loop = 0;
        while(loop < n)
```

[11] Die Variable ist hier unnötig und dient in diesem Beispiel nur der Illustration.

```
09          {
10              loop++;
11              int square = loop*loop;
12              sum += square;
13          }
14          System.out.println(sum);
15      }
16 }
```

Listing 3.15: Beispielprogramm für Gültigkeitsbereiche

Der Gültigkeitsbereich der Variablen `loop` beginnt zum Beispiel in Zeile 7 mit der Definition und reicht bis Zeile 15. Demgegenüber ist `square` nur im Zeilenbereich 11–13 gültig. In Zeile 13 endet der Block, in dem `square` definiert ist und damit auch der Gültigkeitsbereich der Variablen.

Gültigkeitsbereich bezogen auf Quelltext

Ein Gültigkeitsbereich ist ein Ausschnitt des Quelltextes. Bildlich gesprochen könnte ein Gültigkeitsbereich im Quelltext mit einem Stift markiert werden.

Gültigkeitsbereiche werden vom Compiler überprüft und ausgewertet. Im fertig übersetzten und ausführbaren Bytecode gibt es sie nicht mehr, weil sie der Compiler bereits als korrekt erkannt und ausgewertet hat.

Namenskonflikte

Namenskollision von Definitionen

Im Gültigkeitsbereich einer Variablen können untergeordnete Blöcke eingebettet sein. Diese zählen mit zum Gültigkeitsbereich. Im vorhergehenden Programm wird das stillschweigend unterstellt, weil zum Beispiel in Zeile 11 die Variable `loop` verwendet wird, obwohl diese außerhalb des unmittelbar umgebenden Blocks definiert ist.

Das zieht die Gefahr von Namenskonflikten nach sich. Angenommen, die Variable `square` in Listing 3.15 würde in `n` umbenannt:

```
int n = 10;
int sum = 0;
int loop = 0;
while(loop < n)
{
    loop++;
    int n = loop*loop;   // Fehler - n doppelt definiert!
    sum += n;
}
```

Mehrfache Definitionen verboten

Einerseits liegt die kommentierte Zeile im Gültigkeitsbereich der äußeren Definition von `n`, andererseits wird eine neue Variable `n` definiert.

Java verbietet das: An jedem Punkt im Code ist nur eine einzige Definition einer Variablen zulässig.[12]

Keine Kollision in disjunkten Gültigkeitsbereichen

Definitionen gleichnamiger Variablen in disjunkten Blöcken sind zulässig:

```
while(...)
{
    int tmp;
    ...
}
while(...)
{
    int tmp;
    ...
}
```

An jedem Punkt des Programms gilt höchstens eine Definition.

Lebensdauer

Lebensdauer als Zeitintervall

Variablen kann eine **Lebensdauer** zugesprochen werden, die mit dem Gültigkeitsbereich nichts zu tun hat. Die Lebensdauer einer Variablen ist das Zeitintervall, in dem die Variable zur Laufzeit existiert.

Inkarnationen von Variablen

Eine Variable, die in einem Schleifenrumpf definiert ist, wird beim Ablauf des Programms möglicherweise vielfach geschaffen und wieder zerstört. Im Programm 3.15 gibt es zehn aufeinander folgende „Inkarnationen“ von `square`:

```
...
while(loop < n)
{
    loop++;
    int square = loop*loop;
    sum += square;
}
...
```

Aufeinander folgende Inkarnationen sind isoliert

Die verschiedenen Inkarnationen sind völlig unabhängig. `square` wird jedes Mal komplett neu erzeugt. Es gibt keine Möglichkeit, auf den Wert einer früheren Inkarnation zuzugreifen.

Das Entstehen und Auflösen von Variablen führt zu keinem nennenswerten Performanceverlust, weil dieser Vorgang im Laufzeitsystem äußerst effizient abgewickelt wird und in der Praxis kaum messbar ist.

---

[12] Hier unterscheidet sich Java von beispielsweise C und C++, wo eine zweite Definition zulässig ist und die erste „überschattet“. Die Regelung von Java ist vielleicht weniger flexibel, verringert aber sicher die Gefahr von Missverständnissen.

3.7 for-Schleifen

In vielen Schleifen wird mit einem Zähler ein Wertebereich durchlaufen. Für diese Anwendung gibt es die `for`**-Schleifen**. Aufbau und Arbeitsweise von `for`-Schleifen wirken auf den ersten Blick etwas verwirrend. Dennoch eignen sie sich für viele Zwecke gut wegen der kompakten Schreibweise.

for-Schleifen für Bereichsdurchlauf

Schematisch sehen `for`-Schleifen folgendermaßen aus:

```
"for" "(" startstatement ";" condition ";" nextstatement ")"
    statement
```

Zu Beginn wird die Startanweisung *`startstatement`* einmal ausgeführt. Dann wird die Bedingung *`condition`* geprüft. Falls das Ergebnis `true` ist, wird zuerst *`statement`* und dann die so genannte „Fortschaltanweisung" *`nextstatement`* ausgeführt. Anschließend beginnt der nächste Schleifendurchgang mit dem Test der Bedingung. Die Schleife endet, sobald die Bedingung `false` liefert. Das folgende Codefragment gibt zum Beispiel die Werte `0` bis `9` aus:

Komplizierte Semantik

```
for(int i = 0;  i < 10;  i++)
    System.out.println(i);
```

In Struktogrammen gibt es keine besondere Darstellung für `for`-Schleifen. Sie werden genauso wie entsprechende `while`-Schleifen dargestellt.

Keine Sonderdarstellung in Struktogrammen

Beispiele

Programm 1.1 zur Berechnung der Zahlensumme lässt sich mit einer `for`-Schleife folgendermaßen schreiben:

Zahlensumme mit for-Schleife

```
int n = 4;
int sum = 0;
for(int counter = 1;  counter <= n;  counter++)
    sum += counter;
System.out.println(sum);
```

Diese Anwendung ist typisch für `for`-Schleifen: In der Startanweisung wird eine Variable definiert, die „Laufvariable". In der Bedingung wird die Laufvariable mit einem Endwert verglichen. Die Fortschaltanweisung gibt der Laufvariablen den nächsten Wert. Im Schleifenrumpf wird der eigentliche Zweck der Schleife erfüllt und die Laufvariable in irgendeiner Form verwendet.

for-Schleife im Euklid-Algorithmus Der Euklid-Algorithmus 3.8 (Seite 81) zur ggT-Berechnung kann mit einer `for`-Schleife formuliert werden:

```
for(int r = m%n;  r != 0;  r = m%n)
{
    m = n;
    n = r;
}
```

In diesem Beispiel wird die `for`-Schleife eigentlich zweckentfremdet, weil die Zählvariable keinen Zahlenbereich durchläuft.

Missbrauch einer for-Schleife Auch Programm 3.9 (Seite 83) für die Collatzfolge kann mit einer `for`-Schleife gekürzt werden:

```
for(int n = Integer.parseInt(args[0]);
        n != 1;
        n = (n%2 == 0)? n/2: 3*n + 1)
    System.out.println(n);
```

Dieses Beispiel ist nur noch schwer lesbar. Eine einfachere und längere Formulierung mit weniger syntaktischen Abkürzungen wäre sicher vorzuziehen.

Gegenüberstellung mit `while`-Schleifen

for- und while-Schleifen gegenseitig ersetzbar Jede `for`-Schleife kann durch eine gleichwertige `while`-Schleife ersetzt werden und umgekehrt. Das Codefragment

```
for(startstatement; condition; nextstatement)
    statement
```

ist äquivalent zu:

```
{
    startstatement;
    while(condition)
    {
        statement
        nextstatement;
    }
}
```

Gültigkeitsbereich der Zählvariable Zu beachten sind die geschweiften Klammern um die ganze `while`-Schleife. In einer `for`-Schleife ist der Gültigkeitsbereich einer Definition im *`startstatement`* auf die Schleife selbst begrenzt. Diese Regelung erlaubt mehrere aufeinander folgende `for`-Schleifen mit gleichnamigen Laufvariablen:

```
for(int i = 0; ...)
    ...
for(int i = 0; ...)
    ...
```

Ohne die zusätzlichen Klammern in der Ersatzdarstellung mit `while`-Schleifen wäre das nicht zulässig, weil die Definitionen der Laufvariablen außerhalb der Rümpfe stehen und damit kollidieren würden.

3.8 Aufgaben

3a. Median

Schreiben Sie ein Programm `Median`, das drei Zahlen a, b und c von der Kommandozeile einliest und den mittleren der drei Werte wieder ausgibt.

Hier ist nicht der arithmetische Mittelwert $\frac{a+b+c}{3}$ gemeint! Denken Sie sich a, b und c so angeordnet, dass die Werte von links nach rechts nur steigen oder gleich bleiben. `Median` gibt die Zahl aus, die dann in der Mitte steht.

Ein Beispiel:

```
$ java Median 2 1 2
2
```

Versuchen Sie die Anzahl der Vergleiche auf das Mindestmaß zu reduzieren.

3b. Fibonacci-Zahlen

Die „Fibonacci-Reihe" ist eine Folge von ganzen, positiven Zahlen f_0, f_1, f_2, ... Die ersten beiden Fibonacci-Zahlen sind $f_0 = 1$ und $f_1 = 1$. Jede weitere Zahl ist die Summe der beiden Vorgänger:

$$f_n = f_{n-2} + f_{n-1} \text{ für } n \geq 2$$

Der Anfang der Fibonacci-Reihe lautet 1, 1, 2, 3, 5, 8, ...

Schreiben Sie ein Programm `Fibonacci`, das eine Zahl $n \geq 0$ akzeptiert und die entsprechende Fibonacci-Zahl f_n berechnet. Ignorieren Sie arithmetischen Überlauf.

Zwei Beispiele:

```
$ java Fibonacci 5
8
$ java Fibonacci 0
1
```

3c. Logische Ausdrücke

Geben Sie für jeden der folgenden umgangssprachlich beschriebenen Ausdrücke einen entsprechenden Java-Ausdruck an. Der Java-Ausdruck soll `true` liefern, wenn die Bedingung zutrifft, und ansonsten `false`. `i`, `j` und `k` sind `int`-Variablen, `b`, `c` und `d` sind `boolean`-Variablen.

Versuchen Sie, möglichst kurze Ausdrücke zu finden.[13]

1. `i`, `j` und `k` sind alle verschieden von null.
2. `i` ist durch 17 teilbar und echt positiv.
3. `j` ist ungerade und liegt zwischen 20 und 40.
4. `k` ist entweder Vielfaches von 3 und 5, oder Vielfaches von 5 und 7, oder Vielfaches von 5 und 11.
5. Genau eines von `b`, `c` und `d` ist `true`.
6. `b`, `c` und `d` sind alle drei `true` oder alle drei `false`.

3d. Nand und Nor

Es gibt in Java keine Operatoren für die binären logischen Verknüpfungen Nand (`true`, wenn nicht beide Operanden gleichzeitig `true` sind) und Nor (`true`, wenn keiner der beiden Operanden `true` ist).

1. Stellen Sie für Nand und Nor Wahrheitstabellen auf.
2. Geben Sie äquivalente Java-Ausdrücke an, die mit der minimalen Anzahl logischer Java-Operatoren auskommen. Klammern zählen nicht als Operatoren.
3. Wenn es entsprechende Operatoren gäbe, könnten sie teilweise ausgewertet werden oder nicht?

3e. Primfaktoren

Schreiben Sie ein Programm `PrimeFactors`, das die Primfaktorenzerlegung einer Eingabezahl $n \geq 2$ berechnet. Abbildung 3.9 zeigt einen Entwurf des

3e. Primfaktoren

Schreiben Sie ein Programm `PrimeFactors`, das die Primfaktorenzerlegung einer Eingabezahl $n \geq 2$ berechnet. Abbildung 3.9 zeigt einen Entwurf des Programms. Die Primfaktoren werden in steigender Größe ausgegeben. Ein Beispiel:

```
$ java PrimeFactors 1668
2
2
3
139
```

Ignorieren Sie arithmetischen Überlauf.

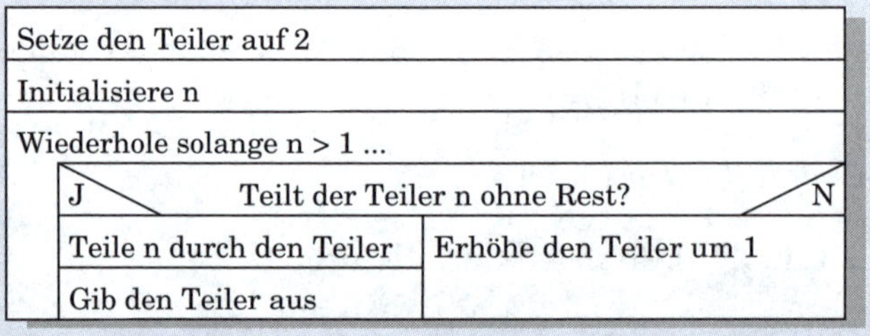

Abbildung 3.9: Struktogramm: Primfaktorenzerlegung

3f. Perfekte Zahlen

Eine Zahl nennt man eine „Perfekte Zahl“, wenn sie gleich der Summe aller ihrer ganzzahligen Teiler ist (einschließlich der 1, ohne sie selbst). Die ersten beiden Perfekten Zahlen sind

$$6 = 3 + 2 + 1 \text{ und}$$
$$28 = 14 + 7 + 4 + 2 + 1.$$

Berechnen Sie die ersten fünf Perfekten Zahlen.

3g. Zahlensysteme

Schreiben Sie ein Programm `BaseXto10`, das Zahlen aus einem fremden Zahlensystem mit der Basis b in das Zehnersystem umrechnet. Zur Vereinfachung gilt $b < 10$. Eine Zahl n in einem fremden Zahlensystem mit der Basis b wird

$2041_5 = 2 \cdot 5^3 + 0 \cdot 5^2 + 4 \cdot 5^1 + 1 \cdot 5^0 = 2 \cdot 125 + 4 \cdot 5 + 1 \cdot 1 = 250 + 20 + 1 = 271_{10}$
$11111110_2 = 254_{10}$

`BaseXto10` erhält zwei Argumente: Das erste Argument nennt eine Zahl in einem fremden Zahlensystem, das zweite Argument die Basis des fremden Zahlensystems. Zwei Beispiele:

```
$ java BaseXto10 2041 5
271
$ java BaseXto10 11111110 2
254
```

Schreiben Sie ein zweites Programm `Base10toX`, das eine Zahl aus dem Zehnersystem in ein fremdes Zahlensystem mit der Basis b umrechnet (wieder gilt $b < 10$). Gehen Sie analog zur ersten Teilaufgabe vor. Zwei Beispiele:

```
$ java Base10toX 271 5
2041
$ java Base10toX 254 2
11111110
```

Klassen

4

ÜBERBLICK

Mit Klassen werden neue Typen geschaffen, die den Vorrat der vordefinierten, primitiven Typen erweitern. Klassendefinitionen bündeln die Komponenten der neuen Typen mit Operationen, die ganz nach Bedarf gestaltet werden können.

- In 4.1 wird gezeigt, wie man eine sehr einfache **Klasse definiert** und ihren Aufbau festlegt.
- Klassendefinitionen sind nur Baupläne. In 4.2 werden **neue Objekte** entsprechend der Baupläne geschaffen.
- Klassen erweitern die vordefinierten Typen von Java um neue Typen. In 4.3 werden **Variablen** der neuen Typen definiert und der Umgang mit deren Werten, den Objekten, beschrieben.
- Über Variablen lässt sich mit Objekten arbeiten. In 4.4 wird gezeigt, wie man direkt auf die **Datenelemente**, das heißt die Bestandteile von Objekten, **zugreifen** kann.
- Die in 4.5 diskutierten **Methoden** bringen das eigentliche Potenzial von Klassen zum Vorschein. Sie erlauben es, Klassen mit neuen Operationen auszustatten.
- In 4.6 werden **Parameter und Argumente** eingeführt, mit denen bei jedem Aufruf neue Informationen an die Methode übermittelt und so deren Arbeitsweise gesteuert werden kann.
- Methoden mit gleichem Namen können in Java **überladen** werden, wie in 4.7 gezeigt wird. Die Anwendung überladener Methoden ist recht bequem. Dennoch hat dieser Mechanismus seine Tücken.
- In 4.8 werden **Konstruktoren** vorgestellt, mit denen neue Objekte sicher in einen korrekten Startzustand versetzt werden können.
- Methoden können **Ergebnisse** an den Aufrufer **zurückliefern**, wie in 4.9 erklärt wird. Damit wird in gewissem Sinn das Pendant zur Parameterübergabe geschaffen.

- Eine brauchbare und sichere Klasse zu entwickeln, erweist sich als nicht ganz einfach. Das entscheidende Konzept der **unveränderlichen Klassen** wird in 4.10 aufgegriffen.
- Einen Schritt weiter geht die allgemeinere Idee der **Datenkapselung**, deren Umsetzung mit Hilfe passenden Zugriffsschutzes, Settern und Gettern in 4.11 beschrieben wird.
- Eigentlich quer zur Objektorientierung stehen die **statischen Datenelemente**, die in 4.12 vorgestellt werden. Einige Probleme lassen sich nur mit derartigen Maßnahmen lösen.
- Entsprechend zu statischen Datenelementen können auch **statische Methoden** (Kapitel 4.13) definiert werden, die ohne Objekte arbeiten und sich auf Klassen als Ganzes beziehen.
- In 4.14 wird die Familie der **Aufzählungstypen** beschrieben, die in Java als besondere Art von Klassen verwirklicht sind. Mit diesen können kleine Sammlungen von Werten erfasst werden, für die sich primitive Typen nicht eignen.
- Das **Kopieren und Vergleichen** von Objekten wirft neue Probleme auf, die bei primitiven Typen nicht existieren. Diese Fragen werden in 4.15 betrachtet und Lösungsansätze aufgezeigt.

4.1 Definition

Klassen als neue Typen

Die bisher vorgestellten Typen `int`, `double` und `boolean` sind vordefiniert. Klassen definieren neue Typen samt darauf zugeschnittener Operationen.

Als Beispiel sollen im Weiteren Brüche dienen. In Java gibt es keinen vordefinierten Typ für Brüche, also muss ein neuer Typ geschaffen werden.

Namen von Typen

Benennung von Klassen

Neue Typen werden mit eindeutigen Identifiern benannt,[1] die beliebige Java-Bezeichner sein können. In der Regel werden als Typnamen eng-

[1] Genauer gesagt: Klassennamen müssen innerhalb eines Packages eindeutig sein, siehe Kapitel 6.

lische Substantive verwendet, deren erster Buchstabe groß geschrieben ist.

Die Klasse für Brüche soll „`Rational`“ heißen. Die Klassendefinition hat folgende Form:

```
class Rational
{
    ... Einzelheiten folgen ...
}
```

Klassen und Quelltextdateien Jede Klassendefinition sollte in einer eigenen Quelltextdatei stehen.[2] Der Rumpf des Dateinamens deckt sich mit dem Namen der Klasse, die Extension heißt „`.java`“.[3] Die Definition der Klasse `Rational` wird also in einer Datei mit dem Namen „`Rational.java`“ gespeichert.

Datenelemente

Bestandteile von Klassen Aus mathematischer Sicht besteht ein Bruch aus zwei Bestandteilen, dem Zähler und dem Nenner (engl. „*numerator*“ und „*denominator*“). Beide sind ganze Zahlen.[4] Diese Komponenten werden in der Klassendefinition aufgelistet:

```
class Rational
{
    int num;
    int denom;
    ...
}
```

Eine einzelne Komponente heißt **„Datenelement“** oder „Instanzvariable“ (engl. „*field*“) der Klasse. Datenelemente können jeden Javatyp haben. Die Klasse `Rational` hat zum Beispiel zwei Datenelemente vom Typ `int`.

Datenelemente als Variablen Datenelemente sind eine weitere Art von Variablen, neben den in Kapitel 2 eingeführten Variablen, die zur Unterscheidung als „lokale Variablen“ bezeichnet werden. Die Syntax der Definition von Datenelementen und von lokalen Variablen ist die Gleiche. Allerdings stehen die

---

2 Das ist eine Konvention, die die Verwaltung größerer Programme aus vielen Klassen vereinfacht. Aus formaler Sicht sind nur Namen *öffentlicher* Klassen (siehe Seite 207) an die Namen der Quelltextdateien gebunden. Andere Klassen unterliegen keiner Beschränkung.

3 Auch das ist eine Konvention, auf die sich aber viele Werkzeuge und Hilfsprogramme verlassen.

4 Der Nenner eines Bruches darf nicht null sein. Diese Einschränkung bleibt im Moment noch unberücksichtigt.

Definitionen von Datenelementen in Klassen, die Definitionen lokaler Variablen dagegen als Anweisungen in Methoden.

Datenelemente müssen innerhalb einer Klasse eindeutig benannt sein, ansonsten können beliebige Java-Bezeichner benutzt werden. In der Regel bieten sich kleingeschriebene, englische Substantive an.

Benennung von Datenelementen

Referenztypen

`Rational` ist ein neuer Typ, der gleichberechtigt neben den vordefinierten Typen steht. `int`, `double` und `boolean` werden als „primitive Typen" bezeichnet, weil ihre Werte atomar sind und die Bausteine keine Rolle spielen.[5] Demgegenüber ist `Rational` ein so genannter „Referenztyp".[6] Ein Referenztyp enthält separate Bestandteile, die einzeln angesprochen und verarbeitet werden können.

Referenztypen und primitive Typen

Ein erster, leicht einsehbarer Nutzen von Klassen besteht darin, dass die einzelnen Datenelemente immer zusammenbleiben. Es kann zum Beispiel nicht passieren, dass der Nenner eines Bruches irrtümlich vom Zähler getrennt wird und isoliert umherirrt.

Klassen bündeln ihre Bestandteile

4.2 Objekte

Instanzen

Eine Klassendefinition legt fest, *wie* Objekte einer Klasse aufgebaut sein werden. Objekte entstehen aber nicht von alleine, sondern müssen ausdrücklich erzeugt werden. Die Klassendefinition spielt dabei die Rolle eines Bauplans, einer Vorlage oder einer Konstruktionsvorschrift. Objekte einer Klasse heißen auch Exemplare oder **Instanzen** der Klasse.

Objekte als Exemplare von Klassen

Aus der Definition einer Klasse können beliebig viele Objekte geschaffen werden, eventuell auch überhaupt keine. Abbildung 4.1 zeigt die Idee. In diesem Beispiel wurden zwei Brüche erzeugt, das heißt zwei Exemplare der Klasse `Rational` mit den Werten $\frac{1}{9}$ und $\frac{3}{4}$. Jedes einzelne Objekt einer Klasse hat seinen eigenen Satz Datenelemente.

---

5 Man kann durchaus auf die einzelnen Bits eines Zahlenwertes zugreifen. Zum Rechnen ist das aber nicht notwendig.

6 Die Bezeichnung „Referenztyp" wird in Kapitel 4.3 motiviert.

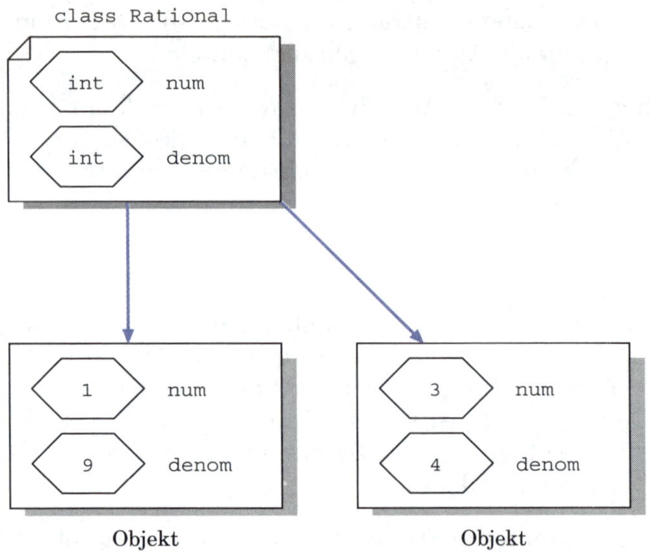

Abbildung 4.1: Klasse und Objekte

Operator new

new erzeugt Objekte

Der Java-Compiler übersetzt eine Klassendefinition in Bytecode. Objekte der Klasse werden erst dann erzeugt, wenn sie explizit angefordert werden. Das Erzeugen eines neuen Objektes heißt auch „instanziieren" oder „allokieren". Ein neues Objekt wird mit dem **Operator „`new`"** erzeugt. Der Ausdruck

```
new Rational()
```

produziert ein neues `Rational`-Objekt. Jedes einzelne Objekt muss mit einem eigenen `new`-Aufruf geschaffen werden.

Anwendung einer Klasse außerhalb ihrer Definition

Die Anwendung einer Klasse, die mit den Objekten arbeiten möchte, ist in der Regel ein anderes Programm, wie zum Beispiel das Hauptprogramm `main`. Jetzt sind also zwei verschiedene Programmteile im Spiel:

1. Eine Klassendefinition und
2. eine Anwendung, die die Klasse benutzt.

In der Regel stehen die beiden Programmteile in unterschiedlichen Dateien. Die Klassendefinition in der Datei `Rational.java` folgt dem Aufbau von Klassendefinitionen:

```
class Rational
{
    ...
}
```

Auch bei einem Hauptprogramm, in dem `main` definiert ist, handelt es sich um eine Klassendefinition, wie im folgenden Beispiel:

```
class Application
{
    public static void main(String[] args)
    {
        ... new Rational() ...
    }
}
```

Die Klassendefinition spielt hier allerdings nur eine Nebenrolle und dient bloß als Rahmen für `main`. `new` ist aus syntaktischer Sicht ein unärer Operator, vergleichbar mit den Vorzeichenoperatoren oder dem logischen Not. Der Operand von `new` ist der Name einer Klasse, die vorher übersetzt wurde, mit leeren runden Klammern.[7] Der Wert des `new`-Ausdrucks ist das neu geschaffene Objekt.

new als unärer Operator

4.3 Referenzvariablen

Definition

Klassen definieren Referenztypen, die gleichrangig neben den schon bekannten primitiven Typen stehen. Auch von Referenztypen können Variablen definiert werden, ebenso wie von primitiven Typen. Die Anweisung

Definition von Referenzvariablen

```
Rational r;
```

definiert eine Variable `r` vom Typ `Rational`. Zur Unterscheidung werden Variablen primitiver Typen auch kurz als „primitive Variablen" bezeichnet und Variablen von Referenztypen als **„Referenzvariablen"**.

Wertzuweisung an Referenzvariablen

Zwischen primitiven Variablen und Referenzvariablen gibt es einen fundamentalen Unterschied, der weit reichende Folgen hat. Bei einer primitiven Variablen steht mit der Definition auch der Speicherplatz

Primitive Variablen und Werte untrennbar

7 `new` ruft einen Konstruktor der Klasse auf. Einzelheiten werden in Kapitel 4.8 erklärt. Später nehmen die runden Klammern noch weitere Informationen auf.

für den Wert zur Verfügung. Variable und Speicherplatz sind also untrennbar. Die Initialisierung

```
int n = 23;
```

lässt sich so veranschaulichen:

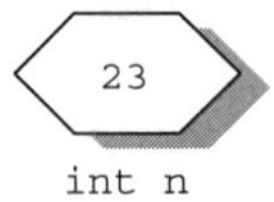

Schritte beim Initialisieren einer Referenzvariablen

Bei Referenzvariablen ist das anders: Variable und Objekt existieren unabhängig und getrennt. Die Definition einer Referenzvariablen schafft noch kein Objekt. Dieses muss erst explizit allokiert und zugewiesen werden. Im Einzelnen laufen die folgenden Schritte ab:

1. Eine Referenzvariable wird definiert, wie zum Beispiel oben:

   ```
   Rational r;
   ```

   Nach dieser Definition existiert nur die Variable, aber noch kein Objekt:

   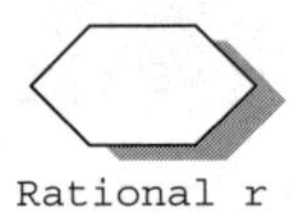

2. Ein neues Objekt wird mit `new` allokiert:

   ```
   new Rational()
   ```

   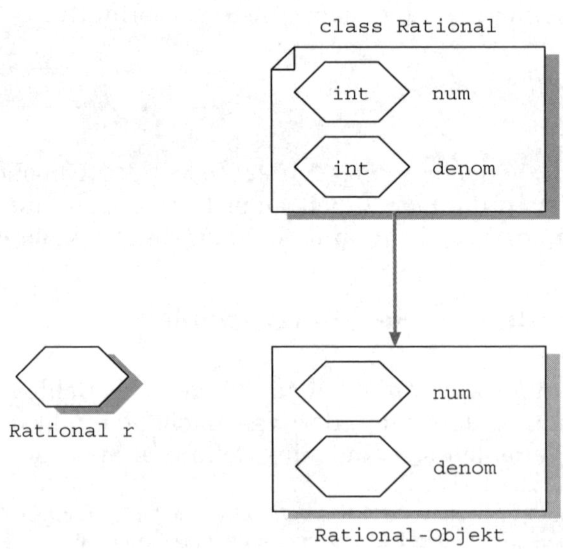

3. Das neue Objekt wird an die Variable zugewiesen:

```
r = new Rational();
```

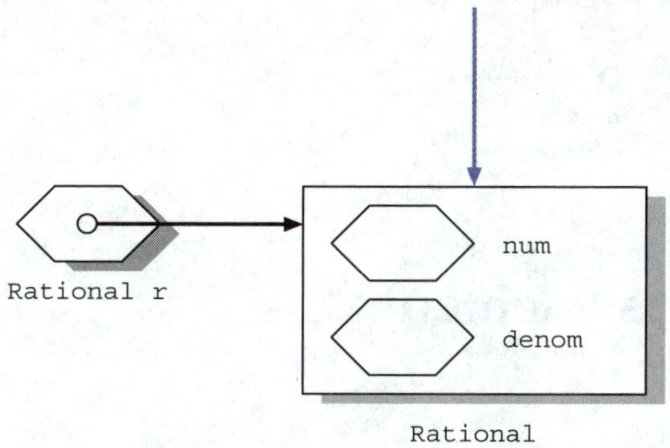

Der Pfeil zwischen der Referenzvariablen und dem Objekt gibt den Referenzvariablen den Namen: Die Variable „referenziert" das Objekt.[8]

Die drei Einzelschritte lassen sich in einer Definition mit Initialisierung zusammenfassen:

Initialisieren einer Referenzvariablen bei der Definition

```
Rational r = new Rational();
```

null-Referenz

Nicht initialisierte Referenzvariablen

Wie bei primitiven Variablen ist eine Referenzvariable nicht initialisiert, bis ihr der erste Wert zugewiesen wird. In diesem Punkt verhalten sich alle lokalen Variablen gleich.[9]

null als abwesendes Objekt

Wenn eine Variable ausdrücklich *kein* Objekt referenzieren soll, kann man dafür die `null`-Referenz benutzen. „`null`" ist ein reserviertes Wort. Die `null`-Referenz darf nicht mit einer fehlenden Initialisierung verwechselt werden. Die Initialisierung

```
Rational r = null;
```

weist der Variablen `r` explizit den Wert `null` zu, der als „kein Objekt" gelesen werden kann. `null` ist eindeutig und kann zum Beispiel überprüft werden:

---

8 Man könnte argumentieren, dass der eigentliche Wert einer Referenzvariablen die Referenz selbst ist. Aus technischer Sicht ist das korrekt. In Java werden Referenzen allerdings ausschließlich von der JVM verwaltet. Ein Benutzerprogramm kann sie nicht direkt manipulieren.

9 Das gilt nicht für Datenelemente, siehe Seite 134.

```
if(r == null)
    System.out.println("no object");
```

Die null-Referenz kann bildlich folgendermaßen dargestellt werden:

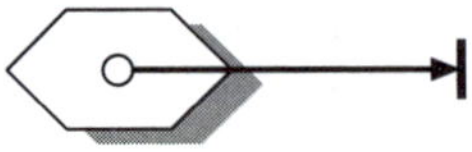

4.4 Datenelemente

Zugriff

Zugriff auf Datenelemente eines Objektes

Jedes Objekt einer Klasse enthält die in der Klassendefinition festgelegten Datenelemente. Die Datenelemente eines bestimmten Objektes können einzeln angesprochen werden. Diesen Zugriff auf Datenelemente nennt man „Elementzugriff". Das betreffende Objekt ist das **Zielobjekt** des Zugriffs. Die Syntax zum Elementzugriff lautet[10]

```
variable.elementname
```

Wenn zum Beispiel ein Bruch den Wert $\frac{1}{9}$ erhalten soll, wird zuerst ein neues Rational-Objekt erzeugt und einer Variablen zugewiesen:

```
Rational r = new Rational();
```

Dann werden Zähler und Nenner des Zielobjektes r einzeln mit den betreffenden Werten versorgt:[11]

```
r.num = 1;
r.denom = 9;
```

Das Objekt ist jetzt mit dem Bruch $\frac{1}{9}$ initialisiert:

---

[10] Für den Moment sind Variablen die einzige Möglichkeit, Objektreferenzen zu liefern. Später kommen Methodenaufrufe und, bei bestimmten Klassen, auch Objektliterale dazu.

[11] Eigentlich ist diese Ausdrucksweise nicht ganz präzise und müsste lauten „... werden Zähler und Nenner des Objektes, das momentan an die Variable r zugewiesen ist, einzeln ...". Meist ist aber aus dem Kontext klar, dass nicht die Variable selbst, sondern das zugewiesene Objekt gemeint ist. In diesen Fällen kann man sich die Kurzfassung erlauben.

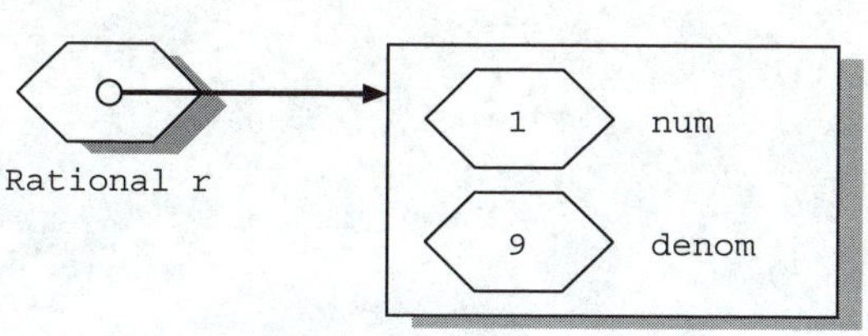

num und denom sind die Namen der Datenelemente gemäß der Klassendefinition von Rational.

Umgang mit Datenelementen

Datenelemente als Variablen

Der Elementzugriff spricht ein Datenelement innerhalb eines Objektes an. Mit dem angesprochenen Datenelement kann genauso verfahren werden wie mit lokalen Variablen des gleichen Typs.

Zähler oder Nenner der Rational-Klasse können beispielsweise folgendermaßen verwendet werden:

- als Teil eines Ausdrucks:

```
int i = 5 - r.num*3;
```

- in Operatorzuweisungen oder mit dem Inkrement- und Dekrementoperator:

```
r.num *= 10;
r.num++;
```

- in einem Vergleich:

```
if(r.denom != 0) ...
```

Nur an der Zugriffssyntax ist erkennbar, dass mit einem Datenelement innerhalb eines Objektes gearbeitet wird, und nicht mit einer lokalen Variablen.

Datenelemente unterschiedlicher Objekte

Jedes Objekt hat eigene Datenelemente

Der Elementzugriff betrifft ein einzelnes Datenelement innerhalb eines einzelnen Objektes, des Zielobjektes. Die anderen Datenelemente des Zielobjektes und alle anderen Objekte der Klasse bleiben davon unberührt. Jedes Objekt einer Klasse hat seinen eigenen Satz Datenelemente. Die gleichnamigen Datenelemente in verschiedenen Objekten „wissen nichts“ voneinander. Im folgenden Beispiel werden drei Brüche erzeugt und mit unterschiedlichen Werten initialisiert:

```
Rational r = new Rational();
r.num = 1;
r.denom = 9;                          // r = 1/9

Rational s = new Rational();
s.num = -1;
s.denom = 4;                          // s = -1/4

Rational t = new Rational();
t.num = 3*r.num;
t.denom = r.denom + 2 - s.denom;      // t = 3/7
```

Die drei Objekte r, s und t sind unabhängig, wie Abbildung 4.2 veranschaulicht. Jedes kann einzeln weiterverarbeitet werden, ohne Auswirkungen auf die beiden anderen.

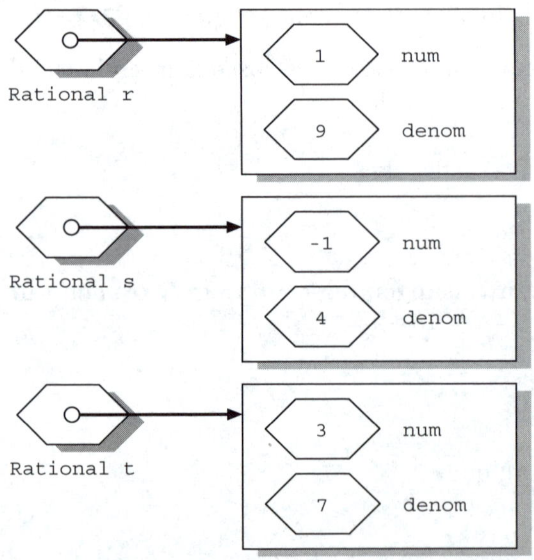

Abbildung 4.2: Drei unabhängige Objekte

Wertzuweisungen bei Referenztypen

Wertzuweisung primitiver Typen kopiert den Wert

Bei primitiven Typen kopiert eine Wertzuweisung den zugewiesenen Wert. Das klingt schon fast selbstverständlich. Nach den Anweisungen

```
int a = 23;
int b = a;
```

haben beide Variablen den Wert 23. Die Werte sind vollkommen unabhängig, jede Variable speichert „ihren“ Wert:

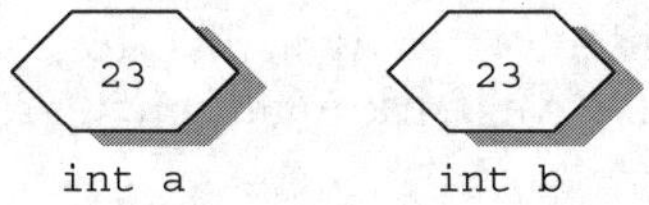

Änderungen der einen Variablen haben keine Auswirkungen auf die andere. Die Anweisung

```
b++;
```

inkrementiert zum Beispiel den Wert von b auf 24, aber a hat anschließend immer noch den Wert 23.

Wertzuweisung bei Referenztypen dupliziert Referenz

Anders liegen die Verhältnisse bei Referenzvariablen. Eine Wertzuweisung zwischen Referenzvariablen kopiert nicht das Objekt, sondern dupliziert die Referenz auf das Objekt:

```
Rational a = new Rational();
a.num = 1;
a.denom = 9;
Rational b = a;                    // a = b = 1/9
```

Die beiden Variablen referenzieren jetzt dasselbe Objekt.

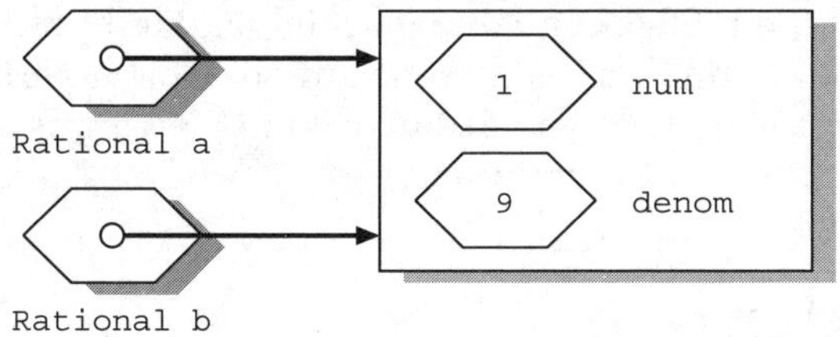

Änderungen am Objekt wirken sich in beiden Variablen aus. Es existiert ja nur ein einziges Objekt, das von beiden Variablen gleichermaßen angesprochen wird:

```
a.num++;
System.out.println(b.num);         // gibt "2" aus
```

Aliasing für Effizienz

Dieses Verhalten wird als „**Aliasing**" (dt. etwa: „Überlagerung") bezeichnet. Zunächst könnte man befürchten, dass sich angesichts von Aliasing nur noch mit äußerster Vorsicht mit Objekten hantieren ließe, weil jede Änderung an einer Variablen kaum noch überschaubare Auswirkungen auf andere Variablen haben könnte.

In der Praxis ist das jedoch kein Problem: Die Situationen, in denen man wirklich „echte" Kopien von Objekten braucht, sind nicht sehr häufig.

Abgesehen davon: Wenn Java bei jeder Wertzuweisung komplette Objekte kopieren würde, hätte das fatale Auswirkungen auf Performance und Speicherplatzbedarf.

Gültigkeitsbereich

Datenelemente gelten in der ganzen eigenen Klasse

Lokale Variablen gelten innerhalb des Blocks, in dem sie definiert sind, ab der Definition und bis zum Ende des Blocks. Ein Datenelement gilt dagegen innerhalb der ganzen Klasse, in der es definiert ist. Dabei spielt es keine Rolle, wo innerhalb der Klasse die Definition des Datenelementes steht. Demzufolge ist auch die Reihenfolge der Definitionen mehrerer Datenelemente irrelevant.

Lebensdauer

Lebensdauer von Objekten

Lokale Variablen werden in dem Moment geschaffen, in dem das Programm ihre Definition erreicht. Beim Verlassen des Blocks, der die Definition umschließt, werden lokale Variablen wieder zerstört.

Die Lebensdauer von Datenelementen deckt sich mit dem Objekt, dessen Bestandteil sie sind. Objekte werden ausdrücklich mit `new` erzeugt und entstehen nicht automatisch. Solange es für ein Programm irgendeine Möglichkeit gibt, ein Objekt noch zu erreichen, bleibt es bestehen. Nachdem ein Programm die letzte Referenz auf ein Objekt verloren hat, wird das Objekt zerstört.[12] Die Lebensdauer von Objekten ist losgelöst von der Blockstruktur eines Programms.

4.5 Methoden

Methoden legen Operationen fest

In Klassen können, neben den Datenelementen, auch **Methoden** definiert werden. Während die Datenelemente die Eigenschaften der Objekte einer Klasse beschreiben, legen die Methoden die Funktionalität der Objekte fest.

Plakativ formuliert geben die Methoden einer Klasse vor, was man mit den Objekten machen kann. Die Datenelemente legen dagegen fest, wie die Objekte aufgebaut sind.

[12] Wann *genau* ein Objekt zerstört wird, lässt sich nicht exakt festlegen. Das Laufzeitsystem trifft diese Entscheidung nach Bedarf.

Definition

Jede Methode hat einen Namen, ebenso wie Datenelemente.[13] Zum Beispiel ist hier eine Methode der Klasse `Rational` mit dem Namen „`output`" definiert:

Definition von Methoden

```
class Rational
{
    int num;
    int denom;

    void output()
    {
        System.out.printf("%d/%d%n", num, denom);
    }
}
```

Methoden stehen für Abläufe und sind deshalb in der Regel mit englischen Verben benannt, die mit kleinen Buchstaben beginnen. „`output`" steht hier im Sinne von „*to output*". Die Methode `output` gibt den Inhalt des Objektes aus.

Kopf und Rumpf

Die Definition einer Methode besteht aus Kopf und Rumpf.[14] Der Methodenkopf nennt zunächst den Namen, hier zum Beispiel „`output`". Das Schlüsselwort „`void`" und die leeren Klammern werden später erklärt.

Kopf und Rumpf einer Methode

```
void output()
```

Nach dem Kopf folgt der Methodenrumpf:

```
{
    System.out.printf("%d/%d%n", num, denom);
}
```

Jeder Methodenrumpf beginnt und endet mit geschweiften Klammern, selbst wenn dazwischen nur eine einzige Anweisung steht, wie in diesem Beispiel. Die Klammern grenzen einen Block ab, der eine Liste von beliebigen Anweisungen enthalten darf.

---

[13] Gleiche Namen von Methoden und Datenelementen kollidieren nicht. Das ist eine fragwürdige Freiheit, die wahrscheinlich mehr Verwirrung stiftet, als sie an zusätzlichen Möglichkeiten eröffnet. Methoden und Datenelemente sollten deshalb möglichst nicht gleich benannt werden.

[14] Die Begriffe werden auch bei Schleifen benutzt, stehen dort aber für andere syntaktische Elemente.

Eine Methode ist eine Komponente einer Klasse und wird, neben Datenelementen, in der Klasse definiert. Methoden können nicht außerhalb von Klassen oder innerhalb anderer Methoden definiert werden.

Definition mehrerer Methoden

In einer Klasse können beliebig viele Methoden definiert werden. Die Reihenfolge der Methodendefinitionen untereinander, wie die der Datenelemente und Methoden überhaupt, spielt keine Rolle. Schematisch ist eine Klassendefinition folgendermaßen aufgebaut:

```
class name
{
    dataelement
    dataelement
    ...
    method
    method
    ...
}
```

Aufruf

Methodenaufruf mit Zielobjekt

Um eine Methode zu benutzen, wird sie von einer Anwendung „aufgerufen". Wie der Elementzugriff richtet sich ein Methodenaufruf an ein konkretes Objekt der Klasse, das Zielobjekt. Ohne Zielobjekt kann keine Methode aufgerufen werden.[15] Syntaktisch ähnelt ein Methodenaufruf einem Elementzugriff:

```
variable.methodname();
```

Die nachgestellten runden Klammern unterscheiden einen Methodenaufruf vom Elementzugriff. Das folgende Codefragment initialisiert einen Bruch und gibt ihn dann mit Hilfe der Methode `output` aus:

```
Rational r = new Rational();
r.num = 1;
r.denom = 9;
r.output();          // Methodenaufruf, gibt "1/9" aus
```

Call-Sequence

Ablauf eines Methodenaufrufs

Der Aufruf einer Methode wird in mehreren Schritten abgewickelt, die zusammen als „**Call-Sequence**" bezeichnet werden. Die Call-Sequence läuft folgendermaßen ab:[16]

---

[15] Es gibt eine besondere Art von Methoden, die „statischen" Methoden, die kein Zielobjekt brauchen. Statische Methoden werden in Kapitel 4.13 erklärt.

[16] Später werden im Zusammenhang mit Parameterübergabe und Ergebnisrückgabe weitere Schritte eingeschoben.

1. Das aufrufende Programm, der „Aufrufer“, wird unterbrochen.
2. Der Methodenrumpf wird durchlaufen.
3. Der Aufrufer wird fortgesetzt.

Bei mehreren Aufrufen derselben Methode wird der Aufrufer jedes Mal unterbrochen, immer der gleiche Methodenrumpf ausgeführt und der Aufrufer dann jeweils mit der nächsten Anweisung nach dem Aufruf fortgesetzt:

Unterbrechung des Aufrufers

```
Rational r = new Rational();
r.num = 1;
r.denom = 9;
r.output();           // gibt "1/9" aus

r.num = 5;
r.output();           // gibt "5/9" aus
```

Abbildung 4.3 zeigt den Ablauf schematisch. Die Ziffern geben die zeitliche Reihenfolge des Kontrollflusses an.

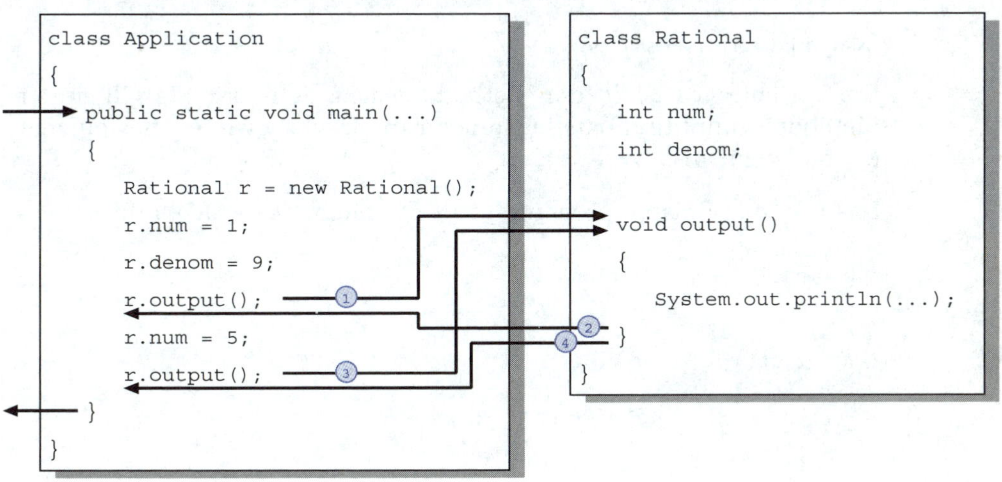

Abbildung 4.3: Kontrollfluss bei Methodenaufrufen

Methodenrumpf als Block

Ein Methodenrumpf ist aus syntaktischer Sicht ein Block. Innerhalb des Rumpfes sind beliebige Anweisungen zulässig, einschließlich aller Kontrollstrukturen und auch Definitionen. Wie jeder Block begrenzt ein Methodenrumpf den Gültigkeitsbereich enthaltener Definitionen. Lokale Variablen, die in einer Methode definiert sind, gelten nur innerhalb dieser einen Methode.

Methodenrumpf als Gültigkeitsbereich

Variablen einer Methode existieren nur für einen Aufruf

In einer Methode definierte lokale Variablen werden bei jedem Aufruf neu geschaffen und bei der Rückkehr wieder freigegeben. Sie existieren nur für die Dauer jeweils eines einzigen Methodenaufrufes. Die Datenelemente der Klasse existieren dagegen unabhängig von Methoden und deren Aufrufen.

Die Methode `reduce` im folgenden Beispiel kürzt einen Bruch. Dazu teilt sie Zähler und Nenner durch deren größten gemeinsamen Teiler.

```
class Rational
{
    int num;
    int denom;

    void reduce()
    {
        int gcd = /* ggT von num und denom berechnen */;
        num /= gcd;
        denom /= gcd;
    }
    ...
}
```

Listing 4.1: Kürzen eines Bruchs

Die Variable `gcd` ist in der Methode `reduce` definiert. Sie gilt nur im Methodenrumpf und existiert nur für die Dauer jeweils eines einzigen Methodenaufrufs.

Das folgende Beispielprogramm ruft die Methode `reduce` auf:

```
Rational r = new Rational();
r.num = 6;
r.denom = 9;
r.output();      // gibt "6/9" aus
r.reduce();
r.output();      // gibt "2/3" aus
```

Zugriff aus einem Methodenrumpf

Zugriff auf eigene Datenelemente ohne Zielobjekt

In den gezeigten Methodendefinitionen ist Ihnen vielleicht aufgefallen, dass in den Methodenrümpfen, neben den Variablen, auch die Datenelemente der Klasse ohne Elementzugriff verwendet werden. Der Gültigkeitsbereich von Datenelementen umfasst die gesamte Klassendefinition. Das schließt die darin enthaltenen Methodenrümpfe mit ein, die ja nichts anderes als geschachtelte, untergeordnete Blöcke sind.

Wenn eine Methode auf Datenelemente des eigenen Objekts zugreifen möchte, ist dazu kein Elementzugriff nötig. Ein Zielobjekt zu benennen ist überflüssig, weil eine Methode, bildlich gesprochen, schon „innerhalb" eines Objektes abläuft.

Ein Zielobjekt muss nur beim Zugriff von außerhalb des Objektes angegeben werden. Alle Definitionen der eigenen Klasse, also Datenelemente und Methoden, stehen innerhalb einer Klasse ohne weitere Maßnahmen zur Verfügung. Eine Methode kann also eine andere Methode des gleichen Objektes direkt aufrufen. Das folgende Beispiel zeigt eine Methode `outputReduced`, die einen Bruch kürzt und dann sofort ausgibt:

Zugriff auf Datenelemente anderer Objekte mit Zielobjekt

```
class Rational
{
    int num;
    int denom;

    void output()
    {...}

    void reduce()
    {...}

    void outputReduced()
    {
        reduce();
        output();
    }
    ...
}
```

Beim Aufruf laufen drei Methodenaufrufe ab, von denen der Anwender nur den „äußeren" sieht:

```
Rational r = new Rational();
r.num = 6;
r.denom = 9;
r.outputReduced();       // gibt "2/3" aus
```

Abbildung 4.4 veranschaulicht den Ablauf.

Namenskollisionen

Die Namen von lokalen Variablen und Datenelementen kollidieren nicht. Das bedeutet, dass man bei der Benennung von Datenelementen nur auf die anderen Datenelemente der Klasse Rücksicht nehmen muss. Ebenso kann man bei der Benennung von lokalen Variablen die Datenelemente ignorieren.

Keine Namenskollision mit Variablen

Diese Freiheit erlaubt Datenelemente und lokale Variablen mit gleichen Namen. In diesem Fall „verdeckt" die lokale Variable das Datenelement, wie im folgenden Beispiel deutlich wird:

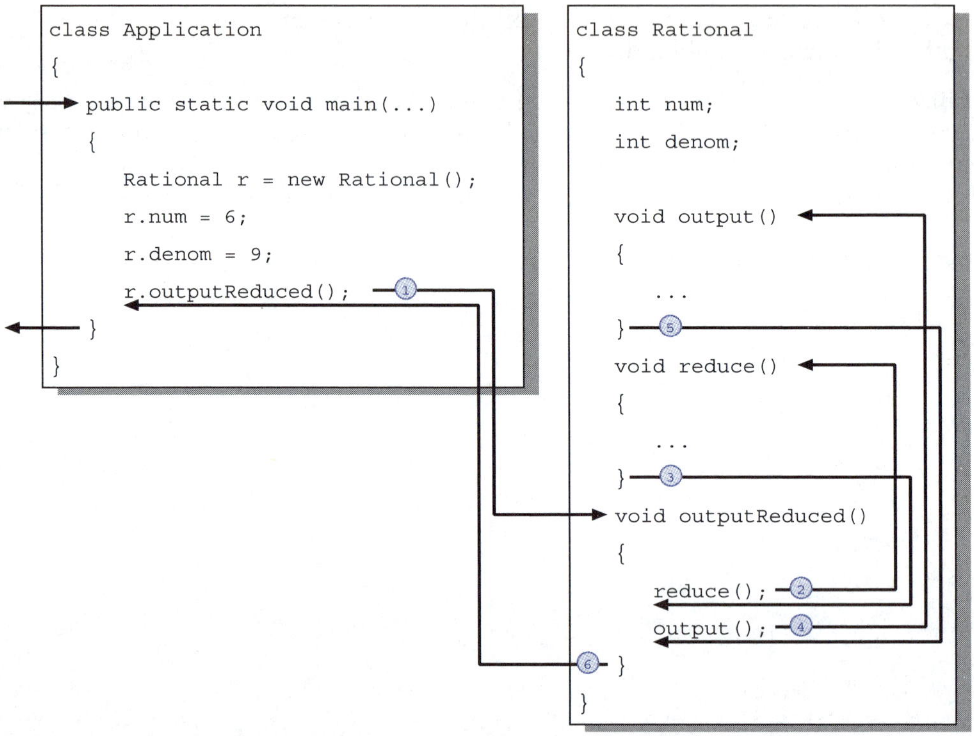

Abbildung 4.4: Kontrollfluss bei geschachtelten Methodenaufrufen

```
class Rational
{
    int num;
    ...
    void voodoo()
    {
        int num = 1;
        System.out.println(num);    // gibt "1" aus
    }
}
```

Aus Gründen, die weiter hinten erläutert werden, sollte der direkte Zugriff auf Datenelemente aber ohnehin auf ein Minimum eingeschränkt und nur bestimmten, sehr einfachen Methoden vorbehalten sein (siehe Kapitel 4.11, ab Seite 146). Deshalb sind die Auswirkungen dieser potenziellen Verdeckung in der Praxis nicht sehr störend.

Selbstreferenz mit `this`

Referenz auf eigenes Objekt mit `this`

Die Variable „`this`" enthält eine Referenz auf das eigene Objekt. `this` ist in jeder Methode automatisch definiert und steht ohne weitere Maßnahmen zur Verfügung.

Auf den ersten Blick wirkt `this` ziemlich nutzlos, weil das eigene Objekt ohnehin das voreingestellte Zielobjekt für alle Datenelementzugriffe ist.

Allerdings lassen sich mit `this` Namenskollisionen auflösen, weil ein eigentlich verdecktes Datenelement mit dem Zielobjekt `this` explizit angesprochen werden kann:

```
class Rational
{
    int num = 0;
    ...
    void voodoo()
    {
        int num = 1;
        System.out.println(this.num);    // gibt "0" aus
    }
}
```

`this` hat noch einige weitere Anwendungen, auf die später eingegangen wird.

4.6 Parameter

Mit der Parameterübergabe steht ein Mechanismus zur Verfügung, mit dem der Aufrufer bei jedem Aufruf eine neue Information an eine Methode liefern und damit deren Ablauf steuern kann.

Parameter liefern Information vom Aufrufer an Methoden

Argumente und Parameter

Aus syntaktischer Sicht müssen zur Parameterübergabe zwei Sprachelemente korrekt ineinander greifen:

Parameter und Argumente

1. Der Aufrufer muss beim Aufruf **Argumente** bereitstellen, die der Methode übergeben werden, und
2. die Methode muss **Parameter** vorsehen, in denen die übergebenen Argumente in Empfang genommen werden.

Betrachten wir die Parameter der Methode zuerst: Im Methodenkopf wird eine Parameterliste angegeben für die vom Aufrufer erwarteten Argumente. Dazu wird in den Klammern nach dem Methodennamen eine Liste von Parametern aufgezählt. Jeder Parameter wird mit Typ und Namen genannt, wie das folgende Schema zeigt:

Parameterliste im Methodenkopf

```
void method(type1 name1, type2 name2, ...)
{...}
```

Diese Liste kann beliebig lang sein. Bisher war sie leer, das heißt, die Methoden erwarteten bisher keine Parameter.

Als Beispiel soll eine Methode extend zum Erweitern eines Bruchs definiert werden. Die Methode muss natürlich wissen, mit *welchem* Faktor erweitert werden soll. Der Faktor wird vom Aufrufer festgelegt und der Methode als Parameter f übergeben:

```
class Rational
{
    void extend(int f)  // Kopf mit Parameter int f
    {
        num *= f;
        denom *= f;
    }
    ...
}
```

Argumentliste beim Aufruf

Für jeden Parameter einer Methode muss der Aufrufer ein passendes Argument liefern. Die Argumente werden beim Methodenaufruf in einer Argumentliste aufgezählt. Im Beispiel der Methode extend ist ein Argument notwendig, der Faktor, mit dem der Bruch erweitert werden soll:

```
r.extend(2);
```

Übergabe

Parameter- und Argumentliste im Einklang

Die Parameterliste im Methodenkopf und die Argumentliste beim Methodenaufruf werden vom Compiler abgeglichen. Für jeden Parameter muss ein entsprechendes Argument angegeben sein. Aufrufe mit zu vielen oder zu wenigen Argumenten werden nicht übersetzt.

Beliebige Ausdrücke als Argumente

Die Argumente können beliebige Ausdrücke sein, deren Typen an die entsprechenden Parameter zuweisbar sind. Die Typen von Argumenten und Parametern werden vom Compiler paarweise abgeglichen. Beim Aufruf werden die Argumente dann von links nach rechts der Reihe nach berechnet. Anschließend werden die Parameter mit den Argumentwerten initialisiert und dann der Methodenrumpf abgewickelt.

Parameter im Methodenrumpf wie Variablen

Im Methodenrumpf können die Parameter benutzt werden, als wären es lokale Variablen, die im Methodenrumpf definiert und mit den Argumentwerten initialisiert sind. Parameter sind damit eine dritte Art von Variablen, neben lokalen Variablen und Datenelementen.

Call-Sequence mit Parametern

Weiter oben (Seite 118) wurde die einfache Call-Sequence beim Aufruf parameterloser Methoden gezeigt. Der Mechanismus wird mit Parameterübergabe folgendermaßen erweitert:

Call-Sequence mit Parameterübergabe

1. Die Werte aller Argumente werden berechnet.
2. Die Parameter werden allokiert.
3. Die Argumentwerte werden an die Parameter zugewiesen.
4. Das aufrufende Programm, der „Aufrufer", wird unterbrochen.
5. Der Methodenrumpf wird durchlaufen.
6. Die Parameter werden freigegeben.
7. Der Aufrufer wird fortgesetzt.

Mehrere Parameter

Im Kopf einer Methode kann eine Liste von Parametern angegeben werden. Im folgenden Beispiel erwartet die Methode `set` zwei Parameter und setzt Zähler und Nenner eines Bruches gemeinsam fest. Die Methode `setZero` hat keine Parameter und setzt den Bruch auf $\frac{0}{1}$.

Mehrere Parameter

```
class Rational
{
    ...
    void set(int n, int d)
    {
        num = n;
        denom = d;
    }

    void setZero()
    {
        num = 0;
        denom = 1;
    }
}
```

Die Methoden müssen mit der jeweils passenden Anzahl Argumente aufgerufen werden:

Mehrere Argumente für mehrere Parameter

```
Rational r = new Rational();
r.set(2, 3);
```

```
Rational s = new Rational();
s.setZero();
```

Der Compiler lehnt dagegen die folgenden Aufrufe ab:

```
r.set(2);        // Fehler: zu wenig Argumente
r.setZero(0);    // Fehler: zu viele Argumente
```

In Kapitel 10.5 werden „Varargs“ vorgestellt, mit denen Methoden mit beliebig vielen Argumenten definiert werden können. Die Diskussion muss allerdings hier noch zurückgestellt werden, weil dazu Arrays notwendig sind, die erst in Kapitel 10 eingeführt werden.

Primitive Typen als Parameter

Versteckte Wertzuweisung bei Parameterübergabe

Bei der Parameterübergabe laufen versteckte Wertzuweisungen von den Argumentwerten an die Parameter ab.

Argumente primitiver Typen werden kopiert und an die Parameter zugewiesen. Bezüglich impliziter und expliziter Typumwandlungen gelten die gleichen Regeln wie bei Wertzuweisungen.

```
r.extend(3.14);         // Fehler: falscher Typ
r.extend((int)3.14);    // ok
```

Der erste Methodenaufruf ist fehlerhaft, weil das `double`-Argument nicht an einen `int`-Parameter übergeben werden kann. Der Typecast im zweiten Aufruf erzwingt vor dem Aufruf die Umwandlung `double`→`int`, sodass der Aufruf übersetzt wird.

Referenztypen als Parameter

Parameter von Referenztypen

Auch Referenztypen können als Parameter benutzt werden. Im folgenden Beispiel wird die Methode `mult` definiert, die ein anderes[17] `Rational`-Objekt als Parameter erwartet. Die Methode multipliziert das Zielobjekt mit dem Parameterobjekt:

```
class Rational
{
    ...
    void mult(Rational p)
```

[17] Die Methode funktioniert auch dann, wenn als Parameter das Zielobjekt selbst übergeben wird. Das ist hier aber eher Zufall. Im Allgemeinen muss das bei der Definition einer Methode ausdrücklich berücksichtigt werden.

```
    {
        num *= p.num;
        denom *= p.denom;
    }
}
```

Listing 4.2: Multiplikationsmethode von `Rational`

Aliasing bei der Übergabe von Objekten

Wie bei der Wertzuweisung (Kapitel 4.4, Seite 114) wird bei der Übergabe eines Referenzparameters aber kein Objekt kopiert, sondern nur die Referenz auf das Argument-Objekt übergeben. Im Rumpf referenzieren das Argument des Aufrufers und der Parameter der Methode für die Dauer des Methodenaufrufes dasselbe Objekt. Auch das ist ein Fall von Aliasing.

```
Rational r = new Rational();
r.set(2, 3);
Rational s = new Rational();
s.set(1, 9);
r.mult(s);
```

Abbildung 4.5 zeigt die Situation beim Eintritt in den Methodenrumpf von `mult`.

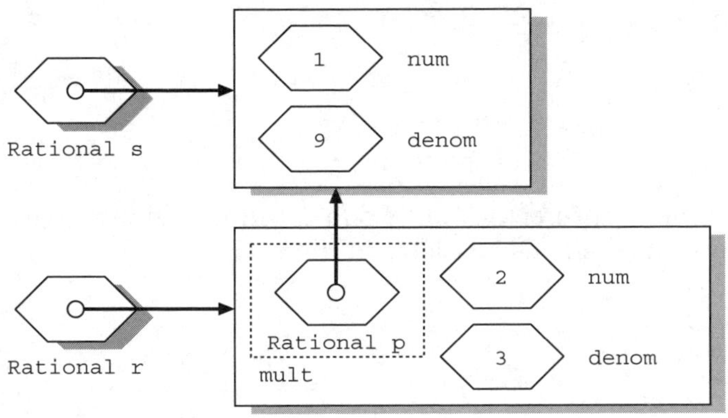

Abbildung 4.5: Objekte bei Referenzparametern

In die Anweisung „`r.mult(s)`“ sind zwei verschiedene `Rational`-Objekte verwickelt:

1. `r` ist das Zielobjekt des Methodenaufrufs. Die Methode `mult` läuft „innerhalb“ von `r` ab. `p` ist Parameter der Methode `mult` und gilt in deren Rumpf.

2. `s` wird als Argument übergeben und ist, wegen Aliasing, im Methodenrumpf von `mult` auch über den Parameter `p` erreichbar.

Aus der Sicht des Methodenrumpfes von `mult` ist das im Parameter `p` übergebene `Rational`-Objekt ein anderes, fremdes Objekt (siehe Listing 4.2). Im Rumpf von `mult` werden die eigenen Datenelemente direkt, also ohne Zielobjekt, angesprochen. Sie stehen auf der linken Seite der Operatorzuweisungen. Die Datenelemente des übergebenen `Rational`-Objektes sind via Elementzugriff auf `p` erreichbar. Sie werden auf der rechten Seite der Operatorzuweisungen gelesen.

Fragwürdige Schreibzugriffe

Zugriffe auf Datenelemente fremder Objekte

Die Methode `mult` greift auf die Datenelemente des Parameterobjektes zu und verändert daraufhin die eigenen Datenelemente. Das Parameterobjekt wird dabei zwar gelesen, aber nicht modifiziert. Nach dem Aufruf von `mult` ist es unverändert:

```
s.output();
r.mult(s);
s.output();      // gleiche Ausgabe wie vorher
```

Eine ungeschickte oder vielleicht sogar böswillige Methode könnte aber auch in das Parameterobjekt schreiben:

```
void mult(Rational p)
{
    ...
    p.denom = 0;     // böse!
}
```

Riskante Freiheit

Ohne dass der Aufrufer das am Code erkennen könnte, wird das als Argument übergebene Objekt jetzt ruiniert:

```
s.output();
r.mult(s);
s.output();      // Nenner von s ist jetzt 0
```

Ein derartiges Verhalten ist sicher in den wenigsten Fällen wünschenswert. Mit unveränderlichen Klassen (Kapitel 4.10, Seite 142) können solche Übergriffe verhindert werden.

4.7 Überladen

Überladen mit unterschiedlichen Parameterlisten

In einer Klasse können mehrere Methoden mit dem gleichen Namen definiert werden. Die verschiedenen Methoden müssen sich aber in den Parameterlisten unterscheiden. Diese Freiheit wird als **Überladen** (engl. „*overloading*") bezeichnet. Überladen eignet sich für verwandte Methoden, die ähnlichen Zwecken dienen.

Im folgenden Beispiel werden drei verschiedene set-Methoden definiert, die Zähler und Nenner eines Bruches festlegen:

```
class Rational
{
    void set()
    {
        num = 0;
        denom = 1;
    }

    void set(int n)
    {
        num = n;
        denom = 1;
    }

    void set(int n, int d)
    {
        num = n;
        denom = d;
    }
    ...
}
```

Listing 4.3: Überladene Methoden

Überladen mit Parameter-Anzahl oder -Typen

Die Parameterlisten überladener Methoden können sich sowohl in der Anzahl wie auch in den Typen der Parameter unterscheiden. Die Namen der Parameter spielen keine Rolle.

Kein Überladen mit Ergebnistyp oder Exceptionsignatur

Ergebnistypen (siehe Seite 141) und Exceptionsignaturen (siehe Seite 298) können überladene Methoden nicht differenzieren.

Aufruf überladener Methoden

Argumentliste wählt überladene Methode aus

Die Argumentliste eines Aufrufs wählt die passende überladene Methoden aus. Im folgenden Beispiel werden die drei verschiedenen Methoden aus dem vorhergehenden Beispiel aufgerufen:

```
r.set(2, 3);        // Aufruf von set(int, int)
r.set();            // Aufruf von set()
r.set(4);           // Aufruf von set(int)
```

Je nach Anzahl der Argumente wird die entsprechende Methode ausgeführt. Der Aufruf überladener Methoden ist eine Form von Polymorphismus, weil der gleiche Name, in diesem Fall der Methodenname, abhängig vom Kontext, also der Argumentliste, zu unterschiedlichen Abläufen führt.

Auflösen von Konflikten

Overload-Resolution bestimmt überladene Methode

Die Auswahl einer passenden überladenen Methode zu einer gegebenen Argumentliste ist nicht immer ganz so einfach, wie das erste Beispiel vielleicht glauben macht. Der Auswahlmechanismus des Compilers wird als **„Overload-Resolution"** bezeichnet und folgt Regeln, die hier erläutert werden.

Die Overload-Resolution sammelt zunächst alle Methoden, die zu einem gegebenen Aufruf passen würden. Dabei werden auch mögliche implizite Typkonversionen einbezogen. Wenn dabei eine einzige Methode übrig bleibt, wird diese aufgerufen. Wenn überhaupt keine Methode passt, ist der Aufruf fehlerhaft und wird nicht übersetzt.

Bei zwei oder mehr Kandidaten wird unter diesen die Methode ausgewählt, die am genauesten passt. Wenn es zwei oder mehr gleich genau passende Methoden gibt, ist der Aufruf mehrdeutig und wird nicht übersetzt.

Das Kriterium *„passt am genauesten"* wird technisch folgendermaßen interpretiert: Eine Methode *a* „passt genauer" als eine Methode *b*, wenn jeder Aufruf von *a* auch von *b* akzeptiert werden würde, aber nicht umgekehrt.

Beispiel für Overload-Resolution

Als Beispiel für dieses Auswahlverfahren soll eine Klasse `Point` dienen, die Punkte in der kartesischen Koordinatenebene repräsentiert. `Point` definiert zwei überladene `set`-Methoden:

```
class Point
{
    void set(int x, int y)          {...}
    void set(double x, double y)    {...}
    ...
}
```

Vier Kombinationen von `int`- und `double`-Argumenten sind möglich:

`set(1.0, 1.0)`
: Die Argumentliste passt nur zur zweiten Methode `set(double, double)` und nicht zur ersten, weil es keine Konversion `double`→`int` gibt. Es gibt nur einen Kandidaten.

`set(1, 1.0)`
: Keine der beiden überladenen Methoden passt ohne Typkonversion. Nur die Konversion `int`→`double` des ersten Argumentes liefert überhaupt `set(double, double)` als einzigen Kandidaten.

`set(1.0, 1)`
: Entsprechend zum vorhergehenden Fall mit Konversion des zweiten Argumentes.

`set(1, 1)`
: Die Argumentliste passt ohne Typkonversionen zur ersten Methode `set(int, int)` und mit der impliziten Typkonversion `int`→`double` für beide Argumente zur zweiten Methode `set(double, double)`. Es gibt zunächst zwei Kandidaten. Jeder Aufruf von `set(int, int)` würde auch von `set(double, double)` akzeptiert. Die zweite Methode akzeptiert aber zum Beispiel auch den Aufruf `set(1.0, 1.0)`, den die erste nicht annimmt. Die erste Methode passt also genauer und wird deshalb ausgewählt.

Mehrdeutige Aufrufe

Beispiel für mehrdeutige Aufrufe

Um schwierigere Situationen der Overload-Resolution zu zeigen, seien in der Klasse `Point` zur Illustration nur die beiden folgenden Methoden definiert, die in der Praxis sicher wenig Sinn machen:

```
class Point
{
    void set(int x, double y)    {...}
    void set(double x, int y)    {...}
    ...
}
```

`set(1.0, 1.0)`
: Keine der beiden Methoden passt, weil es keine Konversion `double`→`int` gibt. Der Aufruf wird nicht übersetzt.

`set(1, 1)`
: Mit der Konversion `int`→`double` des zweiten Argumentes kann `set(int, double)` aufgerufen werden. Entsprechend passt mit Konversion des anderen Argumentes die zweite Methode `set(double, int)`.

: Jede der beiden Methoden akzeptiert Aufrufe, die die andere nicht annimmt. Keine von ihnen passt genauer als die andere. Der Aufruf ist deshalb mehrdeutig und wird nicht übersetzt.

Vorsichtiger Einsatz überladener Methoden

Wegen dieser zum Teil nur mühsam nachvollziehbaren Entscheidungen sollte man Methoden möglichst nur mit unterschiedlich vielen oder inkompatiblen Parametern überladen. Problematisch sind überladene Methoden, deren Parameterlisten sich nur mit kompatiblen Typen unterscheiden.

4.8 Konstruktoren

Initialisierung neu geschaffener Objekte

Ein mit `new` neu geschaffenes Objekt muss in der Regel vor dem ersten Gebrauch in einen sinnvollen Startzustand gebracht werden. Für die `Rational`-Klasse könnte das zum Beispiel der Wert $\frac{0}{1}$ sein, der dem mathematischen Wert 0 entspricht.[18] Die Datenelemente `num` und `denom` müssen also auf die Werte `0` und `1` gesetzt werden.

Eine allgemeine, pauschal anwendbare Vorschrift zur sinnvollen Initialisierung beliebiger Objekte kann es nicht geben, weil jede Klasse ihre eigene Vorstellung von einem konsistenten Startzustand hat.

Aufruf einer normalen Methode unzuverlässig

Für die Klasse `Rational` könnte man verlangen, dass sofort nach `new` immer die Methode `set` (Seite 129) aufzurufen ist:

```
Rational r = new Rational();
r.set(0, 1);
```

Das funktioniert zwar aus technischer Sicht, ist aber unzuverlässig: Man kann bloß hoffen, dass auch tatsächlich immer `set` nach `new` benutzt wird, aber sicherstellen lässt sich das nicht. Wird der `set`-Aufruf vergessen, dann entstehen doch wieder Objekte mit einem unbrauchbaren Zustand.[19]

Konstruktoren werden automatisch aufgerufen

Um diese Lücke zu schließen, werden **Konstruktoren** eingeführt (engl. „*constructors*" oder kurz „*ctors*"). Konstruktoren sind spezielle Methoden, die automatisch bei jedem `new` aufgerufen werden. Es gibt keine Möglichkeit, den Aufruf eines Konstruktors zu umgehen.

Definition

Merkmale einer Konstruktordefinition

Eine Konstruktordefinition folgt weitgehend dem gleichen Muster wie die Definition einer anderen Methode, mit den folgenden Besonderheiten:

- Ein Konstruktor hat denselben Namen wie die Klasse.
- Eine Konstruktordefinition beginnt mit dem Namen, also ohne „`void`" oder einer anderen Typangabe.

Default-Konstruktor: ohne Parameter

Ein Konstruktor mit leerer Parameterliste heißt **Default-Konstruktor** („*def-ctor*"). Der Default-Konstruktor der Klasse `Rational` kann folgendermaßen definiert werden:

[18] Eigentlich wäre jeder Nenner außer null akzeptabel.

[19] Die Datenelemente eines neu geschaffenen Objektes werden, im Gegensatz zu lokalen Variablen, automatisch mit Defaultwerten vorbesetzt (siehe Seite 134). Diese Defaultwerte sind aber keineswegs immer passend.

```
class Rational
{
    Rational()
    {
        num = 0;
        denom = 1;
    }
    ...
}
```

Listing 4.4: Default-Konstruktor

Ein Konstruktor wird automatisch bei jedem `new` aufgerufen. Der „Operand“ von `new` hat syntaktisch die Gestalt eines Konstruktoraufrufs.

new ruft implizit Konstruktor auf

```
Rational r = new Rational();
r.output();                       // gibt "0/1" aus
```

Konstruktoren mit Parametern

Ein Default-Konstruktor hat keine Parameter. Konstruktoren mit nichtleeren Parameterlisten werden als **Custom-Konstruktoren** bezeichnet. Für die `Rational`-Klasse bietet sich ein Konstruktor an, der Startwerte für Zähler und Nenner erwartet:

Custom-Konstruktoren: mit Parametern

```
class Rational
{
    Rational(int n, int d)
    {
        num = n;
        denom = d;
    }
    ...
}
```

Listing 4.5: Custom-Konstruktor

Im `new`-Aufruf werden passende Argumente angegeben:

new-Ausdruck mit Argumenten

```
Rational r = new Rational(2, 3);
r.output();                            // gibt "2/3" aus
```

Hier wird noch deutlicher, dass auf `new` syntaktisch nichts anderes als ein Konstruktoraufruf folgt. Wie bei allen Methoden müssen Anzahl und Typen der Argumente im Einklang mit den Parametern der Konstruktordefinition stehen.

Defaultwerte von Datenelementen

Defaultwerte für Datenelemente

Im Gegensatz zu lokalen Variablen werden die Datenelemente eines neu geschaffenen Objektes mit Defaultwerten vorbesetzt, bevor ein Konstruktor oder eine Initialisierung einen Wert zuweist. Ein neues Objekt startet also nicht mit undefinierten Datenelementen, sondern mit Defaultwerten. Ob die Defaultwerte zur Semantik der Klasse passt, steht auf einem anderen Blatt. Die Defaultwerte hängen vom Typ des Datenelementes ab:[20]

`int`	`0`
`double`	`0.0`
`boolean`	`false`
`char`	`\u0000`
Referenztypen	`null`

Hätte zum Beispiel die Klasse `Rational` keinen Konstruktor, dann würden neue Objekte mit dem Wert $\frac{0}{0}$ starten, weil beide Datenelemente den Typ `int` haben. Aus mathematischer Sicht ist das aber nicht brauchbar, deshalb sind für `Rational` Konstruktoren notwendig.

Explizite Initialisierung von Datenelementen

Initialisierung von Datenelementen

Ebenso wie lokale Variablen können Datenelemente bei der Definition mit Startwerten initialisiert werden:

```
class Rational
{
    int num = 0;
    int denom = 1;
}
```

Ersatz für Konstruktor

In einfachen Fällen, in denen die Startwerte vorher bekannt sind, kann diese explizite Initialisierung einen Konstruktor ersetzen.

Reihenfolge der Zuweisung

Defaultwerte oder explizite Startwerte werden zeitlich vor einem Konstruktoraufruf zugewiesen. Ein Konstruktor kann also bereits auf initialisierte Datenelemente zurückgreifen. Zuweisungen an Datenelemente in Konstruktoren überschreiben sowohl Initialisierungen wie auch Defaultwerte.

[20] Der Typ `char` wird in Kapitel 5.1 eingeführt.

Automatisch definierter Konstruktor

In den ersten Versionen der Klasse `Rational` wurde kein Konstruktor definiert. In diesem Fall erzeugt der Compiler beim Übersetzen der Klasse automatisch einen Default-Konstruktor mit leerem Rumpf. Eine Klasse hat also in jedem Fall wenigstens einen Konstruktor. Entweder wird er ausdrücklich definiert oder automatisch vom Compiler beigesteuert.

Compiler ergänzt fehlende Konstruktordefinition

Ein beliebiger, explizit definierter Konstruktor unterbindet die automatische Definition.[21] Wenn zum Beispiel in der Klasse `Rational` der Custom-Konstruktor von Listing 4.5 definiert ist, dann gibt es in dieser Klasse keinen Default-Konstruktor mehr:

Expliziter Konstruktor unterbindet automatische Definition

```
new Rational(2, 3);
new Rational();           // Fehler
```

Wenn zusätzlich zu anderen Konstruktoren ein Default-Konstruktor gebraucht wird, dann muss er explizit definiert werden.

Kopier-Konstruktor

Ein **Kopier-Konstruktor** („*copy-ctor*“) erzeugt eine Kopie eines bereits existierenden Objekts der gleichen Klasse. Das Objekt, das als Original dienen soll, wird als Parameter übergeben.

Kopier-Konstruktor dupliziert vorhandenes Objekt

Die folgende Definition zeigt einen Kopier-Konstruktor der Klasse `Rational`:

```
class Rational
{
    Rational(Rational r)
    {
        num = r.num;
        denom = r.denom;
    }
    ...
}
```

Listing 4.6: Kopier-Konstruktor

Beim Aufruf eines Kopier-Konstruktors wird ein anderes Objekt der Klasse als inhaltliche „Vorlage“ geliefert:

```
Rational original = new Rational(2, 3);
Rational copy = new Rational(original);
copy.output();                          // gibt "2/3" aus
```

[21] Andernfalls gäbe es keine Möglichkeit, einen Default-Konstruktor zu verhindern, falls eine Klasse diesen nicht definieren will.

Typisches Merkmal eines Kopier-Konstruktors ist ein Parameter der gleichen Klasse.

Um eine vollständige Kopie eines Objektes zu erzeugen, müssen weitere Gesichtspunkte berücksichtigt werden. Das Thema wird weiter auf Seite 163 wieder aufgegriffen.

Verkettete Konstruktoren

Konstruktor benutzt anderen Konstruktor

Konstruktoren haben meist mehr Aufgaben als nur das Zuweisen von Werten an Datenelemente. Zum Beispiel können Tests von Parametern oder Protokollausgaben dazukommen. Bei mehreren überladenen Konstruktoren müsste der entsprechende Code in jedem Rumpf wiederholt werden.

this spricht anderen Konstruktor an

Ein Konstruktor kann einen anderen Konstruktor der eigenen Klasse mit `this` aufrufen. Dieser Mechanismus wird als „**Konstruktor-Verkettung**" (engl. „*constructor chaining*") bezeichnet, weil er sich durch mehrere Konstruktoren fortsetzen kann.[22] Nach `this` folgt die Argumentliste für einen anderen überladenen Konstruktor. Die `Rational`-Konstruktoren können folgendermaßen verkettet werden:

```
class Rational
{
    Rational(int n, int d)
    {
        /*
        1.) Überprüfen ob d != 0
        2.) n und d kürzen
        3.) Vorzeichen von d positiv machen
        ... weitere Maßnahmen, die bei jedem Objekt nötig sind
        */
        num = n;
        denom = d;
    }

    Rational()
    {
        this(0, 1);
    }

    Rational(int n)
    {
        this(n, 1);
    }
```

[22] `this` hat hier eine etwas andere Bedeutung als in normalen Methoden (siehe Seite 122), in denen sich dahinter eine Referenz auf das eigene Objekt verbirgt.

```
    Rational(Rational r)
    {
        this(r.num, r.denom);
    }
    ...
}
```

Listing 4.7: Verkettete Konstruktoren

Der erste Konstruktor erledigt die eigentliche Arbeit und wird von allen anderen aufgerufen. Diese Verkettung von Konstruktoren macht Sinn, wenn bei der Initialisierung jedes Objektes einer Klasse die gleichen Vorbereitungen oder Prüfungen notwendig sind. Andernfalls müssten diese in jedem Konstruktor wiederholt werden.

Vereinfachung des Codes

Ein verketteter Konstruktoraufruf mit `this` muss als erste Anweisung im Konstruktorrumpf stehen. Nach dem Aufruf können andere Anweisungen folgen, die dann nur für den einen Konstruktor gelten.

Einschränkungen verketteter Konstruktoraufrufe

4.9 Ergebnisrückgabe

Mit der Parameterübergabe wird beim Aufruf einer Methode deren Ablauf durch Argumente beeinflusst. Grundsätzlich betrachtet fließt dabei Information vom Aufrufer zur Methode. Durch die **Ergebnisrückgabe** kann eine Methode dem Aufrufer Daten zurückliefern. Die Information fließt in der Gegenrichtung, von der Methode zum Aufrufer:

Ergebnisse liefern Information von der Methoden an den Aufrufer

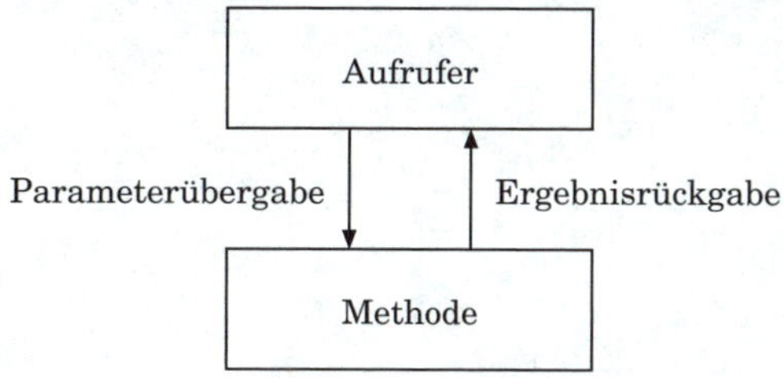

Definition

Wenn eine Methode ein Ergebnis liefern soll, sind zwei Maßnahmen nötig:

Ergebnistyp und return-Anweisung

1. Im Methodenkopf wird vor dem Methodennamen der Typ des Ergebniswertes genannt.
2. Im Methodenrumpf steht eine `return`-Anweisung mit einem Ausdruck, der den Ergebniswert festlegt.

Schematisch ist eine Methode mit Ergebnisrückgabe folgendermaßen aufgebaut:

```
type methodname(...)
{
    ...
    return expression;
}
```

Der Typ des Ausdrucks *expression* der `return`-Anweisung muss kompatibel zur Typangabe *type* im Methodenkopf sein. Man spricht auch, etwas ungenau, vom „Methodentyp“. Zum Beispiel ist mit einer „`int`-Methode“ eine Methode gemeint, die als Ergebnis einen `int`-Wert zurückgibt.

Im folgenden Beispiel liefern die Methoden `getNum` und `getDenom` den Wert des Zählers bzw. des Nenners. Die Methode `getReal` liefert den Gleitkomma-Wert des Bruchs.

```
class Rational
{
    ...
    int getNum()
    {
        return num;
    }

    int getDenom()
    {
        return denom;
    }

    double getReal()
    {
        // Typecast nötig, sonst int-Division
        return ((double)num)/denom;
    }
}
```

Listing 4.8: Auskunftsmethoden der Klasse `Rational`

Mehrere return-Anweisungen

Erste erreichte return-Anweisung gilt

In einem Methodenrumpf können mehrere `return`-Anweisungen stehen. Welche der `return`-Anweisungen tatsächlich ausgeführt wird, entscheidet sich erst zur Laufzeit: Eine Methode kehrt zurück, sobald die erste `return`-Anweisung erreicht wird. Weitere Anweisungen des Methodenrumpfes werden nicht mehr durchlaufen, eine return-Anweisung ist die letzte ausgeführte Anweisung.[23]

Die Methode signum im folgenden Beispiel gibt +1, 0 oder −1 zurück, wenn der Bruch positiv, null oder negativ ist. Mit welcher der drei return-Anweisungen die Methode beendet wird, hängt von den aktuellen Werten der Datenelemente num und denom ab.

```
class Rational
{
    ...
    int signum()
    {
        if(num*denom > 0)
            return 1;
        if(num == 0)
            return 0;
        return -1;
    }
}
```

Falsches oder fehlendes return

Die Typen der Ausdrücke aller return-Anweisungen müssen kompatibel zum Ergebnistyp der Methode sein, andernfalls wird die Methode nicht übersetzt.

Compiler findet Diskrepanz zwischen Kopf und Rumpf

Das folgende Beispiel ist zwar nicht sehr sinnvoll, aber wegen der impliziten Typkonversion int→double aus der Sicht des Compilers korrekt.

```
class Rational
{
    ...
    double getReal()
    {
        return num/denom;
    }
}
```

Zusätzlich prüft der Compiler, ob eine Methode auch tatsächlich in jedem Fall eine return-Anweisung erreicht. Hätte man zum Beispiel in der signum-Methode die letzte return-Anweisung weggelassen, dann würde die Methode für negative Brüche ohne Ergebniswert enden:

Ergebnisrückgabe unter allen Umständen sichergestellt

[23] So genannte finally-Blöcke (siehe Seite 307), die im Zusammenhang mit Exception-Handling eingeführt werden, erlauben trotzdem noch einen Eingriff zwischen einer return-Anweisung und der Fortsetzung des Aufrufers.

```
class Rational
{
    ...
    int signum()
    {
        if(num*denom > 0)
            return 1;
        if(num == 0)
            return 0;

        // Fehler - kein return!
    }
}
```

Compiler prüft defensiv Der Horizont eines Compilers ist begrenzt. Obwohl die folgende Methode in jedem Fall auf eine der beiden `return`-Anweisungen laufen muss, kann der Compiler das nicht erkennen und weigert sich demzufolge die Methode zu übersetzen.

```
boolean isEven(int n)
{
    if(n%2 == 0)
        return true;
    if(n%2 == 1)
        return false;
}
```

In diesem Fall hilft nur eine zusätzliche „Dummy“-`return`-Anweisung am Ende des Rumpfes[24] oder eine zweiseitige Alternative.

Ergebnislose Methoden

Rückkehr ohne Ergebnis In früheren Beispielen wurde anstelle des Ergebnistyps im Methodenkopf das Schlüsselwort `void` genannt. `void` ist ein Pseudo-Typ, der für „nichts“ steht.

return-Anweisung ohne Ausdruck Eine Methode mit dem Ergebnistyp `void` liefert keinen Wert an den Aufrufer zurück. Zur Rückkehr wird eine `return`-Anweisung ohne Ergebnisausdruck benutzt. Die Methode endet mit der `return`-Anweisung, ohne dass der Rest des Rumpfes ausgeführt wird.

Die folgende Version der `reduce`-Methode zum Kürzen eines Bruchs spart die beiden Divisionen ein, wenn Zähler und Nenner teilerfremd sind und damit der Bruch bereits vollständig gekürzt ist:

[24] Nachdem man sicher weiß, dass eine derartige „Dummy“-`return`-Anweisung nicht erreicht werden *kann*, würde man sich mit einer Assertion (Kapitel 9.1) gegen böse Überraschungen absichern.

```
class Rational
{
    ...
    void reduce()
    {
        int gcd = ...;
        if(gcd == 1)
            return;     // Rückkehr falls bereits gekürzt
        num /= gcd;
        denom /= gcd;
    }
}
```

Eine Methode kehrt am Ende des Rumpfes immer zurück. Man kann sich vorstellen, dass am Ende ein implizites `return` steht:

Implizites return am Ende des Rumpfes

```
class Rational
{
    ...
    void reduce()
    {
        ...
        num /= gcd;
        denom /= gcd;
        return;         // unnötig, implizit
    }
}
```

Ergebnistyp überladener Methoden

Der Ergebnistyp wird beim Überladen ignoriert. Das bedeutet, dass sich die Köpfe überladener Methoden nicht nur im Ergebnistyp unterscheiden dürfen.

Kein Überladen mit dem Ergebnistyp

```
boolean even()  // unzulässig!
{...}

int even()      // unzulässig!
{...}
```

Der Compiler könnte anhand eines Aufrufs nicht unterscheiden, welche Methode gemeint ist:

```
System.out.println(even());
```

Konstruktoren

Konstruktoren ohne Nennung des Ergebnistyps

Bei Konstruktordefinitionen fehlt der Ergebnistyp ganz. Das ist ein syntaktisches Merkmal, ebenso wie der Name, der sich mit dem Klassennamen deckt. Das Resultat von Konstruktoraufrufen liegt ohnehin fest: Sie liefern immer ein neu allokiertes und initialisiertes Objekt. Aus diesem Grund ist die Angabe eines Rückgabetyps überflüssig.

4.10 Unveränderliche Klassen

Schutz gegen unerwünschte Modifikation

Am Beispiel der destruktiven `mult`-Methode auf Seite 128 wurde deutlich, dass bei freiem Zugriff auf die Datenelemente einer Klasse die Integrität von Objekten kaum gesichert werden kann. Es stellt sich die Frage, wie sich eine Klasse besser schützen lässt.

Objekte unveränderlicher Klassen bleiben konstant

Das führt zur Idee der „unveränderlichen Klassen" (engl. „*immutable classes*"). Objekte einer unveränderlichen Klasse können, einmal geschaffen, nicht mehr verändert werden.

Das bedeutet, dass eine unveränderliche Klasse zwar Methoden zum Lesen von Daten anbieten kann, aber keine Methoden zum Schreiben in die Datenelemente.

`final`-Datenelemente

`final` blockiert Änderung von Datenelementen

Eine erste Maßnahme, um nachträgliche Änderungen an Datenelementen zu verhindern, ist die Definition der Datenelemente mit dem Modifier `final`. Dieser Modifier wurde schon bei lokalen Variablen benutzt, um einen einmal zugewiesenen Wert zu fixieren (siehe Seite 34).

Für Datenelemente hat `final` entsprechende Konsequenzen: Einem `final`-Datenelement muss genau einmal, und zwar in einem Konstruktor oder mit einer Initialisierung, ein Wert zugewiesen werden. Später sind keine Neuzuweisungen mehr möglich. Eine fehlende Wertzuweisung wird vom Compiler erkannt und abgewiesen. Das Vorbesetzen mit Defaultwerten (Seite 134) reicht nicht aus.

Das folgende Beispiel zeigt eine unveränderliche Version der Klasse `Rational`. Die beiden Datenelemente sind mit dem Modifier `final` definiert und werden im Konstruktor mit den Werten der Parameter initialisiert:

```
class Rational
{
    final int num;
    final int denom;
```

```
    Rational(int n, int d)
    {
        num = n;
        denom = d;
    }
    ...
}
```

Rückgabe neuer Objekte

Ändernde Methoden sind in unveränderlichen Klassen nicht zulässig. Das betrifft zum Beispiel die bisher verwendete Fassung der Methode `mult` (Seite 126). Die Multiplikation von Brüchen lässt sich auf einem anderen Weg trotzdem realisieren: Anstatt das Produkt im Zielobjekt zu hinterlassen, wird es in einem neu erzeugten Objekt zurückgeliefert:

Rückgabe neuer Objekte ersetzt Änderung bestehender Objekte

```
class Rational
{
    ...
    Rational mult(Rational p)
    {
        int n = num*p.num;          // Zähler des Produktes
        int d = denom*p.denom;      // Nenner des Produktes
        Rational product = new Rational(n, d);
        return product;
    }
}
```

Im Einzelnen arbeitet die Methode folgendermaßen: Der Aufrufer will das Zielobjekt mit dem Parameter `p` multiplizieren. Zunächst werden Zähler und Nenner des Produkts einzeln berechnet und in den lokalen Variablen `n` und `d` zwischengespeichert. Anschließend wird ein drittes `Rational`-Objekt neu erzeugt, das unabhängig vom Zielobjekt und vom Parameterobjekt ist. Dieses neue `Rational`-Objekt wird mit Zähler und Nenner des Produkts initialisiert und an die Variable `product` zugewiesen. Schließlich wird es als Methodenergebnis zurückgegeben. Der Ergebnistyp im Methodenkopf ist `Rational`, denn die Methode liefert einen Bruch an den Aufrufer zurück.

Der Rumpf der Methode lässt sich syntaktisch kürzer fassen. Am Ablauf ändert sich dabei nichts:

```
class Rational
{
    ...
    Rational mult(Rational p)
    {
```

```
            return new Rational(num*p.num, denom*p.denom);
        }
    }
```

Die Methode verändert weder das Zielobjekt noch das Parameterobjekt. Das wäre auch nicht möglich, weil deren Datenelemente als `final` definiert sind und nicht modifiziert werden können.

Diese Idee lässt sich auf sämtliche ändernden Methoden einer Klasse übertragen: Statt das Zielobjekt zu manipulieren, wird jeweils ein neues Objekt erzeugt, mit dem Ergebnis initialisiert und an den Aufrufer zurückgegeben.

Wertesemantik

Wertesemantik primitiver Typen

Bei Operationen mit primitiven Typen bleiben die Operanden unverändert, das Ergebnis wird als neuer Wert zurückgegeben. Das ist schon fast selbstverständlich, wie das folgende Beispiel zeigt:

```
int a = ...;
int b = ...;
int c;
c = a*b;          // a und b unverändert, Ergebnis in c
```

Wertesemantik unveränderlicher Klassen

Ein ähnliches Verhalten wird mit unveränderlichen Klassen erreicht:

```
Rational a = ...;
Rational b = ...;
Rational c;
c = a.mult(b);  // a und b unverändert, Ergebnis in c
```

Vergleicht man die frühere Version der `mult`-Methode damit, dann zeigt sich ein gravierender Unterschied:

```
Rational a = ...;
Rational b = ...;
a.mult(b);       // b unverändert, Ergebnis in a
```

Man spricht Klassen, die sich wie die primitiven Typen verhalten, **Wertesemantik** (engl. „*value semantics*“) zu. Der Begriff drückt aus, dass Operationen nur die Werte der beteiligten Objekte auslesen, sie aber ansonsten unberührt lassen. Unveränderliche Klassen haben Wertesemantik.

Referenzsemantik veränderlicher Klassen

Demgegenüber zeigen andere Klassen **Referenzsemantik** (engl. „*reference semantics*“): Operationen können das Zielobjekt oder die als Operanden beteiligten Objekte verändern.

Einem beliebigen Methodenaufruf ist nicht anzusehen, ob er beteiligte Objekte manipuliert beziehungsweise welche betroffen sind. Sucht man etwa nach der Ursache für ein fehlerhaftes Objekt, dann kommt jeder Methodenaufruf in Betracht, in den das Objekt verwickelt ist. Zum Beispiel könnte der Aufruf

```
a.mult(b)
```

`a` oder `b` oder keines oder beide verändern.

Bei unveränderlichen Klassen vereinfacht sich das Bild drastisch: Wenn ein Objekt einmal korrekt erzeugt ist, können es nachfolgende Methodenaufrufe wegen der Wertesemantik nicht mehr stören. Die Fehlersuche reduziert sich hier allein auf die Konstruktoraufrufe.

Aus diesem Grund sind unveränderliche Klassen und die daraus resultierende Wertesemantik vorteilhaft. Eine Klasse sollte nach Möglichkeit als unveränderlich definiert werden.[25]

Wertesemantik ist vorteilhaft

Unveränderlichkeit auf logischer Ebene

Logische Unveränderlichkeit

Trotz Wertesemantik ist es manchmal sinnvoll, Datenelemente nicht mit dem Modifier `final` zu definieren und damit technisch Veränderungen am Objekt zuzulassen. Im Allgemeinen wird von einer unveränderlichen Klasse nur gefordert, dass ihre Objekte *logisch* unveränderlich sind. Das auf die Bits und Bytes jedes Objektes zu übertragen, ist unter Umständen zu rigoros.

Zum Beispiel sind die beiden Brüche $\frac{3}{4}$ und $\frac{6}{8}$ arithmetisch gleich. Das bedeutet, dass man ein `Rational`-Objekt mit dem Inhalt $\frac{6}{8}$ kürzen kann, ohne dass sich dabei sein mathematischer Wert ändert. Die Datenelemente erhalten dabei aber neue Werte und können folglich nicht `final` definiert sein.

Die Forderung nach `final`-Datenelementen für unveränderliche Klassen kann also abgeschwächt werden. Im nächsten Abschnitt wird mit dem Modifier `private` ein weiteres Sprachmittel eingeführt, mit dessen Hilfe Objekte trotz veränderlicher Datenelemente gegen unerwünschte Zugriffe abgeriegelt werden können.

[25] Es gibt derzeit kein Sprachmittel in Java, mit dem Unveränderlichkeit ausgewiesen werden kann, so dass sie der Compiler überprüft und sicherstellt. Entsprechende Vorschläge liegen aber vor und werden für künftige Versionen von Java in Erwägung gezogen.

4.11 Datenkapselung

Reduktion der Abhängigkeiten zwischen Modulen

Wichtiges Hilfsmittel bei der Konstruktion von Programmen ist die Modularisierung. Ein Programm wird dabei in Teile zerlegt, die sich möglichst einzeln und unabhängig behandeln lassen. Ein Programmteil wird als „Modul" bezeichnet.

Je weniger Abhängigkeiten zwischen verschiedenen Modulen existieren, desto leichter lassen sie sich einzeln entwickeln, testen, austauschen, korrigieren, weiterentwickeln usw.

Datenkapselung als Hilfsmittel

Ein wichtiges Hilfsmittel zur Reduktion der Abhängigkeiten zwischen Modulen ist die **Datenkapselung** (engl. *„data encapsulation"* oder *„data hiding"*).

Daten und Operationen

Verbergen von Daten

Mit der Datenkapselung werden Daten hinter einem Satz von Operationen verborgen. Jeder Zugriff auf die Daten ist nur noch über die Operationen möglich, die Daten selbst sind nach außen nicht sichtbar.

Bei objektorientierten Sprachen bieten sich Klassen als Einheiten für Datenkapselung an. Die zu verbergenden Daten entsprechen den Datenelementen, die Operationen den Methoden.

Kein Zugriff auf Datenelemente, nur auf Methoden

Für den Benutzer einer Klasse bedeutet das, dass die Datenelemente nicht erreichbar sind. Ihm werden nur Methoden zur Verfügung gestellt, die „in seinem Auftrag" mit den gekapselten Datenelementen hantieren.

Zugriffsschutz

`private` verhindert Zugriff auf Datenelemente

In Java kann jedes Datenelement mit dem Zugriffsschutz-Modifier `private` versehen werden. Ein `private`-Datenelement ist nur innerhalb der Klassendefinition sichtbar, aber nicht außerhalb.

Die folgende Definition von `Rational` verbirgt die beiden Datenelemente:

```
class Rational
{
    private int num;
    private int denom;
    ...
}
```

Ein Zugriff auf die Datenelemente ist von außen nicht mehr möglich:

```
class Application
{
    public static void main(String[] args)
    {
        Rational r = new Rational();
        r.num = 1;                         // unzulässig!
    }
}
```

Die Methoden der Klasse selbst, wie zum Beispiel `output` und `reduce`, können dagegen weiterhin ohne Einschränkung mit den Datenelementen arbeiten.

Freier Zugriff innerhalb der eigenen Klasse

Der Schutz mit dem Modifier `private` gilt für den Compiler beim Übersetzen von Javaprogrammen. Er existiert nicht für die JVM, das heißt beim Ablauf des Programms. Zum Beispiel hat die Methode `mult`, ob destruktiv (Seite 128) oder mit Wertesemantik (Seite 143), weiterhin freien Zugriff auf die Datenelemente des *anderen* `Rational`-Objektes, das im Parameter `p` übergeben wird. `private` und alle weiteren Zugriffsschutz-Modifier beziehen sich auf ganze Klassen, nicht auf einzelne Objekte.

Auch Methoden können dem Modifier `private` versehen werden. Für Methoden, die dem Anwender einer Klasse zur Verfügung gestellt werden sollen, macht das natürlich keinen Sinn. Allerdings kann es durchaus Hilfsmethoden geben, die nur zur Nutzung innerhalb der Klasse vorgesehen sind. Diese wird man mit `private` gegen Zugriff von außen schützen.

`private`-Methoden nicht von außen aufrufbar

Die Klasse `Rational` könnte zum Beispiel eine private Hilfsmethode definieren, die den größten gemeinsamen Teiler von zwei Zahlen berechnet. Dem Anwender der Klasse muss diese nicht unbedingt zur Verfügung gestellt werden, die anderen Methoden der Klasse können sie aber wahrscheinlich gut gebrauchen.

Getter

Ein mit dem Modifier `private` geschütztes Datenelement ist von außen nicht mehr erreichbar. Wenn man den Wert dennoch zum Lesen zur Verfügung stellen möchte, bietet man eine Auskunftsmethode an, die als „Getter-Methode" oder kurz als „**Getter**" bezeichnet wird, manchmal auch als „Inspektor-" oder „Accessor-Methode".

Getter ersetzen lesenden Zugriff auf Datenelemente

Ein Getter lässt sich fast mechanisch schreiben. Wenn ein Datenelement definiert ist als

Definitionsschema für Getter

```
private type name;
```

lautet der entsprechende Getter:

```
type getName()
{
    return name;
}
```

Man könnte einem Getter zwar jeden beliebigen Namen geben, aber eine Bezeichnung nach dem Schema „get*Name*“ hat sich eingebürgert und wird inzwischen von vielen Werkzeugen unterstellt. Dabei ist „*Name*“ der Name des Datenelementes, wobei der erste Buchstabe groß geschrieben ist.

In Listing 4.8 (Seite 138) sind beispielsweise die Getter `getNum` und `getDenom` für die Datenelemente `num` und `denom` der Klasse `Rational` definiert.

Setter

Setter zum Verändern von Datenelementen

Bei unveränderlichen Klassen können die Datenelemente nicht modifiziert werden. Bei anderen Klassen werden Änderungen zugelassen. Nachdem der direkte Zugriff auf die Datenelemente mit dem Modifier `private` abgeriegelt ist, stellt man Änderungsmethoden zur Verfügung, die als „Setter-Methoden“ oder „**Setter**“ bezeichnet werden (manchmal auch „Modifier-Methoden“), entsprechend zu Gettern.

Definitionsschema für Setter

Ein Setter kann nach einem festen Schema geschrieben werden. Zu einem Datenelement mit der Definition

```
private type name;
```

definiert man einen Setter als:[26]

```
void setName(type name)
{
    this.name = name;
}
```

Die Benennung „set*Name*“ folgt der gleichen Logik wie die Bezeichnung der Getter im vorhergehenden Abschnitt.

Das folgende Beispiel zeigt die zwei Setter `setNum` und `setDenom` einer veränderlichen Fassung der Klasse `Rational`:

[26] Hier wird `this` (siehe Seite 122) benutzt, um das Datenelement mit dem Namen *name* anzusprechen, das vom Parameter mit dem gleichen Namen verdeckt wird.

```
class Rational
{
    private int num;
    private int denom;

    void setNum(int n)
    {
        num = n;
    }

    void setDenom(int d)
    {
        denom = d;
    }
    ...
}
```

Kontrolle der Zugriffe

Man könnte den Eindruck gewinnen, dass eine Klasse mit privaten Datenelementen, Settern und Gettern komplizierter ist als eine Klasse mit ungeschützten, öffentlichen Datenelementen, aber weiter keine Vorteile bietet. Selbst unveränderliche Klassen könnte man mit öffentlich erreichbaren Datenelementen definieren, indem man mit dem Modifier `final` Änderungen blockiert.

Es gibt trotzdem gute Gründe, Zugriffe ausschließlich über Methoden zu gestatten und nicht direkt auf Datenelemente:

- **Kontrolle der Werte** Kaum jemals ist der gesamte Wertebereich des Typs eines Datenelementes als Inhalt zulässig. Im Beispiel der Klasse `Rational` darf der Nenner keinesfalls den Wert null haben. Weiter könnte man einige `Rational`-Methoden vereinfachen, wenn nur der Zähler negativ sein darf, der Nenner aber immer positiv bleibt.

  Würde man freien Zugriff auf die Datenelemente erlauben, dann gäbe es keine Möglichkeit, die Zuweisung unerwünschter Werte zu verhindern. Setter können dagegen ihre Parameter prüfen und gegebenenfalls Werte abweisen.

- **Hilfsmittel zur Fehlersuche** Bei der Fehlersuche muss man oft der Ursache für Objekte mit inkonsistentem Zustand auf die Spur kommen. Der direkte Zugriff auf ein Datenelement lässt sich nicht überwachen und kann jederzeit im Programm erfolgen. In Gettern und Settern kann man dagegen Ausgabeanweisungen einfügen und erhält dann ein komplettes Protokoll aller Zugriffe samt der dabei übermittelten Werte.

Setter/Getter für scheinbare Datenelemente

- Eigenschaften können durch Getter und Setter vorgespiegelt werden, obwohl es in der Klassendefinition keine entsprechenden Datenelemente gibt. In einer anderen Version der `Rational`-Klasse könnte der Wert eines Bruchs intern in einem `double`-Datenelement[27] gespeichert werden, zum Beispiel 0.75 für $\frac{3}{4}$. Die Getter `getNum` und `getDenom` berechnen dann bei jedem Aufruf Zähler und Nenner neu aus dem Dezimalbruch. Von außen ist nicht erkennbar, ob die Getter ihre Auskunft aus Datenelementen lesen oder berechnen.

Interne Maßnahmen verbergen

- Mit Gettern und Settern können interne Optimierungen verborgen werden. Zum Beispiel könnte man in der Klasse `Rational` Zähler und Nenner so lange ungekürzt belassen, bis der Anwender einen Getter aufruft. Zusätzlich könnte ein privates `boolean`-Datenelement aufzeichnen, ob der Bruch seit dem letzten Kürzen verändert wurde und ob deshalb erneutes Kürzen überhaupt notwendig ist. Aus der Sicht des Anwenders erscheinen Brüche immer gekürzt. Er kann nicht erkennen, dass sie immer erst im letzten Moment und dann auch nur bei Bedarf gekürzt werden.

Schnittstellen

Trennung zwischen Schnittstelle und Implementierung

Um mit einer Klasse zu arbeiten, braucht ein Anwender die Rümpfe von Methoden nicht zu kennen. Es reicht zum Beispiel aus, wenn er von einer Methode `reduce` weiß, dass sie einen Bruch kürzt. *Wie* die Methode das im Detail bewerkstelligt, ist unerheblich.

Als „Schnittstelle" einer Klasse wird die Gesamtheit aller Informationen bezeichnet, die ein Anwender braucht, um die Klasse zu verwenden. Alles andere zählt zur „Implementierung" der Klasse.

Aus der Sicht einer Klassendefinition zählen nur die öffentlichen Methodenköpfe und Datenelemente zur Schnittstelle, aber weder Methodenrümpfe noch private Methoden und Datenelemente.

Klassennutzung als Geschäftsbeziehung

Die Beziehung zwischen der Definition einer Klasse und ihrer Verwendung ähnelt in vieler Hinsicht einer Geschäftsbeziehung zwischen einem Anbieter und seinen Kunden.

Die Klasse entspricht dem Anbieter, ihre Anwender den Kunden. Anbieter und Kunden vereinbaren Leistungen in einem Vertrag. Dieser Vertrag ist die Schnittstelle der Klasse.

---

[27] Die Idee ist in diesem konkreten Beispiel nicht unproblematisch wegen der begrenzten Genauigkeit von Gleitkomma-Werten.

Die Implementierung der Klasse entspricht internen Maßnahmen und Betriebsmitteln des Anbieters, die er benutzt, um die vereinbarten Leistungen zu erbringen. Für den Kunden sind sie unerheblich, er ist nur am Ergebnis interessiert.

Wenn ein Anbieter zugesicherte Leistungen ändert oder sogar streicht, sind davon alle Kunden betroffen. Dementsprechend wird man Modifikationen an der Schnittstelle einer Klasse möglichst vermeiden.

Für die internen Maßnahmen, also für die Implementierung der Klasse, gilt das nicht. Diese können ohne Rücksprache und ohne Auswirkungen auf die Kunden manipuliert werden.

Wie in einer Geschäftsbeziehung wird ein Anbieter in einem Vertrag nicht mehr als die notwendigen Verbindlichkeiten festschreiben. In einer Klassendefinition wird man deshalb alle Datenelemente und Methoden mit dem Modifier `private` definieren, die über die vereinbarte Schnittstelle hinausgehen.

4.12 Statische Datenelemente

Statische Elemente einer Klasse als Ganzes zugeordnet

Die bisher betrachteten Datenelemente und Methoden beziehen sich immer auf ein bestimmtes Objekt, das jeweilige Zielobjekt. Demgegenüber sind statische Datenelemente und statische Methoden einer Klasse als Ganzes zugeordnet und nicht einzelnen Objekten. Zuerst werden statische Datenelemente diskutiert, auf statische Methoden wird im nächsten Kapitel eingegangen.

Definition

Definition eines statischen Datenelementes

Die Definition eines statischen Datenelementes folgt dem gleichen Schema wie die Definition eines normalen, nicht-statischen Datenelementes. Zusätzlich wird der Modifier „`static`" vorangestellt, wie im folgenden Beispiel:

```
class Rational
{
    static int count;
    ...
}
```

Zugriff

Zugriff mit Klassennamen, ohne Zielobjekt

Ein statisches Datenelement einer Klasse ist unabhängig von Objekten der Klasse. Es spielt keine Rolle, ob oder wie viele Objekte existieren. Nachdem es möglicherweise überhaupt kein Objekt gibt, kann der

Zugriff auch nicht über ein Zielobjekt erfolgen. Stattdessen wird ein statisches Datenelement über den Klassennamen angesprochen,[28] wie beispielsweise:

```
Rational.count = 0;
```

Statische Datenelemente sind schon weiter vorne vorgekommen (beispielsweise Seiten 43 und 46). Die beiden Ausdrücke

```
Math.PI
Integer.MAX_VALUE
```

sprechen das statische Datenelement `PI` der Klasse `Math` beziehungsweise das statische Datenelement `MAX_VALUE` der Klasse `Integer` an.

Initialisierung

Initialisierung

Ebenso wie normale Datenelemente können statische Datenelemente bei der Definition initialisiert werden:

```
class Rational
{
    static int count = 0;
    ...
}
```

Lebensdauer gesamte Programmlaufzeit

Ohne explizite Initialisierung wird ein statisches Datenelement mit einem Defaultwert vorbesetzt, der vom Typ abhängt (siehe Seite 134). Das Datenelement `count` im vorhergehenden Beispiel würde auch ohne Initialisierung mit dem Wert `0` starten. Statische Datenelemente werden geschaffen, wenn eine Klasse zum ersten Mal in irgendeiner Form angesprochen wird, und existieren dann bis zum Ende des Programms.[29]

---

[28] Ein statisches Datenelement kann alternativ auch wie ein normales Datenelement über ein Objekt der Klasse als Zielobjekt angesprochen werden. Welches Objekt dazu benutzt wird, spielt keine Rolle, weil immer dasselbe statische Datenelement erreicht wird. Das Zielobjekt steht im Rumpf der statischen Methode nicht zur Verfügung, obwohl es zum Aufruf benutzt wurde.

[29] Klassen werden von der JVM dynamisch geladen. Das muss nicht notwendigerweise beim Programmstart sein, sondern kann auch zu einem späteren Zeitpunkt geschehen, wenn zum ersten Mal Bezug auf die Klasse genommen wird. Beim Laden der Klasse werden die statischen Datenelemente erzeugt.

Konstanten

Anwendung statischer Datenelemente: öffentliche Konstanten

Ein wichtiger Zweck statischer Datenelemente ist die Definition von Variablen, die im gesamten Programm, das heißt für alle Klassen und Methoden, gleichermaßen gelten. `Math.PI` und `Integer.MAX_VALUE` sind Beispiele dafür.

In der Regel werden sich derartige allgemein festgelegte Werte nicht ändern. Die entsprechenden Datenelemente sind deshalb mit den Modifiern `static` und `final` definiert. Einen Auszug aus der Definition der Klasse `Integer` kann man sich folgendermaßen vorstellen:

```
class Integer
{
    static final int MAX_VALUE = 2147483647;
    static final int MIN_VALUE = -2147483648;
    ...
}
```

Konvention zur Benennung von Konstanten

Unveränderliche, allgemein verfügbare statische Datenelemente werden auch als **öffentliche Konstanten** bezeichnet. Ihre Namen werden per Konvention ganz mit Großbuchstaben geschrieben, Wortteile werden gegebenenfalls mit Unterstrichen (_) getrennt.[30] `Math.PI` und `Integer.MAX_VALUE` sind öffentliche Konstanten.

Konstanten müssen sofort bei der Definition initialisiert werden, weil sie einerseits als `final`-Datenelemente nicht ohne Wert bleiben können und andererseits kein Konstruktor zuständig ist.

Zugriff aus Methoden

Umgang mit statischen Datenelementen

Methoden können statische Datenelemente genauso ansprechen wie nicht-statische Datenelemente. Es gibt aber nur ein einziges Exemplar jedes statischen Datenelementes, das sich sämtliche Objekte der Klasse teilen.

Im folgenden Beispiel wird das statische Datenelement `count` im Konstruktor der Klasse `Rational` inkrementiert:

```
class Rational
{
    static int count = 0;
    private final int num;
    private final int denom;
```

[30] Das weicht von der sonst in Java üblichen Schreibweise von Bezeichnern ab und hat historische Gründe.

```
        Rational()
        {
            num = 0;
            denom = 1;
            count++;     // ebenso in allen anderen Konstruktoren
        }
        ...
    }
```

Anwendung: Objektzähler Da es nur ein Exemplar des Datenelements `count` gibt, erhöht jeder Konstruktoraufruf den Wert dieses einen Datenelements. Eine Anwendung kann mit dem Ausdruck

```
Rational.count
```

jederzeit abgerufen werden, wie viele `Rational`-Objekte bisher erzeugt wurden:

```
System.out.printf("%d rationals created up to now.%n",
                  Rational.count);
```

Anwendung: Eindeutige Kennnummern Eine andere Anwendung sind Seriennummern für Objekte, ähnlich wie Fahrgestellnummern in Autos. Das statische Datenelement `nextSerial` in der Klasse `Rational` speichert die jeweils nächste freie Seriennummer. Im Konstruktor wird diese nächste freie Seriennummer an das normale Datenelement `serial` zugewiesen. Nachdem die Seriennummer damit vergeben und nicht mehr frei ist, wird das statische Datenelement inkrementiert für den nächsten Konstruktoraufruf:

```
class Rational
{
    static int nextSerial = 0;
    private final int serial;
    private final int num;
    private final int denom;

    Rational()
    {
        num = 0;
        denom = 1;
        serial = nextSerial;
        nextSerial++;
    }

    int getSerial()
    {
        return serial;
    }
    ...
}
```

Jedes Objekt hat eine eigene, eindeutige Seriennummer, die in einem normalen Datenelement gespeichert ist und mit einem Getter abgerufen werden kann:

```
Rational r = new Rational();
...
System.out.printf("This is rational no. %d%n", r.getSerial());
```

Die Seriennummer ist mit dem Modifier `final` vor Veränderungen und mit `private` vor Zugriff geschützt. Die Konsistenz der Seriennummern ist damit sichergestellt.

4.13 Statische Methoden

Neben statischen Datenelementen können auch **statische Methoden** definiert werden. Wie statische Datenelemente sind statische Methoden unabhängig von Objekten und „gehören" der ganzen Klasse. Die Definition einer statischen Methode wird mit dem Modifier „`static`" markiert, ebenso wie statische Datenelemente:

Statische Methoden laufen ohne Objekt

```
class Rational
{
    static int getCount()
    {...}
}
```

Im Übrigen gelten für statische Methoden alle Freiheiten normaler Methoden: Der Zugriff kann mit dem Modifier `private` eingeschränkt werden, sie können überladen werden, Parameter haben und Ergebnisse liefern.

Zugriffsschutz und Überladen statischer Methoden

Der Aufruf einer statischen Methode richtet sich an die Klasse, nicht an ein Objekt:

Aufruf mit der Klasse

```
int c = Rational.getCount();
```

`main`-Methode

Eine statische Methode, die schon von Anfang an benutzt wurde, ist das so genannte „Hauptprogramm", das als Methode `main` definiert ist:

`main` als Beispiel einer statischen Methode

```
class SomeClass
{
    public static void main(String[] args)
    {
        ...
    }
}
```

`main` muss statisch sein, weil beim Start des Programms noch keine Objekte existieren,[31] deren Methoden aufgerufen werden könnten. In vielen Anwendungen erzeugt `main` nur ein erstes Objekt und ruft eine Methode dieses Objektes auf. Alles Weitere entwickelt sich aus diesem Methodenaufruf.

main wird von der JVM automatisch gestartet

Die Methode `main` spielt in einer Hinsicht eine Sonderrolle: Sie wird beim Start eines Javaprogramms von der JVM in der Klasse gesucht, die auf der Kommandozeile angegeben ist. Das Kommando

```
java classname
```

sucht also nach der Methode

```
class classname
{
    public static void main(String[] args)
    {...}
}
```

und ruft diese auf. Wenn sie nicht gefunden wird, scheitert der Programmstart.

In jeder anderen Beziehung ist `main` eine gewöhnliche statische Methode. Das heißt zum Beispiel, dass man `main` überladen, im Programm von anderer Stelle selbst aufrufen und in mehreren Klassen definieren kann.

Zugriffsmethoden

Zugriffsschutz sinnvoll

Ebenso wie normale Datenelemente sollten auch statische Datenelemente mit dem Modifier `private` vor direktem Zugriff geschützt werden. Der Inhalt eines statischen Datenelementes lässt sich über einen „statischen Getter" abrufen:

```
class Rational
{
    private static int count = 0;

    static int getCount()
    {
        return count;
    }
    ...
}
```

[31] Genau genommen arbeitet die JVM selbst mit Objekten, die bereits vor dem Aufruf von `main` existieren. Darauf hat eine normale Anwendung aber keinen Zugriff.

Diese statische Methode kann jederzeit benutzt werden, insbesondere auch bevor überhaupt Objekte erzeugt wurden. Vor dem ersten Konstruktoraufruf liefert sie korrekt die Anzahl 0 zurück:

```
public static void main(String[] args)
{
    System.out.println(Rational.getCount());     // gibt "0" aus
}
```

Statische Hilfsmethoden

Hilfsmethoden ohne Bezug zum Objekt

Manche Methoden berechnen Ergebnisse oder erbringen Leistungen, die nichts mit Objekten der Klasse zu tun haben, also auf keine Datenelemente und Methoden der Klasse Bezug nehmen. Diese Methoden sind Kandidaten für statische Definitionen.

Beispielsweise berechnet die Rational-Klasse den größten gemeinsamen Teiler von Zähler und Nenner, um den Bruch zu kürzen. Die Berechnung des ggT kann von einer eigenen Methode erledigt werden, die auch ohne Brüche nützlich und sinnvoll ist. Sie kann als statische Methode definiert werden:

```
class Rational
{
    static int gcd(int a, int b)
    {...}
}
```

Einige vordefinierte Klassen, wie zum Beispiel Arrays (Seite 338) und Collections (Seite 371), definieren überhaupt nur statische Methoden. Diese Klassen sind nicht mehr als „Behälter", welche Sammlungen verwandter statischer Methoden gruppieren. Objekte dieser Klassen sollen und können nicht erzeugt werden.

Einschränkungen

Grenzen statischer Methoden

Eine statische Methode unterliegt einigen Einschränkungen gegenüber einer normalen, nicht-statischen Methode. Eine statische Methode ...

- ... kann nur auf statische Datenelemente direkt zugreifen;
- ... kann nur andere statische Methoden direkt aufrufen;
- ... kann this nicht benutzen, weil es kein Zielobjekt gibt;

- ... wird nicht dynamisch gebunden (Seite 232), weil kein Objekt existiert, dessen dynamischer Typ zur Auswahl einer redefinierten Implementierung benutzt werden könnte.

Der Compiler übersetzt zum Beispiel eine statische Definition von `gcd` nicht mehr, wenn diese versucht, direkt auf die Datenelemente des `Rational`-Objektes zuzugreifen:

```
class Rational
{
    static int gcd()
    {
        int a = num;      // Fehler - num ist nicht-statisch
        int b = denom;    // Fehler - denom ist nicht-statisch
        ...
    }
    ...
}
```

4.14 Enum-Klassen

Sammlungen beliebiger Werte

Die primitiven Typen `int`, `double` und `boolean` speichern Zahlen und Wahrheitswerte. In vielen Fällen werden aber Wertemengen gebraucht, die weder einen Bezug zu Zahlen noch zu Wahrheitswerten haben. Denken Sie beispielsweise an die sieben Wochentage oder die beiden Geschlechter „weiblich" und „männlich". Natürlich könnte man diese Werte als Zahlen oder Wahrheitswerte codieren. Eine solche Zuordnung wäre allerdings willkürlich und vielleicht sogar irreführend.[32]

Enums als Typfamilie

Für diese Fälle bietet Java **Aufzählungstypen** an („Enumerations" oder kurz „Enums"). Enums sind kein einzelner Typ, sondern eine Familie von Typen mit ähnlichen Eigenschaften. Mit folgender Syntax wird ein neuer Aufzählungstyp definiert:

```
enum enumtype {enumelement, enumelement, ...}
```

Wählbarer Typname

„`enum`" ist ein reserviertes Wort.[33] *`enumtype`* benennt den neuen Typ. Der Name kann unter den gleichen Randbedingungen und nach den gleichen Konventionen wie ein Klassenname gewählt werden. Üblich sind großgeschriebene, englische Substantive.

Elemente frei benennbar

Zwischen den geschweiften Klammern werden die einzelnen Werte des Typs als Liste von Identifiern aufgezählt. Auch hier sind in der

[32] Soll „Sonntag" der Wochentag mit der Nummer 0, 1 oder 7 sein?

[33] `enum` ist das einzige neue reservierte Wort in Java Version 5.0. In Version 1.4 und davor war „`enum`" ein normaler Bezeichner.

Regel großgeschriebene, englische Substantive sinnvoll. Die Elementnamen innerhalb eines Aufzählungstyps müssen eindeutig sein. Die Elemente unterschiedlicher Aufzählungstypen sind dagegen unabhängig und kommen sich nicht ins Gehege.

Ein Typ `Color` für die vier Grundfarben wird beispielsweise folgendermaßen definiert:

```
enum Color {Red, Green, Blue, Yellow}
```

Die folgenden Beispiele zeigen weitere Aufzählungstypen für Wochentage, Geschlechter und Schachfiguren:

```
enum Day {Mon, Tue, Wed, Thu, Fri, Sat, Sun}
enum Sex {Female, Male}
enum ChessPiece {Pawn, Rook, Knight, Bishop, Queen, King}
```

Enums als Typen

Ein Aufzählungstyp kann wie jeder andere Typ benutzt werden, zum Beispiel zur Definition von Variablen:

```
Color c;
```

Die Werte eines Aufzählungstyps werden nach dem gleichen Schema angesprochen wie statische Datenelemente:

```
enumtype.enumelement
```

Die folgende Wertzuweisung weist der Variablen `c` vom Typ `Color` die Farbe `Red` zu:

```
c = Color.Red;
```

Definition

Die Definition eines Aufzählungstyps, zum Beispiel `Color`, in der Art

```
enum Color {Red, Green, Blue, Yellow}
```

ist nichts anderes als eine besondere Art von Klassendefinition. Deshalb gehören die Aufzählungstypen zu den Referenztypen.

Enumwerte sind statische Datenelemente

Der Compiler erzeugt, abgesehen von einer Klasse `Color`, automatisch für jedes Element des Aufzählungstyps ein statisches Datenelement derselben Klasse. Die oben gezeigte Definition des Aufzählungstyps `Color` ist in etwa äquivalent zur folgenden Klassendefinition:

```
class Color
{
    final static Color Red = new Color();
    final static Color Green = new Color();
    final static Color Blue = new Color();
    final static Color Yellow = new Color();
}
```

Die Syntax zum Ansprechen eines Elementes eines Aufzählungstyps wird jetzt verständlich: Mit dem Ausdruck

```
Color.Red
```

wird das statische Datenelement `Red` der Klasse `Color` angesprochen. Dessen Typ ist selbst wieder `Color`.

Abgesehen von den automatisch definierten Objekten, die als statische Datenelemente zur Verfügung stehen, können keine neuen Enumobjekte erzeugt werden. Der Compiler weist jeden Versuch ab.

Verschiedene Aufzählungstypen sind inkompatibel, auch wenn sie Elemente gleichen Namens enthalten, wie im folgenden Beispiel das Element `Sat`:

```
enum Day {Mon, Tue, Wed, Thu, Fri, Sat, Sun}
enum Weekend {Sat, Sun}
```

Ein Vergleich ist beispielsweise unzulässig:

```
if(Day.Sat == Weekend.Sat)          // Typfehler
    ...
```

Vordefinierte Methoden

Automatisch definierte Enum-Methoden

Wie in allen Klassen gibt es in Enumklassen auch Methoden. Jede Enumklasse `E` bietet automatisch die folgenden Methoden:

`static E valueOf(String s)`
: liefert den Enumwert mit dem Namen `s`: Wirft eine `IllegalArgumentException`, wenn der Name nicht existiert. Strings werden in Kapitel 5 eingeführt, Exceptions in Kapitel 9.2.

`static E[] values()`
: liefert ein Array mit allen Enumelementen in der Reihenfolge ihrer Definition. Arrays werden in Kapitel 10 diskutiert.

`int ordinal()`

Die Enumelemente sind in einer bestimmten Reihenfolge definiert, wobei das erste Element den Index `0` hat. Diese Methode liefert den Index des Zielobjektes.

Weitere Methoden von Enums

Darüber hinaus sind die Methoden `toString`, `equals`, `hashCode` und `compareTo` vordefiniert. `compareTo` orientiert sich an der Definitionsreihenfolge der Werte, auf die auch `ordinal` Bezug nimmt.

Ein Programm sollte sich besser nicht auf die Indices und die Reihenfolge von Enumwerten verlassen. Schon beim Umsortieren oder Einfügen von Werten verschieben sich die Indices. Dagegen bleiben Bezüge auf die Namen von Enumwerten davon unberührt und sind deshalb viel robuster gegenüber Änderungen.

Die Begriffe „Enumelement", „Enumwert" und „Enumobjekt" können synonym verwendet werden, weil jedes Element eines Enumtyps genau einem statischen Objekt entspricht. Von Enumtypen können grundsätzlich keine neuen Objekte erzeugt werden, insbesondere kein zweites Objekt zum gleichen Enumwert. Aus diesem Grund ist es in Ordnung, Enumwerte mit dem Operator == anstelle von `equals` zu vergleichen.

Methoden

Neue Methoden für Enums

Neben den vordefinierten Methoden können in Enumklassen zusätzliche eigene Methoden definiert werden, wie im folgenden Beispiel:

```
enum Day
{
    Mon, Tue, Wed, Thu, Fri, Sat, Sun;

    boolean isWeekend()
    {
        return this == Sat || this == Sun;
    }
}
```

Listing 4.9: Methode in einer Enumklasse

Die Methode kann mit den Enumobjekten als Zielobjekten aufgerufen werden:

```
Day d = ...;
if(d.isWeekend())
    ...
```

Datenelemente und Konstruktoren

Datenelemente in Enumklassen

In einer Enumklasse können Datenelemente definiert werden wie in einer normalen Klasse. Mit einem `boolean`-Datenelement lassen sich zum Beispiel die Tage des Wochenendes markieren:

```
enum Day
{
    ...
    private final boolean weekend;
}
```

Die Auskunftsmethode `isWeekend` kann dieses Datenelement auslesen und muss keine zusammengesetzte Bedingung auswerten, wie in Listing 4.9:

```
enum Day
{
    ...
    boolean isWeekend()
    {
        return weekend;
    }
}
```

Konstruktoren für Enumklassen

Zur Initialisierung des Datenelementes wird ein Konstruktor bereitgestellt:

```
enum Day
{
    ...
    Day(boolean w)
    {
        weekend = w;
    }
}
```

Konstruktoraufrufe bei der Definition von Werten

Dieser Konstruktor hat einen Parameter, an den jeder Enumwert ein Argument übergibt:

```
enum Day
{
    Mon(false), Tue(false), Wed(false), Thu(false), Fri(false),
    Sat(true), Sun(true);
    ...
}
```

Obwohl hier ein Konstruktor definiert ist, können keine zusätzlichen Enumobjekte erzeugt werden, außer den Werten, die in der Definition aufgezählt sind.

4.15 Kopieren und Vergleichen

Kopie eines Objektes

Auf Seite 135 wurde der folgende Kopier-Konstruktor gezeigt, der ein Duplikat eines `Rational`-Objektes erzeugt:

Kopieren eines Objektes

```
class Rational
{
    Rational(Rational r)
    {
        num = r.num;
        denom = r.denom;
    }
    ...
}
```

Damit kann ein `Rational`-Objekt `original` kopiert werden:

```
Rational original = ...;
Rational copy = new Rational(original);
```

`copy` ist anschließend ein neues Objekt mit dem gleichen Inhalt wie die Vorlage `original`. Original und Kopie können getrennt und unabhängig weiterverarbeitet werden.

Bei einem Objekt mit Datenelementen von Referenztypen kommt deren Referenzsemantik zum Tragen. Eine Klasse `RatRange` zum Beispiel soll Intervalle mit Brüchen als Grenzen repräsentieren. `RatRange` hat zwei `Rational`-Datenelemente:

Aliasing bei Datenelementen von Referenztypen

```
class RatRange
{
    private Rational lower;
    private Rational upper;
    ...
}
```

Eine simple Wertzuweisung im Kopier-Konstruktor dupliziert nicht die `Rational`-Objekte, die im Original als Datenelemente gespeichert sind, sondern nur deren Referenzen:

```
class RatRange
{
    RatRange(RatRange rr)
    {
        lower = rr.lower;
        upper = rr.upper;
    }
    ...
}
```

Am Ende referenzieren Original und Kopie paarweise dieselben Datenelemente, wie Abbildung 4.6 zeigt.

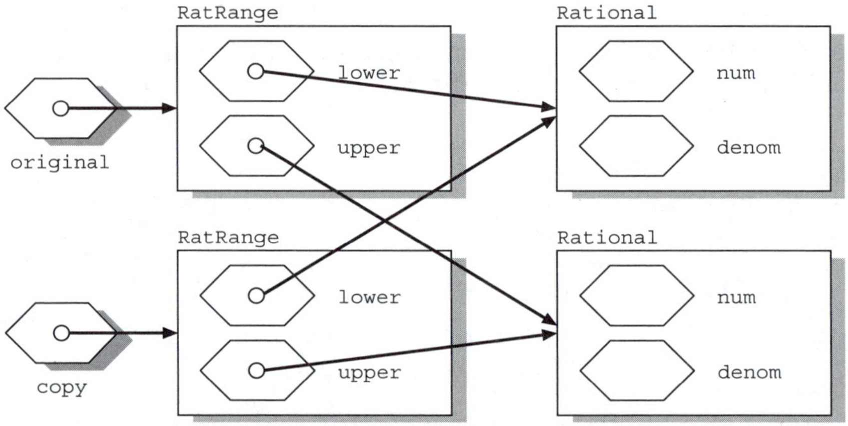

Abbildung 4.6: Flache Kopien eines Objektes

Eine Änderung an einem Datenelement in einem Objekt wirkt sich auch im entsprechenden Datenelement des anderen Objektes aus. Ob diese Konstruktion als „Kopie eines Objektes" ausreicht, hängt von der konkreten Anwendung ab. In der Regel ist der Ansatz zu simpel.

Flache und tiefe Kopie

Eine tiefe Kopie kopiert alle Datenelemente samt Inhalt

Wenn Elemente nur mit Wertzuweisungen kopiert werden, entsteht eine **„flache Kopie"** (engl. *„shallow copy"*). Aus struktureller Sicht wird zwar das Objekt selbst, aber nicht die darin enthaltenen Objekte dupliziert. Im oben gezeigten Beispiel erzeugt der Kopier-Konstruktor der Klasse `RatRange` ein neues `RatRange`-Objekt, aber die beiden flachen Kopien teilen sich die `Rational`-Datenelemente.

In einer **„tiefen Kopie"** (engl. *„deep copy"*) wird zusätzlich auch jedes Datenelement einzeln kopiert. Eine Wertzuweisung reicht dazu nicht aus. Stattdessen müssen Methoden des betreffenden Objektes zu Hilfe genommen werden. In der Regel eignet sich dazu der Kopier-Konstruktor (Seite 135) der Datenelemente:

```
class RatRange
{
    RatRange(RatRange rr)
    {
        lower = new Rational(rr.lower);
        upper = new Rational(rr.upper);
    }
    ...
}
```

Im folgenden Beispiel wird eine tiefe Kopie eines RatRange-Objektes erzeugt:

```
RatRange original = ...;
RatRange copy = new RatRange(original);
```

Original und Kopie enthalten jetzt paarweise logisch gleiche, aber getrennte Datenelemente, wie Abbildung 4.7 zeigt. Änderungen an den Datenelementen des einen Objektes spiegeln sich im anderen Objekt nicht wider.

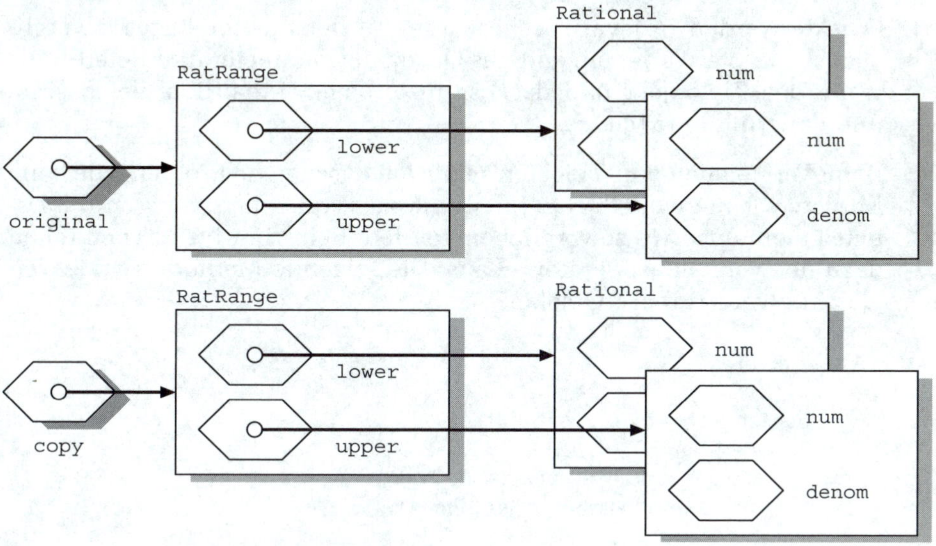

Abbildung 4.7: Tiefe Kopien von Objekten

Das Duplizieren von Datenelementen kann sich über mehrere Ebenen hinweg fortsetzen, wenn Datenelemente ihrerseits wieder Objekte als Datenelemente enthalten. Tiefes Kopieren kann bei ausladenden Objekten signifikant Rechenzeit und Speicherplatz kosten.

Kopieren von Datenelementen

Regeln zum Kopieren von Objekten

Wenn eine Klasse nur primitive Datenelemente enthält, reicht ein einfaches Zuweisen der Werte im Kopier-Konstruktor aus, wie zum Beispiel bei der Klasse Rational (siehe Seite 135). Enthält dagegen eine Klasse Datenelemente von Referenztypen, dann müssen auch diese mit deren Kopier-Konstruktoren dupliziert werden. Die Klasse RatRange ist ein Beispiel dafür.

Vorteil unveränderlicher Klassen Unveränderliche Klassen können in diesem Zusammenhang wie primitive Typen behandelt werden. Nachdem ein einmal erzeugtes Objekt nicht mehr verändert werden kann, reicht eine Wertzuweisung zum Kopieren aus.

Kopier-Konstruktor unzureichend bei Vererbung Im Zusammenhang mit Vererbung (Kapitel 8) erweisen sich Kopier-Konstruktoren als zu schwach zum Kopieren von Objekten. Dort wird ein mächtigerer Mechanismus eingeführt (Seite 268).

Vergleich von Objekten mit `equals`

Methode `equals` Objekte werden in Java üblicherweise mit der Methode `equals` verglichen. `equals` erwartet ein anderes Objekt als Parameter und liefert `true`, wenn das Zielobjekt und das Parameterobjekt inhaltlich gleich sind, und andernfalls `false`.

Vergleich primitiver Datenelemente Beim Vergleichen von Objekten zeigt sich das gleiche Problem wie beim Kopieren. Um zwei Objekte inhaltlich zu vergleichen, müssen die Datenelemente paarweise verglichen werden. Bei primitiven Typen reicht dazu der Vergleichsoperator == aus. Die folgende Methode `equals` vergleicht zwei `Rational`-Objekte:

```
class Rational
{
    boolean equals(Rational other)
    {
        return (num == other.num)
            && (denom == other.denom);
    }
    ...
}
```

Vergleich von Datenelementen von Referenztypen Bei Objekten mit Referenztypen als Datenelementen ist == oft nicht angemessen, weil die Identität von Datenelementen aus der Sicht der Programmlogik in der Regel nicht sehr interessant ist. Stattdessen müssen die Datenelemente paarweise inhaltlich verglichen werden. Dazu kann wiederum die Methode `equals` der Klasse der Datenelemente benutzt werden, wie im folgenden Beispiel für die `Rational`-Datenelemente in `RatRange`:

```
class RatRange
{
    boolean equals(RatRange other)
    {
        return lower.equals(other.lower)
            && upper.equals(other.upper);
    }
    ...
}
```

Das sieht auf den ersten Blick vielleicht verwirrend aus: Die Methode `equals` wird einerseits in `RatRange` definiert, benutzt aber die gleich benannte Methode der Klasse `Rational`, um ihr Ziel zu erreichen.

Keine Vereinfachung bei unveränderlichen Klassen

In diesem Fall können unveränderliche Klassen nicht auf die gleiche Art wie primitive Typen behandelt werden. Ob veränderlich oder nicht, zwei verschiedene Objekte können dennoch inhaltlich gleich sein und müssen deshalb in jedem Fall mit `equals` verglichen werden.

Neue Aspekte bei Vererbung

Die hier entwickelte Fassung ist noch in vieler Hinsicht unzulänglich. Die Diskussion wird auf Seite 264 unter dem Gesichtspunkt der Vererbung fortgesetzt.

4.16 Aufgaben

4a. Brüche

Implementieren Sie die Klasse `Rational` vollständig. Die verschiedenen Teile der Klasse finden Sie verstreut in den Abschnitten dieses Kapitels. Diese Klasse wird später wieder gebraucht.

4b. Dreiecke

Schreiben Sie eine unveränderliche Klasse `Point`, die einen Punkt in der kartesischen Koordinatenebene repräsentiert. `Point` hat einen Konstruktor und zwei Getter für die Koordinatenwerte:

```
Point(double x, double y)
double getX()
double getY()
```

Schreiben Sie weiter eine unveränderliche Klasse `Triangle`, die ein Dreieck mit drei Eckpunkten repräsentiert. Definieren Sie die folgenden Methoden:

`Triangle(Point p0, Point p1, Point p2)`
: Konstruktor für ein Dreieck mit den Eckpunkte P_0, P_1 und P_2.

`boolean isEquilateral()`
: liefert `true`, wenn das Dreieck gleichseitig ist, und `false` ansonsten.

`boolean isIsosceles()`
: liefert `true`, wenn das Dreieck gleichschenklig ist (zwei Seiten gleich lang), und `false` ansonsten.

`boolean isAcute()`
: liefert `true`, wenn das Dreieck spitzwinklig ist (alle Winkel $< 90°$), und `false` ansonsten.

`boolean isRight()`
: liefert `true`, wenn das Dreieck rechtwinklig ist (ein Winkel $= 90°$), und `false` ansonsten.

`boolean isObtuse()`

liefert `true`, wenn das Dreieck stumpfwinklig ist (ein Winkel $> 90°$), und `false` ansonsten.

`boolean isDegenerated()`

liefert `true`, wenn das Dreieck entartet ist (alle drei Ecken auf einer Linie, Ecken fallen zusammen), und `false` ansonsten.

Beachten Sie, dass sich die Eigenschaften gegenseitig einschließen können (ein gleichseitiges Dreieck ist zum Beispiel auch gleichschenklig). Berücksichtigen Sie Toleranzen beim Vergleich von Floatingpoint-Werten.

4c. Uhrzeit

Eine Zeitangabe besteht aus Stunden (0-23), Minuten (0-59) und Sekunden (0-59). Definieren Sie eine Klasse `ClockTime`, die eine Zeitangabe mit diesen Komponenten repräsentiert. Die Klasse bietet die folgenden Methoden an:

Default-Konstruktor

initialisiert die Zeit mit 00:00:00.

Konstruktoren mit 1, 2, 3 `int`-Parametern

Die Parameter geben Stunden, Minuten und Sekunden vor. Die fehlenden Argumente der überladenen Konstruktoren werden mit dem Wert null angenommen.

Die Wertebereiche der Parameter sind nicht eingeschränkt. Sie können beliebig groß und auch negativ sein. Das heißt, dass Sekunden in Minuten und Minuten in Stunden überlaufen können, und dass nach 23:59:59 wieder 00:00:00 folgt.

Kopier-Konstruktor

initialisiert das neue Objekt mit der gleichen Zeit wie der Parameter.

`boolean isSame(ClockTime ct)`

akzeptiert als Argument ein anderes `ClockTime`-Objekt und stellt fest, ob beide Zeiten gleich sind. Das Ergebnis ist ein `boolean`-Wert (`true` = beide gleich, `false` = nicht gleich).

`void add(int s)`
akzeptiert eine Anzahl Sekunden `s` und addiert `s` zur Zeit. Zeiten laufen von 23:59:59 nach 00:00:00 über. Die Sekundenzahl `s` kann auch negativ sein; in diesem Fall wird der Sekundenbetrag subtrahiert.

`int diff(ClockTime ct)`
akzeptiert ein anderes `ClockTime`-Objekt `ct` als Argument und liefert den Zeitunterschied zwischen dem Zielobjekt und `ct` zurück. Der Zeitunterschied wird in Sekunden gemessen und ist immer positiv. Zwei Beispiele:

- Der Zeitunterschied zwischen 00:00:00 und 00:00:01 ist 1 Sekunde.
- Der Zeitunterschied zwischen 00:00:01 und 00:00:00 ist 86399 Sekunden.

`int getSeconds()`
liefert die Anzahl Sekunden `s` im Intervall $0 \leq s \leq 59$.

`int getMinutes()`
liefert die Anzahl Minuten `m` im Intervall $0 \leq m \leq 59$.

`int getHours()`
liefert die Anzahl Stunden `h` im Intervall $0 \leq h \leq 23$.

4d. Polynome

Ein kubisches Polynom hat die Gestalt $ax^3 + bx^2 + cx + d$. Die Werte a, b, c und d heißen die „Koeffizienten“ des Polynoms.

1. Definieren Sie eine Klasse `Polynom` zur Speicherung eines kubischen Polynoms mit `double`-Koeffizienten.

2. Geben Sie passende Konstruktoren an, mit denen Polynome auf die folgende Art definiert werden können:

`Polynom p = new Polynom(2, 2.5)`	für $p(x) = 2x + 2.5$
`Polynom q = new Polynom(4, 0, -1, -3)`	für $q(x) = 4x^3 - x - 3$

3. Definieren Sie eine Methode `add` der Klasse Polynom, mit dem zwei Polynome zu einem neuen Polynom addiert werden können, wie z.B.:

   ```
   Polynom r = p.add(q);    // r(x) = 4x^3 + x - 0.5
   ```

4. Schreiben Sie eine Methode `apply`, die den Wert eines Polynoms für ein gegebenes x berechnet:

   ```
   double y = r.apply(2);    // y = 4 · 2^3 + 2 - 0.5 = 33.5
   ```

5. Schreiben Sie eine Methode `dx`, die das nach x abgeleitete Polynom zu einem gegebenen Polynom liefert:

   ```
   Polynom t = r.dx();    // t(x) = dr/dx = 12x^2 + 1
   ```

6. Schreiben Sie eine Methode `integral`, die eine Stammfunktion eines höchstens quadratischen Polynoms liefert (das konstante Glied der Stammfunktion ist 0):

   ```
   Polynom u = t.integral();    // u(x) = ∫ t(x) dx = 4x^3 + x
   ```

7. Schreiben Sie eine Methode `print`, die ein Polynom in Textform nach dem folgenden allgemeinen Schema ausgibt:

   ```
   a*x^3 + b*x^2 + c*x + d
   ```

   Dabei gilt:

   - Der Koeffizient 1 wird nicht ausgegeben, außer im konstanten Glied.
   - Glieder mit dem Koeffizienten 0 werden nicht ausgegeben, außer im konstanten Glied, wenn alle Koeffizienten null sind.
   - Glieder mit negativem Koeffizienten werden mit einem Minus-Zeichen ausgegeben.

8. Entwerfen Sie eine Methode `zero` zur Bestimmung einer Nullstelle des Polynoms in einem gegebenen x-Intervall. Überlegen Sie sich, wie die Methode auf ein Intervall reagieren soll, das überhaupt keine Nullstelle enthält.

Die Methode geht folgendermaßen vor: Das Intervall wird in einer festen Anzahl (STEPS) Schritte nach einem Vorzeichenwechsel abgesucht. Beim ersten Vorzeichenwechsel wird das ursprüngliche Intervall zusammengezogen auf die Grenzen des Schrittes, zwischen denen der Vorzeichenwechsel liegt. Mit den neuen Grenzen wird der Vorgang wiederholt.

Sobald die Intervallbreite einen kleinen, fest vorgegebenen Grenzwert ε unterschreitet, wird das Verfahren beendet und die Mitte des letzten Intervalls als Approximation der Nullstelle zurückgegeben.

Achten Sie darauf, dass die Methode in keinem Fall abstürzt oder in einer Endlosschleife hängen bleibt.

4e. Rechteck-Welt

Die Bewohner der „Rechteck-Welt" sind Rechtecke. Um die Sache zu vereinfachen, haben Rechtecke ganzzahlige, nicht-negative Seitenlängen. Zudem liegen die Seiten achsenparallel.

Abbildung 4.8 zeigt ein Bild aus der Rechteck-Welt.

Die drei Rechtecke haben die folgenden Größen und Lagen:

Rechteck	*links*	*rechts*	*unten*	*oben*	*Breite*	*Höhe*
`r1`	1	3	2	5	2	3
`r2`	2	6	−1	1	4	2
`r3`	2	5	−2	2	3	4

Definieren Sie eine unveränderliche Klasse `Rectangle`, die Rechtecke repräsentiert. Die Klasse hat folgende Methoden:

`Rectangle(int l, int b, int w, int h)`

erzeugt ein neues Rechteck mit der linken unteren Ecke an Position (`l`, `b`), der Breite `w` und der Höhe `h`. Breite und Höhe sind nicht-negativ. `r1` wird zum Beispiel mit dem folgenden Ausdruck erzeugt:

```
new Rectangle(1, 2, 2, 3)
```

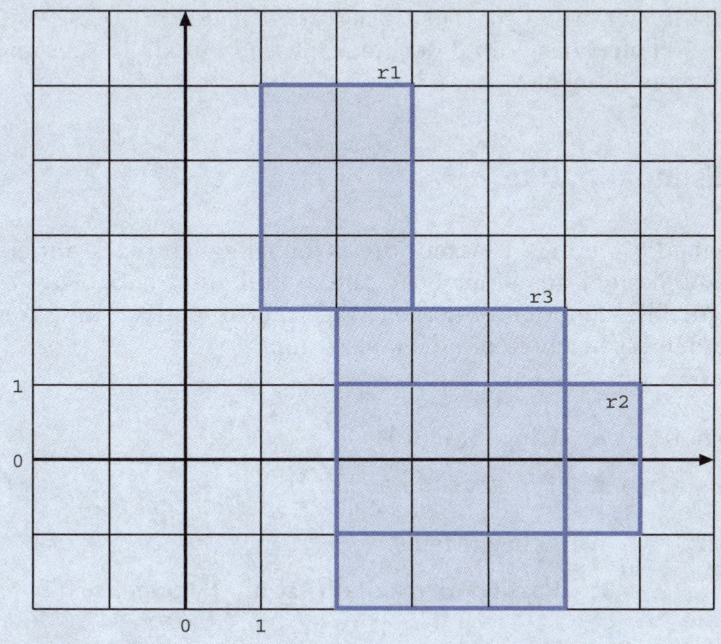

Abbildung 4.8: Die Rechteck-Welt

`boolean isSquare()`
: stellt fest, ob dieses Rechteck ein Quadrat ist.

`boolean isSame(Rectangle r)`
: Gibt Auskunft, ob dieses Rechteck an der gleichen Position wie `r` liegt und die gleiche Größe hat.

Getter für `width`, `height`, `left`, `right`, `bottom`, `top`

`boolean isContained(Rectangle r)`
: liefert `true`, wenn jeder Punkt dieses Rechtecks auch Punkt von `r` ist, und ansonsten `false`.

`boolean isDisjoint(Rectangle r)`
: liefert `true`, wenn dieses Rechteck und `r` keinen gemeinsamen Punkt haben, und ansonsten `false`.

`Rectangle getSurroundingRectangle(Rectangle r)`
: liefert das kleinste Rechteck, das alle Punkte dieses Rechtecks und von `r` enthält.

`Rectangle getIntersectingRectangle(Rectangle r)`
liefert das größte Rechteck, dessen Punkte in diesem Rechteck und in `r` liegen.

4f. Eisenbahnzüge

Schreiben Sie einige Klassen, die Eisenbahnzüge repräsentieren. Ein Eisenbahnzug besteht aus einer Lokomotive und einer beliebigen Anzahl Wagen, einschließlich überhaupt keinen Wagen. Lokomotiven und Wagen haben die folgenden Eigenschaften, alle ganzzahlig:

Lokomotive
- Länge (Meter)
- Typ (irgendeine Zahl)

Wagen
- Länge (Meter)
- Passagierkapazität (Anzahl Personen)

Definieren Sie die Klassen `Locomotive` und `Car`, jeweils mit sinnvollen Methoden. Die oben genannten Eigenschaften sind unveränderlich.

Das interessante Problem ist das Zusammenstellen eines Zuges aus den Einzelteilen. Der erste Wagen hängt direkt an der Lokomotive. Geben Sie der Klasse `Locomotive` deshalb ein Element `first` vom Typ `Car`, dazu eine Getter- und eine Setter-Methode.

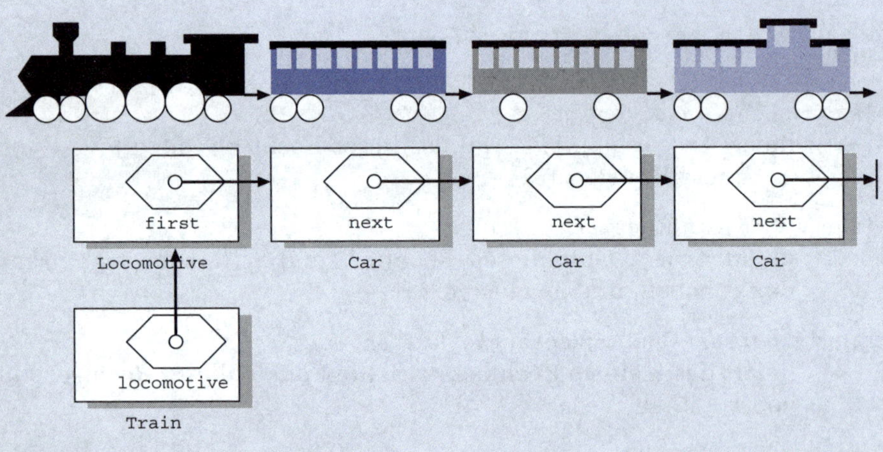

Abbildung 4.9: Zug mit Lokomotive und Wagen

An jedem Wagen hängt der jeweils nächste Wagen, oder gar nichts beim letzten Wagen. Definieren Sie in der Klasse `Car` ein Element `next` des gleichen Typs `Car`, wieder mit Gettern und Settern. Dieses Datenelement speichert ein anderes Objekt der gleichen Klasse oder `null` beim letzten Wagen. Bild 4.9 zeigt die Idee.

Definieren Sie schließlich eine Klasse `Train`, die den ganzen Zug repräsentiert. Ein `Train`-Objekt speichert „seine" Lokomotive, aber nicht die Wagen. Diese können, einer nach dem anderen, auf dem Weg über die Lokomotive erreicht werden. Die Klasse `Train` bietet die folgenden Methoden:

Konstruktor
: Der `Train`-Konstruktor erwartet eine Lokomotive und baut einen ziemlich kurzen Zug, der nur aus der Lokomotive, noch ohne Wagen, besteht.

`add`
: hängt in den Zug einen gegebenen Wagen ein. Der Wagen kann irgendwo im Zug eingefügt werden.

`print`
: Gibt eine Liste des Zuges mit allen Bestandteilen aus.

`getPassengers`
: liefert die gesamte Passagierkapazität des Zuges, d. h. die Summe der Passagierkapazitäten aller Wagen.

`getLength`
: liefert die Gesamtlänge des Zuges, d. h. die Summe der Längen der Lokomotive und aller Wagen.

`removeFirst`
: hängt den ersten Wagen aus dem Zug aus und liefert den ausgehängten Wagen als Ergebnis zurück. Die restlichen Wagen bleiben am Zug. Falls es keinen Wagen gibt, wird `null` zurückgegeben.

`relink`
: akzeptiert als Parameter einen anderen Zug und hängt alle Wagen des anderen Zuges in diesen Zug um. Im anderen Zug bleibt nur die Lokomotive zurück. Nutzen Sie für diese Methode geschickt die vorher definierten.

`revert`
: dreht die Abfolge der Wagen in diesem Zug um, das heißt, der vorher letzte Wagen wird zum ersten, und umgekehrt.

Schreiben Sie schließlich eine Anwendung, die Folgendes abwickelt:

1. Eine Lokomotive „Big Chief" mit der Nummer 5311 und der Länge 23 m wird erzeugt.
2. Ein Zug namens „Santa Fe" mit der Lokomotive „Big Chief" wird erzeugt.
3. An „Santa Fe" werden drei Wagen mit den Längen 12 m, 15 m, 20 m und den Passagierkapazitäten 50, 75, 100 Personen angehängt.
4. Eine Lokomotive „Steel Horse" mit der Nummer 5409 und der Länge 21 m wird erzeugt.
5. Ein Zug namens „Rio Grande Express" mit der Lokomotive „Steel Horse" wird erzeugt.
6. An den „Rio Grande Express" werden zwei Wagen mit den Längen 13 m und 18 m sowie den Passagierkapazitäten 60 und 80 Personen angehängt.
7. Alle Wagen von „Santa Fe" werden in den „Rio Grande Express" übernommen.
8. Die Wagenreihenfolge im „Rio Grande Express" wird umgedreht.

Characters und Strings

5

ÜBERBLICK

In diesem Kapitel wird der Umgang mit Zeichen und Zeichenketten (engl. „*string*“) eingeführt.

- In 5.1 wird der **primitive Typ char für Zeichen** untersucht. Zeichen sind die Bausteine der Strings.
- Der vordefinierte Referenztyp **`String` für Zeichenketten** wird in 5.2 diskutiert. Strings werden sehr häufig gebraucht. In Java können sie bequem gehandhabt werden, weil sie gegenüber anderen Klassen eine Sonderbehandlung genießen.

5.1 Javatyp char

char für Textzeichen

Der primitive Typ „`char`“ repräsentiert einzelne Zeichen (engl. „*character*“), wie zum Beispiel die Buchstaben dieses Textes. `char` ist, wie alle primitiven Typen, vordefiniert und steht gleichrangig neben `int`, `double` und `boolean`.

char-Literale in Hochkommas

`char`-Literale, also Konstanten des Typs `char`, werden in Java durch das Zeichen selbst zwischen Hochkommas (engl. „*quotes*“) dargestellt. Daneben gibt es weitere Möglichkeiten, siehe Seite 180. Einige Beispiele für `char`-Literale:

`'a'`	der kleine Buchstabe „a“
`'5'`	die Ziffer „5“ (nicht die `int`-Zahl 5!)
`'%'`	das Prozent-Zeichen
`' '`	das Leerzeichen

Operationen mit char

Variablen des Typs `char` werden nach der bekannten Syntax definiert. Als Werte können beispielsweise `char`-Literale zugewiesen werden:

```
char letter;
letter = 'a';
```

Vergleich von Zeichen

Zeichen können auf Gleichheit und Ungleichheit geprüft werden:

```
char five = '5';
if(five == 'V')          // Ergebnis ist false
    ...
```

Der Größenvergleich von Zeichen orientiert sich zum Beispiel für kleine oder große Buchstaben am Alphabet:

```
char capitalA = 'A';
if(capitalA < 'B')       // true, weil A im Alphabet vor B steht
    ...
```

Komplizierter liegen die Verhältnisse bei anderen Zeichen, wie im nächsten Abschnitt erklärt wird.

Zeichencodes

Java konvertiert Zeichen implizit nach `int`. Die Konversion `char`→`int` steht auf der gleichen Ebene wie beispielsweise `int`→`double` und wird immer dann eingesetzt, wenn Zeichen verglichen, mit arithmetischen Operationen verknüpft oder in irgendeinem anderen Kontext wie ganze Zahlen benutzt werden.

Konversion char→int

Jedem Zeichen ist ein eindeutiger `int`-Wert als **Zeichencode** zugeordnet. Einige Beispiele für Zeichencodes:

Eindeutiger Zeichencode

```
'a'  97
'5'  53
'%'  37
' '  32
```

Das folgende Codefragment zeigt die implizite Typkonversion `char`→`int`:

```
char five = '5';
int i = 'a';             // i = 97
i = 5*five + i;          // i = 362
```

Nicht jeder `int`-Wert ist ein zulässiger Zeichencode. Die Konversion `int`→`char` wird deshalb nicht implizit angewendet, sondern muss vom Benutzer mit einem Typecast ausdrücklich verlangt werden:

```
char letter;
letter = (char)97;               // letter = 'a'
letter = (char)(letter + 1);     // letter = 'b'
```

Die Verantwortung für die Konsequenzen trägt, wie bei jedem Typecast, der Benutzer selbst. Die folgende Wertzuweisung wird zwar übersetzt und ausgeführt, das tatsächlich zugewiesene Zeichen ist aber eher exotisch:

```
char letter = (char)(-37);      // ?
```

Zeichensätze

Zeichensatz = Menge von Zeichencodes

Ein **Zeichensatz** ist eine komplette Sammlung von Zeichen samt Codes.[1] Es gibt verschiedene Zeichensätze, von denen sich aber nur einige wenige durchgesetzt haben.

ASCII-Zeichensatz

Ein kleinster gemeinsamer Nenner für die meisten Systeme ist der „ASCII-Zeichensatz", in dem 128 Zeichen mit den Codes 0 bis 127 definiert sind. Der ASCII-Zeichensatz ist auf US-amerikanische Anwendungen ausgerichtet und enthält beispielsweise das Währungssymbol „$", aber keine deutschen Umlaute oder Sonderzeichen europäischer Sprachen.

ISO-Latin-1 in Westeuropa

Heute verbreitet in Westeuropa ist der Zeichensatz „ISO-Latin-1" oder auch „ISO-8859-1". Die ersten 128 Zeichen von ISO-Latin-1 sind identisch mit dem ASCII-Zeichensatz, die restlichen 128 Zeichen sind eine etwas willkürliche Sammlung von Zeichen aus überwiegend westeuropäischen Sprachen. Anhang D zeigt den kompletten Zeichensatz ISO-Latin-1.

Der Zeichensatz „ISO-Latin-15" ist identisch mit ISO-Latin-1, bis auf das Zeichen mit dem Code 164: Dort steht das €-Symbol anstelle des allgemeinen Währungssymbols.

Java benutzt Unicode

Java benutzt den Zeichensatz „Unicode". Unicode[2] umfasst nicht nur 256 Zeichen, sondern $2^{16} = 65536$. Dort finden viele Alphabete aus der ganzen Welt Platz, einschließlich fernöstlicher Schriftzeichen. Die ersten 256 Zeichen von Unicode sind identisch mit ISO-Latin-1, die ersten 128 Zeichen mit dem ASCII-Zeichensatz.

Hexadezimalschreibweise

Ersatzdarstellung für beliebige Zeichen

Die meisten Systeme können nicht alle Zeichen des Unicodes korrekt wiedergeben. Um trotzdem alle Zeichen zu erreichen, kann die Schreibweise „`\uXXXX`" benutzt werden. Dabei ist `XXXX` der vierstellige, hexadezimale Unicode eines Zeichens, gegebenenfalls mit führenden Nullen.

Die folgenden beiden Zuweisungen sind identisch:

```
char a = 'a';
char a = '\u0061';
```

[1] Ein ganzer Zeichensatz wird manchmal, etwas irreführend, ebenfalls als „Code" bezeichnet.

[2] Es gibt mehrere Versionen von Unicode, zum Teil mit mehr als 65536 Zeichen. Dafür reicht die interne Zeichendarstellung von Java mit 2 Byte nicht mehr aus.

Für den Compiler ist jedes Vorkommen der Zeichenfolge \uXXXX im gesamten Quelltext identisch mit dem entsprechenden Unicodezeichen.[3] Das folgende Codefragment ist korrekt, denn die beiden Identifier sind identisch:

Auswertung der Ersatzdarstellung vor dem Übersetzen

```
int z\u00E4hler;
zähler = 1;
```

Das €-Symbol hat Unicode 8364 und kann so zugewiesen werden:

```
char euro = '\u20AC';
```

Ersatzdarstellungen

Die Zeichen mit Codes von 0 bis 31 im ASCII-Code werden als „**Kontrollzeichen**" bezeichnet. Ihre traditionelle Aufgabe ist die Steuerung von Ausgabegeräten. Die meisten Kontrollzeichen haben aber nur noch historische Bedeutung und werden von Java nicht mehr unterstützt.

Kontrollzeichen für bestimmte Aufgaben

Kontrollzeichen können in Javaprogrammen mit „**Ersatzdarstellungen**" bezeichnet werden, die jeweils mit dem Zeichen „\" („*backslash*", dt. etwa „Rückwärts-Strich")[4] beginnen. In Java sind die folgenden Ersatzdarstellungen zulässig:

`\n`	Zeilenwechsel (Code 10, „*newline*")
`\t`	Tabulator (Code 9, „*tab*")
`\"`	Gänsefüßchen („*double quotes*")
`\'`	Hochkomma („*single quote*")
`\\`	ein Backslash selbst
`\b`	letztes Zeichen löschen (Code 8, „*backspace*")
`\f`	neue Seite beginnen (Code 12, „*formfeed*")
`\r`	zurück zum Zeilenanfang (Code 13, „*carriage return*")

Die ersten fünf Ersatzdarstellungen werden regelmäßig gebraucht, die letzten drei eher selten.

3 Die beiden vorgenannten Wertzuweisungen sind deshalb nicht bloß „gleichwertig", sondern tatsächlich „identisch".

4 Wegen des sperrigen deutschen Begriffs wird das Zeichen einfach weiterhin mit dem englischen Begriff „Backslash" bezeichnet.

Newline beginnt eine neue Zeile

Das **Newline-Zeichen** `\n` beginnt eine neue Zeile. Damit lässt sich ein Zeilenwechsel im Code explizit ansprechen:[5]

```
char newline = '\n';
```

Tab rückt zur nächsten Spalte vor

Das **Tabulatorzeichen** `\t` fügt Zwischenraum bis zur nächsten „Spaltenposition" ein, wenigstens aber ein Leerzeichen. Spaltenpositionen sind üblicherweise alle Vielfachen von 8. Damit lassen sich Tabellen produzieren, wenn auch nur etwas grob:

```
for(int x = 1;  x <= 5;  x++)
{
    System.out.print(x);
    System.out.print('\t');
    System.out.print(x*x);
    System.out.print('\n');
}
```

Die Schleife gibt diese Tabelle der Quadratzahlen aus:

```
1       1
2       4
3       9
4       16
5       25
```

Einfacher und zuverlässiger lässt sich das gleiche Ergebnis mit formatierten Ausgaben erzielen (Seite 49):

```
for(int x = 1;  x <= 5;  x++)
    System.out.prinf("%-8d%d%n", x, x*x);
```

Ersatzdarstellungen für Begrenzer

Die drei Ersatzdarstellungen `\"`, `\'` und `\\` werden gebraucht, wenn Gänsefüßchen, Hochkomma und Backslash selbst gemeint sind. Diese Zeichen werden damit von ihrer besonderen Funktion entbunden. Das folgende Codefragment gibt den Code des Hochkommazeichens aus:

```
int quote = '\'';
System.out.println(quote);          // gibt 39 aus
```

Interpretation außerhalb der Kontrolle von Java

Aus der Sicht von Java sind Kontrollzeichen gewöhnliche Zeichen, wie alle anderen auch. Ihre Rolle ist weder für den Java-Compiler noch für die JVM relevant. Ob und wie ein bestimmtes Ausgabegerät auf diese Zeichen reagiert, kann ein Programm nicht beeinflussen. Spaltenpositionen in 8er-Schritten sind zum Beispiel nicht mehr als eine Konvention, an die sich ein Gerät halten kann oder auch nicht.

---

[5] Die Schreibweise „`\u000A`" für Newline ist kein Ersatz für „`\n`" weil für den Compiler an dieser Stelle die Quelltextzeile selbst umgebrochen ist.

Bibliotheksmethoden für Zeichen

In der Klasse Character sind einige statische Methoden vordefiniert, die den Umgang mit Zeichen vereinfachen:

Hilfsmethoden für char

`boolean isLetter(char ch)`
: gibt Auskunft, ob ch ein Buchstabe ist (entsprechend isDigit für Ziffern).

`boolean isWhitespace(char ch)`
: gibt Auskunft, ob ch ein Zwischenraumzeichen ist.

`boolean isLowerCase(char ch)`
: gibt Auskunft, ob ch ein kleiner Buchstabe ist (entsprechend isUpperCase für große Buchstaben).

`char toLowerCase(char ch)`
: liefert den entsprechenden kleinen Buchstaben zu ch oder ch selbst, wenn es kein Buchstabe ist (entsprechend toUpperCase für große Buchstaben).

Die Methoden arbeiten im Unicode und klassifizieren zum Beispiel deutsche Umlaute korrekt als Buchstaben:

```
isLetter('ß') → true
```

Auch die Umwandlung zwischen kleinen und großen Buchstaben kommt mit nationalen Sonderzeichen zurecht:

```
toLowerCase('Ä') → 'ä'
```

5.2 Strings

Strings für Zeichenketten

Der Typ „String" steht für Folgen von Zeichen, also für Textstücke. String ist vordefiniert, wie int, double, boolean und char. Im Gegensatz zu diesen ist String aber ein Referenztyp und kein primitiver Typ.

String als Containertyp

Darüber hinaus ist String ein „Containertyp". Containertypen speichern Elemente anderer Typen, im Fall der Strings des Typs char. Die folgenden Merkmale kennzeichnen einen allgemeinen Containertyp:[6]

1. Die Elemente sind anonym, also nicht einzeln benannt.
2. Der Typ legt keine bestimmte Elementanzahl fest.

[6] Rational ist zum Beispiel kein Containertyp, weil die Elemente, Zähler und Nenner, einzeln benannt sind und jedes Rational-Objekte genau zwei Elemente enthält.

Einen String mit dem Wort „Java“ als Inhalt kann man sich folgendermaßen vorstellen:

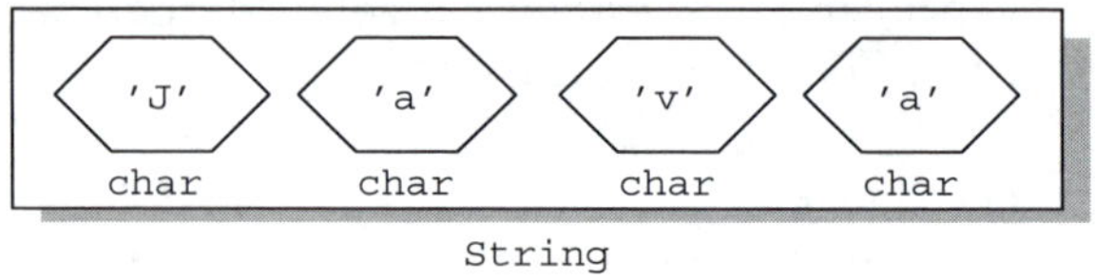

Stringliterale

String-Konstanten

Stringliterale, also Konstanten des Typs `String`, werden in Klartext geschrieben und mit Gänsefüßchen begrenzt, wie in den folgenden Beispielen:

```
"Java"
"Sun Microsystems, Inc."
" "
""
```

Zwischen den Begrenzern kann eine beliebige Zeichenfolge stehen, mit Einzelzeichen wörtlich, in hexadezimaler Schreibweise oder in Ersatzdarstellung. Hier einige weitere Beispiele:

```
"'a'"
"zwei-\nzeilig"
"M\u00FCnchen"
"Im Unicode ein \"alpha\": \u03B1"
```

Länge eines Strings

Jeder String enthält eine bestimmte Anzahl Zeichen, die als Länge des Strings bezeichnet wird. Die Strings der vorhergehenden Beispiele haben die Längen 4, 22, 1 und 0, dann 3, 12, 7 und 25.

`String` als Typ

String-variablen

Stringvariablen werden mit Typ und Namen definiert, wie alle Variablen. An Stringvariablen können Strings zugewiesen werden:

```
String text;
text = "Java";
```

Strings sind unveränderlich

`String` ist ein unveränderlicher Typ (Kapitel 4.10) mit Wertesemantik. Man kann also zum Beispiel keine Zeichen einfügen, austauschen oder entfernen.

Strings können mit dem Operator „+" konkateniert werden. Das Ergebnis ist ein neuer, dritter String mit dem Inhalt beider Operanden hintereinander. Die Operanden werden nicht verändert:

Verkettung mit +

```
"Java" + "compiler" → "Javacompiler"
```

„+" ist polymorph und kann Operanden der Typen `int`, `double` und `String` verknüpfen:

```
3 + 5 → 8
3.0 + 5.0 → 8.0
"3" + "5" → "35"
```

Die Anwendung von „+" mit Strings hat nichts mit Arithmetik zu tun, wie das vorhergehende Beispiel zeigt.

Elementzugriff

Auf die einzelnen Zeichen in einem String kann mit der Methode „`charAt`" zugegriffen werden. `charAt` erwartet als Parameter die Indexposition eines Zeichens. Das erste Zeichen hat den Index 0, das zweite den Index 1 und so weiter. Der Index des letzten Zeichens ist um eins niedriger als die Stringlänge.

Zugriff auf Zeichen im String

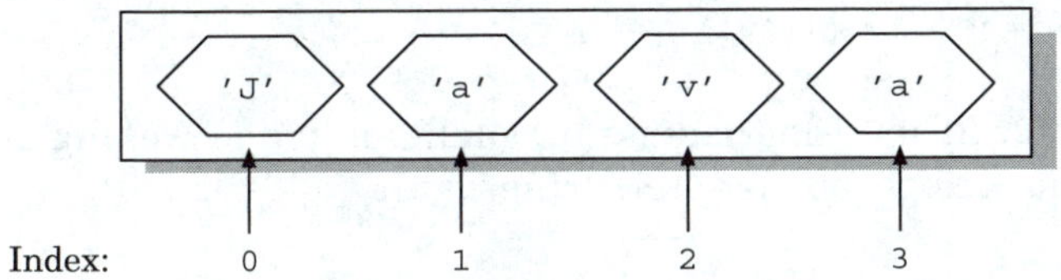

Ein Zugriff mit einem negativen Indexwert ist unzulässig und führt zum Programmabbruch. Das gleiche gilt für einen Indexwert gleich der Stringlänge oder darüber.[7]

```
String s = "Java";
char c;
c = s.charAt(1);                    // c = 'a'
c = s.charAt(-1);                   // Fehler
c = s.charAt(4);                    // Fehler
```

Die Methode `length()` liefert die Anzahl der Zeichen, das heißt die Länge eines Strings:

Abfrage der Stringlänge

```
String s = "Java";
int len = s.length();               // len = 4
```

[7] Der Zugriffsversuch wirft eine `IndexOutOfBoundsException`. Exceptions werden in Kapitel 9.2 diskutiert.

Die folgende Schleife gibt nacheinander alle Zeichen eines beliebigen Strings s aus:

```
for(int i = 0;  i < s.length();  i++)
    System.out.println(s.charAt(i));
```

Methoden für Strings

Die Klasse String definiert viele weitere Methoden zum bequemen Umgang mit Strings. Einige davon sollen hier vorgestellt werden.

Zwischenraum an den Enden kürzen

Die Methode trim schneidet führende und schließende Leerzeichen, Tabs und andere Zwischenraumzeichen weg und liefert den Rest als neuen String zurück. Zwischenraum im Inneren des Strings bleibt unberührt, wie im folgenden Beispiel:

```
"  Java compiler  ".trim() → "Java compiler"
```

Zeichen oder Teilstring suchen

Das erste Vorkommen eines gegebenen Zeichens sucht die Methode indexOf. Das Ergebnis ist der Index des gesuchten Zeichens oder -1, wenn es nicht vorkommt:

```
"Java compiler".indexOf('a') → 1
"Java compiler".indexOf('x') → -1
```

indexOf ist für Strings überladen und sucht dann den Anfang des ersten Vorkommens des gegebenen Teilstrings:

```
"Java compiler".indexOf("comp") → 5
"Java compiler".indexOf("Comp") → -1
```

Entsprechend sucht lastIndexOf das letzte Vorkommen eines gegebenen Zeichens oder Teilstrings.

Teilstring ausschneiden

Schließlich ist noch die Methode substring nützlich, die einen Teilstring herauskopiert. Argumente von substring sind der Index des ersten Zeichens und der Index des Zeichens nach dem letzten gewünschten Zeichen. Wenn der Schlussindex fehlt, gilt die Stringlänge:

```
"Java compiler".substring(2, 7) → "va co"
"Java compiler".substring(2) → "va compiler"
```

Besonderheiten der Klasse String

Sonderrolle des Typs String

String ist als Klasse in der Bibliothek definiert. Man könnte diese Klasse aber nicht selbst definieren, weil String in mancher Beziehung eine Sonderbehandlung erfährt.

Stringliterale in der Schreibweise "text" allokieren neue Objekte. Das ist eine der wenigen Situationen in Java, in denen Objekte ohne explizites new erzeugt werden.

Überladene Operatoren, wie + für Strings, können nicht neu definiert werden. + ist in Java der einzige Fall eines Operators für Referenztypen.

Bei der Konkatenation von Objekten anderer Typen mit Strings versucht der Java-Compiler, diese in Strings umzuwandeln. Bei primitiven Typen geschieht das über eine implizite Konversion, wie die folgenden Ausdrücke zeigen:

```
3 + "5" → "35"
"3" + 5 → "35"
"" + 5 → "5"
5 + "" → "5"
(1 == 1) + "true" → "truetrue"
```

Methode toString

Automatische Konversion in Strings mit toString

Bei der Verkettung von Objekten mit Strings ruft der Compiler automatisch die Methode toString mit folgendem Kopf auf, um ein Objekt in einen String zu konvertieren:

```
public String toString()
```

Was immer diese Methode liefert, wird mit dem String verkettet.[8]

Zum Beispiel könnte die Klasse Rational folgende Methode toString definieren:

```
class Rational
{
    public String toString()
    {
        return num + "/" + denom;
    }
    ...
}
```

8 Auf den Modifier public wird auf Seite 207 eingegangen.

Jetzt können Rational-Objekte mit Strings verknüpft werden:

```
Rational r = new Rational(3, 4);
System.out.println("The rational is " + r);
```

Das Programmfragment gibt aus „The rational is 3/4". Die gleiche Wirkung hat ein expliziter Aufruf von toString:

```
System.out.println("The rational is " + r.toString());
```

Vergleich von Strings

Inhaltlicher Vergleich von Strings

String ist eine Klasse, deshalb haben Strings Referenzsemantik. Der Vergleich von Strings mit == prüft nur die Identität von zwei Stringobjekten, aber nicht deren Inhalt (siehe Seite 166):[9]

```
"hello" == new String("hello") → false
```

Die Methode equals der Klasse String vergleicht zwei Strings inhaltlich. Anwendungen sind kaum je an Identitäten von Strings interessiert, sondern praktisch immer am Inhalt. Deshalb ist der String-Vergleich mit equals in aller Regel richtig und == meistens falsch.

Lexikographische Ordnung

Lexikographisch lassen sich Strings mit der Methode compareTo vergleichen (mehr zu dieser Methode auf Seite 372). compareTo liefert ein negatives Ergebnis, null oder ein positives Ergebnis, wenn das Zielobjekt alphabetisch vor dem Argument steht, gleich diesem ist oder nach dem Argument folgt:

```
"hello".compareTo("java") → -2
"hello".compareTo("hello") → 0
"hello".compareTo("compiler") → 5
```

Beachten Sie, dass zwar das Vorzeichen des Ergebnisses festliegt, aber nicht der Betrag.

[9] Die JVM optimiert den Platzbedarf und legt inhaltlich gleiche Strings bei Gelegenheit zusammen. Zulässig ist das wegen der Unveränderlichkeit von Stringobjekten. Der Vergleich gleich lautender Strings mit == liefert deshalb je nach Vorgeschichte der Operanden manchmal true, manchmal false.

Klasse `StringBuilder`

Wenn viele Strings aufgebaut und modifiziert werden, entstehen fortlaufend neue Stringobjekte als Zwischenergebnisse. Die Effizienz von Programmen kann wegen dieser Flut von temporären Stringobjekten unter Umständen spürbar leiden.

`StringBuilder` ≈ veränderliche Strings

Für solche Situationen ist die Klasse `StringBuilder` definiert. `StringBuilder` ist eine ganz normale Klasse und erfährt keine mit `String` vergleichbare Sonderbehandlung, lässt sich aber in vieler Hinsicht wie „veränderliche Strings" einsetzen.

Zwischen `String` und `StringBuilder` kann einfach konvertiert werden: Ein `StringBuilder`-Konstruktor akzeptiert Strings, die Methode `toString` liefert wieder einen String zurück:

Konversion zwischen `StringBuilder` und `String`

```
StringBuilder sb = new StringBuilder("Java");
String s = sb.toString();         // s = "Java"
```

Die wichtigsten Methoden von `StringBuilder` sind `append` und `insert`. Beide sind für alle Parametertypen überladen. `append` fügt eine Stringdarstellung des Parameters hinten an den `StringBuilder` an, `insert` schiebt sie an einer gegebenen Position ein. In beiden Fällen wird *kein neues* Objekt erzeugt, sondern das Zielobjekt modifiziert:

Methoden von `StringBuilder`

```
StringBuilder sb = new StringBuilder("Java");
sb.append("compiler");           // sb = "Javacompiler"
sb.insert(4, " ");               // sb = "Java compiler"
```

Entsprechend löscht `deleteCharAt` ein Zeichen im `StringBuilder`, `delete` mit zwei Indexpositionen nimmt einen gegebenen Teilstring heraus:

```
StringBuilder sb = new StringBuilder("Java compiler");
sb.deleteCharAt(4);               // sb = "Java compiler"
sb.delete(4, 7);                  // sb = "Javapiler"
```

Die übrigen Methoden von `StringBuilder` entsprechen weitgehend den `String`-Methoden.

Klasse `StringTokenizer`

Die Klasse `StringTokenizer` zerlegt einen String in Wörter, die als „***Tokens***" bezeichnet werden. Tokens sind mit einem oder mehreren Zwischenraumzeichen getrennt. Führender und schließender Zwischenraum wird ignoriert.

Zerlegen eines Strings in Token

StringTokenizer ist im Package java.util definiert (mehr über Packages finden Sie in Kapitel 6). Um StringTokenizer zu benutzen, reicht es für den Moment aus, an den Anfang eines Programms die Zeile

```
import java.util.*;
```

zu setzen.

Methoden von StringTokenizer

Zwei Methoden sind wichtig für den Umgang mit StringTokenizern:

`boolean hasMoreTokens()`
: gibt Auskunft, ob noch weitere Wörter gelesen werden können.

`String nextToken()`
: liefert das nächste Wort.

Im folgenden Beispiel werden die Wörter des Strings einzeln ausgegeben:

```
String text = "  A compiler transforms   \nsource\t \tcode.    ";
StringTokenizer st = new StringTokenizer(text);
while(st.hasMoreTokens())
    System.out.println(st.nextToken());
```

Die Ausgabe lautet:

```
A
compiler
transforms
source
code.
```

Wenn ein StringTokenizer am Ende des Strings angekommen ist, ist er verbraucht. Er kann nicht mehr zurückgesetzt und neu verwendet werden. Bei Bedarf wird einfach ein neuer StringTokenizer erzeugt.

Obwohl StringTokenizer eine recht simple Klasse ist, kann sie doch eine Menge mühsamer Arbeit ersparen. Mit überladenen Konstruktoren kann die Arbeitsweise von StringTokenizern angepasst werden. Zum Beispiel können andere Trennzeichen für Token festgelegt werden, wie im folgenden Beispiel Hochkommas und Gänsefüßchen:

```
StringTokenizer st = new StringTokenizer(text, "'\"");
```

5.3 Aufgaben

5a. Bruchrechner

Schreiben Sie ein Programm RatCalc, das mit Brüchen rechnet. Dazu brauchen Sie die Klasse Rational aus Kapitel 4.

Gehen Sie von folgendem Rahmenprogramm aus:

```
import java.io.*;

class RatCalc
{
    public static void main(String[] args) throws IOException
    {
        InputStreamReader isr = new InputStreamReader(System.in);
        BufferedReader input = new BufferedReader(isr);
        for(String line = input.readLine();
            line != null;
            line = input.readLine())
        {
            // process line
        }
    }
}
```

Der „Bruchrechner" liest zeilenweise Kommandos von der Konsole. Auf jeder Zeile steht genau eines der folgenden Kommandos:

n/d	Eingabe des Bruches $\frac{n}{d}$. Der Nenner darf nicht null sein. Der Bruchrechner merkt sich zu jedem Zeitpunkt zwei Brüche x und y. Dieses Kommando ersetzt erst $y \leftarrow x$ und dann $x \leftarrow \frac{n}{d}$.
n	ist äquivalent zum Kommando „$n/1$".
+	ersetzt $x \leftarrow (x + y)$.
–	ersetzt $x \leftarrow (y - x)$.
*	ersetzt $x \leftarrow x \cdot y$.
/	ersetzt $x \leftarrow \frac{y}{x}$. Dabei darf x nicht null sein.
+–	ersetzt $x \leftarrow -x$.

`//` ersetzt $x \leftarrow \frac{1}{x}$. Dabei darf x nicht null sein.

`s` ersetzt $x \leftarrow x^2$.

`x` beendet den Bruchrechner.

Nach jeder Eingabe werden x und y ausgegeben.

Probieren Sie den Bruchrechner mit der folgenden Eingabe aus:

```
1
6
-
//
x
```

Der Wert von x muss $-\frac{1}{5}$ sein.

5b. Kommentarzapper

Um den Umfang von Quelltext zu messen, werden manchmal Quelltextzeilen gezählt. Die Einheit dieser Größe ist *„lines of code"* (LOC) oder ein Vielfaches davon, wie kLOC für 1000 LOC. [10]

Natürlich lässt sich mit Kommentarzeilen die Codegröße problemlos in die Höhe treiben und damit zum Beispiel Produktivität vorgaukeln. Aus diesem Grund betrachtet man oft auch *„netto lines of code"* (NLOC), das heißt Codezeilen ohne Kommentare.

Schreiben Sie ein Programm `CommentX`, das Java-Quelltext einliest, alle Kommentare entfernt und den Rest wieder ausgibt.

Das Programm lässt sich am einfachsten als „Automat" implementieren. Ein Automat im Sinne der Informatik ist ein Mechanismus, der aus einer endlichen Menge von „Zuständen" besteht, zwischen denen gerichtete „Übergänge" verlaufen. Jeder Übergang ist mit einer Eingabe *E* und einer Ausgabe *A* versehen, die als Beschriftung „(*E*,*A*)" angegeben sind.

Der Automat befindet sich zu jedem Zeitpunkt in einem bestimmten Zustand. Immer wenn er ein Zeichen liest, sucht er den Übergang mit dem Eingabezeichen *E*, produziert die entsprechende Ausgabe *A* und folgt dem Übergang in einen neuen Zustand. Dort wartet er auf eine neue Eingabe.

[10] Über die Sinnhaftigkeit dieser Maßzahl soll hier nicht weiter diskutiert werden.

In der folgenden Skizze sind die vier Zustände mit 1, 2, 3 und 4 benannt. Der Automat startet im Zustand 1. Die Übergänge sind mit Ein- und Ausgaben beschriftet. Dabei stehen die Zeichen / und * für sich. ? steht für jedes andere Zeichen, für das kein expliziter Übergang existiert.

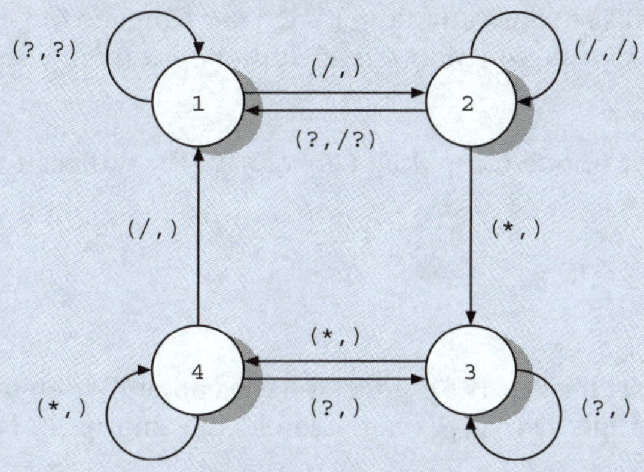

Beispielsweise wechselt der Automat aus dem Zustand 1 mit der Eingabe / in den Zustand 2 und gibt nichts aus, weil die Beschriftung „(/,)“ keine Ausgabe vorgibt. Mit der Eingabe x kehrt er dann aus dem Zustand 2 in den Zustand 1 zurück und gibt die beiden Zeichen / und x aus.

Das folgende Programm `Filter` liest die Eingabe zeichenweise und gibt sie unverändert wieder aus.

```
import java.io.*;

class Filter
{
    public static void main(String[] args) throws IOException
    {
        int c = System.in.read();           // erstes Zeichen lesen
        while(c >= 0)
        {
            // Zeichen verarbeiten
            System.out.print((char)c);      // Zeichen ausgeben
            c = System.in.read();           // nächstes Zeichen lesen
        }
        out.flush();
    }
}
```

Gehen Sie von diesem Programmrahmen aus und fügen Sie Ihren Code an der Stelle „Zeichen verarbeiten“ ein. Rufen Sie das Programm folgendermaßen auf:

```
java CommentX < CommentX.java
```

Statt „`CommentX.java`“ können Sie auch jede andere Quelltextdatei in das Programm füttern.

Erweitern Sie `CommentX` so, dass auch die Länge der Eingabe in LOC und NLOC ausgegeben wird. Zeilen lassen sich am abschließenden Newline-Zeichen erkennen.

Erweitern Sie `CommentX` noch einmal zu `CommentXDeluxe`, das auch Zeilenkommentare entfernt.

5c. Große Zahlen

Der primitive numerische Typ `int` eignet sich für ganze Zahlen mit bis zu etwa 10 Dezimalziffern Länge. Der Typ `long` erreicht bei knapp 20 Dezimalziffern seine Wertebereichsgrenze.

Entwickeln Sie eine Klasse `BigNum` zur Darstellung sehr großer Zahlen. (Die Laufzeitbibliothek enthält die Klasse `BigInteger`, die einem ähnlichen Zweck dient.) Ein `BigNum`-Objekt speichert die dezimale Darstellung einer Zahl in einem String.

Geben Sie der Klasse `BigNum` die folgenden Methoden:

`BigNum()`
: Default-Konstruktor für den Wert null.

`BigNum(int n)`
: Konstruktor für den Wert der `int`-Zahl `n`.

`BigNum(String s)`
: Konstruktor, der den Wert aus dem String `s` liest. `s` darf als erstes Zeichen + oder – enthalten, dann eine nicht-leere Folge von Dezimalziffern.

`BigNum(BigNum b)`
: Kopier-Konstruktor, der die Zahl `b` kopiert.

`public String toString()`
: liefert eine Textdarstellung der Zahl.

`BigNum add(BigNum b)`
: liefert die Summe dieser Zahl mit `b` in einem neuen `BigNum`-Objekt. Die Methode addiert Zahlen stellenweise nach dem Schema der schriftlichen Addition, wie es Grundschülern beigebracht wird.

`boolean isLessThan(BigNum b)`
gibt Auskunft, ob diese Zahl echt kleiner als die Zahl `b` ist.

Stellen Sie die Lösung der Aufgabe „Fibonacci-Zahlen" (Kapitel 3, Seite 98) komplett auf Ihre `BigNums` um und berechnen Sie die 100. Fibonacci-Zahl.

5d. Verschlüsselte Botschaft

Oft soll ein Klartext verschlüsselt werden, sodass sein Inhalt für einen zufälligen Betrachter nicht erkennbar ist. Mit Kenntnis eines Schlüssels lässt sich der verschlüsselte Text (Chiffre-Text) dann wieder in den Klartext zurückverwandeln.

Es gibt viele unterschiedliche Verschlüsselungsmethoden. Eine der einfachsten ist die Cäsar-Chiffrierung: Jeder Buchstabe im Klartext wird durch den Buchstaben ersetzt, der in einem bestimmten festen Abstand hinter dem Klartextbuchstaben im Alphabet steht. Nach dem „Z" wird das Alphabet zum Weiterzählen noch einmal wiederholt. Der Code für diese Chiffrierung ist der gewählte Abstand a, der im Intervall $(-26, 26)$ liegt. Verarbeiten Sie nur große Buchstaben und lassen Sie alle anderen Zeichen unverändert durch.

Ein Beispiel: Der Abstand sei $a = 2$. Jeder Klartextbuchstabe wird also durch den übernächsten Buchstaben im Alphabet ersetzt:

```
A B C D E F G H I J K L M N O P Q R S T U V W X Y Z
↓ ...
C D E F G H I J K L M N O P Q R S T U V W X Y Z A B
```

Es ergibt sich beispielsweise folgende Verschlüsselung:

```
ATTACK AT DAWN
CVVCEM CV FCYP
```

Schreiben Sie eine Klasse `Caesar`, die einen Verschlüssler repräsentiert. `Caesar` definiert die folgenden Methoden:

`Caesar(int offset)`
Konstruktor für einen neuen Verschlüssler mit dem Versatz `offset`.

`char encode(char c)`
verschlüsselt das Klartextzeichen `c` und liefert das entsprechende Chiffrezeichen zurück.

Schreiben Sie eine Anwendung `CaesarCoder`, die einen `Caesar`-Verschlüssler benutzt, um die Standard-Eingabe verschlüsselt auf die Standard-Ausgabe zu schreiben. Erstellen Sie eine Textdatei „`plain.txt`“ mit dem Inhalt „`ATTACK AT DAWN`“. Testen Sie Ihr Programm:

```
$ java CaesarCoder 2 < plain.txt
CVVCEM CV FCYP
```

Ihr Programm kann auch decodieren:

```
$ java CaesarCoder 2 < plain.txt > code.txt
$ java CaesarCoder -2 < code.txt
ATTACK AT DAWN
```

oder eleganter:

```
$ java CaesarCoder 2 < plain.txt | java CaesarCoder -2
ATTACK AT DAWN
```

Packages

6

ÜBERBLICK

Packages vereinfachen die Organisation größerer Programme, die aus vielen Klassen bestehen. Praktisch jede nicht-triviale Javasoftware nutzt Packages zur inneren Strukturierung und zur Anbindung an neuen Code.

- In 6.1 werden die Idee und die **Ziele von Packages** erläutert. Der Package-Mechanismus beruht zum Teil auf der Unterstützung des zugrunde liegenden Betriebssystems.
- Der **Umgang mit Packages** wird in 6.2 beschrieben. Das betrifft einerseits den Zugriff auf Klassen in anderen Packages wie auch die Einordnung von Klassen in Packages.
- Die **Zugriffsrechte** von Java unterstützen Packages. Einzelheiten werden in 6.3 diskutiert.
- Packages lassen sich in **Archivdateien** verpacken. Der Umgang mit Archivdateien und der Einsatz des `jar`-Tools wird in 6.4 behandelt.

6.1 Idee

Organisation von Bytecode

Die Bausteine eines Javaprogramms sind Klassen. Der Bytecode von Klassen steht in Bytecodedateien, eine pro Klasse.[1] Mit wachsender Größe eines Programms sammeln sich viele Klassendefinitionen an. Das führt zu Problemen:

- Die Orientierung wird schwieriger.
- Zwischen Klassen mit der gleichen Bezeichnung, aber unterschiedlichen Aufgaben drohen Namenskonflikte.
- Die Verwaltung von Teilmengen der Klassen wird unübersichtlich, zum Beispiel um sie zu kopieren oder in andere Projekte zu übertragen. Die Situation ist vergleichbar mit Dateien auf der Festplatte: Sie müssen organisiert werden, um größere Mengen mit vertretbarem Aufwand unter Kontrolle zu behalten.

[1] Per Konvention definiert man in einer Quelltextdatei nur eine einzige Klasse. Formal dürfen in einer Quelltextdatei eine einzige `public`-Klasse und beliebig viele andere Klassen definiert sein. Jede einzelne Klassendefinition wird vom Compiler in eine eigene Bytecodedatei übersetzt, unabhängig von der Aufteilung der Quelltextdateien.

Packages

Ein *„**Package**“* ist eine Sammlung mehrerer logisch zusammengehörender Klassen. Klassen mit gleichen Namen, aber in unterschiedlichen Packages kollidieren nicht. Das heißt, dass eine Klasse nur innerhalb des Packages eindeutig benannt sein muss. Auf Klassennamen in anderen Packages muss keine Rücksicht genommen werden.

Packages gruppieren zusammengehörenden Bytecode

Packages sind mit Java-Bezeichnern benannt, wie auch Klassen, Variablen, Parameter und so weiter. Üblicherweise wählt man englische Namen aus kleinen Buchstaben, wie zum Beispiel „`project51`“.

Benennung von Packages

Packages können geschachtelt werden. Ein Package kann untergeordnete Packages („Subpackages“) enthalten, dieses wieder untergeordnete Packages und so weiter. Jedes Package ist in höchstens *einem* übergeordneten Package enthalten. Packages bilden also eine Hierarchie, die man als Baumstruktur darstellen kann, wie zum Beispiel in Abbildung 6.1 skizziert.

Geschachtelte Packages

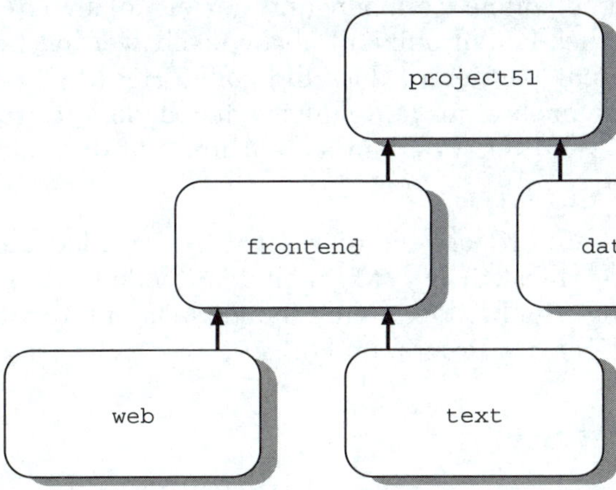

Abbildung 6.1: Geschachtelte Packages

Die Namen geschachtelter Packages werden mit Punkten getrennt. Im vorhergehenden Beispiel gibt es die folgenden Packages:

Ansprechen geschachtelter Packages

```
project51
project51.frontend
project51.frontend.web
project51.frontend.text
project51.datastore
```

Innerhalb eines Packages müssen Klassen, Interfaces und Subpackages eindeutig benannt sein. Im Package `project51.frontend` kann es zum Beispiel keine Klasse namens `web` geben, weil schon ein Subpackage mit diesem Namen existiert.

Jede Klasse ist Mitglied genau eines Packages.

Package-Hierarchie nur konzeptionell Die hierarchische Organisation von Packages täuscht, denn für Java sind die Verwandtschaftsbeziehungen zwischen allen Packages gleich. Die fünf Packages aus dem vorhergehenden Beispiel liegen also flach nebeneinander. Die beiden Packages `project51.frontend.web` und `project51.frontend.text` sind zum Beispiel nicht näher verwandt jedes von ihnen als mit `project51`.

Dynamisches Laden von Bytecode

Nachladen von Bytecode zur Laufzeit Beim Start eines Programms lädt die JVM nicht sofort alle Klassen, die von diesem Programm jemals benutzt werden könnten. Klassen werden vom laufenden Programm dynamisch, das heißt nach Bedarf („*on the fly*"), nachgeladen. Dieses Vorgehen ist effizient, weil Programme damit schneller starten und Klassen, die in einem konkreten Anwendungsfall nicht gebraucht werden, überhaupt nicht geladen werden.

Bytecode muss schnell gefunden werden Die JVM muss Bytecodedateien einfach und gezielt lokalisieren können, damit dynamisches Laden effizient abgewickelt werden kann. Es darf zum Beispiel nicht passieren, dass die ganze Harddisk oder gar Netzwerk-Filesysteme nach einer fehlenden Bytecodedatei durchsucht werden müssen, während das Programm steht und auf den fehlenden Code wartet.

Packageangabe legt Suchpfad fest Das Package, in dem eine Klasse definiert ist, legt den Pfad der Bytecodedatei im Filesystem fest.[2] Die JVM findet damit jede Bytecodedatei schnell und ohne lange Suche. Wenn eine Bytecodedatei nicht am festgelegten Ort liegt, bricht das Programm ab.

Abbildung ins Filesystem

Packages entsprechen Directories Eine Package-Hierarchie kann auf Directories im Filesystem abgebildet werden.[3] Geschachtelte Packages entsprechen geschachtelten Directories.[4] Die Klasse `Rational` des Packages `project51.datastore` liegt beispielsweise im Directory `project51`, dort im Subdirectory `datastore`, dort in der Bytecodedatei `Rational.class`.

---

2 Genauer gesagt: Das Package legt zusammen mit der `CLASSPATH`-Umgebungsvariablen die möglichen Orte fest, an denen die Bytecodedatei liegen kann.

3 Das ist nur eine Möglichkeit. Eine andere Möglichkeit sind Archivdateien, siehe Kapitel 6.4, Seite 208.

4 Aus technischer Sicht ergibt sich daraus eine etwas heikle Überlappung zwischen Java-Bezeichnern für Packages mit Betriebssystem-Namen für Directories. Das führt bei Betriebssystemen zu Problemen, in denen der Umgang mit Groß- und Kleinschreibung nicht ganz geradlinig ist, wie zum Beispiel in bestimmten Versionen von Microsoft Windows. Packagenamen sollte man deshalb vorsichtshalber nur aus kleinen Buchstaben und Dezimalziffern bilden.

Die Umgebungsvariable „`CLASSPATH`“ legt fest, wo der Anfang für den Directorybaum einer Package-Hierarchie liegt. Eine Umgebungsvariable ist im Betriebssystem definiert und liegt außerhalb der Kontrolle der JVM. Umgebungsvariablen wurden bereits zur Vorgabe von Eingabewerten (Seite 51) benutzt.

CLASSPATH = Startpunkt für Packagepfad

Der komplette Pfadname für eine Bytecodedatei setzt sich aus dem Wert der Umgebungsvariablen `CLASSPATH`, dem Packagenamen und dem Klassennamen zusammen. Zum Beispiel ist die Klasse `Rational` Bestandteil des Packages `project51.datastore`. Weiter wird angenommen, dass die Umgebungsvariable `CLASSPATH` den Wert `/home/developer` hat:

Aufbau eines kompletten Pfadnamens

`/home/developer`	`CLASSPATH`
`project51.datastore`	Package
`Rational`	Klasse

Aus diesen drei Teilen konstruiert die JVM den folgenden Pfadnamen, unter dem die Bytecodedatei gesucht wird:

```
/home/developer/project51/datastore/Rational.class
```

`CLASSPATH` kann eine Liste mehrerer alternativer Startpunkte festlegen, die von der JVM nacheinander abgesucht werden. Die Suche endet mit dem ersten Treffer oder einem Misserfolg. Das Trennzeichen zwischen zwei Elementen im Wert von `CLASSPATH` ist wieder systemabhängig. In MS-Windows wird als Trennzeichen ein Semikolon benutzt, in Unix ein Doppelpunkt. `CLASSPATH` könnte auf einem Windows-System beispielsweise so definiert sein:

Mehrere Startpunkte

```
.;C:\Userdata\Developers;E:\temp;C:\My Files
```

Der einzelne Punkt steht für das aktuelle Arbeitsverzeichnis. Die Klasse `Rational` des Packages `project51.datastore` wird dann nacheinander in den folgenden Dateien gesucht:

```
.\project51\datastore\Rational.class
C:\Userdata\Developers\project51\datastore\Rational.class
E:\temp\project51\datastore\Rational.class
C:\My Files\project51\datastore\Rational.class
```

Die erste gefundene Datei wird benutzt.

Organisationsschema

Packages sollen den weiträumigen Austausch und die ungestörte Kombination von Bytecode aus ganz unterschiedlichen Quellen erlauben. Um Kollisionen von Packagenamen zu vermeiden, wurde ein weltweit

Konvention zur Benennung von Packages

einheitliches Benennungsschema vorgeschlagen, das sich an Internet-Domainnamen von Organisationen orientiert. Die einzelnen Komponenten eines Domainnamens werden von hinten nach vorne auf Packages und Subpackages abgebildet. Die „*Top level domain*" liefert also das oberste Package. Zum Beispiel ist der Domainname des Fachbereichs der Hochschule des Autors „`cs.fhm.edu`". Daraus ergibt sich der Packagepfad „`edu.fhm.cs`". Die weitere Aufteilung innerhalb einer Organisation bleibt dieser selbst überlassen. Die Javaprogramme aus diesem Buch könnten zum Beispiel im Subpackage „`edu.fhm.cs.rs.javabook`" eingeordnet werden.

Organisation von Standardklassen

Ausgenommen von diesem Organisationsschema sind Standardklassen, wie zum Beispiel `String`, die alle zum Package `java` gehören. Unter den Subpackages von `java` spielt `java.lang` eine Sonderrolle, denn sein Inhalt steht immer automatisch zur Verfügung. Alle anderen Packages müssen ausdrücklich angesprochen werden.

In der Java-Bibliothek finden sich weitere Packages, wie `org.w3c` und `org.xml`, die keine Standardklassen enthalten und deshalb wieder dem oben beschriebenen Benennungsschema folgen.

Kandidaten für künftige Standardklassen

Ein dritte Gruppe von Packages ist in der Laufzeitbibliothek unter `javax` gesammelt. Diese so genannten „*Java extensions*" sind Kandidaten für Standardklassen, die in einer zukünftigen Version möglicherweise in das Package `java` wandern, vorläufig aber noch unter `javax` organisiert sind.

6.2 Umgang mit Packages

Qualifizierte Namen

Zugriff auf fremde Packages

Ein Element eines bestimmten Packages (Klasse, Subpackage und weitere) kann mit einem „**qualifizierten Namen**" angesprochen werden. Ein qualifizierter Name besteht aus einem Package-Präfix und einem Java-Bezeichner. Das Trennzeichen zwischen allen Namenselementen ist der Punkt. Der qualifizierte Name der Klasse `Rational` im Package `project51.datastore` ist beispielsweise

```
project51.datastore.Rational
```

Qualifizierte Namen können überall im Quelltext benutzt werden, um gezielt und explizit auf Elemente anderer Packages zuzugreifen, wie zum Beispiel:

```
project51.datastore.Rational r =
        new project51.datastore.Rational(2, 3);
```

Die Syntax ähnelt dem Elementzugriff in Objekten. Ein Konstrukt der Gestalt „`a.b.c`" kann somit verschiedene Bedeutungen haben:

Syntax ähnelt Elementzugriff

- eine Klasse `c` im Package `a.b`
- ein Datenelement `c` im Datenelement `b` des Objektes `a`
- ein statisches Datenelement `c` der Klasse `b` im Package `a`

Der Compiler erkennt die jeweils zutreffende Bedeutung aus dem Kontext.

import-Klausel

Obwohl qualifizierte Namen die Arbeit mit Elementen über Packagegrenzen hinweg erlauben, ist ihr breiter Einsatz doch schreibaufwändig und mühsam. Bequemer können Elemente aus fremden Packages mit „`import`-**Klauseln**" zugänglich gemacht werden. Eine `import`-Klausel hat die Form

Ersatz für qualifizierte Namen

```
import packagepath.classname;
```

wobei *`packagepath`* ein beliebig langer Package-Pfad sein darf. Mit dieser `import`-Klausel kann die Klasse *`classname`* aus dem fremden Package im Rest der Quelltextdatei ohne Packageangabe benutzt werden, so als wäre sie im eigenen Package definiert:

```
import project51.datastore.Rational;
...
Rational p = new Rational(2, 3);
```

Eine `import`-Klausel steht am Anfang des Programms, noch vor der Klassendefinition. Mehrere aufeinander folgende `import`-Klauseln für verschiedene Packages sind zulässig. Ihre Reihenfolge ist ohne Bedeutung.

`import`-Klausel am Programmanfang

Eine `import`-Klausel wird vom Compiler ausgewertet und nicht zur Laufzeit ausgeführt. Man spricht deshalb von einer „Klausel" und nicht von einer „Anweisung".

Compiler wertet Klauseln aus

Um alle Klassen aus einem bestimmten Package auf einmal zu importieren, kann ein Stern („*") als Jokerzeichen benutzt werden:[5]

Import eines kompletten Packages

[5] Der Stern erinnert an das entsprechende Wildcardzeichen, das von den meisten Betriebssystemen in Mustern für Dateinamen benutzt wird. Das ist aber nicht mehr als eine Gedächtnisstütze, denn das Betriebssystem sieht die `import`-Klauseln nicht.

```
import packagepath.*;
```

Das Jokerzeichen schließt keine Subpackages ein. Diese müssen gegebenenfalls explizit und einzeln ebenfalls importiert werden.

package-Klausel

Packagezuordnung der eigenen Klasse

Mit `import`-Klauseln wird der Zugriff aus dem eigenen Package auf Elemente anderer Packages geregelt. Das Gegenstück dazu, die „`package`-**Klausel**", legt die Packagezugehörigkeit der eigenen Quelltextdatei fest. Eine `package`-Klausel hat die Syntax

```
package packagepath;
```

Sie beginnt mit dem Schlüsselwort „`package`", gefolgt von einer Packageangabe *`packagepath`*, wie zum Beispiel:

```
package project51.datastore;

class Rational {...}
```

package-Klausel vor import-Klauseln

In einer Quelltextdatei ist nur eine einzige `package`-Klausel zulässig. Diese muss, abgesehen von Kommentaren, in einer Quelltextdatei als Erstes genannt werden, also noch vor `import`-Klauseln. Allgemein ist eine Quelltextdatei folgendermaßen aufgebaut:

```
packageclause
importclause
importclause
...
definition
definition
...
```

Quelltext- und Bytecode-directory

Zusätzlich muss die Quelltextdatei in einem Subdirectory entsprechend zur `package`-Klausel abgespeichert sein. Der Compiler wird von der Wurzel des Directorybaumes der Package-Hierarchie aus aufgerufen. Wenn die Quelltextdatei `Rational.java` zum Beispiel im Package `project51.datastore` liegt, wird der Compiler im Directory über `project51` aufgerufen:

```
$ javac project51/datastore/Rational.java
```

Der Bytecode wird vom Compiler wieder im Subdirectory `project51/datastore` abgelegt.

Default-Package

In früheren Beispielprogrammen wurden überhaupt keine `package`-Klauseln benutzt. In diesem Fall liegt die Klassendefinition im so genannten **Default-Package** (auch „anonymes Package“).

Package bei fehlender package-Klausel

Das Default-Package ist einem Directory des `CLASSPATH` ohne Fortsetzung zugeordnet. Elemente des Default-Packages können von anderen Packages nicht importiert werden, weil ohne Namen keine `import`-Klausel formuliert werden kann.

Namenskollisionen

In verschiedenen Packages können die gleichen Namen definiert sein.

Wenn im eigenen Package der gleiche Name wie in einem fremden Package definiert ist, hat die Definition im eigenen Package automatisch Vorrang.

Eigenes Package vor fremdem Package

Im folgenden Beispiel gibt es zwei verschiedene Klassen `X`, eine im eigenen Package `a` und eine weitere im fremden Package `b`. Der Modifier „`public`“ wird in Abschnitt 6.3 erklärt.

Datei `a/X.java`:

```
package a;
public class X {...}
```

Datei `b/X.java`:

```
package b;
public class X {...}
```

Datei `a/Main.java`:

```
package a;
import b.*;
class Main
{
    new X();          // ok - a.X
    new b.X();        // ok
}
```

Die `import`-Klausel wird vom Compiler nicht gebraucht, weil die Klasse `X` aus dem eigenen Package benutzt wird und eine andere Klasse `X` überhaupt nicht mehr gesucht wird.

Wenn konkurrierende Definitionen des gleichen Namens in verschiedenen fremden Packages gefunden werden, braucht der Compiler zusätzlich Informationen zur eindeutigen Auswahl einer Definition. Trotz `import`-Klauseln müssen in diesem Fall wieder qualifizierte Namen benutzt werden, um Mehrdeutigkeiten aufzulösen.

Mehrere fremde Packages konkurrieren

Im folgenden Beispiel gibt es wieder zwei verschiedene Klassen `X`, eine im Package `b` und eine zweite im Package `c`:

Datei `b/X.java`:

```
package b;
public class X {...}
```

Datei `c/X.java`:

```
package c;
public class X {...}
```

Datei `a/Main.java`:

```
package a;
import b.*;
import c.*;
class Main
{
    new X();        // Fehler - mehrdeutig: b.X oder c.X?
    new b.X();      // ok
    new c.X();      // ok
}
```

Die `import`-Klauseln in `Main.java` sind in Ordnung. Der Fehler liegt in der Benutzung des unqualifizierten Namens `X`, der für den Compiler angesichts der `import`-Klauseln zu zwei gleichrangigen und damit mehrdeutigen Fundstellen von `X` führt.

`import`-Klauseln geben dem Compiler Hinweise, wo fehlende Namen definiert sein können, falls er sie sucht.

Statische import-Klausel

Die oben beschriebene Form der `import`-Klausel macht für den Compiler die Namen von Klassen[6] aus dem angegebenen Package verfügbar. Eine „statische `import`-Klausel" ist eine zweite Art von Importklausel die ein statisches Element aus einer Klasse eines anderen Packages zur Verfügung stellt. Sie hat die Form:

```
import static packagepath.classname.identifier;
```

`identifier` kann dabei entweder eine statische Methode oder ein statisches Datenelement der Klasse *`classname`* bezeichnen. Zum Beispiel gibt das folgende Beispielprogramm den Sinus von 45° aus:

```
import static java.lang.Math.sin;
import static java.lang.Math.PI;
import static java.lang.System.out;
```

6 Auch Interfaces (siehe Kapitel 8.1, Seite 224) werden in diesem Zusammenhang wie Klassen behandelt.

```
class Sin
{
    public static void main(String[] args)
    {
        out.println(sin(PI/4));
    }
}
```

Mit dem Jokerzeichen * können alle statischen Elemente einer Klasse, ob Methoden oder Datenelemente, gemeinsam angebunden werden:

```
import static packagepath.classname.*;
```

Das vorhergehende Beispiel lässt sich etwas abkürzen:

```
import static java.lang.Math.*;
import static java.lang.System.*;

class Sin
{...}
```

Eine statische `import`-Klausel ist sinnvoll, wenn wiederholt statische Elemente aus derselben fremden Klasse gebraucht werden.

6.3 Zugriffsschutz

Im Zusammenhang mit der Datenkapselung (Seite 146) wurde der Zugriffsschutz-Modifier `private` eingeführt, mit dem Datenelemente und Methoden vor dem Zugriff von außerhalb der eigenen Klasse geschützt werden.

Zugriffsschutz „Package"

Für die meisten Elemente in Klassen wurde bisher überhaupt kein Zugriffsschutz genannt. Diese voreingestellte Stufe wird als Default-Zugriffsschutz oder **„Package-Zugriffsschutz"** bezeichnet. Package-Zugriffsschutz erlaubt den Zugriff aus allen Klassen im eigenen Package, aber nicht aus fremden Packages. Ein Schlüsselwort gibt es nicht dafür.[7]

`public` erlaubt freien Zugriff

Die dritte Stufe des Zugriffsschutzes wird mit dem Modifier `public` ausgewiesen. `public` erlaubt den freien Zugriff ohne Beschränkung, also über alle Packages hinweg.

Regeln zur Dosierung des Zugriffsschutzes

Im Allgemeinen sollte man den Zugriffsschutz so restriktiv wie möglich halten, um unerwünschte Abhängigkeiten und Zugriffe zu unterbinden. Die drei Ebenen des Zugriffsschutzes kann man nach den folgenden Faustregeln zuweisen:

---

7 Das Schlüsselwort „`package`" wird in der Packageklausel verwendet und hat dort eine andere Bedeutung.

- Zunächst sind alle Definitionen mit dem Modifier `private` geschützt.
- Eine Entwicklungseinheit besteht selten nur aus einer einzigen Klasse, sondern meistens aus vielen Klassen, die in einem Package organisiert sind. Alle Leistungen, die diese Klassen untereinander bieten und nutzen, haben Package-Zugriffsschutz, werden also ohne weitere Angabe definiert.
- Alle Bestandteile eines Packages, die nach außen angeboten werden und zur allgemeinen Verfügung stehen, werden mit dem Modifier `public` freigegeben. Im Allgemeinen geht dieser Leistungsumfang aus der Anforderungsanalyse hervor, die am Beginn der Entwicklung zusammen mit dem Kunden durchgeführt wurde.

Die vierte Stufe „`protected`" ist erst im Zusammenhang mit Vererbung sinnvoll (siehe Seite 245).

6.4 Archivdateien

jar-Archivdateien speichern Package-Hierarchie

Archivdateien sind eine alternative Organisationsform für Packages, neben Directories im Filesystem. Das primäre Archivformat heißt „**Jar**" (kurz für „*java archive*", [1]), die entsprechenden Archivdateien werden als „Jar-Files" bezeichnet und haben in der Regel die Extension „`.jar`".

Aus technischer Sicht sind Jar-Files nichts anderes als Zip-Files[8], die zusätzliche Informationen in einem genau definierten Format (siehe Seite 210) enthalten.

Archivdateien haben Vorteile im Vergleich mit Directories:

- Sie sind leicht zusammenzuhalten, einzelne Bestandteile gehen nicht verloren.
- Ihre Kompression sorgt für effiziente Übertragung, besonders über langsame Medien, wie zum Beispiel Internetverbindungen.
- Sie können digital signiert werden und andere beschreibende Informationen enthalten.

Dem steht höherer Aufwand zum Zugriff auf den Inhalt gegenüber.

[8] Das Zip-Format ist ein lange etabliertes und populäres Archivformat, das besonders im Internet sehr verbreitet ist.

Packagezugriff in Archivdateien

Auch innerhalb von Jar-Files bleibt die Package-Hierarchie unverändert erhalten. Die JVM findet Klassen auch in Jar-Files und lädt sie daraus dynamisch nach.[9] Jar-Files können als Komponenten des `CLASSPATH` genannt werden und werden dann als gleichwertige Eintrittspunkte für die Suche nach Bytecode behandelt:

```
CLASSPATH=/somewhere/project51.jar
```

Jar-Files speichern alle Dateitypen

Jar-Files können nicht nur Bytecodedateien aufnehmen, sondern Dateien jeder Art. Die JVM kann aber beispielsweise mit Quelltexten nichts anfangen.

jar-Tool

Werkzeug `jar` zur Verwaltung von Archivdateien

Das Java2 SDK von Sun Microsystems, Inc., wird mit dem Kommandozeilenwerkzeug `jar` zur Bearbeitung von Jar-Files geliefert.[10] Die wichtigsten Aufgaben lassen sich mit `jar` erledigen:

Erzeugen (`c` = *create*)
: Bytecodedateien werden mit dem folgenden Kommando in ein Jar-File verpackt. Wenn das Jar-File schon vorher existiert, wird es kommentarlos überschrieben.

```
jar cvf Jar-File bytecodefile bytecodefile ...
```

In der Liste der Bytecodedateien können Jokerzeichen verwendet werden. Directories werden rekursiv eingepackt, das heißt mit dem gesamten Inhalt einschließlich Subdirectories.

Inhalt auflisten (`t` = *table of contents*)
: Eine Liste der enthaltenen Dateien liefert

```
jar tvf Jar-File
```

Auspacken (`x` = *extract*)
: Das nachstehende Kommando packt den Inhalt eines Jar-Files in einzelne Bytecodedateien aus und erzeugt dabei Directories nach Bedarf. Eventuell bereits existierende Dateien werden kommentarlos überschrieben.

```
jar xvf Jar-File
```

[9] Die Expansion der komprimierten Dateien wird „*on the fly*“ abgewickelt.

[10] `jar` ist in seiner Bedienung dem Unixwerkzeug „`tar`“ nachempfunden, das zwar schon sehr alt und etwas eigenwillig ist, aber heute weiterhin eingesetzt wird und den „*test of time*“ bestanden hat.

Einzelne Dateien lassen sich mit expliziten Angaben gezielt extrahieren:

```
jar xvf Jar-File bytecodefile bytecodefile ...
```

Beim Aufruf ohne Parameter wird eine kurze Bedienungsanleitung ausgegeben.

Applikation aus einem Archiv starten

Metainformation in Archivdateien

Jedes Jar-File enthält in der Datei `META-INF/MANIFEST.MF` einige Metainformationen, das heißt Informationen über das Jar-File selbst. `MANIFEST.MF` ist eine Textdatei mit einem einfachen Aufbau. Jede Zeile definiert eine Eigenschaft *name* mit dem Wert *value* in der folgenden Form:

```
name: value
```

Diese Manifestdatei wird beim Erzeugen eines neuen Jar-Files automatisch angelegt, enthält aber zunächst nur zwei Standardeinträge.

Verweis auf main-Methode

Ein zusätzlicher Eintrag mit dem Namen „`Main-Class`" legt fest, in welcher Klasse die `main`-Methode definiert ist, mit der das Programm gestartet werden kann. Dieser Eintrag wird nicht automatisch erzeugt.

Als Beispiel soll das Programm `Sum` (Seite 6) dienen. Erstellen Sie zunächst mit einem Texteditor eine neue Textdatei, zum Beispiel `temp.txt`, die nur eine einzige Zeile mit dem folgenden Inhalt enthält:

```
Main-Class: Sum
```

Start eines Programms aus einer Archivdatei

Das folgende Kommando erzeugt ein neues Jar-File mit dem Bytecode `Sum.class` und einer automatisch generierten Manifestdatei, die um den Inhalt der Textdatei `temp.txt` erweitert ist:

```
$ jar cvfm sum.jar temp.txt Sum.class
```

Das Programm kann nun, ohne Auspacken, direkt aus dem Jar-File heraus gestartet werden:

```
$ java -jar sum.jar
10
```

6.5 Aufgaben

6a. Organisation der Aufgaben

Bauen Sie eine Package-Hierarchie auf, die alle Ihre bisher erstellten Lösungen organisiert.

6b. Zip-Files

Benutzen Sie einen der populären Packer für das Zip-Dateiformat, um Jar-Dateien auszupacken, das Inhaltsverzeichnis aufzulisten und zu erzeugen.

Versuchen Sie auch den umgekehrten Weg und verarbeiten Sie Zip-Files mit dem `jar`-Tool.

6c. Programmstart aus einem Jar-File

Verpacken Sie alle Dateien, die zum Bruchrechner (Seite 191) gehören, in ein Jar-File. Fügen Sie eine Manifestdatei ein, sodass der Bruchrechner direkt aus dem Jar-File gestartet werden kann, zum Beispiel mit dem Aufruf:

```
$ java -jar ratcalc.jar
```

Dokumentation

7

ÜBERBLICK

In Java kann Dokumentation in den Quelltext integriert werden. Das Werkzeug `javadoc` übersetzt entsprechend vorbereiteten Quelltext automatisch in HTML-Seiten, die mit jedem Webbrowser gelesen werden können. Die Konsistenz zwischen Code und Dokumentation wird auf diesem Weg mit minimalem Aufwand gewährleistet.

- In 7.1 wird der **Aufbau von Javadoc-Kommentaren** und die Anbindung an den Quelltext gezeigt.
- Abschnitt 7.2 beschreibt den Umgang mit dem **Werkzeug `javadoc`**, das als eine Art zweiter Compiler automatisch HTML-Seiten aus Javadoc-Kommentaren erzeugt.
- Schließlich wird in 7.3 die **generierte Dokumention** gezeigt, die sich mit einem beliebigen Webbrowser lesen lässt.

Konsistente Dokumentation aufwändig

In der Praxis erweist sich eine konsistente Dokumentation von Quelltext, das heißt eine Dokumentation, die zum aktuellen Stand des Quelltextes passt, als schwierig. Die Gründe dafür sind vielschichtig. Syntaxfehler müssen zum Beispiel korrigiert werden, sonst übersetzt der Compiler den Quelltext nicht. Daran führt selbst unter Zeitdruck kein Weg vorbei. Für Dokumentation gilt das nicht: Ein Programm funktioniert für den Moment problemlos, selbst ganz ohne Dokumentation. Die Versuchung ist allzu groß, sich mit vordergründig „wichtigeren“ Aufgaben zu beschäftigen als mit Dokumentation. Einen Beitrag zu diesem Problem leistet sicher die in den meisten Sprachen getrennte Verwaltung von Quelltext und Dokumentation in unterschiedlichen Dokumenten und oft auch Dokumentformaten.

Quelltext und Dokumentation kombiniert

Java hebt diese Trennung auf. Quelltext und Dokumentation sind in einer einzigen Datei verzahnt. Der Entwickler beschäftigt sich nur mit dieser einen Datei. Es fällt schon rein technisch leichter, Dokumentation zusammen mit dem Quelltext zu erstellen oder zu aktualisieren.

Dokumentation findet sich in **Doc-Kommentaren**, die fester Bestandteil von Java sind. Doc-Kommentare erweitern die Syntax normaler Blockkommentare:

```
/**
...
*/
```

Entscheidend ist der Anfang des Blockkommentars mit zwei Sternen.

7.1 Aufbau von Doc-Kommentaren

Doc-Kommentare werden nicht beliebig im Quelltext verstreut, sondern stehen vor den Definitionen der folgenden Bausteine:

- Klassen und Interfaces
- Methoden
- Datenelemente

Aufbau von Doc-Kommentaren

Jeder Doc-Kommentar beginnt mit `/**` und endet mit `*/`. Dazwischen stehen drei Abschnitte in fester Reihenfolge:

1. Eine Zusammenfassung in einem einzigen Satz mit einem Punkt am Ende,
2. eine ausführliche Beschreibung als längerer Text,
3. eine Liste von „Tags" (siehe nächster Abschnitt), die bestimmte Angaben beisteuern.

Beispiel für Doc-Kommentar

Das folgende Beispiel zeigt einen Doc-Kommentar zur Klasse `Rational`. Die Abschnitte sind zur Verdeutlichung mit Leerzeilen getrennt, obwohl das nicht erforderlich wäre. Der dritte Abschnitt (Tags) ist noch nicht im Einzelnen ausgeführt.

```
/**
A rational number.

This is an immutable class:
Once created, objects never change their value.
Rationals have two integer components,
a numerator and a denominator.
The denominator is strictly positive,
the numerator may have any integer value.

... Tags (siehe unten) ...
*/
class Rational {...}
```

Listing 7.1: Anfang des Doc-Kommentars zur Klasse `Rational`

Tags

Tags markieren Bestandteile von Doc-Kommentaren

Tags markieren Informationen mit einer bestimmten Bedeutung. Alle Tags bestehen aus einem @-Zeichen und einem Schlüsselwort. Nach jedem Tag folgt Klartext, dessen Bedeutung das vorangestellte Tag festlegt. Zum Beispiel markiert das Tag „`@author`“ den Autor einer Klasse und das Tag „`@version`“ die Quelltext-Version. Listing 7.2 (Seite 217) ergänzt Listing 7.1 um diese beiden Tags.

Tags stehen jeweils am Anfang einer neuen Zeile. Der Text zum Tag kann sich über mehrere Zeilen erstrecken. Er endet mit dem nächsten Tag oder mit dem ganzen Doc-Kommentar.

In Doc-Kommentaren werden Einrückung und Sterne am Zeilenanfang ignoriert. Damit können Doc-Kommentare mit Stern-Spalten, wie in Listing 7.2, optisch vom übrigen Quelltext abgesetzt werden.

Tags für Klassen, Interfaces und Methoden

Tags für Klassen, Interfaces, Methoden

Für Klassen und Interfaces sowie Methoden sind jeweils bestimmte Tags vorgesehen. Fehlende Tags führen zu Lücken in der Dokumentation, mit den entsprechenden Konsequenzen.

- Klassen und Interfaces

  `@author` *`text`*
  : *`text`* ist der Name des Autors. Dieses Tag wird für jeden Autor wiederholt.

  `@version` *`text`*
  : *`text`* beschreibt die Version des Quelltextes. Dabei ist kein bestimmtes Format vorgeschrieben. Oft wird diese Angabe von Quelltext-Verwaltungswerkzeugen automatisch eingefügt.

- Methoden

  `@param` *`name text`*
  : *`text`* beschreibt die Bedeutung des Parameters mit dem Namen *`name`*. Dabei müssen insbesondere die zulässigen Werte des Parameters klargestellt werden. Der Typ des Parameters wird nicht genannt. Das Tag wird für jeden einzelnen Parameter wiederholt. Die Reihenfolge der Parameter in der Parameterliste muss mit der Reihenfolge der Tags im Doc-Kommentar übereinstimmen.

`@return` *`text`*
: *`text`* beschreibt das Methodenergebnis. Dabei sollte zum Beispiel insbesondere auf Fluchtwerte eingegangen werden, die kein reguläres Ergebnis widerspiegeln. Der Ergebnistyp wird nicht angegeben. Bei `void`-Methoden und Konstruktoren fehlt dieses Tag, bei den übrigen Methoden wird es einmal genannt.

`@throws` *`exceptionclass text`*
: Exceptions werden in Kapitel 9.2 beschrieben. *`text`* beschreibt die Umstände, die zu einer Exception vom Typ *`exceptionclass`* führen. Dieses Tag wird für jedes Element der Exceptionsignatur wiederholt.

- Datenelemente — keine Tags.

Beispiele

Das folgende Beispiel zeigt einen Doc-Kommentar zur Klasse `Rational`:

```
/** A rational number.
  *
  * This is an immutable class:
  * Once created, objects never change their value.
  * Rationals have two integer components,
  * numerator and denominator.
  * The denominator is strictly positive,
  * the numerator may have any integer value.
  *
  * @author R. Schiedermeier
  * @version 1.0
  */
class Rational {...}
```

Listing 7.2: Doc-Kommentar zur Klasse `Rational`

Der folgende Doc-Kommentar dokumentiert einen Custom-Konstruktor von `Rational`:

```
/** Custom constructor accepting separate values for numerator
  * and denominator.
  *
  * If d is negative, the signs of both n and d are flipped.
  *
  * @param n The numerator of the new rational.
  * Any integer value is ok.
  * @param d The denominator of the new rational. Must not be zero.
  * @throws RationalException The denominator is zero.
  */
Rational(int n, int d) ...
```

Stellvertretend für andere Methoden der Klasse `Rational` hier der Doc-Kommentar der Additionsmethode.[1]

```
/** Calculates the sum of this rational and another rational r.
  *
  * Neither this object, nor r are modified (value semantics).
  * The sum is stored and returned in a new rational object.
  *
  * @param r Another rational number. Must not be null.
  * @return A new rational number containing the sum of r
  * and this rational number.
  * @throws NullPointerException The other rational number is null.
  */
Rational add(Rational r) ...
```

Schließlich die Doc-Kommentare zu Datenelementen:

```
/** The numerator of this rational. No restrictions. */
private final int num;

/** The denominator of this rational. Always strictly positive. */
private final int denom;
```

7.2 javadoc-Compiler

Dokumentationscompiler wertet Doc-Kommentare aus

Der Java-Compiler `javac` übersetzt Java-Quelltext in Bytecode. Derselbe Quelltext wird vom **Dokumentationscompiler** `javadoc` in Dokumentation im HTML-Format übersetzt. `javadoc` ist nichts anderes als ein zweiter Compiler, der eine andere Art von „Code" produziert, nämlich HTML statt Bytecode. Die generierten HTML-Seiten lassen sich mit einem Webbrowser lesen.

Der normale Java-Compiler `javac` sieht Doc-Kommentare als Blockkommentare. Er blendet sie, ebenso wie Zeilenkommentare, aus und verarbeitet nur den Rest. `javadoc` wertet dagegen die Doc-Kommentare und Teile des Codes aus, aber weder normale Blockkommentare noch Zeilenkommentare.

Anwendung mit javadoc

`javadoc` ist ein Kommandozeilenwerkzeug, wie der Compiler `javac` oder die JVM `java`. Beim Aufruf werden die Java-Quelltextdateien angegeben, für die Dokumentation generiert werden soll. Der Ablauf von `javadoc` lässt sich mit Schaltern genauer steuern. Einige häufig gebrauchte Schalter zeigt die folgende Liste:

---

1 Ein Doc-Kommentar wird aus dem Blickwinkel einer Methode heraus verfasst, die mit einem bestimmten Zielobjekt aufgerufen wird. Deshalb kann vom Zielobjekt als „diesem Objekt" gesprochen werden. Bei statischen Methoden trifft das natürlich nicht zu.

`-d path` Alle generierten HTML-Dateien werden in das Directory `path` geschrieben. In der Voreinstellung wird das aktuelle Arbeitsverzeichnis benutzt.

`-public` Nur `public`-Elemente werden in die Dokumentation aufgenommen, alle anderen werden ausgeblendet. Entsprechend legen die Schalter `-protected`, `-package` und `-private` fest, bis zu welcher Zugriffsschutzebene Dokumentation generiert wird. Mit `-private` wird alles erfasst. Die Voreinstellung ist `-protected`.

`-author` übernimmt das `@author`-Tag in die Dokumentation. In der Voreinstellung wird das Tag ignoriert.

`-version` übernimmt das `@version`-Tag. In der Voreinstellung wird das Tag ignoriert, ebenso wie `@author`.

`-help` gibt eine Liste der Schalter von `javadoc` aus, jeweils mit einer kurzen Beschreibung. Der Aufruf von `javadoc` ganz ohne Kommandozeilenargumente liefert die gleiche Liste.

7.3 Generierte HTML-Dokumentation

Aufbau der generierten Dokumentation

`javadoc` produziert einen Satz HTML-Dateien aus den Doc-Kommentaren. Für jede Klasse wird eine HTML-Seite erzeugt, dazu verschiedene Navigationsseiten. Abbildung 7.1 zeigt die erste Seite der generierten Dokumentation für die Klasse `Rational`.

Die mit dem Java-Entwicklungssystem gelieferte API-Dokumentation der Laufzeitbibliothek ist mit den gleichen Mitteln erstellt worden. Das einheitliche Layout erleichtert die Orientierung.

HTML-Tags in Doc-Kommentaren

Nachdem der Inhalt von Doc-Kommentaren wörtlich in die HTML-Dateien übernommen wird, kann man HTML-Tags benutzen. Dabei sollte aber im Auge behalten werden, dass man nur Textfragmente beisteuert, die von `javadoc` ungeprüft in größere, komplexe HTML-Seiten eingebettet werden. Fehlerhafte HTML-Fragmente führen zu defekten Dokumentationsseiten. Ein sinnvolles Beispiel ist etwa ein E-Mail-Link im `@author`-Tag:

```
/** ...
  * @author <a href=mailto:rs@cs.fhm.edu>R. Schiedermeier</a>
  * ...
  */
```

Package Class Tree Deprecated Index Help
PREV CLASS NEXT CLASS FRAMES NO FRAMES All Classes
SUMMARY: NESTED | FIELD | CONSTR | METHOD DETAIL: FIELD | CONSTR | METHOD

Class Rational

`java.lang.Object`
`└ Rational`

class **Rational**
extends Object

A rational number. This is an immutable class: Once created, objects never change their value. Rationals have two integer components, numerator and denominator. The denominator is strictly positive, the numerator may have any integer value.

Version:
1.0
Author:
R. Schiedermeier

Field Summary	
`private int`	`denom` The denominator of this rational.
`private int`	`num` The numerator of the rational.

Constructor Summary
`Rational()` Default constructor for the rational 1/1.
`Rational(int n)` Custom constructor accepting a value n for the numerator and giving the rational n/1.
`Rational(int n, int d)` Custom constructor accepting separate values for numerator and denominator.
`Rational(Rational r)` Copy constructor.

Method Summary	
`(package private) Rational`	`add(Rational r)` Calculates the sum of this rational and another rational r.
`(package private) Rational`	`div(Rational r)` Calculates the quotient of this rational and another rational r.

Abbildung 7.1: Auszug aus generierter HTML-Dokumentation

7.4 Aufgaben

7a. Dokumentation früherer Lösungen

Statten Sie Ihre bisher erstellten Lösungen mit Javadokumentation aus, insbesondere die Lösungen zu den Aufgaben von Kapitel 4.

Im Internet finden Sie verschiedene Werkzeuge, die einen Teil der mühsamen Arbeit automatisieren. Ein Beispiel ist der Quelltext-Formatierer „Jalopy", der unter anderem auch Rahmen für Javadokumentation in bestehenden Quelltext einfügt. Den Textinhalt selbst kann natürlich kein Werkzeug generieren.

7b. Anbinden der Dokumentation der Laufzeitbibliothek

`javadoc` erzeugt Dokumentation für einen Satz von Quelltextdateien und verknüpft die generierten Seiten untereinander mit HTML-Links.

Klassen der Laufzeitbibliothek, wie zum Beispiel `String`, sind in eigenen HTML-Seiten dokumentiert, die in der Regel zusammen mit dem Rest des Java2 SDK installiert wurden.

Unter den zahllosen Kommandozeilenschaltern von `javadoc` findet sich auch der Schalter `-link`. Mit diesem kann die neu generierte Dokumentation der eigenen Klassen mit der vorhandenen Dokumentation der Standardklassen durch Links verknüpft werden. Rufen Sie `javadoc` mit den zusätzlichen Argumenten

```
-link path
```

auf, wobei *`path`* der absolute Pfad des Directories `api` in der Installation des Java2 SDK ist. Auf einem Windowssystem könnte das beispielsweise der Pfad `c:\jdk1.5.0\docs\\api` sein, auf einem Unixsystem `/usr/jdk1.5.0/docs/api`.

7c. Verifizieren der Dokumentation

Sun Microsystems, Inc., bietet die Erweiterung `DocCheck` von `javadoc` an, mit der keine neue Dokumentation erzeugt wird, sondern bestehende Doc-Kommentare überprüft werden können.

Benutzen Sie `DocCheck`, um die in Aufgabe 7a geschriebene Dokumentation auf Vollständigkeit zu überprüfen.

Vererbung

8

ÜBERBLICK

Vererbung ist ein sehr mächtiges Sprachmittel, das besonders die Konstruktion großer Programme vereinfacht. Während sich der Nutzen von Klassen ohne Vererbung im Wesentlichen auf die Datenkapselung beschränkt, spielen Klassen ihr ganzes Potenzial erst im Zusammenhang mit der Vererbung aus. Mit Vererbung kann von den Einzelheiten ähnlicher, aber unterschiedlicher Klassen abstrahiert werden, sodass Objekte verwandter Klassen austauschbar werden.

- In 8.1 werden **Interfaces** eingeführt, die von einer konkreten Implementierung abstrahieren und nur eine öffentliche Schnittstelle festlegen.
- In 8.2 wird gezeigt, wie unterschiedliche Klassen das gleiche **Interface implementieren** können. Als Typ wird nur das Interface verwendet, die tatsächlichen Objektklassen lassen sich weitgehend ignorieren.
- Neben dem Implementieren von Interfaces können auch **konkrete Klassen voneinander erben**. In 8.3 wird diskutiert, wie sich damit vorhandene Klassen erweitern oder modifizieren lassen.
- Ein in der Praxis oft gebrauchter Mittelweg zwischen Interfaces und konkreten Basisklassen sind die **abstrakten Basisklassen,** die in 8.4 beschrieben werden.
- Bei der Vererbung kommt dynamisches Binden zum Tragen, das heißt die automatische Auswertung des tatsächlichen Objekttyps zur Laufzeit. Diese **dynamische Typinformation** kann auch explizit benutzt werden, wie in 8.5 gezeigt wird.
- Jede Klasse erbt automatisch von der **Basisklasse `Object`**, die in 8.6 vorgestellt wird. Daraus ergeben sich generelle Eigenschaften aller Javaklassen.
- Schließlich sind in 8.7 einige **Faustregeln** zum sinnvollen Umgang mit Vererbung zusammengestellt.

8.1 Interfaces

Schnittstellen trennen öffentliche von interner Information

Die Datenkapselung beruht auf der Trennung von Schnittstelle und Implementierung (siehe Seite 150). Die Schnittstelle umfasst alle Informationen, die ein Anwender der Klasse braucht. Die Implementierung ist der Rest, das heißt die internen, nach außen nicht sichtbaren Daten und Methoden.

Plakativ ausgedrückt beschreibt die Schnittstelle, *was* eine Klasse leistet. Die Implementierung legt fest, *wie* sie das anstellt.

Definition eines Interfaces

Ein **Interface** ist ein Java-Sprachmittel, mit dem eine isolierte Schnittstelle ohne Implementierung formuliert werden kann. Ein Interface enthält nur die Köpfe von `public`-Methoden. Dagegen fehlen …

Interfaces definieren Köpfe von `public`-Methoden

- die Rümpfe der `public`-Methoden,
- andere als `public`-Methoden,
- Konstruktoren (siehe Seite 231) und
- Datenelemente (mit einer Ausnahme, siehe Seite 240).

Äußerlich ähnelt die Definition eines Interfaces einer Klassendefinition. Statt des reservierten Wortes „`class`" beginnt eine Interfacedefinition mit „`interface`". Der Name eines Interfaces muss auf Package-Ebene eindeutig sein und ist nach den gleichen Regeln wie ein Klassenname aufgebaut. Nach den Methodenköpfen folgt jeweils ein Semikolon anstelle des Rumpfes:

Definitionssyntax für Interfaces

```
interface interfacename
{
    public void method();    // kein Rumpf
    ...
}
```

Ebenso wie Klassen sind Interfaces Typen von Java.

Beispiel: komplexe Zahlen

Als Beispiel dienen komplexe Zahlen. Erschrecken Sie nicht, wenn Sie mit komplexen Zahlen nicht vertraut sind. Für die Zwecke dieser Diskussion reicht es vollkommen aus, wenn Sie sich komplexe Zahlen als Punkte in einer Koordinatenebene vorstellen, der so genannten „komplexen Zahlenebene". Die Achsen werden als „reelle Achse" (Abszisse, quer) und „imaginäre Achse" (Ordinate, senkrecht) bezeichnet. Jeder Punkt in der komplexen Zahlenebene entspricht einer komplexen Zahl.

Komplexe Zahlen = Punkte in der komplexen Zahlenebene

Eine komplexe Zahl kann auf verschiedene Arten festgelegt werden. Eine Möglichkeit ist die „kartesische Darstellung" mit zwei Koordinaten, dem Realteil r und dem Imaginärteil i. Ebenso können Polarkoordinaten benutzt werden, die den Abstand d vom Ursprung („Betrag")

Kartesische und Polardarstellung

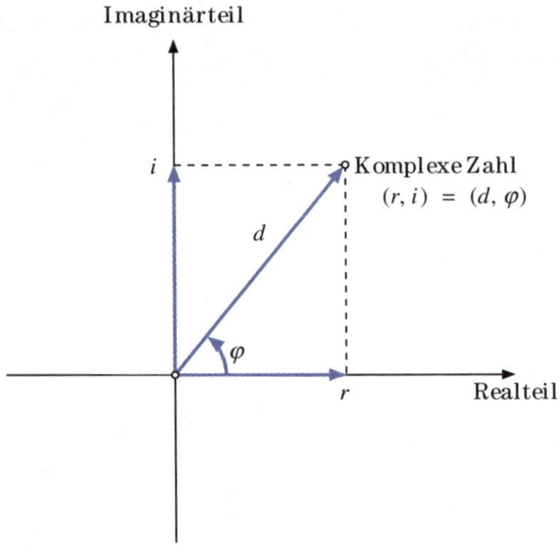

Abbildung 8.1: Komplexe Zahl in kartesischer und Polardarstellung

und den Drehwinkel φ („Phase“) ausgehend von der positiven Abszisse gegen den Uhrzeigersinn festlegen.

Interface Complex definiert Getter

Jede komplexe Zahl hat verschiedene Eigenschaften: Realteil, Imaginärteil, Ursprungsabstand und Phase. Das Interface `Complex` legt einen Satz von Gettern fest, mit denen diese Eigenschaften abgefragt werden können:

```
interface Complex
{
    public double getReal();
    public double getImag();
    public double getDistance();
    public double getPhase();
    ...
}
```

Rechnen mit komplexen Zahlen

Mit komplexen Zahlen kann man rechnen. Wie die Grundrechenarten genau definiert sind, spielt im Einzelnen keine Rolle. Stellvertretend werden zwei Operationen herausgegriffen:

- Bei der Addition von zwei komplexen Zahlen werden Realteil und Imaginärteil getrennt addiert:

  $$(r_1, i_1) + (r_2, i_2) = (r_1 + r_2, i_1 + i_2)$$

- Zur Multiplikation von zwei komplexen Zahlen werden die Ursprungsabstände multipliziert und die Phasen addiert:

  $$(d_1, \varphi_1) \cdot (d_2, \varphi_2) = (d_1 \cdot d_2, \varphi_1 + \varphi_2)$$

Diese beiden Rechenarten werden als Methoden `add` und `mult` angeboten. Die komplexen Zahlen sollen Wertesemantik haben (siehe Seite 144), deshalb liefern die Methoden das Ergebnis jeweils in einem neuen Objekt zurück. Das Interface `Complex` wird folgendermaßen ergänzt:

Methoden für Addition und Multiplikation

```
interface Complex
{
    ...
    public Complex add(Complex other);
    public Complex mult(Complex other);
}
```

Interface vs. Klasse

Ein Interface ist keine Klasse. Es legt nur fest, welche Methoden anzubieten sind, um der geforderten Schnittstelle zu genügen. Man könnte ein Interface als einen „Vertrag" bezeichnen, der bestimmte Leistungen festschreibt. Später müssen Klassen alle im Interface genannten Methoden definieren, um den Vertrag einzuhalten.

Interface als Vertrag

Von einem Interface können keine Objekte geschaffen werden. Es besteht ja nur aus einer Liste von Anforderungen, aber ohne konkrete Anweisungen für deren Umsetzung.

Keine Objekte von Interfaces

Wie bei Klassen wird in der Regel jedes Interface in einer eigenen Quelltextdatei abgespeichert. Die Datei hat den gleichen Namen wie das Interface. Das Interface `Complex` wird also in der Datei `Complex.java` gespeichert.

Ein Interface pro Quelltextdatei

Der Java-Compiler übersetzt ein Interface zwar in Bytecode, der aber keine ausführbaren Anweisungen enthält. Der Bytecode eines Interfaces wird zum Abgleich mit „echten" Klassen gebraucht, wenn diese später definiert werden.

Alle Bestandteile eines Interfaces sind grundsätzlich `public`. Selbst wenn der Modifier `public` im Quelltext weggelassen wird, wird er vom Compiler automatisch ergänzt. Eine explizite Angabe von `public` ist damit zwar eigentlich überflüssig, gibt dem Leser aber einen unmissverständlichen Hinweis. Die Zugriffsschutz-Modifier `protected` und `private` sind in Interfaces unzulässig.

Elemente eines Interfaces implizit `public`

8.2 Implementierung von Interfaces

Ein isoliertes Interface ist nutzlos, ebenso wie ein Vertrag, den niemand zur Kenntnis nimmt. Das Interface wird erst später gebraucht, wenn eine konkrete Klasse definiert wird, die der festgelegten Schnittstelle genügen soll. Diese Klasse „implementiert" dann das Interface.

Interface braucht implementierende Klasse

Klasse zum Interface

Schlüsselwort implements koppelt Klasse an Interface

Das Schlüsselwort „implements“ bindet eine Klasse an ein Interface:

```
class classname implements interfacename
{
    ...
}
```

Der Rest der Klassendefinition folgt den gleichen Regeln wie bisher.

Klasse Cartesian für komplexe Zahlen in kartesischer Darstellung

Eine Klasse für komplexe Zahlen in kartesischer Darstellung soll Cartesian genannt werden und das Interface Complex implementieren:

```
class Cartesian implements Complex
{
    ...
}
```

Cartesian definiert je ein double-Datenelement für den Real- und den Imaginärteil:

```
class Cartesian implements Complex
{
    private final double real;
    private final double imag;
    ...
}
```

Definition der Interfacemethoden

Nachdem die Klasse Cartesian zusagt, das Interface Complex zu implementieren, müssen alle Methoden des Interfaces mit den gleichen Köpfen[1] definiert werden:

```
class Cartesian implements Complex
{
    private final double real;
    private final double imag;

    public double getReal()
    {
        return real;
    }

    public double getImag()
    {
```

[1] Die Formulierung „gleicher Kopf“ betrifft den Methodennamen und die Parameterliste. Beim Ergebnistyp (siehe Seite 256) und bei der Exceptionsignatur (Seite 298) sind Abweichungen zulässig.

```
        return imag;
    }

    public double getDistance()
    {
        return Math.hypot(real, imag);
    }

    public double getPhase()
    {
        return Math.atan2(imag, real);
    }

    public Complex add(Complex other)
    {...}

    public Complex mult(Complex other)
    {...}

    ...
}
```

Listing 8.1: Komplexe Zahlen in kartesischer Darstellung

Eine Klasse kann weitere Methoden definieren, zusätzlich zu den vom Interface geforderten, und auch Methoden des Interfaces überladen. Die Klasse `Cartesian` definiert beispielsweise sicherlich einen Konstruktor, der im Interface nicht vorkommt:

Zusätzliche Methoden

```
class Cartesian implements Complex
{
    Cartesian(double r, double i)
    {
        real = r;
        imag = i;
    }
    ...
}
```

Alternative Implementierungen

Die kartesische Darstellung komplexer Zahlen ist nur eine unter mehreren. Eine Alternative ist die Polardarstellung mit Abstand und Phase (Abbildung 8.1, Seite 226).

Polardarstellung als Alternative

Das Interface `Complex` legt keine bestimmte Darstellung fest. Ebenso wie die Klasse `Cartesian` kann eine zweite Klasse `Polar` definiert werden, die *das gleiche Interface* implementiert:

Klasse `Polar` für komplexe Zahlen in Polardarstellung

```
class Polar implements Complex
{
    private final double distance;
    private final double phase;

    Polar(double d, double p)
    {
        distance = d;
        phase = p;
    }

    public double getReal()
    {
        return distance*Math.cos(phase);
    }

    public double getImag()
    {
        return distance*Math.sin(phase);
    }

    public double getDistance()
    {
        return distance;
    }

    public double getPhase()
    {
        return phase;
    }

    public Complex add(Complex other)
    {...}

    public Complex mult(Complex other)
    {...}

    ...
}
```

Listing 8.2: Komplexe Zahlen in Polardarstellung

Gleiche Methodenköpfe, verschiedene Rümpfe

Die Methodenköpfe in `Cartesian` und `Polar` sind identisch (abgesehen von den Konstruktoren) und folgen beide den Vorgaben des gemeinsamen Interfaces `Complex`. Die *Rümpfe* der Methoden sind dagegen ganz unterschiedlich und orientieren sich an der konkreten Zahlendarstellung der jeweiligen Klasse. In `Cartesian` fallen zum Beispiel `getReal` und `getImag` sehr simpel und effizient aus, nicht dagegen `getDistance` und `getPhase`. In `Polar` liegen die Verhältnisse gerade umgekehrt.

Vom Interface ausgenommen sind Konstruktoren, die jede Klasse unabhängig definiert. Die Köpfe von Konstruktoren orientieren sich an den Anfordernissen der einzelnen, konkreten Klasse und können nicht von einem Interface allgemein verbindlich festgesetzt werden.

Konstruktoren unabhängig vom Interface

Die beiden Klassen `Cartesian` und `Polar` sind gleichberechtigte und unabhängige Implementierungen des Interfaces `Complex`.

Klasse, Interface und Typ

Interfaces definieren neue Typen, ebenso wie Klassen neue Typen definieren. Das bedeutet, dass Interfaces zum Beispiel für Variablendefinitionen, in Parameterlisten, als Ergebnistyp von Methoden und zur Definition von Datenelementen benutzt werden können. Die Variable `c` im folgenden Beispiel hat den Typ `Complex`:

Interface definiert Typ

```
Complex c;
```

Zunächst klingt das etwas sonderbar, weil von Interfaces offensichtlich keine Objekte geschaffen werden können. Sie sind ja eigentlich nur Hülsen ohne Datenelemente, Methodenrümpfe oder Konstruktoren. Was könnte der Variablen `c` also überhaupt zugewiesen werden?

Alle implementierenden Klassen sind kompatibel zum Interface. Der Variablen `c` kann also zum Beispiel ein `Cartesian`-Objekt zugewiesen werden, weil die Klasse `Cartesian` das Interface `Complex` implementiert:

Implementierende Klasse kompatibel zum Interface

```
Complex c = new Cartesian(1, 2);
```

Methodenauswahl

Im folgenden Beispiel wird ein `Cartesian`-Objekt an die `Complex`-Variable `c` zugewiesen und dann die Methode `getReal` aufgerufen:

Methodenaufruf mit Variable von Interfacetyp

```
Complex c = new Cartesian(1, 2);
System.out.println(c.getReal());
```

Es liegt nahe, dass hier die `getReal`-Methode der Klasse `Cartesian` auszuführen ist.

Beide Klassen, `Cartesian` und `Polar`, repräsentieren komplexe Zahlen und implementieren gleichermaßen das Interface `Complex`. Das oben gezeigte Codefragment funktioniert ebenso, wenn an die Variable `c` ein `Polar`-Objekt zugewiesen wird:

```
Complex c = new Polar(1.7, 0.8);    // vorher Cartesian
System.out.println(c.getReal());
```

Jetzt muss die getReal-Methode der Klasse Polar ausgeführt werden.

Compiler kann konkrete Methode zum Aufruf nicht festlegen

Der zweiten Anweisung

```
System.out.println(c.getReal());    // c = Cartesian oder Polar?
```

ist allerdings nicht anzusehen, welches Objekt gerade an c zugewiesen ist. Wie kann die „richtige" getReal-Methode unter den möglichen Kandidaten gefunden werden?

Das folgende Beispiel macht das Problem noch deutlicher: In Abhängigkeit von einer Bedingung b wird wahlweise ein Cartesian- oder Polar-Objekt an c zugewiesen:

```
Complex c;
if(b)
    c = new Cartesian(1, 2);
else
    c = new Polar(1.7, 0.8);
System.out.println(c.getReal());    // c = Cartesian oder Polar?
```

Listing 8.3: Welche getReal-Methode wird aufgerufen?

Welche getReal-Methode soll jetzt aufgerufen werden? Der Compiler kann diese Entscheidung offenbar nicht fällen, weil b zum Beispiel von einer Benutzereingabe abhängen kann, deren Ergebnis sich erst zur Laufzeit ergibt.

Dynamisches Binden

Entscheidung über Methodenrumpf zur Laufzeit

Die Entscheidung, welche konkrete Methode ausgeführt wird, fällt tatsächlich erst zur Laufzeit. Die JVM untersucht bei jedem Methodenaufruf das *momentan zugewiesene Objekt* und ruft dann die passende Methode zur Klasse dieses Objektes auf.

Dynamisches Binden ordnet Aufruf und Rumpf zu

Dieser Mechanismus heißt **„dynamisches Binden"**. Er ist von zentraler Bedeutung für objektorientierte Sprachen und macht den Hauptnutzen der Vererbung aus. Der Begriff „Binden" bezeichnet dabei das Zuordnen eines konkreten Methodenrumpfes an einen Methodenaufruf.

Das bedeutet, dass der Compiler im Beispiel 8.3 überhaupt keinen Methodenaufruf festlegt. Erst beim Ablauf des Programms bestimmt die JVM bei jedem einzelnen Methodenaufruf aufs Neue, welches Objekt jetzt gerade an c zugewiesen ist. Aufgerufen wird dann jeweils die Methode passend zur Klasse dieses Objektes.

Im nächsten Beispiel wechselt die ausgeführte getReal-Methode bei jedem Schleifendurchgang:

```
Complex c;
for(int i = 0;  i < 10;  i++)
{
    if(i%2 == 0)
        c = new Cartesian(i, 2);        // für gerade i
    else
        c = new Polar(i, 0.8);          // für ungerade i

    // abwechselnd Cartesian und Polar
    System.out.println(c.getReal());
}
```

Listing 8.4: Andere Methode in jedem Schleifendurchgang

Polymorphismus durch dynamisches Binden

Dynamisches Binden führt zu einer weiteren Form von Polymorphismus, wie auch polymorphe Operatoren und überladene Methoden. Ein gegebener Methodenaufruf wird, abhängig vom Kontext, in unterschiedliche Abläufe umgesetzt. Der Kontext ist in diesem Fall der konkrete Typ des Zielobjektes.

Statischer Typ

Compiler kennt statischen Typ

Der Compiler kann das dynamische Binden nicht abwickeln. Er kennt aber den Typ einer Variablen laut ihrer Definition, der als **„statischer Typ"** der Variablen bezeichnet wird.[2] Objekte, Zuweisungen, Programmverlauf und dynamisches Binden spielen für den statischen Typ keine Rolle. Maßgeblich ist alleine die Variablendefinition im Quelltext.

Compiler stellt Existenz einer Methode sicher

Im Laufe des Programms wird einer Variablen ein Objekt zugewiesen. Bei einer Variablen eines Interfacetyps muss dieses Objekt wegen der Kompatibilität von einer Klasse stammen, die das Interface implementiert. Und diese Klasse *muss jede* Methode definieren, die im Interface aufgezählt ist. Andernfalls wäre die Klasse überhaupt nicht übersetzt worden.

Im konkreten Beispiel

```
Complex c;
...
System.out.println(c.getReal());
```

bedeutet das: Welches Objekt auch immer an `c` zugewiesen wird, die entsprechende Klasse bietet mit Sicherheit eine Methode `getReal`.

[2] Das Wort „statisch" wird in vielen Programmiersprachen, auch in Java, hoffnungslos überstrapaziert. Hier hat „statisch" nichts mit den statischen Datenelementen und Methoden zu tun, die in Kapitel 4.12 beschrieben wurden.

Der Compiler sichert also ab, dass zur Laufzeit, beim dynamischen Binden, in jedem Fall eine passende Methode aufgerufen werden kann. Welche das sein wird, weiß der Compiler allerdings nicht.

null-Referenz außerhalb der Kontrolle des Compilers

Der Compiler kann nicht davor schützen, dass eine Variable den Wert `null` hat. Der Methodenaufruf scheitert dann mangels Objekt und das gesamte Programm bricht ab.

Dynamischer Typ

Dynamischer Typ = Typ des konkreten Objektes

Das tatsächlich an eine Variable zugewiesene Objekt bestimmt den **dynamischen Typ** der Variablen. Nach dem folgenden Codefragment

```
Complex c = new Cartesian(1, 2);
```

hat die Variable `c` den

- statischen Typ `Complex` (gemäß Variablendefinition) und den
- dynamischen Typ `Cartesian` (das tatsächlich zugewiesene Objekt).

Nach den folgenden Anweisungen (siehe Listing 8.3) ist der dynamische Typ von `c` entweder `Cartesian` oder `Polar`, je nach Wert von `b`. Der statische Typ ist in jedem Fall `Complex`.

```
Complex c;
if(b)
    c = new Cartesian(1, 2);
else
    c = new Polar(1.7, 0.8);
System.out.println(c.getReal());
```

Im Beispiel 8.4 (Seite 233) wechselt der dynamische Typ von `c` bei jedem Schleifendurchgang.

Compiler arbeitet mit statischen Typen

Der Java-Compiler orientiert sich ausschließlich am statischen Typ. Er unternimmt keinen Versuch, den dynamischen Typ zu bestimmen. Alle Typprüfungen werden anhand der statischen Typen abgewickelt.

Laufzeitsystem arbeitet mit dynamischen Typen

Das Laufzeitsystem orientiert sich ausschließlich am dynamischen Typ. Statische Typen spielen für die JVM keine Rolle mehr, nachdem sie vorher vom Compiler überprüft und als korrekt befunden wurden.

Parameterübergabe

Parameter von Interfacetypen

Bei der Parameterübergabe läuft eine versteckte Wertzuweisung der Argumente an die Parameter ab. Auch hier kommt die Kompatibilität von implementierenden Klassen zu ihren Interfaces zum Tragen.

Kopier-Konstruktor von Cartesian

Die Klasse Cartesian wird, neben anderen Konstruktoren, auch einen Kopier-Konstruktor anbieten (siehe Seite 135). Eine naive Implementierung des Kopier-Konstruktors erwartet einen Cartesian-Parameter und greift vielleicht auch noch direkt auf die Datenelemente des anderen, als Vorlage übergebenen Cartesian-Objektes zu:

```
class Cartesian implements Complex
{
    Cartesian(Cartesian other)  // Parametertyp Cartesian
    {
        real = other.real;      // Datenelementzugriff
        imag = other.imag;
    }
    ...
}
```

Dieser Kopier-Konstruktor kann nur komplexe Zahlen in der kartesischen Darstellung duplizieren, aber zum Beispiel kein Objekt in Polardarstellung.

Flexiblerer Kopier-Konstruktor

Flexibler ist ein Kopier-Konstruktor, der eine beliebige andere komplexe Zahl als Parameter akzeptiert. Der direkte Zugriff auf Datenelemente des Parameters ist im Rumpf des neuen Kopier-Konstruktors nicht mehr möglich, weil der statische Typ Complex des Parameters keine Datenelemente kennt. Stattdessen werden die Getter des Interfacetyps benutzt:

```
class Cartesian implements Complex
{
    Cartesian(Complex other)    // Parametertyp Complex
    {
        real = other.getReal(); // Getter
        imag = other.getImag(); // Getter
    }
    ...
}
```

Welches Objekt zur Laufzeit tatsächlich im Parameter other übergeben wird, spielt für diesen Konstruktor keine Rolle mehr. Auch in der Klasse Polar kann ein entsprechender Kopier-Konstruktor definiert werden:

```
class Polar implements Complex
{
    Polar(Complex other)                // Parametertyp Complex
```

```
    {
        distance = other.getDistance(); // Getter
        phase = other.getPhase();
    }
    ...
}
```

Der statische Typ des Parameters ist in beiden Fällen `Complex`. Diese Information reicht dem Compiler aus, um die Kopier-Konstruktoren sicher zu übersetzen. Der dynamische Typ des Parameters stellt sich erst beim Aufruf heraus. Dann werden beim dynamischen Binden die Getter des jeweils tatsächlich übergebenen Objektes aufgerufen. Jetzt sind alle Mischungen von `Cartesian`- und `Polar`-Objekten möglich:

```
Complex c;
c = new Cartesian(new Cartesian(1, 2));
c = new Cartesian(new Polar(1.5, 0.8));
c = new Polar(new Cartesian(1, 2));
c = new Polar(new Polar(1.5, 0.8));
```

Beispiel: Vergleich komplexer Zahlen

Vergleich komplexer Zahlen

Zum Vergleich zweier komplexer Zahlen soll eine Methode `isSame` definiert werden. `isSame` erwartet eine zweite komplexe Zahl als Parameter und entscheidet, ob das Zielobjekt und der Parameter inhaltlich gleich sind oder nicht. Das Ergebnis wird als `boolean`-Wert zurückgegeben.[3]

Der Kopf von `isSame` wird im Interface festgelegt, sodass die Methode für alle komplexen Zahlen verfügbar ist:

```
interface Complex
{
    ...
    public boolean isSame(Complex c);
}
```

Erweiterung des Interfaces hat Folgen

Eine derartige nachträgliche Erweiterung des Interfaces hat Auswirkungen auf *alle* implementierenden Klassen. Im Allgemeinen zieht das Aufwand nach sich und sollte möglichst vermieden werden. Der Entwurf eines Interfaces bedarf deshalb einiger Sorgfalt und Weitsicht.

---

[3] Im Allgemeinen wird zum Vergleich von Objekten die Methode `equals` benutzt, die aber einen Parameter vom Typ `Object` haben sollte. `Object` wird erst später eingeführt (Seite 264).

Der Parameter von `isSame` hat den Typ `Complex`, ist also eine beliebige komplexe Zahl. Das Interface kennt die implementierende Klasse nicht und kann sich deshalb auch nicht darauf beziehen.

Vergleichsmethode akzeptiert beliebige komplexe Zahl

In den implementierenden Klassen muss die Methode `isSame` mit dem gleichen Parametertyp wie im Interface definiert werden:

```
class Cartesian implements Complex
{
    ...
    public boolean isSame(Complex c)
    {...}
}

class Polar implements Complex
{
    ...
    public boolean isSame(Complex c)
    {...}
}
```

Die Implementierungen der `isSame`-Methoden erhalten einen `Complex`-Parameter, dessen dynamischen Typ sie nicht kennen. Sie *müssen* also mit Gettern auskommen:[4]

Implementierung auf der Basis von Gettern

```
class Cartesian implements Complex
{
    ...
    public boolean isSame(Complex c)
    {
        return real == c.getReal()
            && imag == c.getImag();
    }
}

class Polar ... // entsprechend
```

Beim Aufruf der Methode `isSame` wird mehrmals dynamisch gebunden:

Dynamisches Binden verbirgt Details

```
Complex c = ...;
Complex d = ...;
if(c.isSame(d))
    ...
```

Der dynamische Typ von `c` entscheidet darüber, welche Implementierung von `isSame` aufgerufen wird. Welche es auch sein wird, sie erhält eine zweite komplexe Zahl `d` als Argument. Der dynamische Typ von `d`

[4] Wie in Kapitel 2 erklärt, ist der Vergleich zwischen Gleitkomma-Werten auf Gleichheit oder Ungleichheit wegen der Rundungsfehler nicht unproblematisch.

legt wiederum fest, welche Getter im Rumpf von `isSame` benutzt werden.

Die genaue Analyse dieses Aufrufs fördert recht komplexe Abläufe zu Tage. Interfaces und dynamisches Binden erlauben es dem Anwender der Klassen aber, von gerade diesen komplexen Abläufen weitgehend zu abstrahieren: In der `if`-Anweisung im letzten Beispiel werden einfach zwei komplexe Zahlen `c` und `d` verglichen. Der Java-Compiler und das Laufzeitsystem stellen zusammen sicher, dass alle erforderlichen Methoden existieren und dass die zu jedem Objekt passenden Methoden aufgerufen werden.

Bei der Implementierung einer Klasse kann man sich auf jeweils diese eine Klasse konzentrieren und alle anderen, parallelen Implementierungen des gleichen Interfaces ignorieren. Die Entwicklung von Klassen wird dadurch deutlich vereinfacht.

Ergebnisrückgabe

Interfacetyp als Ergebnistyp

Für die Implementierung der komplexen Zahlen wird Wertesemantik angestrebt. Das liegt in diesem Fall nahe und vereinfacht die Handhabung. Das Interface `Complex` ebnet den Weg. Die arithmetischen Operatoren werden mit dem Ergebnistyp `Complex` definiert:

```
interface Complex
{
    ...
    public Complex add(Complex other);
    public Complex mult(Complex other);
}
```

Implementierung mit konkreter Klasse als Ergebnistyp

Die Implementierung der Methoden in konkreten Klassen übernimmt die Köpfe aus dem Interface, wie hier zum Beispiel die `add`-Methode der Klasse `Cartesian`. In Abweichung vom Interface darf als Ergebnistyp die eigene Klasse statt des Interfacetyps genannt werden.[5]

```
class Cartesian implements Complex
{
    ...
    public Cartesian add(Complex other)
    {
        double r = real + other.getReal();
        double i = imag + other.getImag();
        return new Cartesian(r, i); // neues Cartesian-Objekt
    }
}
```

[5] Diese Freiheit gilt auch bei der Redefinition ererbter Methoden, siehe Seite 256.

Bei der Ergebnisrückgabe läuft eine verborgene Wertzuweisung ab, ebenso wie bei der Parameterübergabe. Wegen der Kompatibilität von `Cartesian` zu `Complex` wird das `Cartesian`-Objekt für den Ergebnistyp `Complex` im Interface akzeptiert.

In der Klasse `Polar` liegen Real- und Imaginärteil zwar nicht explizit vor, die `add`-Methode kann aber die eigenen Getter benutzen.

```
class Polar implements Complex
{
    ...
    public Polar add(Complex other)
    {
        double r = getReal() + other.getReal();
        double i = getImag() + other.getImag();
        return new Polar(Math.hypot(r, i), Math.atan2(i, r));
    }
}
```

Einsatz von Interfaces

Beispiel: Neue Klasse für komplexe Zahlen

Interfaces erlauben die isolierte Entwicklung von Implementierungen ohne Rücksicht auf andere, vielleicht schon existierende Klassen zum gleichen Interface.

Stellen Sie sich vor, nachdem das Interface `Complex` und die beiden Klassen `Cartesian` und `Polar` in Gebrauch genommen wurden, soll eine neue, dritte Implementierung komplexer Zahlen names `Perplex` entwickelt werden. Auch `Perplex` implementiert das Interface `Complex`, ebenso wie die beiden anderen Klassen.

Bei der Entwicklung von `Perplex` kann die Existenz von `Cartesian` und `Polar` vollkommen ignoriert werden. Wenn die Klasse `Perplex` übersetzt ist, können alle Anwenderprogramme sofort damit arbeiten. Dazu braucht kein Code geändert werden, das reibungslose Zusammenspiel der drei Klassen ist automatisch sichergestellt.

Anwendungen nur bezogen auf Interfacetyp

Anwendungen sollten auf konkrete Klassen möglichst überhaupt keinen Bezug nehmen und nur mit Interfacetypen arbeiten. Lediglich in Konstruktoraufrufen müssen konkrete Klassen noch ausdrücklich genannt werden.

Zur Illustration sei hier eine Methode gezeigt, die eine komplexe Zahl x solange durch $x^2 + c$ ersetzt, bis das Ergebnis den Betrag 100 erreicht hat oder 100 Ersetzungen abgelaufen sind.[6]

[6] Diese Methode ist der Kern der Berechnung so genannter „Juliamengen", die mit den populären Apfelmännchen zusammenhängen.

```
int loop(Complex x, Complex c)
{
    int result = 0;
    while(x.getDistance() < 100  &&  result < 100)
    {
        x = x.mult(x);
        x = c.add(x);
        result++;
    }
    return result;
}
```

Die Methode benutzt ausschließlich das Interface `Complex`, aber keine konkrete Klasse für komplexe Zahlen. Welche konkreten Klassen später im Spiel sind, spielt für diese Methode keine Rolle. Sie arbeitet unverändert mit `Cartesian`, `Polar`, `Perplex` und auch mit zukünftigen Implementierungen des Interfaces `Complex`, die jetzt noch nicht existieren.

Datenelemente in Interfaces

Öffentliche Konstanten in Interfaces

In Interfaces können, neben Methodenschnittstellen, auch Datenelemente definiert werden. Bei Methodenköpfen wird, falls weggelassen, automatisch der Modifier `public` zugefügt.

Bei Datenelementen ergänzt der Compiler nicht nur den Modifier `public`, sondern außerdem noch `static` und `final`. Interfaces können also nur öffentliche Konstanten definieren (siehe Seite 153), keine anderen Datenelemente.

Die beiden folgenden Definitionen sind gleichwertig:[7]

```
interface MathConstants
{
    double PI = 3.14;
}

interface MathConstants
{
    public static final double PI = 3.14;
}
```

[7] Die Kreiszahl π ist in der Klasse `Math` als statisches Datenelement `Math.PI` mit maximal möglicher Genauigkeit vordefiniert. Das Gleiche gilt für die Eulerzahl in der Konstanten `Math.E`. Eine eigene Definition dieser Zahlen ist in der Praxis nutzlos.

8.3 Vererbung konkreter Klassen

Erweiterte und modifizierte Klassen

Interfaces fixieren die gemeinsamen Eigenschaften von verwandten Klassen, die alle den gleichen Zweck erfüllen, aber ansonsten unabhängig voneinander sind. Bei vielen anderen Klassen beruht die Verwandtschaft aber nicht auf *gleichen* Eigenschaften, sondern auf der *Erweiterung* oder *Modifikation* von Eigenschaften. Beides lässt sich mit konkreten Basisklassen verwirklichen, die in diesem Kapitel eingeführt werden.

Beispiel: Zähler

Als Beispiel werden Zähler verwendet, die eine simple Aufgabe haben: Ein Zähler enthält zu jedem Zeitpunkt einen Zählerstand in Form einer ganzen, nicht-negativen Zahl. Ein Zähler kann

- weitergezählt,
- abgelesen und
- auf null zurückgestellt werden.

Eine entsprechende Klasse `OpenCounter` lässt sich recht geradlinig schreiben:[8]

```
class OpenCounter
{
    void step()              // hochzählen
    {
        count++;
    }

    int read()               // ablesen
    {
        return count;
    }

    void reset()             // zurückstellen
    {
        count = 0;
    }

    private int count = 0;   // Zählerstand
}
```

Listing 8.5: Einfacher Zähler

[8] Der automatisch definierte Default-Konstruktor reicht für diese Klasse aus.

Die Klasse kann beispielsweise folgendermaßen verwendet werden:

```
class CounterApplication
{
    public static void main(String[] args)
    {
        OpenCounter c = new OpenCounter();
        for(int i = 0;  i < 10;  i++)
        {
            c.step();
            System.out.printf("%d ", c.read());
        }
        System.out.println();
    }
}
```

Listing 8.6: Anwendung der Zählerklasse

Der Zähler `c` wird in dieser Beispielanwendung ein paar Mal hochgezählt, der Zählerstand dabei abgerufen und ausgegeben. Das Beispielprogramm gibt aus:

```
1 2 3 4 5 6 7 8 9 10
```

Ein „unveränderlicher Zähler" wäre wertlos. Deshalb ist `OpenCounter` eine veränderliche Klasse, die keine Wertesemantik haben kann.

Erweitern der Funktionalität

Erweiterte Zähler mit gemerktem Zählerstand

Nachdem die Zählerklasse in den Betrieb gegangen ist, wird eine neue Art von Zählern gefordert, die sich zusätzlich einen Zählerstand merken kann, und ansonsten genauso funktioniert wie die vorher beschriebenen Zähler. Die Methode `mark` merkt sich den aktuellen Zählerstand. Die Methode `recall` setzt den Zähler auf den zuletzt gemerkten Stand zurück. Wenn `mark` vorher noch nicht aufgerufen wurde, setzt `recall` den Zähler auf null.

Implementierung durch Kopieren

Eine simple Lösung wäre, den Code der Klasse `OpenCounter` in die neue Klassendefinition `MemCounter` zu kopieren und diese um neue Methoden und Datenelemente zu erweitern:

```
class MemCounter
{
    void mark()                 // merken
    {
        memory = count;
    }
```

```
    void recall()           // zurücksetzen auf gemerkten Stand
    {
        count = memory;
    }

    private int memory = 0; // gemerkter Zählerstand

    ... ab hier Kopie von OpenCounter ...
}
```

Listing 8.7: Zähler mit Merker

Das Ergebnis sind zwei isolierte Klassen, die ohne Bezug nebeneinander stehen.

Probleme kopierter Klassen

Stellen Sie sich nun vor, im Code von `OpenCounter` wird ein Fehler gefunden und korrigiert. Der gleiche Fehler wurde natürlich auch in `MemCounter` kopiert; dort ist folglich die gleiche Korrektur nötig. Vielleicht gibt es sogar noch weitere Zählerklassen, die Kopien des `OpenCounter`-Codes enthalten. Bleibt nur zu hoffen, dass jemand den Überblick über alle diese Klassen behalten hat und die gleiche Korrektur jedes Mal richtig wiederholt. Man kann leicht erkennen, welche Probleme dieses Vorgehen nach sich zieht.

Verwandte Klassen mit Interface binden

Ein zweiter Ansatz wäre es, die gemeinsamen Eigenschaften von `OpenCounter` und `MemCounter` in einem Interface zu sammeln, das beide Klassen implementieren. Immerhin könnten Anwendungen dann beispielsweise anstelle von `OpenCountern` auch `MemCounter` verwenden. Zudem wäre die Verwandtschaft der beiden Klassen im Quelltext erkennbar. Recht viel gewonnen ist aber dennoch nicht, wenn man an das oben beschriebene Fehlerszenario denkt: Immer noch müssten Änderungen in allen implementierenden Klassen parallel ausgeführt werden.

Der Mechanismus der „Ableitung" behebt diese Nachteile: Kopieren von Code ist nicht mehr nötig, die Verwandtschaft zwischen den Klassen ist im Code fixiert und Änderungen am gemeinsamen Code schlagen sich sofort in allen Klassen nieder.

Ableiten zum Erweitern

Änderungen isolieren

Mit Ableitung wird der Quelltext einer erweiterten Klasse auf die Unterschiede zur zugrunde liegenden Klasse reduziert.

Am Beispiel der beiden Zählerklassen bedeutet das, dass die Klasse `OpenCounter`, die die gemeinsame Grundfunktionalität bereitstellt, unverändert bleibt. Sie wird als **Basisklasse** (engl. „*base class*") verwendet.

Die erweiterte Klasse `MemCounter` definiert nur noch die Bestandteile, die zur Basisklasse hinzukommen. Die gemeinsamen Anteile werden nicht mehr wiederholt. Diese Klasse `MemCounter` ist eine **abgeleitete Klasse** (engl. „*derived class*").[9]

Ableiten = Vererbung Die Begriffe „Ableitung" und „Vererbung" sind Synonyme. Die Klasse „`MemCounter` erbt von `OpenCounter`" oder, gleichbedeutend, die Klasse „`MemCounter` ist von `OpenCounter` abgeleitet".

Syntax

Definition einer abgeleiteten Klasse Die Skizze von `MemCounter` in Listing 8.7 entspricht schon fast der Definition der abgeleiteten Klasse. Die Kopplung an die Basisklasse wird mit dem Zusatz „`extends OpenCounter`" am Beginn der Klassendefinition geschaffen. Der als Kommentar eingeschobene Hinweis „*... ab hier Kopie von OpenCounter ...*" fällt weg.[10]

```
class MemCounter extends OpenCounter
{
    void mark()              // merken
    {
        memory = count;
    }

    void recall()            // zurücksetzen auf gemerkten Stand
    {
        count = memory;
    }

    private int memory = 0; // gemerkter Zählerstand
}
```

Listing 8.8: Abgeleitete Klasse

Man kann sich vorstellen, dass „`extends OpenCounter`" alle Bestandteile der Definition von `OpenCounter` in der Klasse `MemCounter` einblendet. Obwohl textuell nicht genannt, stehen also `step()`, `read()`, `reset()` und so weiter zur Verfügung, als wären sie in `MemCounter` selbst definiert.

---

9 Basisklassen werden in englischen Texten auch manchmal als „*super classes*" bezeichnet. In diesem Zusammenhang drückt „*super*" aber nichts irgendwie Größeres oder Mächtigeres aus, sondern, ganz im Gegenteil, einen geringeren Funktionsumfang.

10 Die Klasse funktioniert so noch nicht ganz. Der Grund wird im nächsten Abschnitt erklärt.

Listet man die Bestandteile der beiden Klassen nebeneinander auf, dann ergibt sich folgendes Bild:

Übersicht von Basisklasse und abgeleiteter Klasse

	`OpenCounter`	`MemCounter`
Konstruktor:	automatisch	automatisch
Datenelemente:	`int count`	← ererbt `int memory`
Methoden:	`void step()`	← ererbt
	`void reset()`	← ererbt

	`int read()`	← ererbt
		`void mark()`
		`void recall()`

Zugriffsschutz protected

`private` zu strikt

Das Datenelement `count` ist in der Klasse `OpenCounter` (Listing 8.5) mit Zugriffsschutz-Modifier `private` definiert. Nur die eigene Klasse, also `OpenCounter` selbst, hat Zugriff auf das Datenelement. Außerhalb der Klasse `OpenCounter` ist das Datenelement `count` nicht erreichbar.

Diese eigentlich sinnvolle Maßnahme sperrt allerdings auch die abgeleitete Klasse `MemCounter` aus! Listing 8.8 wird nicht übersetzt, weil die Methoden `mark` und `recall` beide das nicht erreichbare Datenelement `count` ansprechen.

`protected` für Nutzung in abgeleiteten Klassen

Als Lösung für dieses Problem bietet Java den Zugriffsschutz „`protected`" an. Mit dem Modifier `protected` markierte Datenelemente und Methoden stehen allen abgeleiteten Klassen zur Verfügung.[11]

In der Definition von `OpenCounter` (Listing 8.5) wird der Zugriffsschutz des Datenelements gelockert mit:

```
protected int count;
```

Dann lässt sich die abgeleitete Klasse `MemCounter` (Listing 8.8) übersetzen. Die Methoden `mark` und `recall` können auf das Datenelement `count` der Basisklasse zugreifen, als wäre es in der Klasse `MemCounter` definiert.[12]

[11] Das schließt Klassen ein, die über mehrere „Generationen" abgeleitet sind.

[12] Der direkte Zugriff auf Datenelemente ist aus konzeptioneller Sicht weiterhin fragwürdig, selbst wenn er mit `protected` nur abgeleiteten Klassen zugestanden wird. Besser sollten auch abgeleitete Klassen den Weg über Getter und Setter gehen. Um die weitere Diskussion zu vereinfachen, wird dieser Punkt aber ignoriert.

Stufen des Zugriffsschutzes

Motivation der Zugriffsschutzebenen

Der Zugriffsschutz-Modifier `protected` gewährt abgeleiteten Klassen den Zugriff, aber automatisch auch allen Klassen im gleichen Package.

Insgesamt gibt es in Java die folgenden vier Stufen des Zugriffsschutzes:

`private` ist die strikteste Einschränkung und reduziert die Zugriffsmöglichkeit auf die eigene Klasse.

package (Voreinstellung, ohne Zugriffsschutz-Modifier)
umfasst `private`, schließt aber zusätzlich alle Klassen im gleichen Package ein. Packages werden als in sich abgeschlossene Entwicklungseinheiten verstanden. *package* erlaubt den gegenseitigen Zugriff innerhalb einer solchen Entwicklungseinheit.

`protected`
umfasst *package* und zusätzlich alle direkt oder indirekt abgeleiteten Klassen, auch in anderen Packages. Dahinter steht die Idee, Ableitung als eine Form der Klassennutzung über Package-Grenzen hinweg anzubieten.

`public` hebt jeden Schutz auf und gestattet unbeschränkten Zugriff.

Aufruf ererbter Methoden

Vererbung transparent für Anwender

Im folgenden Codefragment werden einige Operationen eines `MemCounter`s aufgerufen:

```
MemCounter c = new MemCounter();
c.step();        // ererbt von OpenCounter
c.mark();
c.reset();       // ererbt von OpenCounter
c.recall();
```

Die beiden Methoden `mark` und `recall` werden von der Klasse `MemCounter` selbst definiert, `step` und `reset` sind dagegen ererbt. Für den Anwender ist das weder erkennbar, noch spielt es eine Rolle.

Suche nach passenden Methoden

Bei einem Methodenaufruf wird zuerst in der Klasse des Objektes selbst nach einer passenden Methode gesucht. Sollte keine Methode gefunden werden, wird in der Basisklasse weitergesucht. Ist die Methode auch dort nicht definiert, wird in der Basisklasse der Basisklasse gesucht und so weiter. Der Compiler stellt beim Übersetzen sicher, dass die Suche in jedem Fall erfolgreich ist.

Ableiten zur Modifikation

Eine abgeleitete Klasse kann Methoden, die sie von der Basisklasse erbt, neu definieren („redefinieren"). Dabei gelten die folgenden Regeln:

Redefinition ererbter Methoden

- Name und Parameterliste der redefinierten Methode müssen exakt übernommen werden.
- Der Zugriffsschutz darf gelockert werden, wie im nächsten Abschnitt (Seite 248) erklärt wird.
- Der Ergebnistyp darf vom Ergebnistyp der redefinierten Methode abgeleitet sein (Seite 256).
- Der Rumpf kann komplett ersetzt werden.

Modifikation der Basisklassen-funktionalität

Im Gegensatz zum vorhergehenden Beispiel `MemCounter` wird die Basisklasse mit redefinierten Methoden nicht erweitert, sondern verändert. Modifikation einer Basisklasse ist eine zweite Anwendung von Vererbung, neben der Erweiterung einer Basisklasse.

Beispiel: Neue Zählerklasse

Als Beispiel soll eine neue Variante von Zählern implementiert werden. Während die einfachen `OpenCounter` beliebig weit hochzählen,[13] sollen die neuen Zähler nur bis zu einem bestimmten Anschlag laufen und dort stehen bleiben. Die neue Klasse heißt „`LtdCounter`", weil der Zählerwert begrenzt ist.

`LtdCounter` erbt von der Klasse `OpenCounter`. Zusätzlich zur Basisklasse braucht sie ein Datenelement `limit`, das den Anschlag speichert. Weiter muss dieses Datenelement im Konstruktor initialisiert werden. Ein Getter gibt Auskunft über den Anschlag:

```
class LtdCounter extends OpenCounter
{
    LtdCounter(int l)
    {
        limit = l;
    }

    int getLimit()
    {
        return limit;
    }

    protected final int limit;
    ...
}
```

Listing 8.9: Zähler mit Anschlag

[13] Begrenzt nur vom Wertebereich von `int`.

Redefinition einer Methode

Die ererbten Methoden `reset` und `read` sowie das Datenelement `count` können unverändert bleiben. Für die Methode `step` gilt das nicht, denn sie soll ja am Anschlag stehen bleiben. Deshalb **redefiniert** die Klasse `LtdCounter` die Methode `step`:

```
class LtdCounter extends OpenCounter
{
    ...
    void step()                 // unveränderter Kopf
    {
        if(count < limit)       // neuer Rumpf
            count++;
    }
    ...
}
```

Übersicht der Zählerklassen

Insgesamt ergibt sich folgende Übersicht für die Klassen:

	OpenCounter	LtdCounter
Konstruktor:	automatisch	`LtdCounter(int)`
Datenelemente:	`int count`	← ererbt `int limit`
Methoden:	`void step()`	`void step()`
	`void reset()`	← ererbt
	`int read()`	← ererbt `int getLimit()`

Einschränken einer Basisklasse

Einschränken der Basisklasse unzulässig

In einer abgeleiteten Klasse können neue Datenelemente und Methoden definiert und die Basisklasse damit *erweitert* werden. Ebenso können ererbte Methoden redefiniert und die Basisklasse dadurch *verändert* werden. Eine abgeleitete Klasse kann aber die Funktionalität der Basisklasse keinesfalls *einschränken*. Es gibt kein Sprachmittel, mit dem eine ererbte Methode „ausgeblendet" oder „gelöscht" werden könnte. Der einzige denkbare Weg wäre eine Redefinition mit strengerem Zugriffsschutz, wie zum Beispiel `private` im folgenden Beispiel:

```
class OpenCounter
{
    void step()
    {...}
}
```

```
class LtdCounter extends OpenCounter
{
    private void step()      // Fehler - unzulässig!
    {...}
}
```

Diese Konstruktion ist nicht erlaubt und wird vom Compiler abgelehnt. Eine redefinierte Methode darf dagegen durchaus den Zugriffsschutz lockern. Die Funktionalität der Basisklasse wird dadurch ja nicht eingeschränkt, sondern ausgeweitet.

Ausweiten des Zugriffsschutzes erlaubt

Infolgedessen „bietet“ ein Objekt einer abgeleiteten Klasse alles an, was das Basisklassenobjekt anbietet, möglicherweise auch noch mehr, aber keinesfalls weniger.

Dynamisches Binden redefinierter Methoden

Ein Objekt einer abgeleiteten Klasse kann ein Basisklassenobjekt *in jedem Kontext* ersetzen. Aus diesem Grund sind abgeleitete Klassen kompatibel zur Basisklasse. Diese Kompatibilität entspricht der von implementierenden Klassen zu Interfaces (Seite 231).

Abgeleitete Klassen kompatibel zu Basisklassen

An eine Basisklassenvariable kann wegen der Kompatibilität ein Objekt jeder abgeleiteten Klasse zugewiesen werden. Die Anwendung `CounterApplication` (Listing 8.6, Seite 242) kann deshalb folgendermaßen modifiziert werden, um die neuen Zähler zu verwenden:

```
...
OpenCounter c = new LtdCounter(5);  // vorher: new OpenCounter()
for ...
{
    c.step();
    ...
}
...
```

Beim Übersetzen von Methodenaufrufen prüft der Compiler den statischen Typ des Zielobjekts. Die Variable `c` hat im Beispiel den statischen Typ `OpenCounter`. Diese Klasse definiert eine Methode `step`, deshalb wird der Aufruf `c.step()` vom Compiler akzeptiert.

Methodenaufrufe werden normalerweise dynamisch gebunden (Ausnahmen beschreibt der nächste Abschnitt). Im Aufruf `c.step()` wird der dynamische Typ von `c` herangezogen, um die tatsächlich ausgeführte Methode zu bestimmen. Im Beispiel ist das `LtdCounter`; deshalb wird die in `LtdCounter` redefinierte Fassung von `step` aufgerufen, die nur bis zum Anschlag zählt. Die Anwendung des modifizierten Programms 8.6 gibt aus:

Redefinierte Methoden werden dynamisch gebunden

```
1 2 3 4 5 5 5 5 5 5
```

Statisches Binden

Ausnahmen vom dynamischen Binden

Im Allgemeinen werden Methoden in Java dynamisch, das heißt zur Laufzeit, gebunden. In bestimmten Situationen wird dennoch statisch gebunden. Hier entscheidet bereits der Compiler darüber, welcher Methodenrumpf beim Aufruf ausgeführt wird.[14]

- Statische Methoden (siehe Kapitel 4.13, Seite 155) können nicht dynamisch gebunden werden. Sie richten sich an eine Klasse als Ganzes und nicht an ein Zielobjekt. Weil kein Zielobjekt existiert, gibt es auch keine Grundlage für eine Entscheidung zwischen verschiedenen dynamischen Typen.
- Konstruktoren werden nicht dynamisch gebunden. Wie bei statischen Methoden fehlt das Zielobjekt, denn der Konstruktor soll ja erst eines liefern.
- Private Methoden nehmen am dynamischen Binden nicht teil, weil sie außerhalb der eigenen Klasse nicht sichtbar sind. Eine `private`-Methode kann zwar in einer abgeleiteten Klasse noch einmal definiert werden, aber das ist keine Redefinition, weil die ursprüngliche private Definition für einen externen Aufrufer überhaupt nicht zur Wahl steht.

Binden von Datenelementen

Datenelemente werden statisch gebunden

Datenelemente werden grundsätzlich statisch gebunden. Das bedeutet, dass der Compiler beim Übersetzen endgültig festlegt, welche Datenelemente eine Methode benutzt. Zur Laufzeit wird darüber keine Entscheidung mehr getroffen.

Als Beispiel seien die beiden folgenden Klassen definiert:

```
class Base
{
    int data = 1;
}

class Derived extends Base
{
    int data = 2;
}
```

Beim Zugriff auf ein Datenelement wird der statische Typ herangezogen. Der dynamische Typ, also die tatsächliche Klasse des Objektes, spielt keine Rolle:

14 Statisch gebundene Methodenaufrufe laufen marginal schneller ab, weil zur Laufzeit kein Aufwand zur Entscheidung für eine bestimmte Implementierung anfällt.

```
public static void main(String[] args)
{
    Base x = new Derived();
    System.out.println(x.data);      // gibt "1" aus
}
```

Das Programm gibt „1“ aus, denn der statische Typ von `x` ist `Base`. Dass an `x` zur Laufzeit ein `Derived`-Objekt zugewiesen ist, spielt keine Rolle.

Vererben von Datenelementen

Unabhängig davon werden Datenelemente trotzdem vererbt, wie das folgende Beispiel zeigt. Zusätzlich zu den beiden oben genannten sei eine dritte Klasse definiert:

```
class DerivedAgain extends Derived
{
    // erbt data von Derived
}
```

Das folgende Programm gibt „2“ aus:

```
public static void main(String[] args)
{
    DerivedAgain x = new DerivedAgain();
    System.out.println(x.data);      // gibt "2" aus
}
```

Die Klasse `DerivedAgain` definiert selbst kein Datenelement `data`, sondern erbt die Definition der Basisklasse `Derived`. Diese wird vom Compiler statisch zugeordnet. Zur Laufzeit gibt es keine Suche.

Aufruf des Basisklassen-Konstruktors

Basisklassen-Konstruktor muss aufgerufen werden

Jeder Konstruktor einer abgeleiteten Klasse muss zuerst einen Basisklassen-Konstruktor aufrufen. Andernfalls würde der abgeleitete Konstruktor mit ererbten Datenelementen arbeiten, die noch nicht initialisiert sind. Wenn nicht ausdrücklich anders verlangt, ruft ein abgeleiteter Konstruktor immer den Default-Konstruktor der Basisklasse auf.

In der Klasse `OpenCounter` (Listing 8.5) wird der Default-Konstruktor vom Compiler definiert. Die abgeleitete Klasse `LtdCounter` (Listing 8.9) definiert einen Custom-Konstruktor, um den Anschlag zu initialisieren.

Impliziter Aufruf des Basisklassen-Default-Konstruktors

Der Aufruf des `LtdCounter`-Konstruktors

```
new LtdCounter(5)
```

ruft automatisch zu Beginn den `OpenCounter`-Konstruktor auf:

```
class LtdCounter extends OpenCounter
{
    LtdCounter(int l)
    {
        // Automatischer Aufruf von OpenCounter()
        limit = l;
    }
    ...
}
```

Listing 8.10: Impliziter Aufruf des Basisklassen-Default-Konstruktors

Ein Basisklassenobjekt ist demnach immer vollständig initialisiert, wenn der Rumpf eines abgeleiteten Konstruktors startet. Der `LtdCounter`-Konstruktor könnte zum Beispiel auf das Datenelement `count` der Basisklasse zugreifen.

Expliziter Aufruf des Basisklassen-Default-Konstruktors

Der Basisklassen-Default-Konstruktor kann auch explizit aufgerufen werden mit

```
super();
```

„`super`" ist ein Schlüsselwort, das sich auf die jeweilige Basisklasse bezieht. Die folgende Definition ist gleichwertig zu der in Listing 8.10:

```
LtdCounter(int l)
{
    super();    // Expliziter Aufruf von OpenCounter()
    limit = l;
}
```

Listing 8.11: Expliziter Aufruf des Basisklassen-Default-Konstruktors

Der explizite Aufruf eines Basisklassen-Konstruktors mit `super` unterliegt einigen Einschränkungen:

- Er darf nur in einem abgeleiteten Konstruktor stehen.
- Er darf nur einmal vorkommen.
- Er muss als erste Anweisung im Konstruktorrumpf genannt werden.

Basisklassen-Custom-Konstruktors

Expliziter Aufruf des Basisklassen-Custom-Konstruktors

Manchmal wird statt des Default-Konstruktors der Basisklasse ein anderer Konstruktor gebraucht. Als Beispiel soll eine weitere Variante von Zählern definiert werden, die einen Anschlag hat, ebenso wie `LtdCounter`. Beim Erreichen des Anschlags sollen diese Zähler aber nicht stehen bleiben, sondern auf null zurückspringen. Dazu wird die Klasse `LoopCounter` definiert.

`LoopCounter` wird von `LtdCounter` abgeleitet, erbt also mittelbar, das heißt in „zweiter Generation“, von `OpenCounter`. Die Klasse kann folgendermaßen definiert werden:

```
class LoopCounter extends LtdCounter
{
    LoopCounter(int l)
    {...}

    void step()
    {
        if(count == limit)
            count = 0;     // Anschlag, Rücksetzen auf null
        else
            count++;
    }
    ...
}
```

Listing 8.12: Redefinierte Methode eines `LoopCounter`

Der Konstruktor von `LoopCounter` kann nicht den Default-Konstruktor von `LtdCounter` aufrufen, denn dieser existiert überhaupt nicht. Stattdessen muss der Konstruktor von `LtdCounter(int)` aufgerufen werden. Dem Aufruf von `super` werden dazu Argumente mitgegeben:

```
class LoopCounter extends LtdCounter
{
    LoopCounter(int l)
    {
        // Expliziter Aufruf des Custom-Ctors LtdCounter(int)
        super(l);
    }
    ...
}
```

Aufrufkette der Konstruktoren von der Basisklasse zu abgeleiteten Klassen

Fügt man in die Konstruktoren von `OpenCounter`, `LtdCounter` und `LoopCounter` Ausgabeanweisungen ein, dann wird der Ablauf sichtbar. Der Ausdruck

```
new LoopCounter(5)
```

führt zur folgenden Ausgabe:

```
OpenCounter()
LtdCounter(5)
LoopCounter(5)
```

super wird immer dann gebraucht, wenn ein abgeleiteter Konstruktor einen Custom-Konstruktor der Basisklasse aufrufen will. Für den Default-Konstruktor ist super() redundant.

Übersicht der Zählerklassen

Insgesamt ergibt sich folgende Übersicht für die Klassen:

	OpenCounter	LtdCounter	LoopCounter
Konstruktor:	automatisch	LtdCounter(int)	LoopCounter(int)
Datenelemente:	int count	← ererbt	← ererbt
		int limit	← ererbt
Methoden:	void step()	void step()	void step()
	void reset()	← ererbt	← ererbt
	int read()	← ererbt	← ererbt
		int getLimit()	← ererbt

Bezug auf die Basisklasse mit super

super referenziert Basisklassenobjekt

super kann auch in normalen Methoden eingesetzt werden, um das jeweilige Basisklassenobjekt anzusprechen.

Als Beispiel wird die Methode step von LoopCounter neu definiert, um den direkten Zugriff auf Datenelemente der Basisklasse zu vermeiden. Die in Listing 8.12 angegebene step-Definition

```
class LoopCounter extends LtdCounter
{
    void step()
    {
        if(count == limit)
            count = 0;
        else
            count++;
    }
}
```

Methodenaufruf mit super

wird ersetzt durch:

```
class LoopCounter extends LtdCounter
{
    void step()
    {
        if(super.read() == super.getLimit())
            super.reset();
        else
```

```
            super.step();
        }
    }
```

Die Zielobjekte super sorgen dafür, dass das dynamische Binden mit der Suche nach passenden Methoden nicht in der eigenen Klasse startet, sondern in der Basisklasse.

Die Methoden read und reset sind ohnehin nur in der Klasse OpenCounter definiert und werden von dort ererbt. Entsprechendes gilt für getLimit. In diesen Fällen ist super überflüssig, weil mit und ohne super die Definitionen aus den Basisklassen benutzt werden.

Beispiel für Notwendigkeit von super

Für den Aufruf super.step() trifft das aber nicht zu! Würde man statt super.step() einfach step() schreiben, dann käme es zu einem merkwürdigen Laufzeitfehler:

```
class LoopCounter extends LtdCounter
{
    void step()
    {
        if(read() == getLimit())
            reset();
        else
            step();          // statt super.step();
    }
    ...
}
```

Beim Aufruf von step wird, wie bei allen dynamisch gebundenen Methoden, zuerst in der eigenen Klasse gesucht. Dort wird die gesuchte Methode auch gefunden: Es wird wieder *die gleiche Methode aufgerufen, die gerade abläuft!* Die zweite Kopie ruft wieder sich selbst auf und so weiter.

Keiner dieser Aufrufe kehrt zurück. Nach kurzer Zeit ist der für „noch nicht zurückgekehrte Aufrufe“ vorgesehene Speicherplatz erschöpft und die JVM muss das Programm abbrechen. Dieses Problem wird als „Endlosrekursion“ bezeichnet, es lässt sich vom Compiler nicht entdecken.

Keine Verkettung von super

super spricht immer das unmittelbare Basisklassenobjekt an. Die Basisklasse in zweiter Linie oder einen noch weiter entfernten Ahnen kann man nicht direkt erreichen. Eine Verkettung in der Art super.super ist nicht zulässig.

Rückgabe des eigenen Objektes

Rückgabe des eigenen Objektes

Die step-Methode der Klasse OpenCounter ist bisher definiert als

```
void step()
{
    count++;
}
```

Das ist vollkommen in Ordnung, denn die Methode soll das Objekt modifizieren, aber sonst kein Ergebnis liefern. Mit this kann die Methode aber auch das eigene Objekt zurückliefern:

```
OpenCounter step()
{
    count++;
    return this;
}
```

Aufrufketten

Damit werden zum Beispiel Aufrufketten möglich, die mit der ursprünglichen Definition nicht erlaubt waren:

```
OpenCounter c = new OpenCounter();
c.step().step().step();                // 3x hochzählen
```

Covarianter Ergebnistyp

Kompatible Ergebnistypen redefinierter Methoden

Die verschiedenen redefinierten Fassungen der step-Methode liefern jeweils das eigene Objekt zurück. Der Ergebnistyp ist also in jeder Klasse ein anderer:

```
class OpenCounter
{
    OpenCounter step()
    {...}
}

class LtdCounter extends OpenCounter
{
    LtdCounter step()
    {...}
}

class LoopCounter extends LtdCounter
{
    LoopCounter step()
    {...}
}
```

Diese Freiheit wird als „**covarianter Ergebnistyp**" bezeichnet. Covariante Ergebnistypen erlauben jeden kompatiblen Ergebnistyp bei der Redefinition ererbter Methoden und bei der Implementierung von Interfacemethoden.

8.4 Abstrakte Basisklassen

Kombination von Interface und konkreter Basisklasse

Interfaces definieren ausschließlich Methodenköpfe und keinerlei Methodenrümpfe. Konkrete Basisklassen sind dagegen vollständige Klassen mit allen Methodenrümpfen. Interfaces und konkrete Basisklassen sind zwei Extreme, zwischen denen die so genannten **abstrakten Basisklassen** einen Mittelweg bieten.

Abstrakte Basisklassen (engl. „*abstract base classes*" oder einfach „ABCs") enthalten eine Mischung aus Datenelementen, vollständigen Methoden und Schnittstellen.

Markierung mit `abstract`

Eine ABC wird wie eine normale Klasse definiert, aber mit dem Vorsatz „`abstract`" markiert. Zusätzlich werden auch die Methodenschnittstellen mit `abstract` ausgewiesen.[15]

Beispiel für ABC

Die folgende Definition zeigt eine ABC für Zähler. Die `step`-Methode ist nicht implementiert, sondern nur als Schnittstelle festgelegt:

```
abstract class Counter           // als ABC markiert
{
    void reset()
    {
        count = 0;
    }

    int read()
    {
        return count;
    }

    abstract void step();        // nur Schnittstelle

    protected int count = 0;
}
```

Listing 8.13: ABC für Zähler

[15] Manchmal enthält eine ABC keine abstrakten Methoden. Dennoch kann sie nicht instanziiert werden. Das ist beispielsweise sinnvoll, wenn die Klasse nur eine Grundfunktionalität zur Verfügung stellt, die isoliert nicht sinnvoll nutzbar ist.

Ableiten einer ABC

Keine Objekte von ABCs Eine ABC kann selbst nicht instanziiert werden, weil sie unvollständig ist. Der einzige Zweck einer ABC ist das Ableiten zu konkreten Klassen.

Ableiten einer ABC Eine abgeleitete Klasse muss alle fehlenden abstrakten Methoden der ABC implementieren. Tut sie das nicht oder nur zum Teil, dann ist die abgeleitete Klasse immer noch unvollständig und damit selbst eine ABC. Darüber hinaus gelten alle Freiheiten der Vererbung zwischen konkreten Klassen: Neue Methoden können definiert oder ererbte Methoden redefiniert werden, die ABC kann mit `super` angesprochen werden und so weiter.

Die ABC in Listing 8.13 kann in verschiedene konkrete Zählerklassen abgeleitet werden. Eine neue Version der Klasse `OpenCounter` implementiert zum Beispiel die abstrakte Methode `step`, erbt den Rest und ist damit komplett:

```
class OpenCounter extends Counter
{
    void step()
    {
        count++;
    }
}
```

Entsprechend können die anderen Zähler von der ABC `Counter` abgeleitet werden.

Rein abstrakte Basisklassen

Vorteile einer ABC gegenüber Interfaces ABCs sind flexibler als Interfaces:

- Die Bestandteile von Interfaces sind grundsätzlich `public`. Für ABCs gilt das nicht: Abstrakte Methoden können auch den Zugriffsschutz `protected` oder *package* haben. Der Modifier `private` macht aus nahe liegenden Gründen wenig Sinn.
- Im Gegensatz zu Interfaces können ABCs Datenelemente definieren, wie jede andere Klasse auch.
- Weil ABCs Datenelemente enthalten können, brauchen sie auch Konstruktoren, um die Datenelemente zu initialisieren. Die Konstruktoren von ABCs können aber ausschließlich von abgeleiteten Klassen auf dem Weg über `super` aufgerufen werden. Obwohl aus technischer Sicht redundant, sollte man sie mit dem Modifier `protected` definieren.

Eine ABC, die keine Datenelemente und keine konkreten Methoden definiert, sondern *nur* abstrakte Methoden, heißt **„rein abstrakte Basisklasse“** (engl. *„pure ABC“*). Es liegt die Frage nahe, wozu in Java überhaupt Interfaces existieren, wo doch rein abstrakte Basisklassen einen mehr als vollwertigen Ersatz zu bieten scheinen. Die Antwort gibt der nächste Abschnitt.

ABCs mit ausschließlich abstrakten Methoden

Mehrfache Vererbung

Java lässt nur **einfache Vererbung** zu, keine mehrfache Vererbung.[16] Das bedeutet, dass eine Klasse nur von einer einzigen direkten Basisklasse abgeleitet werden kann, nicht von mehreren. Diese Entscheidung wurde beim Entwurf von Java bewusst getroffen, weil mehrfache Vererbung komplexe und schwer beherrschbare Konstruktionen ermöglicht und oft mehr Probleme schafft als löst.

Nur einfache Vererbung von Klassen

Die Einschränkung auf einfache Vererbung bezieht sich auf Basis*klassen*, aber nicht auf Interfaces. Eine Klasse kann durchaus mehrere Interfaces implementieren. Im folgenden Beispiel sind zwei Interfaces `Numbered` und `Counted` definiert:

Mehrfache Implementierung von Interfaces

```
interface Numbered
{
    int getNumber();
}

interface Counted
{
    int getCount();
}
```

Die Klasse `Thing` implementiert beide:

```
class Thing implements Numbered, Counted
{
    public int getNumber()  // für Numbered
    {...}

    public int getCount()   // für Counted
    {...}
}
```

Es ist kein Problem, wenn mehrere Interfaces die gleiche Methode verlangen. Eine implementierende Klasse muss die betreffende Methode nur einmal definieren und erfüllt damit die Anforderungen aller Interfaces.

Gleiche Methoden aus mehreren Interfaces zulässig

16 C++ erlaubt mehrfache Vererbung, C# ebenfalls nur einfache Vererbung.

```
interface Numbered
{
    int getNumber();
}

interface Serial
{
    int getNumber();
}

class Thing implements Numbered, Serial
{
    public int getNumber()  // für Numbered und Serial
    {...}
}
```

Unverträgliche Interfaces Es kann zu Unverträglichkeiten kommen, wenn Interfaces Methoden mit unterschiedlichen Ergebnistypen verlangen:

```
interface IntNumbered
{
    int getNumber();
}

interface DoubleNumbered
{
    double getNumber();
}
```

Es kann keine Klasse geben, die beide Interfaces implementiert. Die beiden Methodendefinitionen würden kollidieren, weil eine Methode nicht mit dem Ergebnistyp überladen werden kann.

```
class Thing implements IntNumbered, DoubleNumbered     // Fehler!
{...}
```

Das Problem liegt nicht bei den Interfaces. Unzulässig ist der Versuch, beide gleichzeitig zu implementieren.

Pure ABCs ersetzen Interfaces nicht In Java lassen sich Interfaces nicht pauschal durch rein abstrakte Basisklassen ersetzen, weil für letztere die Begrenzung auf einfache Vererbung gilt. Soll eine Klasse mehrere unterschiedliche Rollen spielen, dann müssen diese durch Interfaces ausgedrückt werden.

8.5 Dynamische Typinformation

Nutzung erweiterter abgeleiteter Klassen Am Anfang des Kapitels wurden die Basisklasse `OpenCounter` und die erweiterte Klasse `MemCounter` als Beispiele benutzt. Dynamisches Binden regelt den Aufruf redefinierter Methoden in abgeleiteten Klassen.

Zusätzliche Methoden in erweiterten Klassen lassen sich damit aber nicht erreichen.

Nehmen wir zum Beispiel an, eine Methode `saveReset` erhält als Parameter ein Objekt irgendeiner Zählerklasse und soll den Zähler zurücksetzen. Falls dieser Zähler ein `MemCounter` ist, soll vorher der alte Zählerstand mit `mark` festgehalten werden. Bei einem einfachen `OpenCounter` unterbleibt das mangels Unterstützung. `saveReset` könnte ungefähr folgendermaßen aussehen:

```
void saveReset(OpenCounter c)
{
    if(/* Ist c ein MemCounter? */)
        c.mark();                       // nur MemCounter
    c.reset();                          // alle Counter
}
```

Kein Zugriff auf zusätzliche Methoden über Basisklassen-variable

Der Compiler prüft beim Übersetzen anhand des statischen Typs, ob alle aufgerufenen Methoden existieren. Der statische Typ des Parameters `c` ist `OpenCounter`, wie in der Parameterliste festgelegt. Die Klasse `OpenCounter` kennt aber keine Methode `mark`, deshalb übersetzt der Compiler den Aufruf `c.mark()` nicht. Abgesehen davon fehlen bisher die Sprachmittel, um den Test *„Ist c ein MemCounter?“* überhaupt zu formulieren.

Typprüfung mit instanceof

`instanceof` prüft dynamischen Typ

Der zweistellige Operator „`instanceof`“ erwartet als Operanden ein beliebiges Objekt und den Namen eines Referenztyps. Das Ergebnis ist `true`, wenn das Objekt den gegebenen Typ hat, und andernfalls `false`. Der Test wird zur Laufzeit durchgeführt. Das heißt, dass `instanceof` den dynamischen Typ prüft und nicht den statischen Typ, wie ihn der Compiler sieht.

Mit `instanceof` lässt sich das Beispiel `saveReset` ergänzen:[17]

```
void saveReset(OpenCounter c)
{
    if(c instanceof MemCounter)
        c.mark();
    c.reset();
}
```

Listing 8.14: Test mit `instanceof`

[17] Im nächsten Abschnitt muss allerdings noch eine weitere Korrektur angebracht werden, bevor sich das Beispiel übersetzen lässt.

instanceof berücksichtigt Vererbung

`instanceof` schließt Ableitung und Interfacetypen mit ein. Der Test ist positiv, wenn das Objekt kompatibel zum genannten Typ ist.

Die `null`-Referenz liefert beim Test mit `instanceof` immer `false`.

Sicherer Typecast

Compiler ignoriert instanceof

In Listing 8.14 bleibt ein technisches Problem: Aus der Sicht des Compilers ist der statische Typ des Parameters `c` unverändert `OpenCounter`. Der Aufruf `c.mark()` kann deshalb weiterhin nicht übersetzt werden.

Dass später zur Laufzeit mit der `if`-Bedingung der korrekte dynamische Typ des Parameters sichergestellt wird, ist für den Compiler nicht erkennbar. Er weiß nichts über den Ablauf der Methode.

Sicherer Typecast in Zwischenvariable

Das Problem lässt sich mit einer Hilfsvariablen vom Typ `MemCounter` lösen. Nach dem Test mit `instanceof` wird `c` mit einem Typecast in einen `MemCounter` konvertiert und dieser an die Hilfsvariable `tmp` zugewiesen. Dieser Typecast kann keinen Typfehler auslösen, weil der Zieltyp unmittelbar vorher abgeprüft wird. Die Variable `tmp` hat den *statischen* Typ `MemCounter`, sodass der Compiler den Aufruf von `mark` akzeptiert.

```
void saveReset(OpenCounter c)
{
    if(c instanceof MemCounter)
    {
        MemCounter tmp = (MemCounter)c;
        tmp.mark();
    }
    c.reset();
}
```

Das Beispiel lässt sich kürzer und ohne Hilfsvariable formulieren:[18]

```
void saveReset(OpenCounter c)
{
    if(c instanceof MemCounter)
        ((MemCounter)c).mark();
    c.reset();
}
```

[18] Die Klammern um den Typecast sind nötig, weil der Typecast eine niedrigere Priorität als der Methodenaufruf hat. Der Ausdruck `(MemCounter)c.mark()` ohne die Klammern hat eine völlig andere Bedeutung: Zuerst wird die Methode `mark` aufgerufen, dann deren Ergebnis in einen `MemCounter` konvertiert.

Typobjekte

Jedem Typ ist in Java ein eindeutiges **Typobjekt** zugeordnet. Typobjekte sind ein Mechanismus, um die dynamische Typinformation in einem Programm explizit zugänglich und nutzbar zu machen.

Typobjekt identifiziert Klasse eindeutig

Das Typobjekt zu einem beliebigen Typ lässt sich mit dem Ausdruck

```
type.class
```

ermitteln.[19] Ein Typobjekt kann unter anderem ausgegeben und mit anderen Typobjekten verglichen werden. Zum Beispiel gibt die folgende Anweisung „`String`" aus:[20]

```
System.out.println(String.class);
```

Der folgende Vergleich liefert `false`, weil die beiden Typen verschieden sind:[21]

```
OpenCounter.class == LtdCounter.class → false
```

Eine Vererbungsbeziehung hat hier keinen Einfluss. Jedem Javatyp entspricht genau ein Typobjekt, sodass der Vergleich auf Identität ausreicht.

Typobjekte zu gegebenen Objekten

Das Typobjekt der Klasse eines Objektes lässt sich mit dem Ausdruck

```
object.getClass()
```

ermitteln. Im folgenden Beispiel wird „`String`" ausgegeben:

```
System.out.println("Hello".getClass());
```

Der folgende Vergleich liefert `true`, weil es für jeden Javatyp ein einziges, eindeutiges Typobjekt gibt:

```
"Hello".getClass() == String.class → true
```

Typobjekte sind selbst Objekte vom Typ „`Class`", wie die folgende Anweisung zeigt:

```
// gibt "Class" aus
System.out.println("Hello".getClass().getClass());
```

Typobjekte sind Teil des „Java Reflection API", das Struktur und Komponenten eines Javaprogramms in Form von Objekten verfügbar macht.

[19] Dieser Zugriff ist für *alle* Typen erlaubt, einschließlich der primitiven und Arraytypen.

[20] Die Ausgabe enthält auch Package-Informationen, die an dieser Stelle aber keine Rolle spielen.

[21] Dieser simple Vergleich wird nicht übersetzt, weil der Compiler *weiß*, dass er in diesem speziellen Fall scheitert. Das ändert nichts an der grundsätzlichen Arbeitsweise.

8.6 Wurzelklasse Object

Object ist Basisklasse aller anderen Klassen

Eine Klasse, die nicht ausdrücklich mit `extends` von einer bestimmten Basisklasse erbt, ist automatisch von der Wurzelklasse `Object` abgeleitet. `Object` ist Teil der Java-Bibliothek. Die beiden Definitionen

```
class className
{...}
```

und

```
class className extends Object
{...}
```

sind äquivalent. Das bedeutet, dass jede Klasse eine abgeleitete Klasse ist, mit Ausnahme von `Object`. Alle Klassen haben, direkt oder indirekt, `Object` als gemeinsamen Ahnen.

Vordefinierte Methoden in Object

`Object` definiert einige Methoden, die an jede Javaklasse vererbt werden, wie zum Beispiel:

`public String toString()`
: liefert eine lesbare Repräsentation des Objektes.

`public boolean equals(Object x)`
: prüft ob das Zielobjekt und `x` gleich sind.

`public int hashCode()`
: liefert eine Kennnummer des Objektes.

`protected Object clone()`
: liefert ein Duplikat des Objektes.

Minimalfunktionalität

Die Implementierungen dieser Methoden in der Klasse `Object` bieten eine minimale Funktionalität. Sie sollten in der Regel in eigenen Klassen redefiniert werden. Auf `toString` wurde in Kapitel 5 eingegangen. Die Methoden `equals`, `hashCode` und `clone` werden in den nächsten Abschnitten diskutiert.

Inhaltlicher Vergleich mit equals

equals zum Test logischer Gleichheit

Im Kapitel „Klassen" wurde auf Seite 166 bereits die Methode `equals` eingeführt. Hier wird die Diskussion unter dem Aspekt der Vererbung noch einmal aufgegriffen.

equals überprüft die inhaltliche Gleichheit zwischen dem Zielobjekt und einem zweiten Objekt, das als Parameter übergeben wird. Die von Object ererbte Fassung der Methode weiß nichts über die Eigenschaften abgeleiteter Klassen und vergleicht nur die *Identität* zweier Objekte, aber nicht den Inhalt. Zum Beispiel gibt das folgende Programm false aus:

Object.equals meistens unzureichend

```
OpenCounter c = new OpenCounter();
OpenCounter d = new OpenCounter();
System.out.println(c.equals(d));          // false
```

In der Regel wird man in eigenen Klassen equals redefinieren. Der Kopf einer equals-Methode lautet:

Redefinition von equals

```
public boolean equals(Object other)
```

Der Parameter muss den Typ Object haben, weil equals mit einem beliebigen Objekt als Argument aufgerufen werden kann.[22] Der Zugriffsschutz public darf bei Redefinitionen nicht eingeschränkt werden.

Eine korrekte equals-Implementierung muss den folgenden Anforderungen genügen [2]:

Anforderungen an eine korrekte equals-Implementierung

1. Reflexivität:
   Für jedes Objekt x gilt x.equals(x) → true.

2. Symmetrie:
   Für zwei Objekte x und y gilt x.equals(y) == y.equals(x).

3. Transitivität:
   Für drei Objekte x, y und z folgt aus x.equals(y) → true und y.equals(z) → true auch x.equals(z) → true.

4. Konsistenz:
   Zwei Objekte müssen bei wiederholten Aufrufen von equals immer das gleiche Ergebnis liefern, so lange sie nicht verändert werden.

5. Für alle Objekte x gilt x.equals(null) → false.

Ein erster Test stellt sicher, dass der Parameter verschieden von null ist, gemäß der letzten Forderung:

```
if(other == null)
    return false;
```

[22] Eine equals-Methode mit einem Parameter der *eigenen* Klasse überlädt Object.equals, redefiniert es aber nicht. Das ist ein tückischer Fehler, weil das Programm zwar klaglos übersetzt wird und abläuft, aber wahrscheinlich nicht funktioniert.

Symmetrie von equals Weiter ist der Typ des Parameters zu prüfen, bevor weitere Einzelheiten der Objekte verglichen werden können. Nahe liegend wäre der Einsatz von `instanceof`:

```
if(other instanceof MyClass)
    ...
```

Zwei Objekte voneinander abgeleiteter Typen liefern dabei aber kein symmetrisches Ergebnis. Beispielsweise erhält man:

```
OpenCounter c = new OpenCounter();
LtdCounter d = new LtdCounter();
System.out.println(ltd instanceof OpenCounter);     // true
System.out.println(simple instanceof LtdCounter);   // false
```

Zwei Objekte können im Allgemeinen nur dann gleich sein, wenn sie *exakt den gleichen Typ* haben. Für diesen Test sind Typobjekte (Seite 263) geeignet:

```
if(getClass() != other.getClass())
    return false;
```

Vergleich der Basisklassenobjekte Bei Klassen, die nicht von `Object` abgeleitet sind, müssen auch die Basisklassenobjekte gleich sein. Dazu wird via `super` die `equals`-Methode der Basisklasse aufgerufen:

```
if(!super.equals(other))
    return false;
```

Vergleich der eigenen Datenelemente Nach den vorausgegangenen Tests ist sicher, dass beide Objekte Instanzen genau der gleichen Klasse sind. Jetzt können die Datenelemente der beiden Objekte nacheinander paarweise verglichen werden.

Zum Beispiel ergibt sich für `LtdCounter` die folgende `equals`-Implementierung:

```
public boolean equals(Object other)
{
    if(other == null)
        return false;
    if(getClass() != other.getClass())
        return false;
    if(!super.equals(other))
        return false;
    return getLimit() == ((LtdCounter)other).getLimit();
}
```

Methode hashCode

Die Methode equals wird von vielen Klassen der Laufzeitbibliothek benutzt. Dazu zählen zum Beispiel die Klassen aus dem Collection-Framework (Kapitel 11).

Diese Klassen benutzen oft auch die Methode hashCode, die eine Kennzahl des Objektes produziert. Eine Kennzahl sollte eindeutig für ein Objekt sein, aber das ist nicht zwingend erforderlich und manchmal auch nicht möglich. Theoretisch könnte sogar jedem Objekt einer Klasse der gleiche Hashcode zugeordnet werden:

Kennzahl eines Objektes

```
class Cartesian
{
    public int hashCode()   // sehr ungeschickt
    {
        return 1;
    }
    ...
}
```

Der Preis für diese Vereinfachung wäre aber ein drastischer Performanceverlust in vielen Methoden der Laufzeitbibliothek.

Der Hashcode muss, wie equals, bestimmten Anforderungen genügen:

Anforderungen an hashCode

1. Der Hashcode eines Objektes muss immer gleich bleiben, so lange sich das Objekt nicht ändert.
2. Wenn zwei Objekte gemäß equals gleich sind, müssen sie den gleichen Hashcode haben.

   Umgekehrt ist das nicht verlangt: Zwei Objekte dürfen den gleichen Hashcode haben, selbst wenn sie laut equals verschieden sind.

Die von Object vererbte hashCode-Implementierung stützt sich auf die Speicheradresse des Objektes.

equals und hashCode hängen zusammen und sollten nicht einzeln redefiniert werden. Im Beispiel der Klasse Cartesian könnte man die Methode hashCode so definieren:

hashCode und equals gekoppelt

```
class Cartesian
{
    public int hashCode()
    {
        return (int)(real + imag);
    }
    ...
}
```

Bei diesem Typecast kommen zwar numerisch sinnlose Werte heraus, aber das spielt für Hashcodes keine Rolle.

Kopieren von Objekten mit `clone`

Kopier-Konstruktor ignoriert dynamischen Typ

Ein Kopier-Konstruktor eignet sich zum Duplizieren eines Objektes, wenn keine Vererbung im Spiel ist. Er berücksichtigt aber nicht den dynamischen Typ eines Objektes. In diesem Fall muss zum Kopieren eine normale, dynamisch gebundene Methode benutzt werden. In Java ist für diesen Zweck die Methode `clone` vorgesehen.

Methode `clone`

Die Klasse `Object` definiert eine Methode `clone`, die das Kopieren eines Objektes unterstützt. Allerdings soll nicht jedes Objekt überhaupt kopiert werden.[23] Deshalb ist `clone` in `Object` zunächst mit `protected` geschützt und kann nicht automatisch mit jedem beliebigen Objekt aufgerufen werden.

Interface `Cloneable`

In einer neuen Klasse sind zwei Maßnahmen nötig, um das Kopieren via `clone` zu ermöglichen:

1. Implementieren des Interfaces `Cloneable` und

2. redefinieren der Methode `clone` mit einer eigenen, öffentlich verfügbaren Fassung.

Das Ergebnis eines `clone`-Aufrufes ist eine unabhängige Kopie des Zielobjektes. Änderungen an einem der beiden Objekte haben keine Auswirkungen auf das andere.

`clone` für primitive Datenelemente

Die vordefinierte Fassung `Object.clone` erzeugt ein Duplikat des Zielobjektes, wobei es die Datenelemente einzeln mit Wertzuweisungen kopiert.[24] Das ist ausreichend für Klassen mit primitiven Datenelementen und Datenelementen unveränderlicher Typen, wie zum Beispiel Strings und Enums. In diesen Fällen kann `clone` recht einfach redefiniert werden:

```
class OpenCounter implements Cloneable
{
    ...
    public OpenCounter clone() throws CloneNotSupportedException
```

[23] Denken Sie zum Beispiel an ein Objekt, das eine Netzwerkverbindung repräsentiert. Würde man ein solches Objekt kopieren und beide Duplikate getrennt benutzen, dann käme es wahrscheinlich sehr schnell zu Inkonsistenzen.

[24] Die Methode `clone` aus der Klasse `Object` könnte mit Java-Sprachmitteln nicht definiert werden. Sie erzeugt ein neues Objekt, *ohne* einen Konstruktor aufzurufen.

```
    {
        return (OpenCounter)super.clone();
    }
}
```

Listing 8.15: Einfache Definition von clone

Die Exceptionsignatur „throws CloneNotSupportedException“ (siehe Kapitel 9.2) ist wegen des Aufrufs von super.clone() notwendig. Sie muss im Kopf von clone und von allen Methoden genannt werden, die clone direkt oder indirekt aufrufen.[25]

Problem mit Objekten als Datenelemente

Für Klassen mit Datenelementen veränderlicher Typen ist die clone-Definition in Listing 8.15 nicht ausreichend. Zum Beispiel enthält die folgende Klasse TwinCounter zwei OpenCounter als Datenelemente:

```
class TwinCounter
{
    private OpenCounter first = new OpenCounter();
    private OpenCounter second = new OpenCounter();

    void step(int which)
    {
        if(which == 1)
            first.step();
        else
            second.step();
    }

    public String toString()
    {
        return "(" + first.read() + "," + second.read() + ")";
    }
}
```

Die folgende Fassung der clone-Methode stützt sich allein auf die ererbte Fassung aus Object:

```
class TwinCounter implements Cloneable
{
    ...

    // Falsch!
    public TwinCounter clone() throws CloneNotSupportedException
    {
        return (TwinCounter)super.clone();
    }
}
```

[25] Um das zu vermeiden, kann die CloneNotSupportedException auch aufgefangen und ignoriert werden.

Beim Kopieren werden die Datenelemente des Originals an die Kopie zugewiesen. Dabei werden aber nicht die Zählerobjekte kopiert, sondern nur deren Referenzen. Anschließend arbeiten beide `TwinCounter` mit denselben Zählerobjekten!

```
TwinCounter a = new TwinCounter(...);
TwinCounter b = a.clone();
a.step(1);
b.step(2);
System.out.println(a);    // gibt aus (1,1) statt (1,0)
System.out.println(b);    // gibt aus (1,1) statt (0,1)
```

clone für Objekte als Datenelemente

In allen Klassen mit Datenelementen veränderlicher Referenztypen müssen diese Datenelemente in der `clone`-Methode einzeln mit neuen `clone`-Aufrufen kopiert werden, wie im folgenden Beispiel:

```
class TwinCounter implements Cloneable
{
    ...
    public TwinCounter clone() throws CloneNotSupportedException
    {
        TwinCounter copy = (TwinCounter)super.clone();
        copy.first = first.clone();
        copy.second = second.clone();
        return copy;
    }
}
```

Jetzt verhält sich das Anwendungsbeispiel wie erwartet:

```
TwinCounter a = new TwinCounter();
TwinCounter b = a.clone();
a.step(1);
b.step(2);
System.out.println(a);    // gibt aus (1,0)
System.out.println(b);    // gibt aus (0,1)
```

Regeln zur Definition von clone

Die Regeln für eine Definition von `clone` lassen sich folgendermaßen zusammenfassen:

1. das Interface `Cloneable` implementieren;
2. eine eigene, öffentliche Methode `clone()` definieren;
3. in `clone` eine Kopie des Basisklassenobjektes mit `super.clone()` erzeugen;
4. in `clone` alle Datenelemente veränderlicher Klassen einzeln mit untergeordneten `clone`-Aufrufen aus diesem Objekt in die Kopie übertragen;

`clone` kann nur dann korrekt arbeiten, wenn jede Basisklasse und jede verwendete Klasse selbst `clone` korrekt implementiert.

8.7 Umgang mit Vererbung

Vererbung ist ein mächtiges Sprachmittel, das bei angemessenem Einsatz viele Probleme elegant und mit wenig Aufwand lösen kann. Allerdings kann der unreflektierte Einsatz von Vererbung ebenso viel Chaos stiften.

„Ist-ein" vs. „enthält-ein"

„is-a" **gegenüber** *„has-a"*

Manchmal fällt es nicht leicht, die Beziehung zwischen zwei Klassen richtig einzuordnen. In diesen Fällen hilft die Überlegung weiter, welche der beiden folgenden Aussagen für zwei gegebene Klassen `A` und `B` zutrifft:

- „`A` ist ein `B`" ⇒ `A` ist von `B` abgeleitet
- „`A` enthält ein `B`" ⇒ `A` definiert ein Datenelement vom Typ `B`

Zwei Beispiele illustrieren die Idee:

- Es seien zwei Klassen für Dreiecke (`Triangle`) und Punkte (`Point`) definiert. Sicher ist falsch:

  „Ein Dreieck *ist ein* Punkt."

  Dagegen trifft zu:[26]

  „Ein Dreieck *enthält einen* Punkt (als Bestandteil)."

  Aus diesem Grund wird die Klasse `Triangle` ein Datenelement vom Typ `Point` definieren. Dass sie sogar drei Objekte enthält, ändert nichts an der strukturellen Beziehung zwischen `Triangle` und `Point`.

- Es seien zwei Klassen `Triangle` und `Polygon` definiert. Jetzt gilt:

  „Ein Dreieck *ist ein* Polygon."

[26] Diese Aussage ist nicht geometrisch zu interpretieren, sondern bezogen auf Klassen und Objekte.

aber offensichtlich nicht:

„Ein Dreieck *enthält ein* Polygon, oder umgekehrt."

Aus diesem Grund kann die Klasse `Triangle` von `Polygon` abgeleitet werden.

Abstraktionsebenen

Unterschiedliche Abstraktionsebenen

Vererbung lässt sich oft dann einsetzen, wenn Basisklasse und abgeleitete Klasse konzeptionell auf unterschiedlichen Abstraktionsebenen stehen. In diesen Fällen ist der eine Klassenname umgangssprachlich ein „Oberbegriff" des anderen Klassennamens.

Zum Beispiel seien die Klassen `Polygon`, `Quadrangle`, `Rectangle` und `Square` definiert. Für diese Klassen gilt:

- „Polygon" ist ein Oberbegriff für „Viereck". `Quadrangle` kann deshalb von `Polygon` abgeleitet werden.
- „Viereck" ist ein Oberbegriff für „Rechteck" und „Quadrat". `Rectangle` und `Square` können von `Quadrangle` abgeleitet werden.
- „Rechteck" und „Quadrat" sind bestimmte Arten von Vierecken und stehen auf der gleichen Abstraktionsebene. Weder ist „Rechteck" ein Oberbegriff für „Quadrat" noch umgekehrt. `Rectangle` und `Square` sollten nicht voneinander abgeleitet werden.

Aus diesem Blickwinkel ist auch die Ableitung von `LtdCounter` zu `LoopCounter` oder `OpenCounter` zu `MemCounter` fragwürdig: Alle vier sind konkrete Zählerklassen und stehen somit auf der gleichen Abstraktionsebene.

Interfaces und ABCs

Implementieren von Interfaces unkritisch

Mit Blick auf den vorhergehenden Abschnitt ist die Beziehung zwischen einem Interface und einer implementierenden Klasse in der Regel unkritisch: Ein Interface verkörpert sicher einen abstrakteren Begriff als eine konkrete Klasse, schon allein weil die Methodenrümpfe fehlen und damit von einem bestimmten Verhalten verallgemeinert wird.

Abstrakte Basisklassen stehen zwischen Interfaces und konkreten Klassen. Auch ABCs liegen typischerweise auf einer höheren Abstraktionsebene als konkrete Klassen, weil sie nicht vollständig sind und noch fehlende Eigenschaften definiert werden müssen. Auch die Ableitung von ABCs zu konkreten Klassen ist im Allgemeinen als unproblematisch einzustufen.

Vererbung zwischen konkreten Klassen heikel

Heikel bleibt die Vererbung zwischen konkreten Klassen. Zur Veranschaulichung seien noch einmal das Beispiel der Klassen `Square` und `Rectangle` aufgegriffen. Die Versuchung ist groß, `Square` von `Rectangle` abzuleiten, weil ja jedes Quadrat auch als Rechteck betrachtet werden kann. Diese Ableitung würde allerdings implizieren, dass ein Quadrat in jeder Beziehung wie ein Rechteck behandelt werden kann. Stellen Sie sich nun vor, in der Klasse `Rectangle` wird eine Methode `flatten` zum Halbieren der Höhe definiert. Kein Problem für Rechtecke, aber was wird aus Quadraten?

In diesem Beispiel wird die Basisklasse (`Rectangle`) von der abgeleiteten Klasse (`Square`) abhängig und darf zum Beispiel `flatten` nicht mehr definieren. Diese Rückkopplung läuft einer wichtigen Idee der Objektorientierung entgegen, die Basisklassen als unabhängige Bausteine zum Ziel hat.

Aus diesem einen Beispiel darf nicht gefolgert werden, dass die Ableitung zwischen konkreten Klassen grundsätzlich abzulehnen wäre. Je nach Anwendung steht eine Methode wie `flatten` vielleicht überhaupt nicht zur Diskussion. Unter diesen eingeschränkten Voraussetzungen mag die beschriebene Ableitung durchaus sinnvoll sein.

Die Vererbung zwischen konkreten Klassen sollte dennoch gründlich überdacht werden, weil damit weitreichende Programmstrukturen angelegt werden, die sich nur mit großem Aufwand nachträglich modifizieren lassen.

8.8 Aufgaben

8a. Elektrische Widerstände

Widerstände sind elektrische Bauteile mit einem Widerstandswert, gemessen in Ω. Aus Widerständen lassen sich Widerstandsnetze zusammensetzen. Dabei gelten die folgenden Konstruktionsregeln:

- Ein einzelner Widerstand ist ein „Netz", wenn auch ein sehr einfaches.
- Zwei Netze mit den Widerstandswerten R_1 und R_2 können in Serie, d. h. hintereinander, geschaltet werden. Die Kombination ist ein neues Netz mit dem Gesamtwiderstandswert

  $$R = R_1 + R_2$$

- Zwei Netze mit den Widerstandswerten R_1 und R_2 können parallel, d. h. nebeneinander, geschaltet werden. Die Kombination ist ein neues Netz mit einem Gesamtwiderstandswert R, der bestimmt ist durch:

  $$\frac{1}{R} = \frac{1}{R_1} + \frac{1}{R_2}$$

1. Definieren Sie eine abstrakte Basisklasse `Net` für Widerstandsnetze mit der Methode

   ```
   abstract double ohm();
   ```

2. Leiten Sie von `Net` eine Klasse `Resistor` für einfache Widerstände ab. Der Widerstandswert ist unveränderlich.
3. Definieren Sie zwei Klassen für serielle (`Serial`) und parallele (`Parallel`) Schaltungen von Netzen. Die Konstruktoren dieser Klassen erwarten je zwei Widerstandsnetze als Argumente und speichern diese.
4. Schreiben Sie eine Anwendung, die das Netz in Abbildung 8.2 aufbaut und den Gesamtwiderstand ausgibt. Die Widerstände R_1 bis R_6 haben die Werte 100 Ω, 200 Ω, …, 600 Ω.

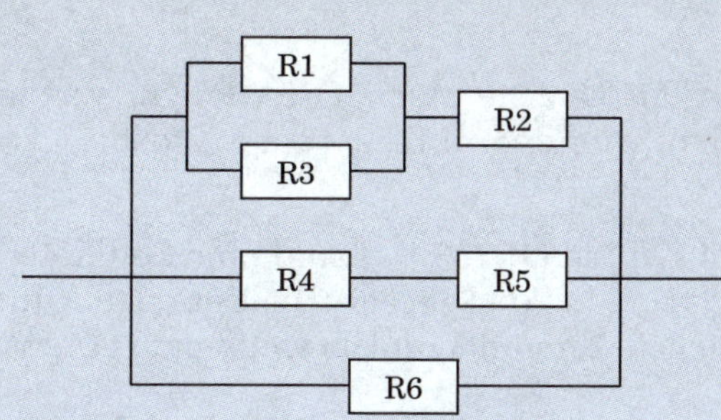

Abbildung 8.2: Widerstands-Netzwerk

5. Die Basisklasse `Net` wird erweitert um die Definition:

```
// liefert die Anzahl der Widerstände im Netz
abstract int resistors();
```

   Der Ausdruck `x.resistors()` liefert beispielsweise das Ergebnis `6`. Definieren Sie `resistors()` in allen Klassen.

6. Als neue Sorte von Widerständen werden Potentiometer eingeführt. Potentiometer sind Bauteile mit einem regelbaren Widerstandswert. Leiten Sie von `Net` eine Klasse `Potentiometer` ab, die zusätzlich einen Setter `setOhm` für den Widerstandswert bietet.

7. Ersetzen Sie in der oben skizzierten Schaltung den Widerstand R_4 durch ein Potentiometer. Schreiben Sie eine neue Anwendung, die eine Liste der Widerstandswerte der modifizierten Schaltung ausgibt, wenn das Potentiometer in Schritten von 200 Ω von 0 Ω bis auf 5 kΩ hochgeregelt wird.

8b. Zahlenfolgen

Schreiben Sie ein Javaprogramm, das Zahlenfolgen modelliert. Zur Vereinfachung werden nur Folgen ganzer Zahlen betrachtet.

1. Definieren Sie eine abstrakte Basisklasse `Sequence` für allgemeine Zahlenfolgen. `Sequence` hat nur zwei Methoden:

`moreElements`
: gibt Auskunft, ob diese Folge noch weitere Elemente enthält (`true`) oder nicht (`false`).

`nextElement`
liefert das nächste Element der Folge. Darf nur dann aufgerufen werden, wenn `moreElements` das Ergebnis `true` geliefert hat.

2. Die natürlichen Zahlen (1, 2, 3, ...) sind eine konkrete Zahlenfolge. Leiten Sie die Klasse `Naturals` von `Sequence` ab. Der erste Aufruf von `nextElement` liefert `1`, der nächste `2`, dann `3` und so weiter. `moreElements` ist immer `true`.

3. Die Klasse `Range` repräsentiert die natürlichen Zahlen in einem bestimmten Intervall. Der Konstruktor von `Range` erwartet zwei Argumente, den Anfang und das Ende des Intervalls. Der erste Parameter nennt die erste Zahl im Intervall, der zweite Parameter die erste Zahl hinter dem Intervall.

   Zum Beispiel enthält die Folge `Range(5, 10)` die Zahlen 5, 6, 7, 8 und 9, aber nicht mehr 10. Die Folge `Range(5, 5)` ist leer.

4. Entwerfen Sie ein Struktogramm einer Methode `print`, die bis zu 10 Elemente einer beliebigen Folge ausgibt. Wenn die Folge bloß 10 oder weniger Elemente hat, wird anschließend das Wort „`end`" ausgegeben, ansonsten „`more`".

   Definieren Sie `print` an passender Stelle.

5. Ein „Filter" ist eine Zahlenfolge, die keine eigene Zahlenquelle enthält. Ein Filter „ernährt" sich stattdessen von einer anderen Zahlenfolge, deren Elemente er entweder durchlässt oder absorbiert. Welche Zahlen ein Filter passieren lässt, legen erst konkrete Filterklassen fest.

   Definieren Sie einen Typ `Filter`. Die Bedingung zum Schlucken oder Durchlassen von Zahlen bleibt hier noch offen, deshalb ist `Filter` keine konkrete Klasse.

6. Definieren Sie den Filter `Evens`, der gerade Zahlen weitergibt und ungerade Zahlen entfernt. Zum Beispiel liefert

   ```
   new Evens(new Naturals()) ⇒ 2, 4, 6, ...
   ```

   Welche Zahlen enthält die nächste Folge?

   ```
   new Evens(new Range(5, 10)) ⇒ ?
   ```

7. Definieren Sie einen Filter `ZapMultiples`. Dessen Konstruktor erwartet eine Basiszahl. Der Filter absorbiert alle ganzzahligen Vielfachen der Basiszahl und gibt den Rest weiter. Zum Beispiel ergibt

```
new ZapMultiples(new Naturals(), 3) ⇒ 1, 2, 4, 5, 7, 8, 10, ...
```

Alle Vielfachen von 3 fehlen. Welche Zahlen erzeugt diese Folge?

```
new ZapMultiples(new Evens(new Range(5, 10)), 2) ⇒ ?
```

Die nächste Folge hat ein Problem. Können Sie es ohne Hilfe eines Programms vorhersagen?

```
new ZapMultiples(new Evens(new Naturals()), 2)
```

8. Das „*Sieb des Eratosthenes*“ ist ein Algorithmus zur Berechnung von Primzahlen:

   (a) Nimm die natürlichen Zahlen und entferne die 1.
   (b) Vom Rest entferne die erste Zahl p. Diese ist eine Primzahl.
   (c) Entferne alle ganzzahligen Vielfachen von p.
   (d) Zurück zu Schritt (b).

   Implementieren Sie das „Sieb des Eratosthenes“ mit den vorher definierten Klassen.

8c. Funktionen

Eine mathematische Funktion f bildet eine Zahl x (Parameter) auf eine neue Zahl $f(x)$ (Funktionswert) ab. Aus der Sicht von Java kann das durch eine Methode mit dem Kopf

```
double map(double x)
```

ausgedrückt werden.

1. Definieren Sie eine abstrakte Basisklasse `Function` mit dieser Methode.

2. Eine Parabel ist eine Funktion der Form $f(x) = ax^2 + bx + c$. Definieren Sie eine Klasse `Parabel`, die von `Function` abgeleitet ist und deren Konstruktor a, b und c akzeptiert.

3. Definieren Sie ebenso eine Klasse `Hyperbel` für Funktionen der Form $f(x) = \frac{a}{x}$.

4. Eine Funktion kann in einer Wertetabelle grob dargestellt werden, die für eine Reihe von x-Werten in regelmäßigen Abständen jeweils den Funktionswert $f(x)$ auflistet. Definieren Sie in der passenden Klasse eine Methode `print`, die drei Parameter akzeptiert (kleinster x-Wert, größter x-Wert, Abstand zwischen zwei x-Werten), und die eine derartige Wertetabelle ausdruckt.

5. Zwei Funktionen f und g können verkettet werden. Die Verkettung ist eine neue Funktion $h(x) = g(f(x))$. Definieren Sie eine Klasse `Composed`, die von `Function` abgeleitet ist und im Konstruktor zwei andere Funktionen akzeptiert, deren Verkettung sie repräsentiert.

6. Schreiben Sie eine Anwendung, die die Funktion $f(x) = \frac{1}{x^2-2x+2}$ erzeugt und deren Wertetabelle im Bereich $-5 \leq x \leq +5$ in Schritten von 0.1 ausgibt.

7. Die (punktweise mathematische) Ableitung einer Funktion kann approximiert werden durch $f'(x) = \frac{f(x+\delta)-f(x-\delta)}{2\delta}$ für ein hinreichend kleines δ. Definieren Sie eine Klasse `Derivation`, die von `Function` (programmiersprachlich) abgeleitet ist und eine andere Funktion f im Konstruktor akzeptiert, deren (punktweise mathematische) Ableitung sie repräsentiert. Weiter akzeptiert der Konstruktor ein festes δ als zweiten Parameter.

8. Schreiben Sie eine weitere Anwendung, die eine Wertetabelle der zweiten Ableitung von $f(x) = \frac{1}{x^2-2x+2}$ im Bereich $-5 \leq x \leq +5$ in Schritten von 0.1 ausgibt.

Assertions und Exceptions

9

ÜBERBLICK

Assertions und Exceptions sind technisch verwandte Mechanismen mit unterschiedlicher Zielsetzung. Beide unterstützen die Entwicklung robuster Programme, also von Programmen, die auf Fehlersituationen vorbereitet sind und kontrolliert darauf reagieren.

- In 9.1 werden zuerst **Assertions** eingeführt, die die Korrektheit der inneren Programmlogik absichern.
- Der Rest des Kapitels befasst sich mit **Exceptions**, die die Einhaltung beliebiger Randbedingungen sicherstellen. In 9.2 wird zunächst die Idee der Exceptions vorgestellt.
- Das Exception-Handling beruht auf **Exceptionklassen**, die in 9.3 besprochen werden.
- Exceptions werden **zur Laufzeit ausgewertet**. In 9.4 wird gezeigt, wie dieser Mechanismus arbeitet.
- Schließlich werden in Kapitel 9.5 Hinweise gegeben, wie man Exceptions in der Praxis **sinnvoll einsetzt**.

9.1 Assertions

Assertion = immer zutreffende Bedingung

Eine „**Assertion**" (dt. „Zusicherung") ist ein `boolean`-Ausdruck, der immer zutreffen muss. Beispielsweise darf in der Klasse `Rational` für Brüche (Kapitel 4) der Nenner keinesfalls null sein.

Eine Assertion wird als Anweisung im Programm eingetragen. Sie hält Wissen des Entwicklers über das Programm fest, das ansonsten bestenfalls losgelöst vom Quelltext in anderen Dokumenten zu finden ist und schlimmstenfalls ganz verloren geht.

JVM überwacht Assertions

Assertions werden beim Programmablauf von der JVM überwacht. Sollte eine Assertion nicht zutreffen, dann wird das ganze Programm sofort angehalten. Assertions helfen, die Qualität von Programmen zu heben, weil sie Fehler frühzeitig aufdecken.

Korrektes Programm funktioniert mit und ohne Assertions

Auf die Funktionsweise eines korrekten Programms haben Assertions keinen Einfluss. Aber ein fehlerhaftes Programm wird im Idealfall von einer nicht eingehaltenen Assertion gestoppt.

Syntax

Assertion als Anweisung

Assertions sind einfache Anweisungen wie Wertzuweisungen oder Variablendefinitionen. Nach dem Schlüsselwort „`assert`" folgt ein `boolean`-Ausdruck, der immer das Ergebnis `true` liefern muss:

```
assert expression;
```

Im folgenden Beispiel wird die Methode `reduce` der Klasse `Rational` (Listing 4.1) mit Assertions ausgestattet. `reduce` berechnet zuerst den größten gemeinsamen Teiler von Zähler und Nenner und dividiert dann Zähler und Nenner durch den größten gemeinsamen Teiler. Mit Assertions lässt sich zusichern, dass

1. der größte gemeinsame Teiler immer eine positive Zahl ist und
2. der Nenner am Ende der Methode nicht null ist.

```
class Rational
{
    ...
    void reduce()
    {
        int gcd = ...;
        assert gcd > 0;      // 1.) ggT ist positiv
        num /= gcd;
        denom /= gcd;
        assert denom != 0;   // 2.) Nenner ist nicht null
    }
}
```

Arbeitsweise

Gescheiterte Assertion stoppt Programm

Assertions werden zur Laufzeit ausgewertet. Wenn das Ergebnis des zugesicherten Ausdrucks `true` ist, läuft das Programm weiter. Ist das Ergebnis aber `false`, dann scheitert die Assertion und das Programm stoppt mit einem `AssertionError`. Nach einer gescheiterten Assertion gibt es keine Möglichkeit, das Programm fortzusetzen.[1]

Die Art des Programmabbruchs wird weiter hinten in diesem Kapitel genauer erläutert. Für den Moment reicht es aus, dass das Programm mit einer Textausgabe auf der Konsole anhält.

Beispiel für Assertion

Im folgenden Beispiel wird die Assertion eigentlich missbraucht (Begründung siehe Seite 285), hier aber um eines kurzen Beispiels willen verwendet. Der Ausdruck „`args.length`“ liefert die Anzahl der Wörter, die beim Start des Programms auf der Kommandozeile angegeben wurden.

1 Dieses voreingestellte Verhalten kann man allerdings auch ändern: Im Kapitel 9.2 wird gezeigt, wie man einen `AssertionError` abfangen und dann nach eigenen Vorstellugen weiter verfahren könnte. Ob das grundsätzlich eine gute Idee ist, steht auf einem anderen Blatt.

```
class TestAssertion
{
    public static void main(String[] args)
    {
        System.out.println("start");
        // keine Kommandozeilenargumente erlaubt
        assert args.length == 0;
        System.out.println("end");
    }
}
```

Beispiel für Reaktion auf gescheiterte Assertion

Nach dem Übersetzen wird das Programm zunächst ohne Kommandozeilenargumente gestartet (`args.length == 0`). Die Assertion ist in diesem Fall erfüllt und das Programm läuft regulär zu Ende. Auf den Schalter „`-ea`" wird im nächsten Abschnitt eingegangen.

```
$ java -ea TestAssertion
start
end
```

Startet man das Programm mit einem beliebigen Kommandozeilenargument, dann gilt „`args.length == 1`", die Bedingung in der Assertion ist nicht mehr erfüllt, die Assertion scheitert.

```
$ java -ea TestAssertion x
start
Exception in thread "main" java.lang.AssertionError
        at TestAssertion.main(TestAssertion.java:6)
```

Das Programm wird am Punkt der gescheiterten Assertion angehalten. Die nachfolgenden Anweisungen werden nicht mehr ausgeführt, deshalb fehlt die Ausgabe „`end`" der letzten Anweisung im Programm.

Fehlermeldungen

Abbruchmeldung verweist auf Fehlerort

Bei Programmabbruch mit einer Assertion wird Information über den Ort der gescheiterten Assertion nach dem folgenden Schema ausgegeben:

```
Exception in thread ...
       at classname.methodname(filename:linennumber)
```

Im vorhergehenden Beispiel lautete die Fehlermeldung:

```
Exception in thread "main" java.lang.AssertionError
        at TestAssertion.main(TestAssertion.java:6)
```

Die gescheiterte Assertion steht an der folgenden Stelle:

- Klasse `TestAssertion`
- Methode `main`
- Quelltextdatei `TestAssertion.java`
- Zeile 6

Einen Hinweis auf die logische Ursache der gescheiterten Assertion erhält man dabei aber nicht.

Zusätzliche Erklärung für Assertion

Für aussagekräftigere Fehlermeldungen kann der Bedingung der Assert-Anweisung eine Nachricht in Form eines beliebigen `String`-Ausdrucks nachgestellt werden:

```
assert expression: string;
```

Der Text *`string`* sollte die Ursache erklären, wegen der die Assertion gescheitert ist:

```
class TestAssertion
{
    public static void main(String[] args)
    {
        System.out.println("start");
        assert args.length == 0: "No command line args permitted";
        System.out.println("end");
    }
}
```

Beim Scheitern wird der Text zusammen mit den anderen Angaben ausgegeben.

```
$ java -ea TestAssertion x
start
Exception in thread "main" java.lang.AssertionError:
        No command line args permitted
        at TestAssertion.main(TestAssertion.java:6)
```

Aktivieren und stillegen

Assertion an- und abschalten

Assertions kosten etwas Rechenzeit. Sie können zur Laufzeit wahlweise aktiviert oder stillgelegt werden. Das Programm muss dazu *nicht neu übersetzt* werden.

Beim Start der JVM kann einer der beiden folgenden Schalter angegeben werden:

`-ea` („*enable assertions*")
: Alle Assertions sind aktiviert und werden von der JVM überwacht.

`-da` („*disable assertions*")
: Alle Assertions sind ausgeblendet und werden von der JVM ignoriert.

Voreinstellung: Assertions stillgelegt

In der Voreinstellung sind die Assertions ausgeblendet. Startet man die JVM also ohne Schalter, dann werden die Assertions nicht überwacht:

```
$ java TestAssertion x
start
end
```

Den gleichen Effekt hat der Schalter `-da` („*disable assertions*"):

```
$ java -da TestAssertion x
start
end
```

Aktivieren während der Entwicklung, Stillegen nach Freigabe

In der Regel macht es Sinn, Assertions während der Entwicklungszeit eines Programms durchweg zu aktivieren.

Wenn das Programm seiner Freigabe entgegengeht, ist es gründlich getestet und fehlerfrei, wenigstens theoretisch. Die letzte gescheiterte Assertion liegt sicherlich lange zurück. Im Produktionsbetrieb kann man die Assertions deshalb stillegen.

Wenn es, wider Erwarten, im ausgelieferten Programm dennoch zu Problemen kommt, lassen sich die Assertions mit dem Schalter „`-ea`" leicht wieder aktivieren.

Selektives Aktivieren und Stillegen

Die Schalter `-ea` und `-da` betreffen alle Assertions des Programms. Gerade bei größeren Programmen ist diese Steuerung aber zu grob. Besonders interessant sind Assertions in neu entwickelten Klassen, die viel wahrscheinlicher Fehler enthalten als gut getestete und lange bewährte Klassen. Assertions lassen sich zu diesem Zweck auf der Ebene von Klassen und Packages getrennt aktivieren und stillegen.

Assertions klassenweise schalten

Der Schalter

```
-ea:classname
```

aktiviert Assertions gezielt in der Klasse `classname`, aber nirgendwo sonst. Entsprechend können die Assertions in einer Klasse gezielt stillgelegt werden.

Assertions packageweise schalten

Mit dem Schalter

```
-ea:packagepath...
```

werden die Assertions aller Klassen im genannten Package und dessen Subpackages aktiviert. Die drei Punkte nach `packagepath` sind wörtlich anzugeben und unterscheiden Packageangaben von Klassenangaben.

Das anonyme Defaultpackage wird mit drei Punkten ohne weitere Angaben angesprochen:

```
-ea:...
```

Bei Start der JVM können mehrere Assertion-Schalter nacheinander aufgelistet werden. Sie werden der Reihe nach von links nach rechts ausgewertet und erlauben auf diese Art eine recht genaue Kontrolle über die Programmteile, die überwacht werden sollen. Zum Beispiel werden mit den folgenden Schaltern alle Assertions in den Klassen des Packages `project51` aktiviert, außer in den Klassen im Subpackage `project51.datastore`, dort aber doch in der Klasse `Rational`:

```
-ea:project1... -da:project51.datastore...
        -ea:project51.datastore.Rational
```

Was zusichern (und was nicht)?

Assertions repräsentieren Programmlogik

Abgesehen von den technischen Aspekten bleibt die Frage nach dem angemessenen Einsatz von Assertions. Sie sind grundsätzlich nur geeignet für Bedingungen, deren Einhaltung das Programm *kraft eigener Logik* garantieren kann. Nicht zusichern lassen sich Bedingungen, die von irgendwelchen äußeren Einflüssen abhängen und damit außerhalb der Kontrolle des Programms liegen.

Beispiel für Assertion

Als Beispiel für den ersten Punkt wird eine Methode `throwDie` betrachtet, die in einem Spielprogramm den Wurf eines Würfels simuliert. Wie immer die Methode arbeitet, das Ergebnis muss zwischen 1 und 6 liegen. Diese Bedingung wird mit einer Assertion zugesichert:

```
class Game
{
    int throwDie()
    {
        int result;
        ...
        assert (result >= 1) && (result <= 6): "I am cheating";
        return result;
    }
    ...
}
```

Beispiel für missbrauchte Assertion

Ein typisches Beispiel für Zusicherungen, die ein Programm *nicht* geben kann, sind bestimmte Werte von Parametern. Der Konstruktor der `Rational`-Klasse soll zwar mit einem Nenner ungleich von null aufgerufen werden, aber *zusichern* kann der Konstruktor das nicht. Die folgende Assertion ist fehl am Platz:[2]

```
class Rational
{
    Rational(int n, int d)
    {
        assert d != 0;        // falsch
        ...
    }
    ...
}
```

Unabhängig von aller Dokumentation, allen Hinweisen und allen Ermahnungen kann der Code der Klasse `Rational` nicht verbindlich garantieren, dass niemals ein Anwender diesen Konstruktor mit null als zweitem Argument aufrufen wird.

Assertions am Ende von Methoden

Oft stehen Assertions am Ende von Methodenrümpfen, um die Rechenergebnisse der Methode abzusichern. Sie stehen selten am Anfang von Methodenrümpfen, weil korrekte Vorgaben außerhalb der Kontrolle der Methode liegen.

Gescheiterte Assertion = fehlerhafter Code

Eine Assertion scheitert nur dann, wenn ein Programm falsch ist. Fehlerhafte Bedienung des Programms oder fehlerhafte Verwendung einer Klasse bringen keine Assertion zum Scheitern.

Assertions als Qualitätsmerkmal

Der Einsatz von Assertions verlangt Vertrauen des Entwicklers in den eigenen Code, dokumentiert aber die Zusage: „Dieses Programm ist fehlerfrei."

---

2 In dieser Situation ist eine Exception angebracht, siehe Seite 309.

Klasseninvarianten

Anwendung von Assertions: Klasseninvarianten

Die Datenelemente der meisten Klassen dürfen nicht alle Werte annehmen, die ihr Typ umfasst. Einige Beispiele:

- Der Nenner eines Bruchs kann nicht null sein.
- Eine Temperatur kann nicht unter dem absoluten Nullpunkt liegen.
- Die Eckpunkte eines Dreiecks können nicht `null` sein.
- Das Alter einer Person kann nicht negativ sein, das Geschlecht nur „weiblich" oder „männlich".[3]

Derartige Bedingungen werden als **Klasseninvarianten** bezeichnet. Eine Klasseninvariante gilt für jedes Objekt der Klasse. Wenn sie nicht mehr gilt, ist das Programm fehlerhaft und muss gestoppt werden, bevor es ganz außer Kontrolle gerät.

Eine Klasseninvariante kann *während* des Ablaufs einer Methode kurzzeitig verletzt werden. Vor dem Aufruf und nach der Rückkehr jeder Methode muss die Klasseninvariante aber zutreffen.

Ort zum Test von Klasseninvarianten

Klasseninvarianten sind Kandidaten für Assertions, die an den Anfang und an das Ende jeder einzelnen Methode gesetzt werden.

Bei konsequenter Datenkapselung gibt es von außen keine Möglichkeit, Objekte aus der Balance zu bringen. Unter dieser Voraussetzung kann auf die Zusicherung der Klasseninvariante am Beginn von Methoden verzichtet werden, denn

- lesende Methoden verändern Objekte ohnehin nicht, und
- wenn ein Objekt bei der Rückkehr aus einer Methode intakt ist, dann gilt das auch noch beim Aufruf der nächsten Methode.

Unveränderliche Klassen brauchen Klasseninvarianten überhaupt nur am Ende von Konstruktoren zu prüfen.

---

[3] Ein Aufzählungstyp mit den Elementen `female` und `male` kann das sicherstellen. `boolean` wäre zwar technisch ausreichend, wird aber für diesen Zweck missbraucht, weil das biologische Geschlecht mit Wahrheitswerten nichts zu tun hat.

Private Invarianten-Methoden

Komplexe Klasseninvarianten in Methoden

Klasseninvarianten sind unter Umständen recht komplex und beziehen mehrere Datenelemente mit ein, deren Werte wechselseitig voneinander abhängen. Der Test einer Klasseninvariante kann aufwändig sein. Man wird den gleichen Testcode deshalb nicht an alle erforderlichen Stellen kopieren, sondern eine private `boolean`-Methode definieren, die die entsprechenden Bedingungen nacheinander prüft. Assertions garantieren, dass diese Methode `true` liefert:

```
class Rational
{
    private boolean invariantIsValid()
    {
        return denom != 0;
    }

    void reduce()
    {
        ...
        assert invariantIsValid();
    }

    void invert()
    {
        ...
        assert invariantIsValid();
    }
    ...
}
```

Im fertigen Code kann man solche kostspieligen Assertions stillegen.

Methode mit `boolean`-Ergebnis

Die Invarianten-Methode sollte nicht selbst die Assertions enthalten, sondern den Befund mit einem `boolean`-Ergebnis an den Aufrufer zurückmelden. Damit kann bei jedem Aufruf der Methode ein anderer Kommentartext an die Assertion geknüpft werden.

Postconditions

Pre- und Postconditions

Eine öffentliche Methode kann als Service einer Klassen betrachtet werden, der dem Aufrufer zur Verfügung gestellt wird. Die Methode erbringt eine Art von „Leistung". Dabei sind zwei Gesichtspunkte zu beachten:

1. Der Aufrufer übergibt der Methode Argumente.[4] In der Regel stellt die Methode gewisse Anforderungen an die Argumente und akzeptiert nicht den gesamten Wertebereich des Parametertyps. Diese

[4] Für Methoden ohne Parameter entfällt dieser Punkt.

Bedingungen werden als **Preconditions** bezeichnet und müssen vom Aufrufer eingehalten werden.

2. Falls die Preconditions eingehalten sind, liefert die Methode ein Ergebnis,[5] das Bedingungen entsprechend der zugesagten Leistungen der Methode garantiert. Diese Bedingungen werden als **Postconditions** bezeichnet und müssen von der Methode eingehalten werden.

Die Preconditions können von der Methode nicht zugesichert werden. Es ist alleine Sache des Aufrufers, diese einzuhalten. Assertions sind also dafür ungeeignet. Für diesen Zweck sind die später diskutierten Exceptions vorgesehen (Seite 309).

Anwendung von Assertions: Postconditions

Anders bei Postconditions: Diese kann und muss die Methode garantieren. Postconditions sind damit Kandidaten für Assertions. Nachdem sie am Ende eines Methodenaufrufes gelten, stehen die entsprechenden Assertions unmittelbar vor `return`-Anweisungen oder am Ende der Methoden.

Das betrifft sowohl schreibende wie auch lesende Methoden. Bei Postconditions geht es nicht um den Zustand des Objektes, sondern um die Daten, die an den Aufrufer zurückgeliefert werden.

Beispiel für Postcondition

Als Beispiel dient eine ggT-Methode (Seite 81). Der konkrete Algorithmus ist hier ausgeblendet und spielt keine Rolle.

```
int gcd(int a, int b)
{
    int result;
    ...
    return result;
}
```

Die Methode erwartet echt positive Parameter. Das ist eine Precondition und kann nicht zugesichert werden. Falls sie aber gilt, ist auch das Ergebnis echt positiv und teilt beide Parameter ohne Rest.[6] Diese Eigenschaften des Ergebnisses sind Bestandteile der Postcondition, die die Methode zusichert. Sie werden in Assertions umgesetzt:

```
int gcd(int a, int b)
{
    int result;
    ...
```

[5] Wenn eine Methode keinen Ergebniswert zurückgibt, aber andere Daten manipuliert, gilt das für diese im übertragenen Sinne.

[6] Dass das Ergebnis tatsächlich der *größte* gemeinsame Teiler ist, lässt sich nicht ohne weiteres in einer leicht berechenbaren Bedingung formulieren. Dieser Punkt wird hier ignoriert.

```
        // post-conditions
        assert result > 0:  "gcd is non-positive";
        assert a%result == 0:  "gcd is not a factor of 1st arg";
        assert b%result == 0:  "gcd is not a factor of 2nd arg";
        return result;
    }
```

9.2 Exceptions

Exceptions zur kontrollierten Reaktion auf Laufzeitfehler

„Laufzeitfehler“ ist ein Sammelbegriff für alle Probleme, die sich erst im ablaufenden Programm manifestieren. Die Ursachen von Laufzeitfehlern sind vielschichtig: Sie können von logischen Fehlern im Programm verursacht werden, von fehlerhafter Bedienung eines korrekten Programms oder auch von Problemen im Java-Laufzeitsystem selbst.

„*Exceptions*“ (dt. „Ausnahmen“) sind ein Sprachmittel zur kontrollierten Reaktion auf solche Laufzeitfehler. Die im vorhergehenden Kapitel besprochenen Assertions sind ein Sonderfall von Exceptions.

Die angemessene Reaktion auf Laufzeitfehler orientiert sich an der Art des Fehlers. Bei logischen Fehlern sollte das Programm besser gestoppt werden, bevor Flurschäden angerichtet werden. Bedienungsfehler können mit einem Hinweis und der Aufforderung zur Korrektur beantwortet werden. Gegen Probleme im Java-Laufzeitsystem gibt es kaum sinnvolle Maßnahmen.

Vorteile des Exception-Handling

Der Einsatz von Exceptions („Exception-Handling“) bringt zwei wesentliche Vorteile mit sich:

- Laufzeitfehler und die dabei ausgelösten Exceptions können nicht ignoriert werden. Es müssen Maßnahmen zur Behandlung von Ausnahmesituationen getroffen werden, andernfalls wird das Programm abgebrochen.
- Der Code für den regulären Programmablauf ist textuell getrennt vom Code zur Fehlerbehandlung.

Melden und Behandeln von Fehlern

Code zum Exception-Handling schlägt sich in zwei verschiedenen Zusammenhängen nieder:

- Ausnahmesituationen werden an bestimmten Punkten im Programm abgeprüft und gegebenenfalls gemeldet.
- An anderer Stelle im Programm steht Code zur Reaktion auf potenzielle Ausnahmesituationen.

Ausnahmesituationen

In einer Ausnahmesituation kann ein Programm nicht wie geplant fortfahren. Als Beispiel wird eine Methode definiert, die einen String als Parameter erhält, das erste und das letzte Zeichen abschneidet und den Rest wieder zurückgibt:

```
String clip(String s)
{
    return s.substring(1, s.length() - 1);
}
```

Beispiel für Fehlersituationen

Zu einer Ausnahmesituation kommt es, wenn der Parameter `s` zu kurz oder sogar `null` ist. In diesen Fällen kann die Methode nicht normal arbeiten.

Diese Fälle lassen sich mit Abfragen erkennen:

```
String clip(String s)
{
    if(s == null)
        ...                     // kein String
    else
        if(s.length() < 2)
            ...                 // String zu kurz
        else
            return s.substring(1, s.length() - 1);
}
```

Listing 9.1: Erkennen von Ausnahmesituationen

Exceptions auslösen

Werfen einer Exception

Beim Exception-Handling von Java wird in Ausnahmesituationen eine Exception ausgelöst. Man spricht auch vom „Werfen einer Exception“, die an anderer Stelle „aufgefangen“ wird. Geworfen wird eine Exception mit einer einfachen Anweisung der Form:

```
throw exception;
```

Exceptionobjekt

Der Typ des Ausdrucks *`exception`* muss zur vordefinierten Klasse `Throwable` kompatibel sein. Für den Moment reicht ein Objekt der Klasse `Exception` aus, die von `Throwable` abgeleitet ist.[7] Listing 9.1 kann folgendermaßen ergänzt werden:

---

[7] Später zeigt sich, dass diese Wahl nicht sehr weitsichtig ist.

```
String clip(String s) throws Exception
{
    if(s == null)
        throw new Exception();      // Exception werfen
    else
        if(s.length() < 2)
            throw new Exception();  // Exception werfen
        else
            return s.substring(1, s.length() - 1);
}
```

Listing 9.2: Werfen von Exceptions

Die Exceptionsignatur „`throws Exception`" im Methodenkopf wird auf Seite 295 erklärt. Bis dahin wird sie vorerst blind eingefügt.

Unterbrechung des regulären Ablaufs Eine `throw`-Anweisung unterbricht den laufenden Code sofort. Die nachfolgenden Anweisungen werden nicht mehr ausgeführt. Die Schachtelung von `if`-Anweisungen ist deshalb nicht nötig:

```
String clip(String s) throws Exception
{
    if(s == null)
        throw new Exception();
    if(s.length() < 2)
        throw new Exception();
    return s.substring(1, s.length() - 1);
}
```

Erzeugen eines Exceptionobjektes Ein Konstruktor der `Exception`-Klasse akzeptiert einen String-Parameter, in dem zusätzliche Informationen zur Fehlerursache mitgegeben werden können. Dieser Text ist in erster Linie für den Benutzer gedacht, dessen Programm auf einen Fehler gelaufen ist. Der Text wird nicht automatisch ausgewertet, sondern höchstwahrscheinlich von einem Menschen gelesen, der daraus die Fehlerursache und eventuell mögliche Abhilfen entnehmen soll.

```
String clip(String s) throws Exception
{
    if(s == null)
        throw new Exception("no string");
    if(s.length() < 2)
        throw new Exception("short string");
    return s.substring(1, s.length() - 1);
}
```

Listing 9.3: Exceptions mit Hinweis auf Ursache

try und catch

Trennung regulärer Code und Fehlerbehandlung

Beim Exception-Handling bleibt der reguläre Code, der sich nicht um Laufzeitfehler kümmert, weitgehend unverändert. Der Code zur Fehlerbehandlung wird in einem anderen, getrennten Programmabschnitt zusammengestellt.

Die beiden Codeabschnitte, regulärer Code und Fehlerbehandlung, werden syntaktisch jeweils einzeln als Blöcke geklammert und mit den Schlüsselwörtern „`try`" für den regulären Code und „`catch`" für die Fehlerbehandlung markiert.[8] Das folgende Schema zeigt diesen Aufbau.

```
try
{
    ... regulärer Code ...
}
catch(Exception ex)
{
    ... Fehlerbehandlung ...
}
```

`try`- und `catch`-Block gehören untrennbar zusammen und folgen lückenlos aufeinander. Dazwischen darf kein anderer Code eingeschoben werden.

Anwendungsbeispiel

Als Beispiel soll die Methode `clip` von Listing 9.3 in einem Anwendungsprogramm eingesetzt werden. Die folgende Fassung ignoriert die Möglichkeit, dass `clip` scheitern könnte:

```
public static void main(String[] args) throws Exception
{
    String s = ...;
    String c = clip(s);
    System.out.println(c);
}
```

Wenn `clip` nicht normal arbeiten kann, wirft es eine Exception, die mit dem `try`/`catch`-Schema behandelt wird: Der vorhandene, reguläre Code wird unverändert in einen `try`-Block verschoben. Die Fehlerbehandlung folgt in einem `catch`-Block direkt im Anschluss:[9]

---

[8] Nach `try` und `catch` folgen *immer* geschweifte Klammern, auch wenn der Block nur eine Anweisung enthält.

[9] Eine Textausgabe als „Fehlerbehandlung", wie in diesem Beispiel, ist denkbar ungeeignet. Was ist, wenn niemand hinguckt? Hier sei das aber der Kürze wegen hingenommen.

```
public static void main(String[] args)
{
    try
    {
        String s = ...;
        String c = clip(s);
        System.out.println(c);
    }
    catch(Exception ex)
    {
        System.out.println("clipping failed - giving up");
    }
}
```

Ablauf

Zwei Abläufe sind möglich: Das Programm kann einerseits regulär arbeiten und andererseits in eine Ausnahmesituation geraten.

Kontrollfluss bei regulärem Ablauf

Beim normalen Ablauf wird der gesamte Inhalt des `try`-Blocks, einschließlich aller untergeordneten Methodenaufrufe, vollständig ausgeführt. Dabei trifft das Programm aber nie auf eine `throw`-Anweisung, weil keine der Ausnahmesituationen eintritt. Schließlich wird das Ende des `try`-Blocks erreicht. In diesem Fall wird der nachfolgende `catch`-Block übergangen, wie auf linken Seite von Abbildung 9.1 gezeigt.

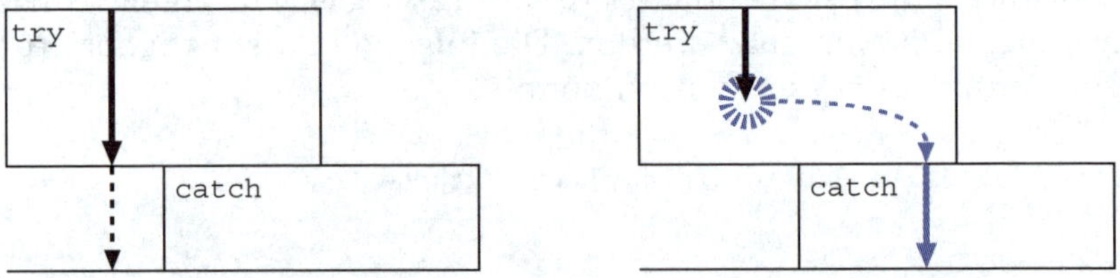

Abbildung 9.1: Kontrollfluss bei regulärem Programmverlauf und im Fehlerfall

Kontrollfluss im Fehlerfall

Bei einer Ausnahmesituation trifft das Programm irgendwann während der Abarbeitung des `try`-Blocks auf eine `throw`-Anweisung. Hier wird der normale Programmablauf sofort abgebrochen und der gesamte Rest des `try`-Blocks übergangen. Das Programm springt direkt in den `catch`-Block und arbeitet diesen vollständig ab. Nach Ende des `catch`-Blocks ist die Fehlerbehandlung erledigt, wie auf der rechten Seite in Abbildung 9.1 skizziert.

Exceptionsignatur

Dem Anwender einer Methode liegt in der Regel nur der Methodenkopf vor, dem mögliche Exceptions nicht zu entnehmen sind. Bei welchen Methoden muss ein Anwender also mit Exceptions rechnen und entsprechende try/catch-Blöcke vorsehen, und bei welchen nicht?

Ankündigung von potenziellen Exceptions

Zur Abstimmung zwischen der Implementierung und der Anwendung einer Methode werden mögliche Exceptions im Methodenkopf aufgezählt, ebenso wie zum Beispiel die Parameter, der Ergebnistyp und der Methodenname. Der entsprechende Zusatz zum Methodenkopf heißt **Exceptionsignatur** und wird nach der Parameterliste angefügt:[10]

```
returntype name(parameterlist) throws Exception
```

Eine Exceptionsignatur ist als Warnung für den Aufrufer zu verstehen: Diese Methode könnte *unter Umständen* scheitern und dann diese und jene Exception werfen. Der Anwender möge das berücksichtigen.

Die Exceptionsignatur in der Implementierung von clip in Listing 9.2 (Seite 292) zeigt dem Anwender zum Beispiel an, dass die Methode eine Exception werfen könnte. Weitere Einzelheiten zu Exceptionsignaturen werden auf Seite 298 beschrieben.

Beispiel für Exceptionsignatur

9.3 Exceptionklassen

Basisklasse Throwable

In den bisher gezeigten Beispielen wurden in throw-Anweisungen Objekte der Klasse Exception geworfen und mit catch-Blöcken aufgefangen.

Throwable als Basisklasse aller Exceptionobjekte

Der Typ von Exceptionobjekten muss allgemein zur Klasse Throwable kompatibel sein. Exception ist nur eine unter vielen Klassen, die von Throwable abgeleitet sind.

Mit verschiedenen Exceptiontypen können Fehler nach ihrer Art klassifiziert werden. Eine wichtige Information über einen Laufzeitfehler steckt also im Typ des Exceptionobjektes. Diese Information ist in erster Linie für andere Klassen gedacht, die auf die Exception reagieren müssen. Diese Reaktion kann recht einfach gemäß des Exceptiontyps differenziert werden.

Exceptiontyp klassifiziert Fehler

[10] Das Schlüsselwort in der Exceptionsignatur heißt „throws“, das Schlüsselwort zum Auslösen einer Exception „throw“ ohne „s“.

Abbildung 9.2 zeigt die wichtigsten Exceptionklassen. Sie werden in den nachfolgenden Abschnitten erklärt.

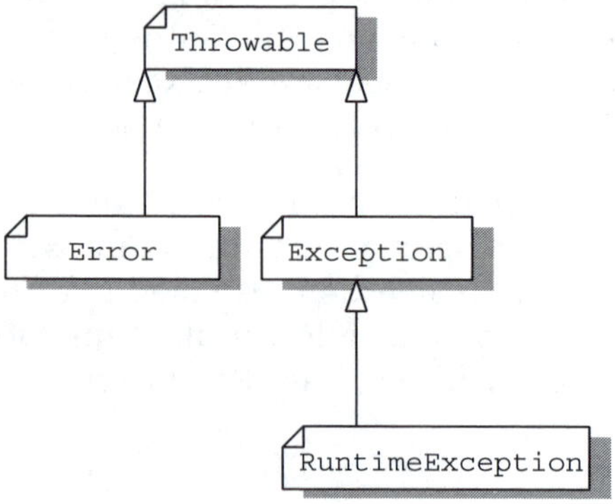

Abbildung 9.2: Organisation der Exceptionklassen

Vordefinierte Exceptionklassen

Exception für Fehler im Benutzercode

Die Klasse Exception ist direkt von Throwable abgeleitet. Der Exceptiontyp aller Laufzeitfehler, die vom Benutzerprogramm, einschließlich der Laufzeitbibliothek, ausgelöst werden, sind von Exception abgeleitet. Demgegenüber sind die Exceptiontypen bei Fehlern in der virtuellen Maschine (Seite 301) von Error abgeleitet. Throwable selbst wird kaum jemals isoliert benutzt.

Auswahl vordefinierter Exceptionklassen

In der Java-Bibliothek sind viele Exceptionklassen vordefiniert. Technisch gesehen könnte man irgendeine dieser Klassen herausgreifen und für eigene Exceptionobjekte verwenden. Der Exceptiontyp sollte aber die Fehlerursache klassifizieren und deshalb mit Bedacht gewählt werden.

Im Beispiel der clip-Methode gibt es zwei Fehlerquellen: Der Parameter kann null oder ein zu kurzer String sein. Dafür können beispielsweise die Exceptionklassen NullPointerException und IllegalArgumentException verwendet werden:[11]

```
String clip(String s) throws Exception
{
    if(s == null)
        throw new NullPointerException("no string");
    if(s.length() < 2)
        throw new IllegalArgumentException("short string");
    return s.substring(1, s.length() - 1);
}
```

[11] Gerade diese beiden Klassen sind auf den zweiten Blick doch nicht ganz ideal, wie sich weiter unten noch herausstellt (Seite 300).

Benutzerdefinierte Exceptionklassen

Die vordefinierten Exceptionklassen sind recht bequem und werden zum Beispiel von vielen Bibliotheksmethoden ausgiebig genutzt. Der Typ des Exceptionobjektes liefert aber aus diesem Grund eine recht unspezifische Information. Zudem lässt sich längst nicht für alle Situationen eine halbwegs passende vordefinierte Exceptionklasse finden.

Vordefinierte Exceptionklassen nicht immer passend

Für eigene Zwecke kann man deshalb neue Exceptionklassen definieren. Exceptionklassen lassen sich mit wenig Aufwand schreiben. Für einfache Fälle reicht es aus, eine leere Klasse von der Basisklasse `Exception` abzuleiten:[12]

Definition neuer Exceptionklassen

```
class StringClipException extends Exception
{}
```

In dieser Form kennt die Klasse nur den automatisch definierten Default-Konstruktor. Möchte man einem Exceptionobjekt zum Beispiel noch Text mitgeben, dann müssen entsprechende Konstruktoren explizit bereitgestellt werden:

```
class StringClipException extends Exception
{
    StringClipException()
    {}

    StringClipException(String message)
    {
        super(message);
    }
}
```

Die Methode `clip` kann mit dieser neuen, maßgeschneiderten Exceptionklasse auf die undifferenzierten vordefinierten Exceptionklassen verzichten:

Beispiel zur Verwendung neuer Exceptionklassen

```
String clip(String s) throws Exception
{
    if(s == null)
        throw new StringClipException("no string");
    if(s.length() < 2)
        throw new StringClipException("short string");
    return s.substring(1, s.length() - 1);
}
```

Listing 9.4: Benutzerdefinierte Exceptionklasse

[12] Eine neue Exceptionklasse für eine einzige Methode ist sicher „Overkill" und dient hier nur der Illustration.

Exceptionsignaturen

Signatur und tatsächlich geworfene Exception

Die Exceptionsignatur im Methodenkopf zeigt einem Aufrufer, der den Rumpf der Methode nicht kennt, welche Exception die Methode werfen könnte. Dabei kann eine Liste von Exceptiontypen angegeben werden:

```
returntype methodname(parameterlist)
        throws exceptiontype1, exceptiontype2, ...
```

Die tatsächlich aus der Methode geworfenen Exceptions müssen kompatibel zu einem der aufgezählten Typen sein. Listing 9.4 ist korrekt, weil `StringClipException` von `Exception` abgeleitet ist.

Möglichst spezifische Angaben sind besser

Trotzdem ist die Angabe von „`throws Exception`" ungeschickt, weil der Aufrufer mit jeder beliebigen Exception rechnen muss, die Methode aber in Wahrheit nur eine einzige Art von Exception wirft. Die Exceptionsignatur sollte so spezifisch wie möglich sein:

```
String clip(String s) throws StringClipException
{
    if(s == null)
        throw new StringClipException("no string");
    if(s.length() < 2)
        throw new StringClipException("short string");
    return s.substring(1, s.length() - 1);
}
```

Listing 9.5: Spezifische Exceptionsignatur

Compiler prüft Korrektheit der Exceptionsignatur

Die Exceptionsignaturen werden vom Compiler überprüft. Fehlende, falsche oder überzählige Angaben werden abgewiesen. Dieser Test ist manchmal lästig, langfristig aber vorteilhaft, weil Exceptionsignaturen dadurch verlässlich sind.

Überladen und Redefinieren von Exceptionsignaturen

Exceptionsignaturen überladener Methoden unabhängig

Überladene Methoden haben den gleichen Namen, aber unterschiedlichen Parameterlisten. Exceptionsignaturen werden dabei nicht berücksichtigt. Das heißt, dass die Exceptionsignaturen überladener Methoden völlig unabhängig sind. Unterschiedlichen Exceptionsignaturen reichen nicht aus, um Methoden zu überladen. Das Gleiche gilt für den Ergebnistyp.

Exceptionsignaturen redefinierter Methoden

Die Redefinition einer ererbten Methode muss die entsprechende Basisklassenmethode in jedem Kontext ersetzen können. Das bedeutet, dass die Exceptionsignatur bei der Redefinition nicht erweitert werden kann, weil der Aufrufer der Basisklassenmethode mit den neuen Exceptiontypen nicht rechnen würde.

Die Redefinition einer Methode darf in ihrer Exceptionsignatur alle Typen nennen, die kompatibel sind zu irgendeinem Typ in der Signatur irgendeiner direkten oder indirekten Basisklassenmethode. Die in einer Vererbungshierarchie zuerst definierte Methode steckt damit den Spielraum für alle späteren Redefinitionen ab. Die Methode

Keine neuen Exceptiontypen

```
void foo() throws RuntimeException
```

darf folgendermaßen redefiniert werden:

```
// keine Exception
void foo()
// kompatibel zu RuntimeException
void foo() throws NullPointerException
```

Verboten ist dagegen:

```
// nicht kompatibel zu RuntimeException
void foo() throws Exception
```

Durchreichen von Exceptions

Eine Methode, die in einem `try`-Block aufgerufen wird, produziert oft nicht selbst Exceptions, sondern ruft ihrerseits andere Methoden auf, die Exceptions werfen. Diese Aufrufverschachtelung kann sich über viele Ebenen fortsetzen.

Exceptions aus untergeordneten Methoden

Als Beispiel wird eine Methode `tripleClip` definiert, die die ersten und letzten drei Zeichen eines Strings abschneidet. `tripleClip` ruft dazu einfach wiederholt `clip` auf:

```
String tripleClip(String s)
{
    return clip(clip(clip(s)));
}
```

`tripleClip` erzeugt selbst keine Exception, aber jeder der untergeordneten `clip`-Aufrufe könnte eine Exception auslösen. Die Exception wird in diesem Fall an den Aufrufer „durchgereicht".

Aus der Sicht des Anwenders von `tripleClip` spielt es keine Rolle, ob `tripleClip` selbst scheitert oder einer der untergeordneten `clip`-Aufrufe. In jedem Fall „haftet" `tripleClip`.

Exceptionsignatur für alle Exceptions

Eine Methode muss in der eigenen Signatur

1. die Typen der selbst ausgelösten Exceptions und zusätzlich
2. die aller aufgerufenen Methoden ausweisen.

Für `tripleClip` bedeutet das, dass die `StringClipException` genannt werden muss, obwohl die Methode selbst keine `throw`-Anweisung benutzt:

```
String tripleClip(String s) throws StringClipException
{
    return clip(clip(clip(s)));
}
```

Compiler prüft Vollständigkeit der Exceptionsignatur

Der Compiler stellt sicher, dass keine Exception einer untergeordneten Methode übersehen wird.

Runtime-Exceptions

Allgegenwärtige Exceptions

Auch die virtuelle Maschine wirft Exceptions, wenn ein Programm nicht normal ausgeführt werden kann. Versucht man beispielsweise eine Methode mit `null` als Zielobjekt aufzurufen, dann wird eine `NullPointerException` ausgelöst:

```
Rational r = null;
r.reduce();          // NullPointerException
```

Im Prinzip könnte das bei jedem Methodenaufruf passieren. Also müssten alle Methoden, die irgendwelche anderen Methoden aufrufen, in ihrer Exceptionsignatur die `NullPointerException` auflisten.

Das wäre nicht praktikabel. Es gibt deshalb den besonderen Typ `RuntimeException`, der für derartige, allgegenwärtige Fehlerquellen reserviert ist. `RuntimeExceptions` und davon abgeleitete Exceptiontypen dürfen in Exceptionsignaturen weggelassen werden.

Runtime-Exceptions nicht in Signaturen

`NullPointerException` und `IllegalArgumentException` sind Beispiele für `RuntimeExceptions`. Diese beiden brauchen nicht in Exceptionsignaturen genannt werden. Das Gleiche gilt für viele andere Exceptionklassen im Zusammenhang mit grundlegenden, vordefinierten Typen wie Strings und Arrays.

Die Versuchung ist groß, selbst vordefinierte `RuntimeExceptions` zu verwenden oder eigene Klassen von `RuntimeException` abzuleiten. Damit könnten viele Exceptionsignaturen eingespart und der Schreibaufwand verringert werden.

Der reduzierte Schreibaufwand hat allerdings seinen Preis:

Eigene RuntimeExceptions fragwürdig

- RuntimeExceptions tauchen eventuell nicht in der Exceptionsignatur auf, sodass der Aufrufer nichts über eine potenzielle Exception erfährt und auch nicht darauf vorbereitet ist.
- Der Compiler wird von Prüfungen entbunden. Ob relevante RuntimeExceptions wirklich berücksichtigt sind, bleibt nur zu hoffen. Eine vergessene oder unbekannte RuntimeException kann lange im scheinbar fertigen Code lauern, um dann zu einem vielleicht ziemlich unpassenden Zeitpunkt ausgelöst zu werden.

Einsatz von RuntimeExceptions

RuntimeExceptions lassen sich oft schlecht behandeln. Wie soll zum Beispiel nach einer NullPointerException weiter verfahren werden? Meistens weisen RuntimeExceptions auf Schwächen im Programm hin und fallen damit in eine ähnliche Kategorie wie Assertions. Demzufolge sollte man keine eigenen RuntimeExceptions definieren und auch keine vordefinierten RuntimeExceptions werfen. In den entsprechenden Situationen sind wahrscheinlich Assertions besser geeignet.

Errors

Errors bei Problemen der JVM selbst

Neben Exception ist auch die Klasse Error direkt von Throwable abgeleitet. Error und kompatible Typen sind für Fehler mit Ursachen direkt in der virtuellen Maschine reserviert. Sie sollten weder von Benutzercode geworfen werden,[13] noch können sie dort sinnvoll behandelt werden.

Beispiel für Errors sind OutOfMemoryError und ClassFormatError. Im ersten Fall hat die JVM allen verfügbaren Speicherplatz verbraucht, im zweiten Fall wurde versucht eine defekte Bytecodedatei zu laden. In beiden Fällen ist es ziemlich zwecklos, das laufende Programm fortzusetzen.

Wie RuntimeExceptions fehlen Errors in Exceptionsignaturen.

Assertions als Errors

Die bereits weiter vorne vorgestellten Assertions lösen beim Scheitern einen AssertionError aus. Ein AssertionError bedeutet, dass das laufende Programm fehlerhaft ist und deshalb unbedingt gestoppt werden muss, bevor noch Schäden unbekannten Ausmaßes angerichtet werden.

[13] Einzige Ausnahme sind AssertionErrors.

9.4 Behandeln von Exceptions

Mehrere catch-Klauseln

Auffangen unterschiedlicher Exceptiontypen

In einer Methode können, direkt oder indirekt, Exceptions verschiedener Typen ausgelöst werden. Eine Liste dieser Exceptiontypen ist der Exceptionsignatur zu entnehmen.[14] Nach einem `try`-Block kann für mehrere Exceptionklassen je ein eigener `catch`-Block angefügt werden. Das Schema zur Exceptionbehandlung wird folgendermaßen verfeinert:

```
try
{
    ... regulärer Code ...
}
catch(exceptiontype1 ex)
{
    ... Fehlerbehandlung für exceptiontype1 ...
}
catch(exceptiontype2 ex)
{
    ... Fehlerbehandlung für exceptiontype2 ...
}
...
```

Reihenfolge entscheidet

Die Reihenfolge der `catch`-Blöcke ist entscheidend: Eine Exception aus dem `try`-Block wird der Reihe nach mit den Exceptiontypen der `catch`-Blöcke verglichen. Ausgeführt wird der zuerst genannte `catch`-Block, zu dem die aktuelle Exception kompatibel ist. Alle nachfolgenden `catch`-Blöcke werden ignoriert.

Als Beispiel seien die folgenden Exceptionklassen definiert:

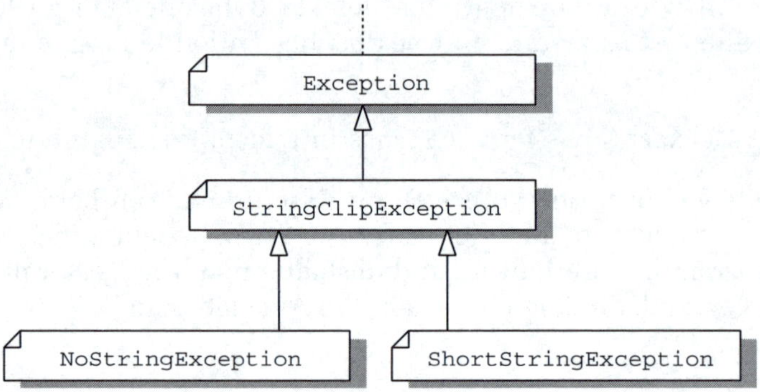

Eine neue Fassung der `clip`-Methode wirft diese Exceptions:

[14] Davon ausgenommen sind `RuntimeExceptions` und `Errors`, gegen die kaum sinnvolle Maßnahmen ergriffen werden können.

```
String clip(String s) throws NoStringException, ShortStringException
{
    if(s == null)
        throw new NoStringException();
    if(s.length() < 2)
        throw new ShortStringException();
    return s.substring(1, s.length() - 1);
}
```

In der folgenden Beispielanwendung werden die Exceptions behandelt:

Beispiel mit zwei catch-Blöcken

```
public static void main(String[] args)
{
    String s = ...;
    try
    {
        System.out.println(clip(s));
    }
    catch(NoStringException ex)
    {
        System.out.println("no string to clip");
    }
    catch(StringClipException ex)
    {
        System.out.println("cannot clip string");
    }
}
```

Wenn das Programm mit `s = null` gestartet wird, löst die Methode `clip` eine `NoStringException` aus. Der `try`-Block wird abgebrochen, die `catch`-Blöcke werden durchsucht. Der erste `catch`-Block passt und die Meldung „no string to clip" wird ausgegeben. Auch der zweite `catch`-Block hätte gepasst. Die Exception ist aber mit dem ersten `catch`-Block bereits fertig behandelt. Die weiteren `catch`-Blöcke werden nicht betrachtet.

Für `s = "a"` kommt es zu einer `ShortStringException`. Wieder werden die `catch`-Blöcke von vorne nach hinten durchsucht. Der erste `catch`-Block passt nicht, weil eine `ShortStringException` nicht zu `NoStringException` kompatibel ist. Aber der zweite `catch`-Block passt, weil `ShortStringException` von `StringClipException` abgeleitet ist. Die Meldung „cannot clip string" wird ausgegeben.

Grundsätzlich sollte man die `catch`-Blöcke mit spezifischen Exceptiontypen nach vorne stellen, die mit allgemeineren Exceptiontypen nach hinten.

Spezifische Exceptiontypen nach vorne

Ein „`catch(Exception x)`" ist grundsätzlich keine gute Idee, weil damit zum Beispiel auch alle `RuntimeException`s eingefangen werden, auf die man kaum sinnvoll reagieren kann.

Fehlendes catch

Fehlendes catch bricht Programm ab

Eine Exception ohne passenden catch-Block erreicht schließlich die JVM. Die JVM reagiert spröde und bricht das Programm mit einer Fehlermeldung ab.

Im folgenden Beispielprogramm gibt es kein try und catch. Stattdessen reicht main Exceptions durch an die JVM:

```
01 class BombOut
02 {
03     static String clip(String s) throws StringClipException
04     {
05         if(s == null)
06             throw new NoStringException();
07         if(s.length() < 2)
08             throw new ShortStringException();
09         return s.substring(1, s.length() - 1);
10     }
11
12     public static void main(String[] args)
                                     throws StringClipException
13     {
14         String s = null;
15         System.out.println(clip(s));
16     }
17 }
```

Ausgabe zeigt Fehlerort an

Das Programm bricht mit der folgenden Meldung ab:

```
$ java BombOut
Exception in thread "main" NoStringException
        at BombOut.clip(BombOut.java:6)
        at BombOut.main(BombOut.java:15)
```

Von unten nach oben gelesen gibt die Ausgabe Auskunft über die Vorgeschichte der Exception:

`BombOut.main(BombOut.java:15)`
: Zuerst wurde die Methode main der Klasse BombOut aufgerufen. Der nächste Aufruf steht in Zeile 15 der Datei BombOut.java.

`BombOut.clip(BombOut.java:6)`
: Dann wurde die Methode clip der Klasse BombOut aufgerufen. Der nächste Aufruf steht in Zeile 6 der Datei BombOut.java.

`Exception ... NoStringException`
: Dort steht die throw-Anweisung, die die NoStringException geworfen hat.

Geschachtelte try-Blöcke

Stapel offener try-Blöcke

Zur Laufzeit können mehrere try-Blöcke geschachtelt sein. Automatisch geschieht das, wenn eine Methode in einem try-Block eine andere Methode aufruft, die selbst einen try-Block enthält. Manchmal sind try-Blöcke auch innerhalb einer einzigen Methode geschachtelt, wie im Beispiel in Listing 9.6.

Unabhängig davon, wie sich geschachtelte try-Blöcke zusammenfügen, werden sie immer folgendermaßen umgesetzt: Die JVM legt jeden try-Block, den das Programm erreicht, oben auf einen Stapel. Beim Verlassen wird der Block wieder vom Stapel genommen. Auf dem Stapel liegen also zu jedem Zeitpunkt die momentan „offenen" try-Blöcke. Der zeitlich zuletzt erreichte Block liegt dabei ganz oben auf dem Stapel.

Suche nach passendem catch

Wenn eine Exception geworfen wird, wird der Stapel von oben nach unten durchsucht. Die catch-Blöcke zu jedem einzelnen try-Blocks werden wiederum der Reihe nach von vorne nach hinten überprüft.

Der erste passende catch-Block, der dabei gefunden wird, wird ausgeführt. Weiter unten im Stapel gibt es zwar vielleicht noch weitere, ebenfalls passende catch-Blöcke, aber diese werden ignoriert, weil die Suche bereits erfolgreich beendet ist.

Wenn die Suche erfolglos ist und überhaupt kein catch-Block passt, dann erreicht die Exception die JVM, die das Programm daraufhin stoppt.

Beispiel für geschachtelte try-Blöcke

Das folgende, konstruierte Beispiel enthält zwei geschachtelte try-Blöcke:

```
class Bomb
{
    public static void main(String[] args) throws Exception
    {
        int i = Integer.parseInt(args[0]);
        try                 // äußerer try-Block
        {
            try             // innerer try-Block
            {
                if(i == 1)      throw new NullPointerException();
                else if(i == 2) throw new RuntimeException();
                else if(i == 3) throw new Exception();
            }
            catch(NullPointerException ex)
            {
                System.out.println("inner catch");
            }
        }
```

```
            catch(RuntimeException ex)
            {
                System.out.println("outer catch");
            }
        }
    }
```

Listing 9.6: Geschachtelte `try`-Blöcke

Ruft man das Programm mit dem Kommandozeilenargument `1` auf, dann läuft es nacheinander in die beiden `try`-Blöcke und wirft eine `NullPointerException`. Die Suche nach einem passenden `catch`-Block trifft auf den inneren `catch`-Block, der genau passt und ausgeführt wird. Das Programm gibt „inner catch" aus und endet dann regulär. Der äußere `try/catch`-Block wird ignoriert, weil die `NullPointerException` nach dem inneren `catch`-Block vollständig abgearbeitet ist.

Mit dem Kommandozeilenargument `2` wird eine `RuntimeException` geworfen. Der innere `catch`-Block passt nicht und die Suche findet den äußeren `catch`-Block. Das Programm gibt „outer catch" aus und läuft dann normal zu Ende.

Bei `3` wird eine allgemeine `Exception` geworfen, für die es keinen `catch`-Block gibt. Die Exception erreicht die JVM, das Programm wird abgebrochen.

Auswertung von Exceptionobjekten

Exceptiontypen als Klassen

Exceptionklassen sind, abgesehen von ihrer besonderen Rolle im Zusammenhang mit dem Exception-Handling, ganz normale Klassen. Sie können beliebige Datenelemente und Methoden definieren und damit jede Art von Informationen von der Ursache eines Fehlers zur Behandlung transportieren. Wie schon weiter vorne gezeigt, kann das beispielsweise ein simpler String mit erklärendem Text sein. Ein `String`-Datenelement wird bereits von der Klasse `Exception` ererbt.

Ähnlichkeit zur Parameterübergabe

Das Exceptionobjekt wird in der `throw`-Anweisung abgeworfen und taucht in einem `catch`-Block als Variable wieder auf, deren Name im Kopf des `catch`-Blocks definiert ist.

Der Übergabemechanismus ähnelt in mancher Beziehung der Parameterübergabe bei Methoden. Eine `throw`-Anweisung „ruft" einen `catch`-Block „auf". Als „Argument" wird das Exceptionobjekt übergeben, das als „Parameter" im `catch`-Block zur Verfügung steht.

Beispiel zur Auswertung des Exceptionobjektes

Die `clip`-Methode aus Listing 9.5 (Seite 298) verpackt in das Exceptionobjekt einen String mit einer kurzen Erklärung. Dieser String kann wieder aus dem Exceptionobjekt gelesen und beispielsweise zur Formulierung einer Ausgabe verwendet werden:

```
public static void main(String[] args)
{
    String s = ...;
    try
    {
        System.out.println(clip(s));
    }
    catch(StringClipException ex)
    {
        System.out.println("cannot clip string: " + ex.getMessage());
    }
}
```

Ebenso kann eine Exceptionklasse beliebige andere Datenelemente und dazu passende Getter anbieten. In der Regel wird eine Exceptionklasse als unveränderliche Klasse definiert.

finally-Block

Am Ende der Liste der `catch`-Blöcke kann noch ein einzelner `finally`-Block angefügt werden:

finally-Block wird immer ausgeführt

```
try ...
catch ...
...
finally
{
   ... Anweisungen ...
}
```

Ein `finally`-Block wird in jedem Fall durchlaufen, bevor das Programm fortfährt. Dabei spielt es keine Rolle, auf welchem Weg das Programm den `finally`-Block passiert:

1. Das Ende des `try`-Blocks wird normal erreicht.
2. Im `try`-Block wird eine `return`-Anweisung ausgeführt, die den ganzen Methodenaufruf beendet.
3. Im `try`-Block wird eine Exception ausgelöst und mit einem passenden `catch`-Block behandelt.
4. Im `try`-Block wird eine Exception geworfen, aber kein `catch`-Block passt. Die Suche nach einem `catch`-Block wird weiter außen fortgesetzt.

Beispiel für finally-Block

Das folgenden Programm demonstriert diese Möglichkeiten:

```
class FinallyBomb
{
    public static void main(String[] args) throws Exception
    {
        int i = Integer.parseInt(args[0]);
        try
        {
            if(i == 2) return;
            else if(i == 3) throw new NullPointerException();
            else if(i == 4) throw new RuntimeException();
        }
        catch(NullPointerException ex)
        {
            System.out.println("catch");
        }
        finally
        {
            System.out.println("finally");
        }
        System.out.println("done");
    }
}
```

Das Kommandozeilenargument entspricht der Nummer in der vorhergehenden Liste. Die Ausgabe „`finally`" erscheint in jedem Fall.

```
$ java FinallyBomb 1
finally
done
$ java FinallyBomb 2
finally
$ java FinallyBomb 3
catch
finally
done
$ java FinallyBomb 4
finally
Exception in thread "main" java.lang.RuntimeException
        at FinallyBomb.main(FinallyBomb.java:10)
```

`try` und `finally` sind auch ohne Exceptions sinnvoll, weil damit die Abwicklung von Aufräumarbeiten sichergestellt werden kann. Vor einem `finally`-Block dürfen `catch`-Blöcke deshalb auch ganz wegfallen.

9.5 Umgang mit Exceptions

Wann Exceptions?

Exceptions nur für nicht-regulären Programmverlauf

Exceptions werden ausgelöst, wenn ein Programm nicht regulär abläuft. Das bedeutet, dass in einem normal arbeitenden Programm keine Exceptions geworfen werden, ob behandelt oder nicht. Exceptions sollten nicht als zusätzliche Kontrollstruktur verstanden werden, mit denen sich zum Beispiel das zu Recht geächtete „`goto`“ älterer Programmiersprachen simulieren lässt.[15]

Exceptions sind angebracht, wenn ein Programm Daten vorfindet, die anders vereinbart oder vorausgesetzt waren. Das betrifft zum Beispiel ...

- Benutzereingaben,
- Methodenparameter,
- öffentliche Datenelemente,
- den Inhalt von Dateien.

Preconditions

Anwendung von Exceptions: Preconditions

Eine der wichtigsten Anwendungen von Exceptions sind Preconditions, die auf Seite 288 eingeführt wurden. Für Postconditions sind dagegen Assertions zuständig.

Preconditions beziehen sich in der Regel auf Parameter, seltener auf Datenelemente. Die Parameter einer Methode dürfen meist nicht jeden Wert annehmen, den der Typ zulässt. Mit Exceptions werden die zulässigen Wertebereiche aller Parameter einzeln abgeprüft, um die Preconditions abzusichern.

Beispiel für Precondition

Beispielsweise ist in der Klasse `Rational` der Nenner null unzulässig. Die Konstruktoren der Klasse prüfen den entsprechenden Parameter. Der Parameter für den Zähler muss nicht überprüft werden, weil jeder `int`-Wert erlaubt ist. Diese Situation ist allerdings selten.

```
Rational(int n, int d) throws RationalException
    {
        // Keine Prüfung von n, jeder Wert ist ok
        if(d == 0)
            throw new RationalException("zero denominator");
        ...
    }
```

[15] `goto` ist in Java ein Schlüsselwort, wird allerdings vom Compiler nicht übersetzt.

Heikle Parameterwerte

Bei primitiven Parametern hängen die zulässigen Wertebereiche vom Zweck des Parameters ab. Bei Parametern von Referenztypen muss in der Regel auf `null` geachtet werden. In Listing 9.5 (Seite 298) ist beispielsweise der Parameterwert `null` nicht akzeptabel und wird abgefangen. Ebenfalls problematisch ist bei veränderlichen Klassen das eigene Zielobjekt als Methodenparameter. Die sich daraus ergebenden Aliasing-Effekte müssen meistens gesondert berücksichtigt werden. Erkannt werden kann dieser Fall mit dem Test:

```
if(parameter == this)
    ...
```

Private Methoden: Assertions für Preconditions

Für private Methoden gelten strengere Regeln: Aufrufer von privaten Methoden können nur Methoden der eigenen Klasse sein. Von der Einhaltung der zulässigen Wertebereiche von Parametern kann in diesem Fall ausgegangen werden, sodass hier außer den Post- auch die Preconditions mit Assertions zugesichert werden können.

Welche Exceptionklassen?

Wahl passender Exceptiontypen

Wie weiter vorne erklärt, sollten vordefinierte Exceptions, und dabei insbesondere `RuntimeExceptions`, nur mit Bedacht für eigene Zwecke benutzt werden.

Typ oder Datenelemente tragen Information

Besser werden eigene Exceptionklassen definiert. Der Aufwand dafür ist gering.[16] Es gibt einigen Spielraum zwischen zwei Extremen:

- Auf der einen Seite stehen viele einzelne Exceptionklassen für jede Fehlersituation. Die Exceptionobjekte transportieren als wichtigste Information ihren Typ. Nachteil dieser Lösung sind lange Exceptionsignaturen und lange `catch`-Listen.
- Auf der anderen Seite könnte man eine einzige Exceptionklasse für alle Probleme einer ganzen Anwendung definieren. Nachteil ist die schlechte Differenzierungsmöglichkeit in `catch`-Block-Listen.

Ableitungshierarchie von Exceptionklassen

Einen brauchbaren Kompromiss erreicht man mit einer Hierarchie von abgeleiteten Exceptionklassen. Zunächst werden einzelne Exceptionklassen für sehr differenzierte Fehlersituationen geschaffen. Diese Einzelklassen werden mit gemeinsamen Basisklassen nach Fehlerarten gruppiert bis hin zu einer übergeordneten Basisklasse für sämtliche Fehler einer größeren Entwicklungseinheit.

---

[16] Der Quelltext von Exceptionklassen ist so regelmäßig strukturiert, dass er mit einem Programm aus einfachen Vorgaben, wie Namen der Klasse und der Basisklasse, generiert werden kann.

Der Anwender kann mit passend sortierten catch-Klauseln gezielt auf einzelne Fehlerquellen oder auf ganze Fehlerklassen reagieren.

Exception-Chaining

Probleme mit weitergereichten Exceptions

Methoden rufen andere Methoden auf, die eventuell Exceptions werfen.

Würde jede Methode einfach die Exceptions aller untergeordneten Methoden aufsammeln und zum eigenen Aufrufer weiterreichen, dann käme es zu langen Exceptionsignaturen mit Einträgen für Detailprobleme auf sehr niederer Ebene, die im Zusammenhang des Gesamtprogramms kaum noch Sinn machen.

Darüber hinaus würden Änderungen in der Exceptionsignatur einer untergeordneten *Low-level*-Methode auf die Exceptionsignaturen aller direkten oder indirekten Aufrufer, vielleicht bis hinauf zu main, durchschlagen und weitreichende Änderungen erzwingen.

Exception-Chaining mit Throwable-Konstruktor

Um diesen Problemen zu begegnen, kann eine Methode mehrere Exceptions untergeordneter Aufrufe auffangen und zusammengefasst in einer neuen Exception eines anderen Typs weitergeben. Der Mechanismus wird als „**Exception-Chaining**" bezeichnet, weil eine Exception dabei eine ganze Kette anderer Exceptions transportiert. Unterstützt wird das Exception-Chaining durch einen Konstruktor der Klasse Throwable, der ein anderes Exceptionobjekt als Argument akzeptiert und dieses „einpackt". Diesen Konstruktor erben alle Exceptionklassen.

Beispiel für Exception-Chaining

Am Beispiel der Methode tripleClip kann Exception-Chaining eingesetzt werden.[17] Die drei verschiedenen Exceptionklassen in diesem Beispiel müssen in keiner Vererbungsbeziehung stehen, sondern können vollkommen unabhängig sein.

```
String tripleClip(String s) throws StringClipException
{
    try
    {
        return clip(clip(clip(s)));
    }
    catch(NoStringException ex)
    {
        throw new StringClipException(ex);
    }
    catch(ShortStringException ex)
    {
        throw new StringClipException(ex);
    }
}
```

[17] In diesem sehr simplen Beispiel lohnt sich Exception-Chaining nicht. Hier geht es nur um die Demonstration des Mechanismus.

Die untergeordnete Methode `clip` wirft zwei verschiedene Exceptiontypen (`NoStringException` und `ShortStringException`), die von `tripleClip` zu einem Typ `StringClipException` zusammengefasst werden. In der Exceptionsignatur von `tripleClip` taucht alleine der übergeordnete Exceptiontyp `StringClipException` auf.

Änderungen an der Exceptionsignatur von `clip` wirken sich nur auf den unmittelbaren Aufrufer `tripleClip` aus, nicht aber auf indirekte Aufrufer oberhalb von `tripleClip`.

Wohin mit try/catch?

try/catch in übergeordnetem Code

`try/catch`-Blöcke finden sich meistens in übergeordneten Methoden einer Anwendung, wie zum Beispiel `main`. Je mehr über den aktuellen Programmzustand bekannt ist, desto besser lässt sich angemessen auf Fehler reagieren.

Betrachten Sie zum Beispiel die `clip`-Methode. Innerhalb von `clip` können zwar unzulässige Parameterwerte erkannt werden, aber für eine sinnvolle Reaktion fehlen der Methode Informationen über den Gesamtzusammenhang des Aufrufs.

Varianten zur Fehlerbehandlung

Als Kontext sind ganz unterschiedliche Beispiele denkbar, die eine jeweils andere Behandlung der immer gleichen Exception erfordern:

- Eine Anwendung, die Benutzereingaben mit `clip` bearbeitet, wird bei einer Exception von `clip` den Benutzer mit einer Nachricht auffordern, die Eingabe zu korrigieren und zu wiederholen.
- Eine andere Anwendung, die eine Konfigurationsdatei liest und deren Einträge mit `clip` bearbeitet, wird die fehlerhaften Angaben ignorieren, einen Hinweis ausgeben und mit Defaultwerten fortfahren.
- Eine dritte Anwendung, die Einträge einer Datenbank bearbeitet und dazu `clip` benutzt, wird bei einer Exception die letzten Änderungen zurücksetzen und dann ganz abbrechen, um keinen weiteren Schaden anzurichten.

9.6 Aufgaben

9a. Unzerstörbarer Bruchrechner

Sichern Sie den Bruchrechner von Aufgabe 5a (Seite 191) mit Exceptions so ab, dass er jede Fehleingabe des Benutzers abfängt, eine passende Meldung ausgibt und dann weiterläuft. Der Bruchrechner darf *keinesfalls* abstürzen oder ohne das entsprechende Kommando beendet werden.

9b. Sichere Eisenbahnzüge

In Aufgabe 4f (Seite 174) haben Sie Eisenbahnzüge modelliert. Verbessern Sie diese erste Lösung mit Assertions und Exceptions:

- Entscheiden Sie, welche Exceptionklassen benötigt werden.
- Suchen Sie nach Klasseninvarianten und sichern Sie diese mit Assertions ab. Ein Beispiel: Jeder Zug enthält immer eine Lokomotive.
- Gehen Sie alle Methoden durch und prüfen Sie den zulässigen Wertebereich jedes Parameters. Fangen Sie alle unzulässigen Parameterwerte ab.

Schreiben Sie ein Testprogramm, das gezielt Fehler provoziert und die korrekte Reaktion abprüft. Einige Beispiele:

- Aufruf des `Train`-Konstruktors mit `null`;
- Aufruf des `Train`-Konstruktors mit einer Lokomotive, an der schon Wagen hängen;
- Einhängen eines Wagens `null` mit `add`;
- Einhängen eines Wagens mit `add`, der bereits Teil dieses Zuges ist;
- Umhängen von Wagen mit `relink` mit demselben Zug als Parameter;
- Einhängen eines Wagen in zwei verschiedene Züge; (Schwierig! Schaffen Sie es trotzdem?)

Arrays

10

ÜBERBLICK

Arrays sind der grundlegende Containertyp in Java. Containertypen speichern eine Anzahl von Elementen anderer Typen. Sie können auch als Sammlung namenloser Variablen betrachtet werden. Arrays werden in praktisch allen Javaprogrammen gebraucht. Viele andere Klassen, wie Strings oder viele Collections, stützen sich intern auf Arrays.

- In 10.1 wird die **Idee von Arrays** eingeführt.
- Wie Arrays **erzeugt** werden, zeigt Abschnitt 10.2.
- Der **Zugriff auf Elemente** eines Array wird in 10.3 beschrieben.
- In 10.4 werden *foreach*-**Schleifen** vorgestellt, die sich zum sequentiellen Durchlauf von Arrays eignen.
- Methoden mit beliebig vielen Argumenten können mit Hilfe von **Varargs** definiert werden, die in 10.5 gezeigt werden. Zur Übergabe dienen automatisch allokierte Arrays.
- Einfache Arrays können geschachtelt und dann als **mehrdimensionale Arrays** verarbeitet werden. In 10.6 werden die entsprechenden Sprachmittel beschrieben.
- In 10.7 wird schließlich auf das **Vergleichen** und **Kopieren** kompletter Arrays eingegangen, das die Situation bei Klassen widerspiegelt.

10.1 Idee

Allgemeine Container

Grundlegender Typ

Arrays sind vordefiniert und stehen ohne weitere Maßnahmen zur Verfügung. Sie zählen zu den grundlegenden Typen, die in der einen oder anderen Form von praktisch allen Programmiersprachen angeboten werden. Arrays sind tief in der Sprache Java verankert und werden von der JVM auch intern genutzt.

Arrays als Container

Arrays sind „Container“: Sie speichern eine Reihe von Elementen beliebiger primitiver oder Referenztypen. Die Elemente eines Arrays haben alle den gleichen Typ. Sie sind in einer festen Reihenfolge nacheinander angeordnet. Es gibt also beispielsweise ein erstes und ein letztes Element.

Die Elemente eines Arrays können überschrieben werden, aber die Länge eines Arrays ist unveränderlich. Nachdem ein Array einmal erzeugt wurde, können keine neuen Elemente eingeschoben oder vorhandene Elemente herausgenommen werden. Abbildung 10.1 zeigt ein Array mit fünf `int`-Elementen.

Länge eines Arrays fixiert

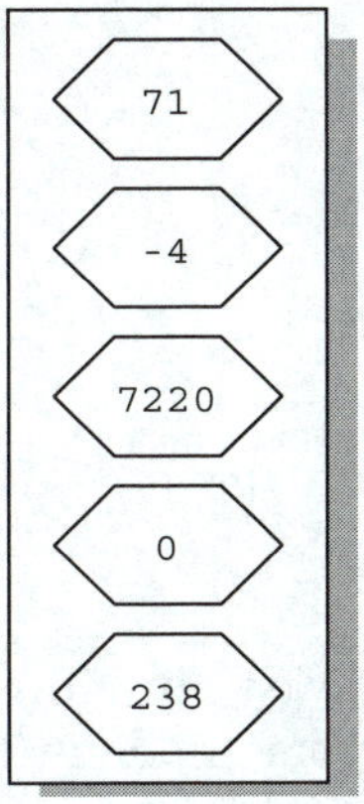

Abbildung 10.1: Array mit fünf Elementen

Arraytypen

Die Typen aller Arrays werden gemeinsam als „**Arraytypen**" bezeichnet. Arraytypen sind vordefiniert und stehen ohne weitere Maßnahmen zur Verfügung.

Arraytypen als Familie

Ein Arraytyp für einen konkreten Elementtyp wird durch Nachsetzen leerer, eckiger Klammern angesprochen. Zum Beispiel bezeichnet

```
int[]
```

den Typ „Array von `int`-Werten" oder kürzer „`int`-Array". Der Elementtyp mit dem eckigen Klammerpaar ist eine syntaktische Einheit und kann nicht getrennt werden.

Alle Arraytypen zählen zu den Referenztypen, wie zum Beispiel auch `String`, benutzerdefinierte Klassen und Interfaces.

Ein Array*typ* legt keine bestimmte Elementanzahl fest, sondern legt nur den Elementtyp fest. Erst ein konkretes Array*objekt* hat eine feste, unveränderliche Größe.

Arrays als Typfamilie

Ein Arraytyp für jeden Elementtyp

Es gibt zu jedem Javatyp einen korrespondierenden Arraytyp. Arraytypen sind damit eine Typfamilie, ähnlich wie Enums (Kapitel 4.14, Seite 158). Einige Beispiele für Element- und entsprechende Arraytypen:

```
int            int[]
boolean        boolean[]
char           char[]
String         String[]
Rational       Rational[]
OpenCounter    OpenCounter[]
```

char-Arrays vs. Strings

char-Arrays sind keine Strings

Speziell zum Arraytyp `char[]` ist ein Hinweis angebracht: `char[]` und die Klasse `String` sind zwei verschiedene Typen mit unterschiedlichen Eigenschaften, wie zum Beispiel

- Ein `String` ist unveränderlich, ein `char`-Array nicht.
- Strings können mit dem überladenen Operator + verkettet werden, `char`-Arrays nicht.
- Objekte werden automatisch durch Aufruf von `toString` in Textform umgewandelt, aber nicht in `char`-Arrays.

Man kann `String` als eine Art Luxusversion von `char[]` betrachten, die für den effizienten und bequemen Umgang mit Text geschaffen ist.[1]

10.2 Allokieren und Initialisieren

Allokieren

Erzeugen eines Arrays mit new

Arrays sind Referenztypen, deren Objekte explizit geschaffen werden müssen. Dazu dient, wie bei anderen Referenztypen, der Operator `new`. Der Ausdruck

```
new type[expression]
```

erzeugt ein neues Array mit der angegebenen Anzahl Elemente vom Typ *type*.

[1] Die Klasse `String` ist allerdings selbst auf der Basis von `char`-Arrays implementiert.

expression ist ein beliebiger Ausdruck vom Typ int. Der Wert des Ausdrucks wird zur Laufzeit berechnet und legt fest, wie viele Elemente das Array hat. Die folgenden Beispiele erzeugen Arrays mit 4, 69, 10 und 97 Elementen:

```
new int[4]
new double[1 + 17*4]
new String["new String".length()]
new Rational['a']
```

Elementanzahl beim Allokieren festgelegt

Nachdem ein Array mit new geschaffen wurde, kann die Anzahl der Elemente nicht mehr verändert werden. Die Größe von Arrays ist unveränderlich. Das ist eine schwerwiegende Einschränkung von Arrays, die oft zu Platzverschwendung, Rechenaufwand oder Kopfzerbrechen führt.

Array als Liste namenloser Variablen

Man kann sich ein Array am besten als eine Sammlung von namenlosen Variablen des Elementtyps vorstellen, die gemeinsam definiert werden und für die Lebensdauer des Arrays beisammen bleiben. Im letzten Beispielausdruck der vorhergehenden Liste werden also auf einen Schlag 97 namenlose Variablen des Typs Rational definiert.

Arrayvariablen

Variablen von Arraytypen

Variablen eines Arraytyps werden genauso definiert wie andere Variablen. Die Variable a im folgenden Beispiel hat den Typ int-Array:

```
int[] a;
```

Eine derartige Variable wird auch, nicht ganz korrekt, als „Arrayvariable“ bezeichnet.

Einer Arrayvariablen kann ein neu geschaffenes Array zugewiesen werden:

```
a = new int[4];
```

Ein Arraytyp legt keine Größe fest, erst ein tatsächlich zugewiesenes Array hat eine fixe Größe. Einer Arrayvariablen können im Lauf der Zeit Arrays unterschiedlicher Größen zugewiesen werden:

```
int[] a;
a = new int[10];
a = new int[1];
a = new int[10000];
```

Defaultwerte

Initialisierung von Arrayelementen

Die Elemente eines Arrays werden beim Allokieren automatisch mit Defaultwerten vorbesetzt, ebenso wie die Datenelemente von neu geschaffenen Objekten (Seite 134). Im Gegensatz dazu bleiben lokale Variablen bis zur ersten Wertzuweisung uninitialisiert.

Im folgenden Beispiel wird ein Array mit 97 `Rational`-Elementen erzeugt, die alle mit `null` initialisiert sind, und das Array an die Arrayvariable `r` zugewiesen:

```
Rational[] r = new Rational[97];
```

`Rational`-Objekte werden hier nicht erzeugt und beispielsweise auch kein `Rational`-Konstruktor aufgerufen. Ebenso könnte man in mühseliger Handarbeit 97 einzelne `Rational`-Variablen definieren und jeweils mit `null` initialisieren:

```
Rational r0 = null;
Rational r1 = null;
...
Rational r96 = null;
```

Arrayliterale

Arrays mit festen Startelementen

Ein Array kann mit einer vorgegebenen Liste von Werten explizit initialisiert werden. Dazu werden die gewünschten Elemente der Reihe nach in geschweiften Klammern aufgezählt. Die Länge der Liste legt gleichzeitig die Größe des Arrays fest:

```
new type[] {expression, expression, ..., expression}
```

Im folgenden Beispiel wird das `int`-Array von Abbildung 10.1 erzeugt:

```
new int[] {71, -4, 7220, 0, 238}
```

Ein derartiger Ausdruck heißt „**Arrayliteral**", weil er eine Konstante eines Arraytyps bezeichnet.

Die Liste darf beliebige Ausdrücke enthalten, die zum Elementtyp kompatibel sind. Sie werden zur Laufzeit berechnet. Ein Arrayliteral kann zum Beispiel direkt einer Variablen zugewiesen werden:

```
int[] a = new int[] {'G', -4, 7220, 703%19, (int)(715.0/3)};
```

10.3 Elementzugriff

Indexwerte

Die Elemente eines Arrays folgen linear aufeinander. Jedem Element ist ein ganzzahliger **Index** zugeordnet. Indexwerte beginnen grundsätzlich bei null für das erste Element und werden dann fortlaufend hochgezählt. Der Index des letzten Elementes ist immer „Arraylänge – 1". Das Array in Abbildung 10.2 hat fünf Elemente mit den Indexwerten 0 bis 4.

Elementadressierung mit Index

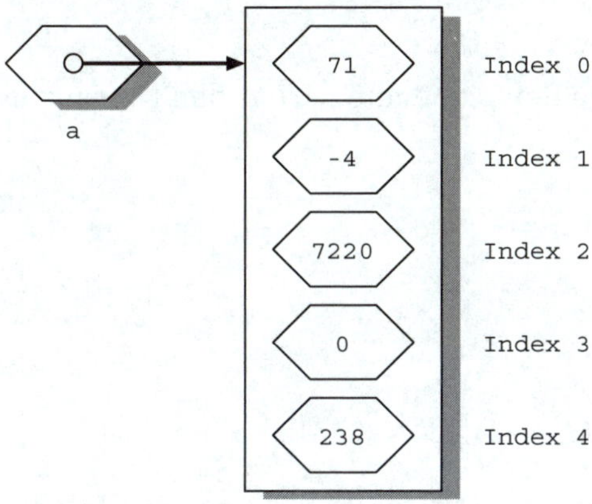

Abbildung 10.2: Arrayindices

Der Zugriff ist auf jedes Arrayelement ungefähr gleich schnell. Diese Eigenschaft wird als *„random access"* bezeichnet.

Elementzugriff

Ein einzelnes Arrayelement wird mit seinem Index angesprochen. Dazu wird der Index als `int`-Ausdruck einer Arrayvariablen[2] in eckigen Klammern nachgestellt. Die ganze Konstruktion wird als „Array-Elementzugriff" bezeichnet.

Zugriffssyntax mit Indexausdruck

Im folgenden Beispiel wird auf das Element mit Index 1, also das zweite Element des Arrays `a` aus Skizze 10.2, zugegriffen:

```
a[1]
```

Der Index kann ein beliebiger Ausdruck sein, der ein `int`-Ergebnis liefert. Er wird zur Laufzeit berechnet.

[2] Der Elementzugriff kann sich auf einen beliebigen Arrayausdruck beziehen, nicht nur auf eine Arrayvariable. Andere Möglichkeiten sind Arrayliterale und Methodenaufrufe, die Arrays als Ergebnis liefern.

Arrayelement als Variable

Der Zugriff liefert ein Element des Arrays, das wie jede Variable des Elementtyps benutzt werden kann. Zum Beispiel kann an das Element ein neuer Wert zugewiesen werden. Die übrigen Elemente des Arrays bleiben davon unberührt.

```
a[1] = 5;
```

Ein Arrayelement kann als Teil eines Ausdrucks verwendet werden. In diesem Fall wird es nur gelesen und das Array nicht verändert.

```
int i = 2*a[2] + 1;
```

Das nachfolgende Beispiel demonstriert den Umgang mit Arrayelementen:

```
int[] a = new int[5];
a[1] = -3;
a[3] = 0;
a[1]--;
a[152%3] = -a[1]*1805;
a[a[3]] = 71;
a[a[1]*-1] = 167 + a[a[2]%7220];
```

Es bleibt dem Leser zur Übung überlassen, den Inhalt des Arrays nach Ablauf dieses Codefragments zu ergründen.

Indexfehler

Unzulässige Indexwerte werfen Exception

Wenn der Indexwert beim Elementzugriff außerhalb des Arrays liegt, kommt es zu einem Indexfehler. Aus technischer Sicht wird eine `ArrayIndexOutOfBoundsException` ausgelöst.

Im folgenden Beispiel wird ein Element mit Index 5 angesprochen. Dieses Element existiert nicht, weil das letzte Element in einem Array mit fünf Elementen den Index 4 hat:

```
int[] a = new int[5];
a[5] = 23;              // Indexfehler
```

Ein negativer Index führt immer zu einem Indexfehler.

Alle Elementzugriffe geprüft

In Java werden alle Array-Elementzugriffe überprüft. Keinesfalls läuft das Programm mit undefinierten Daten weiter. Es gibt keine Möglichkeit, diese Prüfung zu umgehen.

Kurze Arrays

Ein Array kann aus der Sicht von Java beliebig lang sein. Das schließt Arrays mit einem einzigen Element oder ganz ohne Elemente mit ein:

Arrays ohne und mit einem Element

```
int[] a = new int[1];
int[] b = new int[0];
```

Derartige Arrays sind, isoliert betrachtet, nicht sehr nützlich. Sie vermeiden aber Sonderbehandlungen in Fällen, in denen sich die Arraygröße erst zur Laufzeit ergibt und die Werte 1 oder 0 nicht ausgeschlossen werden können.

Syntax: Eckige Klammern

Eckige Klammern werden syntaktisch im Zusammenhang mit Arrays etwas überstrapaziert. Sie kommen in drei unterschiedlichen Situationen vor:

1. In Typangaben werden leere, eckige Klammern dem Elementtyp nachgestellt, zum Beispiel um Variablen zu definieren:

   ```
   int[] a;
   ```

2. Beim Allokieren eines neuen Arrays werden eckige Klammern mit einem `int`-Ausdruck für die Anzahl Elemente dem Schlüsselwort `new` und dem Elementtyp nachgestellt:

   ```
   a = new int[5];
   ```

3. Im Elementzugriff werden eckige Klammern mit einem Indexausdruck einem Arrayausdruck nachgestellt:

   ```
   a[1] = 23;
   ```

Abfrage Anzahl Elemente

Ein Array stellt die Anzahl der Elemente in einem öffentlich lesbaren Datenelement „`length`" zur Verfügung,[3] das mit der bekannten Zugriffssyntax für Datenelemente erreicht werden kann.

Abruf der Arraylänge

```
int[] a = new int[] {71, -4, 7220, 0, 238};
System.out.println(a.length);                // gibt "5" aus
```

[3] `length` ist das einzige Datenelement von Arrays und erinnert daran, dass Arrays viele Eigenschaften von Klassen haben. Arrays sind zum Beispiel von `Object` abgeleitet und erben dessen Methoden.

10.4 *foreach*-Schleifen

Sequentieller Array-Durchlauf

In Arrays können Elemente in beliebiger Reihenfolge angesprochen werden. In vielen Fälle werden aber die Elemente der Reihe nach von vorne nach hinten verarbeitet.

Mit einer `for`-Schleife kann ein Array folgendermaßen durchlaufen und dabei zum Beispiel ausgegeben werden:

```
int[] a = ...;
for(int i = 0;  i < a.length;  i++)
    System.out.println(a[i]);
```

Dieser sequentielle Durchlauf eines Arrays wird so oft benutzt, dass dafür eine spezielle Art von Schleifen geschaffen wurde, die so genannten *foreach*-Schleifen. Das vorhergehende Beispiel lässt sich mit einer *foreach*-Schleife eleganter formulieren:[4]

```
for(int e: a)
    System.out.println(e);
```

Nur lesender Zugriff

In dieser Schleife wird der Variablen `e` der Reihe nach jedes Element des Arrays `a` zugewiesen. Der Gültigkeitsbereich von `e` ist auf den Schleifenrumpf begrenzt.

Die Indexvariable ist in einer *foreach*-Schleife nicht mehr sichtbar und wird vom Laufzeitsystem implizit verwaltet. *foreach*-Schleifen sind ein Sonderfall der `for`-Schleifen, die in Kapitel 3.7 eingeführt wurden.

Voraussetzungen für *foreach*-Schleifen

foreach-Schleifen sind kein allgemeiner Ersatz für andere Schleifenkonstruktionen, sondern eine Kurzform, die sich nur unter den folgenden Voraussetzungen eignet:

- Das Array wird nur gelesen, aber nicht verändert. Das betrifft nicht die Elemente selbst, die durchaus modifiziert werden können.
- Die Schleife beginnt am Anfang des Arrays, das heißt mit dem ersten Element.
- Das Array wird sequentiell durchlaufen, es gibt keine Sprünge.
- Die Schleife durchläuft ein einziges Array, aber nicht beispielsweise zwei Arrays parallel.

In Kapitel 11.5 werden weitere Anwendungen von *foreach*-Schleifen gezeigt.

---

[4] Die Schleifenkonstruktion wird als „*foreach*-Schleife" bezeichnet, obwohl das Schlüsselwort im Quelltext „`for`" heißt.

10.5 Varargs

Argumentlisten offener Länge

In Kapitel 4.6 wurden die verschiedenen Aspekte der Parameterübergabe an Methoden diskutiert. Mit „**Varargs**“ (kurz für „*variable length argument lists*“) lassen sich Methoden definieren, die eine beliebige Anzahl von Argumenten akzeptieren. In der Parameterliste des Methodenkopfes steht für alle diese Argumente ein einziger, so genannter Vararg-Parameter. Syntaktisch wird ein Vararg-Parameter mit drei Punkten nach der Typangabe markiert, wie im folgenden Beispiel:

```
int sum(int... args)
{
    // Anweisungen
}
```

Vararg-Parameter im Rumpf als Array

Im Methodenrumpf steht der Vararg-Parameter als Array des entsprechenden Elementtyps zur Verfügung. Im folgenden Beispiel hat der Parameter `args` den Typ `int[]`:

```
int sum(int... args)
{
    int s = 0;
    for(int i: args)    // alle Argumente summieren
        s += i;
    return s;
}
```

Argumente werden automatisch in ein Array verpackt

Beim Aufruf der Methode können beliebig viele Argumente für den einzelnen Vararg-Parameter angegeben werden. Der Typ der Argumente muss kompatibel zum Vararg-Typ sein.

Bei jedem Aufruf wird ein neues Array erzeugt, das so viele Elemente hat, wie der Aufrufer Argumente liefert. Die Arrayelemente werden mit den Argumenten initialisiert und das ganze Array im Vararg-Parameter übergeben:

```
System.out.println(sum(1, 2, 3));           // Ausgabe "6"
System.out.println(sum());                  // Ausgabe "0"
System.out.println(sum(4, -5, 9, 1, 10));   // Ausgabe "19"
```

Aus der Sicht des Compilers wird der Aufruf einer Vararg-Methode so behandelt, als hätte der Aufrufer ein Arrayliteral des entsprechenden Typs angegeben. Die beiden folgenden Aufrufe der oben definierten Methode `sum` sind äquivalent:

```
sum(1, 2, 3);
sum(new int[] {1, 2, 3});
```

Einschränkungen von Varargs In einer längeren Parameterliste darf nur ein einziger Vararg-Parameter vorkommen, und dieser muss der letzte Parameter sein. Davor können normale Parameter stehen, die wie gewohnt einzeln mit kompatiblen Argumenten versorgt werden müssen. Alle verbleibenden Argumente, die nicht normalen Parametern zugeordnet sind, gehen an den Vararg-Parameter. Die Methode im folgenden Beispiel zählt die restlichen Argumente, die im Intervall zwischen den beiden ersten Argumenten liegen:

```
int countBetween(int low, int high, int... values)
{
    int result = 0;
    for(int x: values)
        if(x >= low  &&  x <= high)
            result++;
    return result;
}
```

Die Methode muss mit mindestens zwei Argumenten aufgerufen werden:

```
countBetween(5, 10, 6, 2, 12, 8) → 2
countBetween(5, 10) → 0
```

Beliebige Argumentlisten Die folgende Methode kann mit allen beliebigen Argumentlisten aufgerufen werden.[5]

```
void takeAll(Object... args)
{
    // Anweisungen
}
```

Die in Kapitel 2 (Seite 49) eingeführte Methode `printf` benutzt einen Vararg-Parameter dieser Art.

Varargs und Überladen Vararg-Methoden werden erst dann in Betracht gezogen, wenn keine Methode ohne Varargs passt. Der Aufruf `foo(1)` wählt die erste der beiden folgenden Methoden aus, der Aufruf `foo(1, 2)` die zweite.

```
void foo(double d)
void foo(int... i)
```

5 Primitive Argumente werden mit Autoboxing gegebenenfalls in Wrapperobjekte verpackt. Autoboxing wird in Kapitel 11.2 (Seite 355) eingeführt.

10.6 Geschachtelte Arrays

Es gibt zu jedem Javatyp einen korrespondierenden Arraytyp. Das gilt auch für Arraytypen selbst, es gibt also auch Arrays von Arrays. Eine derartige Konstruktion wird als „geschachteltes Array“ oder **zweidimensionales Array** bezeichnet. Die bisher diskutierten Arrays sind demgegenüber „eindimensionale Arrays“.

Arrays als Elemente von Arrays

Die Typangabe für ein zweidimensionales Array folgt konsequent dem Aufbau aller Arraytypen: Dem Elementtyp, zum Beispiel `int[]`, werden leere, eckige Klammern nachgestellt. Der Typ eines zweidimensionalen `int`-Arrays lautet demnach:

```
int[][]
```

Eine Variable `m` für ein zweidimensionales Array wird zum Beispiel definiert mit:

```
int[][] m;
```

Allokieren

Auch ein zweidimensionales Array wird mit `new` erzeugt. Die eckigen Klammern nach dem Elementtyp nennen die Anzahl der Elemente pro Dimension. Im folgenden Beispiel wird ein zweidimensionales Array mit 2 Arrays von je 3 `int`-Elementen definiert und an `m` zugewiesen.[6]

Erzeugen zweidimensionaler Arrays

```
int[][] m = new int[2][3];
```

Die dabei erzeugte Speicherstruktur zeigt Abbildung 10.3.

Sie besteht aus zwei „Ebenen“ von Arrays. Beide Ebenen enthalten komplette, eindimensionale Arrays, wie Abbildung 10.4 veranschaulicht. Das Array in der ersten Ebene enthält als Elemente die Arrays der zweiten Ebene. Die eigentliche „Nutzlast“ ist in den Arrays der zweiten Ebene gespeichert.

Innere Struktur aus Ebenen

In Wahrheit kennt Java überhaupt nur eindimensionale Arrays. Die so genannten „zweidimensionalen Arrays“ sind nichts anderes als eindimensionale Arrays, deren Elemente selbst wieder Arrays sind.

In der Regel bleibt das Array der ersten Ebene unsichtbar. Es wird nur selten direkt angesprochen und meistens automatisch einbezogen.

[6] Das deckt sich nicht ganz mit der vorher nahe gelegten Interpretation des Typs „`int[][]`“, nach der der *erste* Index für die Anzahl Elemente auf unterster Ebene stehen müsste. In Java bezeichnet aber immer der *letzte* Index die Anzahl Elemente auf unterster Ebene.

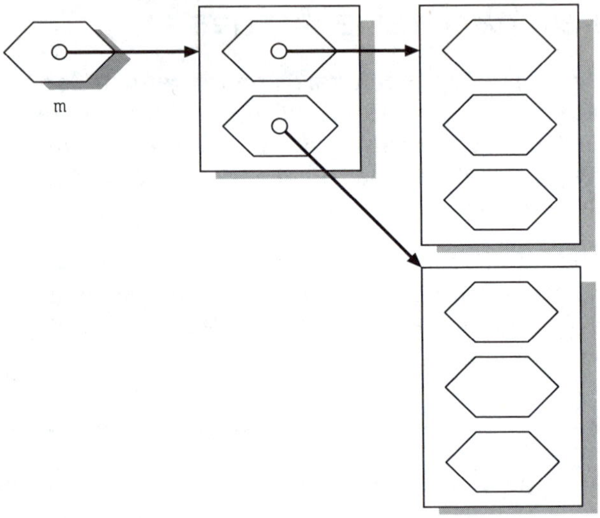

Abbildung 10.3: Geschachteltes Array

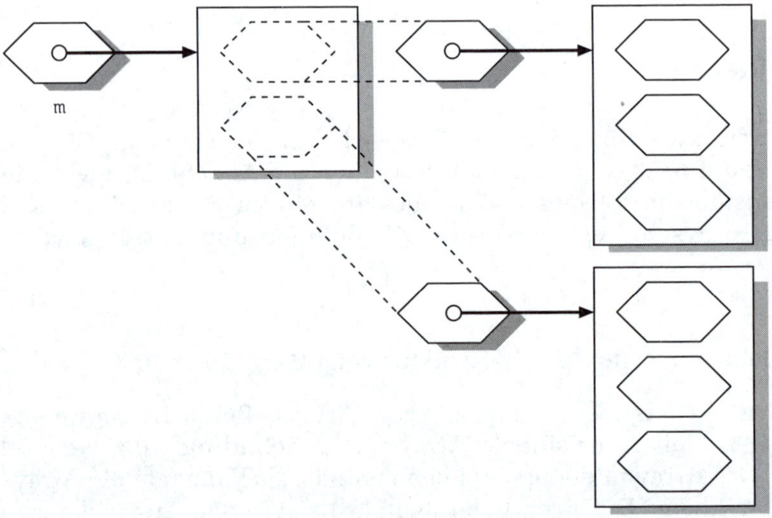

Abbildung 10.4: Elemente eines geschachtelten Arrays

Elementzugriff

Index für jede Dimension

Zum Elementzugriff werden nach der Arrayvariablen in zwei getrennten, eckigen Klammerpaaren zwei Indices genannt: Zuerst ein Index in das Array der ersten Ebene, dann ein weiterer Index in eines der Arrays der zweiten Ebene.

Die folgenden Schleifen füllen das zweidimensionale Array von Abbildung 10.3 beziehungsweise 10.4:

```
for(int first = 0;  first < 2;  first++)
    for(int second = 0;  second < 3;  second++)
        m[first][second] = 10*first + second;
```

Den Inhalt des Arrays zeigt Abbildung 10.5.

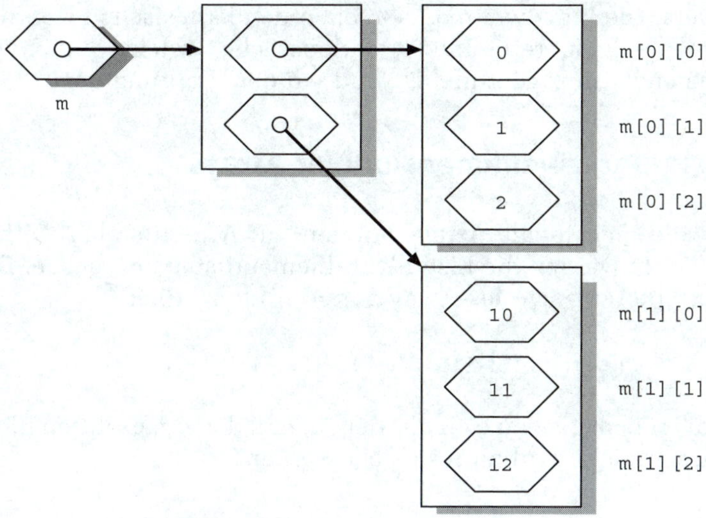

Abbildung 10.5: Geschachteltes Array mit Indices

Iteration über die Elemente

Geschachtelte Schleifen zum Durchlauf

Mit *foreach*-Schleifen können auch zweidimensionale Arrays durchlaufen werden. Im folgenden Beispiel iteriert eine „äußere" *foreach*-Schleife über die Elemente a des Arrays auf erster Ebene, die selbst eindimensionale Arrays sind. Eine untergeordnete, „innere" *foreach*-Schleife läuft über alle Elemente e jedes Arrays a:

```
int[][] m = ...;
for(int[] a: m)
    for(int e: a)
        System.out.println(e);
```

Äquivalent sind zwei geschachtelte for-Schleifen, die jeweils bis zum Ende des betreffenden Arrays laufen:

```
int[][] m = ...;
for(int x = 0;  x < m.length;  x++)
    for(int y = 0;  y < m[x].length;  y++)
        System.out.println(m[x][y]);
```

Dabei liefert der Ausdruck „`m.length`“ die Anzahl der Elemente des Arrays auf erster Ebene. Jedes dieser Elemente ist selbst ein Array, dessen Elementanzahl mit dem Ausdruck „`m[x].length`“ ermittelt wird.

Interpretation als rechteckiges Array Ein zweidimensionales Array kann als rechteckige Anordnung von Elementen betrachtet werden, etwa wie die Kästchen auf einem Blatt karierten Papiers. Die Indexwerte entsprechen den kartesischen Koordinaten der Elemente. Es ist reine Interpretationssache, welcher Index welcher Koordinatenachse zugeordnet ist und wo der Ursprung liegt.

Initialisierung zweidimensionaler Arrays

Zweidimensionales Arrayliteral Auch zweidimensionale Arrays können mit Arrayliteralen initialisiert werden. Dazu werden die Listen von Elementlisten angegeben. Das folgende Beispiel erzeugt das Array aus Abbildung 10.5:

```
int[][] m = new int[][] {{0, 1, 2}, {10, 11, 12}};
```

Die Arraygrößen ergeben sich aus der Anzahl der aufgezählten Elemente und müssen nicht explizit festgelegt werden.

Mehrdimensionale Arrays

Arrays mit drei oder mehr Dimensionen Ebenso wie zweidimensionale Arrays können drei- und höherdimensionale Arrays definiert werden. In der Praxis braucht man aber selten Arrays mit mehr als drei Dimensionen.

Das folgende Beispiel allokiert ein „quaderförmiges“ Array mit $2 \times 3 \times 4$ Elementen:

```
int[][][] q = new int[2][3][4];
```

Wie bei zweidimensionalen Arrays sind die Arrays in mehreren Ebenen organisiert, im Beispiel von Abbildung 10.6 in drei Ebenen.

Elementzugriff bei dreidimensionalem Array Beim Elementzugriff werden drei Indexwerte angegeben, die für die aufeinander folgenden Array-Ebenen gelten. Mit weniger als drei Indices wird auf die Arrays der zwischengelagerten Ebenen zugegriffen. Das folgende Codefragment füllt das quaderförmige Array mit den Werten, die in Skizze 10.6 gezeigt sind:

```
for(int x = 0;  x < q.length;  x++)
    for(int y = 0;  y < q[x].length;  y++)
        for(int z = 0;  z < q[x][y].length;  z++)
            q[x][y][z] = 100*x + 10*y + z;
```

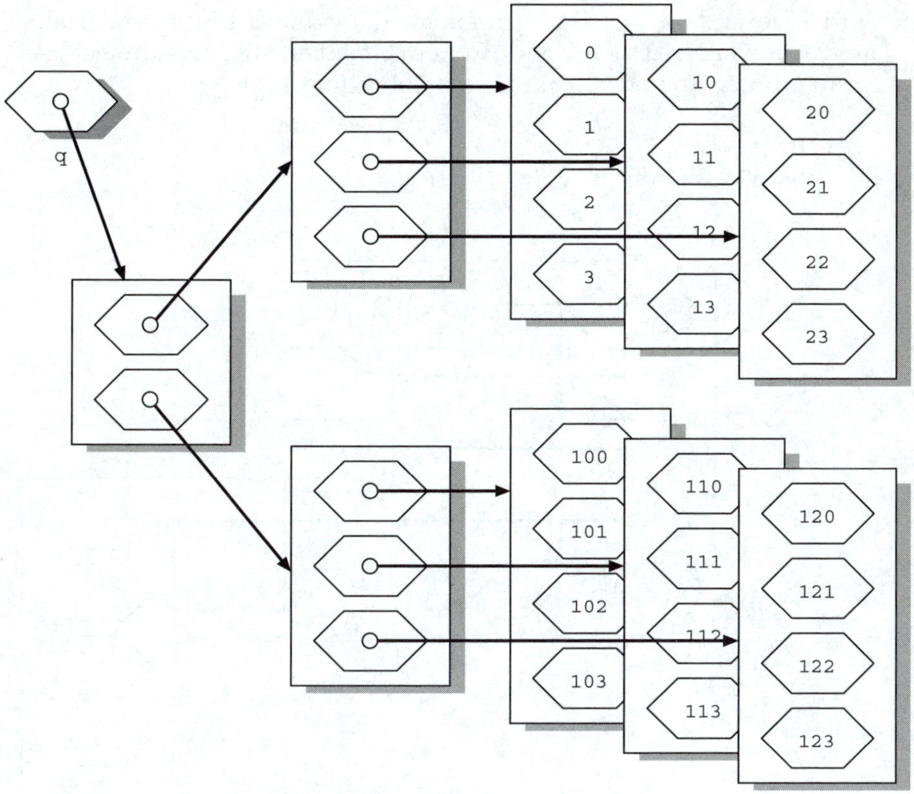

Abbildung 10.6: Speicherstruktur eines dreidimensionalen Arrays

Das nächste Codefragment gibt die Elemente der Reihe nach wieder aus:

```
for(int[][] m: q)
    for(int[] a: m)
        for(int e: a)
            System.out.println(e);
```

Nicht-rechteckige Arrays

Rechteckige Arrays als Voreinstellung

Die Arrays auf den verschiedenen Ebenen in einem mehrdimensionalen Array sind unabhängige Elemente der jeweils übergeordneten Ebene. In den bisher gezeigten Beispielen waren sie immer gleich lang, aber das muss nicht so sein.

Ein Konstruktoraufruf mit mehreren Längenangaben, eine pro Dimension, erzeugt automatisch in jeder Ebene gleich lange Arrays. Bildlich gesprochen entstehen nur rechteckige, quaderförmige oder in einer höheren Dimension entsprechend geformte Arrays.

Expliziter Aufbau nicht-rechteckiger Arrays

Wird eine andere Struktur gebraucht, dann muss diese „von Hand“ aufgebaut werden. Das folgende Codefragment erzeugt ein „dreieckiges“ Array mit der Speicherstruktur von Abbildung 10.7.

```
int[][] triangle = new int[4][];
for(int i = 0;  i < triangle.length;  i++)
    triangle[i] = new int[i + 1];
```

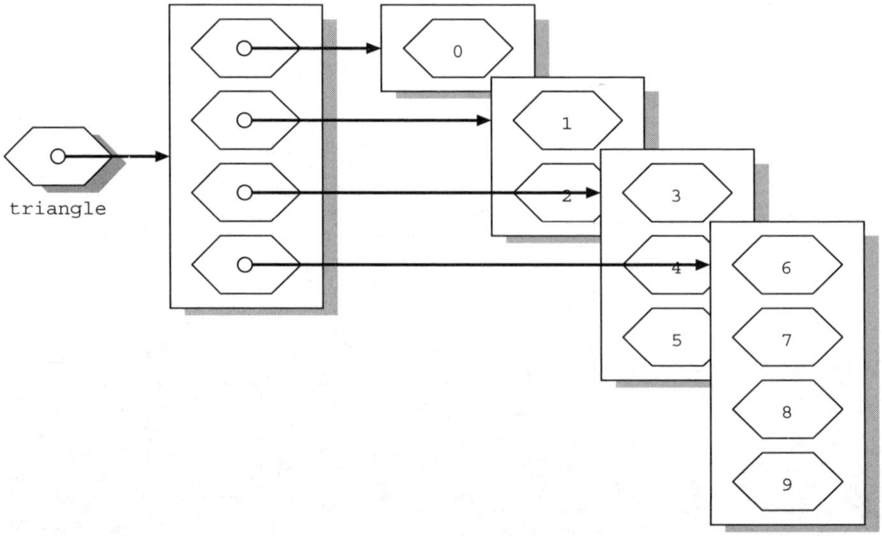

Abbildung 10.7: Speicherstruktur eines dreieckigen Arrays

Die Anweisung „`new int[4][]`“ allokiert nur das Array der ersten Ebene, ohne die darunter liegenden Ebenen von Arrays (siehe Abbildung 10.8).

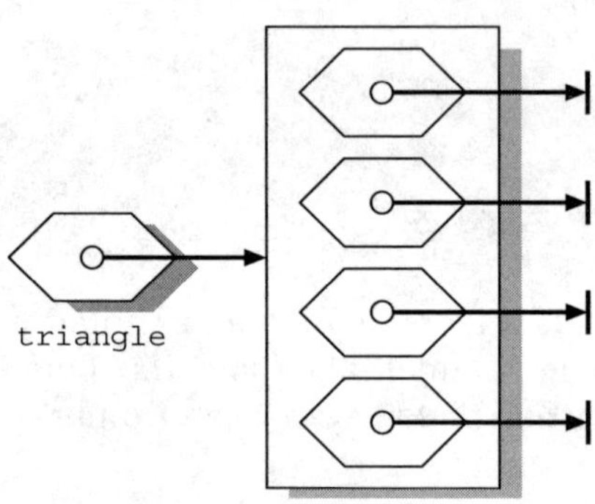

Abbildung 10.8: Erste Ebene eines zweidimensionalen Arrays

Der zweite Index im `new`-Ausdruck wird dazu leer gelassen. Die restlichen vier Arrays mit den Länge 1 bis 4 werden in der Schleife einzeln erzeugt und zugewiesen.

Die gleiche Struktur produziert ein Arrayliteral, das unterschiedlich lange Elementlisten vorgibt:

```
int[][] triangle = new int[][] {{0},
                                {1, 2},
                                {3, 4, 5},
                                {6, 7, 8, 9}};
```

Elementzugriff nicht-rechteckiger Arrays

Zum Durchlauf des Arrays sind feste Schleifengrenzen nicht mehr ausreichend. Stattdessen muss die innere Schleife immer bis zum Ende des jeweiligen Arrays der zweiten Ebene laufen:

```
int n = 0;
for(int x = 0;  x < triangle.length;  x++)
    for(int y = 0;  y < triangle[x].length;  y++)
    {
        triangle[x][y] = n;
        n++;
    }
```

foreach-Schleifen werten die Arraylängen implizit aus:

```
...
for(int[] a: triangle)
    for(int e: a)
        System.out.println(e);
```

10.7 Kopieren und Vergleichen

Wertzuweisung

Referenzsemantik von Arrays

Eine Wertzuweisung zwischen Arrays kopiert, wie bei allen Objekten, nur die Referenz. Das Array selbst und sein Inhalt werden nicht dupliziert:

```
int[] original = new int[] {71, -4, 7220, 0, 238};
int[] copy = original;
```

Änderungen an einem der Arrays sind in beiden sichtbar:

```
original[0] = 23;
System.out.println(copy[0]);    // gibt 23 aus
```

Kopieren

Kopie eines Arrays mit primitiven Elementen

Um eine echte Kopie eines Arrays zu erzeugen, muss

1. ein neues Array allokiert und
2. das Original elementweise übertragen werden.

Das folgende Beispiel zeigt diese Schritte:

```
int[] original = new int[] {71, -4, 7220, 0, 238};
// 1. Neues Array allokieren
int[] copy = new int[original.length];
// 2. Elemente kopieren
for(int i = 0;  i < original.length;  i++)
    copy[i] = original[i];
```

Listing 10.1: Elementweises Kopieren eines Arrays

`original` und `copy` sind zwei getrennte Arrays, die einzeln und unabhängig manipuliert werden können.

```
original[0] = 23;
System.out.println(copy[0]);     // gibt 71 aus
```

Methode `System.arraycopy`

Vordefinierte Methode zum Kopieren von Arrays

Die statische Methode `arraycopy` in der Klasse `System` kopiert Arrays sehr effizient. `arraycopy` überträgt nicht nur komplette Arrays, sondern auch Abschnitte. Die Methode erwartet die folgenden fünf Argumente:[7]

`src` das Original-Array, aus dem gelesen wird;

`from` der Index des ersten Elementes, das kopiert werden soll;

`dst` das Ziel-Array, in das geschrieben wird; `dst` muss den gleichen Elementtyp haben wie `src`.

`to` der Index, ab dem die kopierten Elemente in `dst` eingetragen werden;

`count` die Anzahl der Elemente, die kopiert werden sollen;

Abbildung 10.9 zeigt die Idee.

[7] `arraycopy` ist aus der Sicht von Java sehr alt und hat deshalb eine etwas sonderbare Schnittstelle.

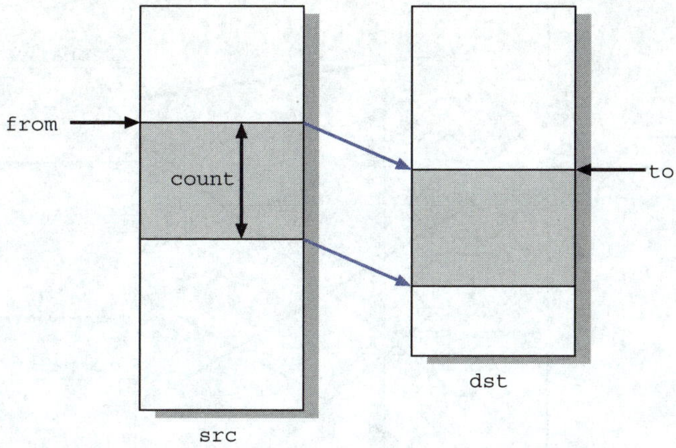

Abbildung 10.9: Arbeitsweise der Methode

Die Kopierschleife von Listing 10.1 lässt sich mit `arraycopy` erledigen:

```
int[] original = new int[] {71, -4, 7220, 0, 238};
int[] copy = new int[original.length];
System.arraycopy(original, 0, copy, 0, original.length);
```

Überlappende Kopierbereiche

`arraycopy` ist besonders hilfreich, wenn Elemente innerhalb desselben Arrays kopiert werden müssen. Auch mit überlappenden Bereichen kommt `arraycopy` zurecht. Im folgenden Beispiel werden die vorderen drei Elemente des Arrays an das Ende kopiert:

```
int[] original = new int[] {71, -4, 7220, 0, 238};
System.arraycopy(original, 0, original, 2, 3);
```

Die Elemente werden von `arraycopy` mit Wertzuweisungen übertragen.

Flache Kopie

Elementkopien mit Wertzuweisungen

Zum Kopieren von Arrays mit Objekten als Elementen muss die entsprechende Diskussion bei Klassen (Seite 163) aufgegriffen werden. Arrays kann man als Klassen betrachten, deren Datenelemente die Arrayelemente sind.

Wertzuweisungen zum Kopieren von Arrayelementen, ob explizit in einer Schleife oder implizit in `arraycopy`, erzeugen eine flache Kopie des Originals. Original und Kopie enthalten paarweise dieselben Objekte, wie Abbildung 10.10 zeigt.

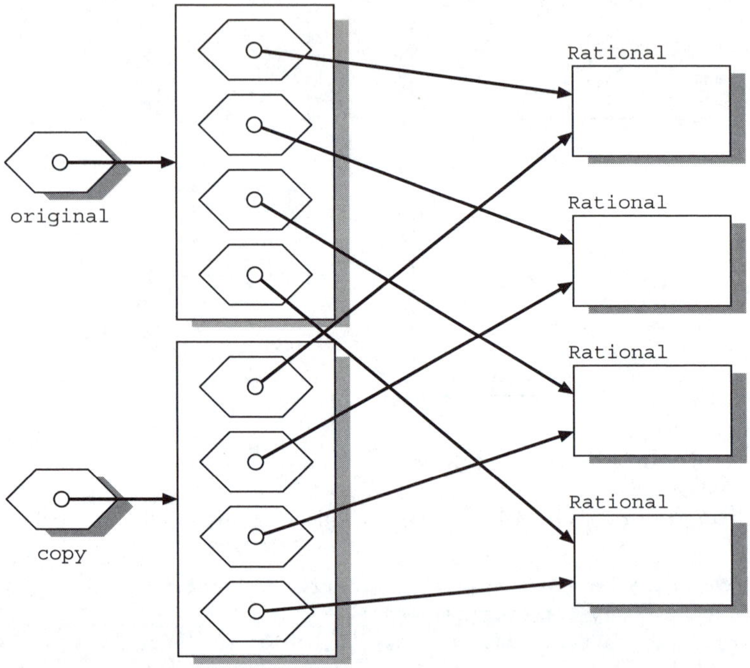

Abbildung 10.10: Flache Kopie eines Arrays

Eine Änderung an einem Element in einem der Arrays wirkt sich auch im entsprechenden Element des anderen Arrays aus.

Bei Arrays mit Objekten unveränderlicher Klassen ist diese Problematik gegenstandslos. Die Elemente können nicht verändert werden und lassen sich deshalb wie primitive Elemente behandeln.

Methode `clone`

Arrays redefinieren die Methode `clone` der Basisklasse `Object`. Die `clone`-Methode von Arrays erzeugt eine vollständige Kopie des Originals. Die Elemente werden einzeln per Wertzuweisung kopiert. Es entsteht also eine flache Kopie. Das folgende Beispiel ist äquivalent zu Listing 10.1:

```
int[] original = new int[] {71, -4, 7220, 0, 238};
int[] copy = (int[])original.clone();
```

Listing 10.2: Flache Kopie mit `clone`

Tiefe Kopie

Für eine tiefe Kopie müssen, zusätzlich zum Array selbst, auch die Elemente einzeln kopiert werden. In der Regel wird dazu ein Kopier-Konstruktor (Seite 135) benutzt.

Inhaltliche Elementkopien

Im folgenden Beispiel wird explizit eine tiefe Kopie eines `Rational`-Arrays erzeugt:

```
Rational[] original;
...
Rational[] copy = new Rational[original.length];
for(int i = 0;  i < original.length;  i++)
    copy[i] = new Rational(original[i]);
```

Vergleich von Arrays

Der Vergleich von zwei Arrays mit dem Operator == liefert, wie bei allen Objekten, nur eine Aussage darüber, ob beide Operanden identisch sind oder nicht. Zum inhaltlichen Vergleich von Arrays eignet sich der Operator nicht.

Arrays erben, wie alle Referenztypen, automatisch von `Object`. Die von `Object` ererbte Fassung von `equals` (Seite 264) vergleicht ebenfalls nur Objekt-Identitäten, wie der Operator ==. Der folgende Versuch stellt nur fest, ob `a` und `b` ein und dasselbe Array sind:

Arraytypen erben von `Object`

```
int[] a = ...;
int[] b = ...;
if(a.equals(b))
    ...
```

Bei normalen Klassen würde man die Methode `equals` redefinieren, um eine logische Vergleichsmöglichkeit zu realisieren. Bei Arrays steht dieser Weg nicht offen.

Paarweiser Elementvergleich

Um zwei Arrays inhaltlich zu vergleichen, müssen die Elemente paarweise verglichen werden. Bei primitiven Elementen reicht dazu der Vergleichsoperator == aus. Im folgenden Beispiel werden erst die Arraylängen verglichen. Nur wenn diese übereinstimmen, werden auch die Elemente verglichen. Wenn auch alle Elemente gleich sind, wird am Ende „`equal`“ ausgegeben, ansonsten „`not equal`“:

Elementvergleich mit ==

```
int[] a = ...;
int[] b = ...;

boolean eq = (a.length == b.length);        // Längen vergleichen

for(int i = 0;  eq  &&  i < a.length;  i++) // Elemente vergleichen
    eq = (a[i] == b[i]);

System.out.println(eq?  "equal":  "not equal");
```

Listing 10.3: Elementweiser Vergleich von primitiven Arrays

equals für Elemente von Referenztypen

Bei Arrays mit Objekten als Elementen greift == zu kurz. Stattdessen müssen die Elemente paarweise inhaltlich verglichen werden. In der Regel wird dafür die Methode `equals` benutzt. Im folgenden Beispiel werden zwei `Rational`-Arrays `a` und `b` verglichen:

```
Rational[] a = ...;
Rational[] b = ...;

boolean eq = (a.length == b.length);

for(int i = 0;  eq  &&  i < a.length;  i++)
    eq = a[i].equals(b[i]);

System.out.println(eq?  "equal":  "not equal");
```

Listing 10.4: Elementweiser Vergleich von Objekt-Arrays

Klasse Arrays

Nützliche Hilfsmethoden

In der Klasse `java.util.Arrays`[8] sind einige nützliche Methoden im Zusammenhang mit Arrays definiert.[9] Die Methoden sind allesamt statisch. Die Klasse `Arrays` selbst dient nur als organisatorische Einheit und kann nicht instanziiert werden.

Einige Vertreter sollen hier kurz vorgestellt werden:

`void fill(a, x)`
: kopiert den Wert `x` in alle Elemente des Arrays `a`. `x` muss zum Elementtyp von `a` kompatibel sein.

`void sort(a)`
: sortiert das Array `a` nach aufsteigenden Werten. Die Elemente von `a` müssen entweder primitiv sein oder das Interface `Comparable` (siehe Seite 372) implementieren.

[8] Man beachte den Plural im Namen.

[9] Eigentlich sollte die Methode `arraycopy` auch in der Klasse `Arrays` definiert sein, und nicht in `System`. Diese Unregelmäßigkeit hat historische Gründe.

`boolean equals(a, b)`
: vergleicht die beiden Arrays `a` und `b` elementweise. Beide Arrays müssen den gleichen Elementtyp haben. Primitive Elemente werden mit == verglichen, Objekte mit `equals`. Das Ergebnis ist `true`, wenn die Arrays gleich lang sind und alle Elemente paarweise gleich sind. Ansonsten ist das Ergebnis `false`.

`boolean deepEquals(a, b)`
: siehe nächster Abschnitt.

`int binarySearch(a, x)`
: sucht `x` im sortierten Array `a`. Die Elemente von `a` müssen entweder primitiv sein oder das Interface `Comparable` (siehe Seite 372) implementieren. `x` muss zum Elementtyp von `a` kompatibel sein. Das Ergebnis ist der Index eines Vorkommens von `x` im Array oder ein negativer Wert, wenn `x` nicht in `a` gefunden wurde.

Interessant ist im Zusammenhang mit dem Vergleich von Arrays die Methode `equals`, die die Codefragmente der Listings 10.3 und 10.4 kombiniert. `Arrays.equals` vergleicht primitive Elemente paarweise mit == und Objekte paarweise mit deren `equals`-Methode. Das ist ausreichend für eindimensionale Arrays.

Tiefer Vergleich mehrdimensionaler Arrays

Problem bei mehrdimensionalen Arrays

Bei mehrdimensionalen Arrays scheitert die Methode `Arrays.equals`: Sie vergleicht die Elemente der ersten Ebene noch paarweise mit einem Aufruf von `equals`. Diese Elemente sind hier aber selbst Arrays der nächsten Ebene. Auf der zweiten und allen weiteren Ebenen werden also wieder nur Identitäten geprüft.

Ausweg mit deepEquals

Für den Vergleich mehrdimensionaler Arrays definiert die Klasse `Arrays` zusätzlich die Methode `deepEquals`. Diese Methode ruft für untergeordnete Arrays erneut `deepEquals` auf, für andere Objekte `equals` und für primitive Elemente ==. Das folgende Beispiel vergleicht zwei mehrdimensionale Arrays inhaltlich auf allen Ebenen:

```
int[][][] a = ...;
int[][][] b = ...;
if(Arrays.deepEquals(a, b))
    ...
```

Selbstverständlich kann dieser Vergleich bei ausladenden Arrays spürbar Laufzeit kosten.

10.8 Vererbung

Alle Arraytypen sind inkompatibel zu den übrigen Javatypen, abgesehen von `Object`. Interessanter ist die Kompatibilität der Arraytypen untereinander.

Primitive Arraytypen inkompatibel

Arrays primitiver Typen sind generell inkompatibel, unabhängig von impliziten Typkonversionen zwischen Elementtypen. Das bedeutet zum Beispiel, dass an ein `double`-Array kein `int`-Array zugewiesen werden kann:

```
double[] da = new int[5];    // Fehler
```

Einzeln können die Arrayelemente natürlich wegen der impliziten Konversion `int`→`double` durchaus kopiert werden.

Abgeleitete Elementtypen ⇒ abgeleitete Arraytypen

Anders liegt die Situation bei Referenztypen. Eine Vererbungsbeziehung zwischen Elementtypen überträgt sich auf die entsprechenden Arraytypen.[10] Die Wertzuweisung im folgenden Beispiel wird akzeptiert.

```
Object[] a = new String[10];    // ok
```

Covarianz

`String[]` ist kompatibel zu `Object[]`, weil die Klasse `String` von `Object` abgeleitet ist. Diese Eigenschaft von Arraytypen wird als **Covarianz** bezeichnet, weil die Ableitungsbeziehung zwischen den Arraytypen (`String[]` von `Object[]`) der Ableitungsbeziehung zwischen den Elementtypen (`String` und `Object`) folgt. Allgemein gilt:

> `A[]` ist abgeleitet von `B[]`, wenn
> `A`   ist abgeleitet von `B`

Lücke im statischen Typsystem

Covarianz in dieser Form bringt die statische Typprüfung des Compilers zu Fall, wie ein einfaches Beispiel zeigt. Die zwei folgenden Anweisungen sind aus Sicht der statischen Typprüfung korrekt und werden vom Compiler klaglos übersetzt:

```
Object[] a = new String[10];
a[0] = new Rational();
```

Dennoch können sie nicht ausgeführt werden: An die Variable `a` wird ein `String`-Array zugewiesen. Anschließend wird versucht, in dieses Array, das nur Strings aufnehmen kann, ein `Rational`-Objekt einzufügen. Dieser Versuch muss scheitern und führt zu einer `ArrayStoreException`.

[10] Implementierung von Interfaces wird hier unter „Vererbung" subsumiert.

Diese Situation ist sehr unbefriedigend, weil hier ein wichtiges Entwurfsziel von Java verfehlt wird, nämlich die vollständige, statische Typprüfung. Ein Programm, das der Compiler akzeptiert und übersetzt hat, sollte zur Laufzeit nicht mehr mit einem Typfehler scheitern.

Das Problem taucht im Zusammenhang mit generischen Typen erneut auf (Seite 398).

10.9 Aufgaben

10a. Vier gewinnt

Schreiben Sie ein Programm `FourScore`, mit dem zwei Spieler X und O „Vier gewinnt“ spielen können.

„Vier gewinnt“ wird in sieben senkrechten Schächten gespielt, von denen jeder sechs Spielsteine aufnehmen kann, die von unten nach oben gestapelt werden. Die beiden Spieler werfen abwechselnd einen Spielstein in einen Schacht, der noch Platz hat. Das Spiel endet, wenn 42 Spielsteine eingeworfen wurden und damit alle Schächte voll sind. Gewinner ist der Spieler mit den meisten senkrechten, waagrechten oder diagonalen Reihen aus vier oder mehr Spielsteinen. Eine Fünferreihe zählt also zum Beispiel genauso viel wie eine Viererreihe.

Spieler X beginnt. Die Spieler geben abwechselnd die Nummer des Schachtes (1 bis 7) ein, in den sie einen Spielstein werfen wollen. Das Programm lehnt unzulässige Eingaben ab und fordert zur Neu-Eingabe auf. Nach jedem Zug wird der Spielstand in der folgenden Art ausgegeben:

```
1 2 3 4 5 6 7
-------------
. . X . . . .
. . X . . . .
. . O X X . .
. X X O X . .
. X O O O O O
X O O X O O X
-------------
X: 1 row(s)
O: 2 row(s)
```

Gehen Sie zum Start von einem der Programmrahmen in Anhang F aus.

10b. Game of Life

1970 hat der britische Mathematiker John H. Conway das „*Game of Life*“ erfunden, eine Simulation, die mit sehr einfachen Regeln überraschend komplexe Strukturen entwickelt [4].

Das „*Game of Life*" spielt sich auf einem unendlich großen Gitter mit quadratischen Zellen ab. Eine Zelle ist entweder tot oder lebendig. Zellen verändern sich nach den beiden folgenden Regeln, die sich jeweils auf die 8 Nachbarzellen (horizontal, vertikal, diagonal) beziehen:

1. Eine tote Zelle mit genau 3 lebendigen Nachbarn wird selbst lebendig. Andernfalls bleibt sie tot.

2. Eine lebendige Zelle bleibt am Leben, wenn sie 2 oder 3 lebendige Nachbarn hat. Andernfalls stirbt sie.

Das ganze Gitter entwickelt sich in einzelnen Schritten. In jedem Schritt verändern sich alle Zellen *gleichzeitig* nach den vorgenannten Regeln.

Ein unendlich großes Gitter kann nicht allokiert werden. Ersatzweise wird ein quadratisches Gitter mit fester Kantenlänge verwendet. Der linke und der rechte Rand des Gitters sollen als horizontal benachbart behandelt werden, ebenso der obere und der untere Rand als vertikal benachbart. Aus topologischer Sicht arbeitet das Programm somit auf einem Torus.

Ein Problem ist der simultane Generationswechsel aller Zellen. Eine simple Schleife über alle Zellen des Gitters reicht nicht aus, weil die Zellen dabei nacheinander, statt gleichzeitig, verarbeitet werden.

Die Lösung sind zwei Gitter. Eines davon (`old`) speichert die vorhergehende, das andere (`new`) die nachfolgende Generation. Beim Generationswechsel wird aus dem Gitter `old` gelesen und in das Gitter `new` geschrieben. Am Ende tauschen die Gitter die Rollen, `new` wird gelöscht und der nächste Zyklus beginnt. Verpacken Sie diese Logik in eine Klasse `Grid` mit einem Konstruktor `Grid(int s)`, der ein neues, leeres Gitter mit der Kantenlänge `s` erzeugt. `Grid` implementiert das folgende Interface:

```
interface GridInterface
{
    int getSize();                      // Auskunft Kantenlänge
    void setAlive(int x, int y);        // Macht Zelle (x, y) lebend
    boolean isAlive(int x, int y);      // Lebt Zelle (x, y)?
    void nextGeneration();              // nächste Generation berechnen
}
```

Definieren Sie Klassen zur Initialisierung des Gitters. Diese Klassen implementieren alle das Interface:

```
interface Initializer
```

```
{
    public void initialize(Grid g);
}
```

Blinker R-Pentomino Glider

Abbildung 10.11: Startkonstellationen für das „Game of Life"

Verschiedene `Initializer`-Klassen tragen zum Beispiel die Figuren aus Abbildung 10.11 ein.

Lagern sie auch die Ausgabe des Gitters in eine eigene Klasse aus, die das Interface `Viewer` implementiert:

```
interface Viewer
{
    public void view(Grid g);
}
```

Die Methode `view` macht das Gitter irgendwie sichtbar. Ein einfacher `Viewer` gibt zum Beispiel einen Ausschnitt des Gitters in Textform aus:

```
. . . . .
. * * . .
. . * * .
. . * . .
. . . . .
```

Schreiben Sie mit Hilfe der oben entwickelten Klassen eine Anwendung `Life`, die das *„Game of Life"* spielt. `Life` sollte so knapp und übersichtlich wie möglich sein und alle Einzelheiten an die untergeordneten Klassen delegieren.

10c. Matrizen

Eine Matrix ist eine Tabelle mit Zahlen (hier zur Vereinfachung nur ganze Zahlen), die in Spalten (engl. *„columns"*) und Zeilen (engl. *„rows"*) arrangiert sind. Die Anzahl Spalten und Zeilen nennt man das unveränderliche „Format" der Matrix. Ein Beispiel einer Matrix M mit dem Format 2×3:

```
1 2 3
4 5 6
```

$M(c, r)$ bezeichnet das Element in Spalte c und Zeile r (gezählt ab 0 = linke Spalte bzw. obere Zeile). Beispielsweise ist $M(0, 1) = 4$.

1. Definieren Sie eine abstrakte Basisklasse `Matrix`. Der Konstruktor akzeptiert das Format der Matrix. Zwei Auskunftsmethoden `columns` und `rows` liefern das Format der Matrix. Beispielsweise ergibt

   ```
   m.columns() → 3
   ```

   und

   ```
   m.rows() → 2
   ```

2. Eine abstrakte Methode `get` gibt das Element (c, r) zurück. Beispielsweise ist

   ```
   m.get(0, 1) → 4
   ```

   Eine weitere abstrakte Methode `set` schreibt einen neuen Wert in das Element (c, r). Beispielsweise ersetzt der Aufruf `m.set(0, 1, 9)` die 4 durch 9.

3. Definieren Sie eine abgeleitete, konkrete Klasse `StdMatrix`, die die Elemente in einem zweidimensionalen Array abspeichert.

4. Manchmal sind Matrizen dünn besetzt, das heißt, die meisten Elemente sind 0. Definieren Sie eine abgeleitete, konkrete Klasse `ThinMatrix`, die nur die von 0 verschiedenen Elemente abspeichert. Für jedes nicht-0-Element werden Spalte, Zeile und Wert aufgezeichnet. Im Konstruktor wird Platz für maximal $(rows + columns)$ nicht-0-Elemente bereitgestellt.

   Wenn eine `ThinMatrix` voll ist und noch ein weiteres nicht-0-Element eingefügt werden soll, wird eine Exception ausgelöst.

5. Die Methode `print` gibt eine Matrix aus. Beispielsweise gibt `m.print()` aus:

   ```
   1 2 3
   4 5 6
   ```

6. Definieren Sie die Methode `copy`, die ein Duplikat einer existierenden Matrix produziert. Beispielsweise erhält man so ein zweites Exemplar von `m`:

   ```
   Matrix copy = m.copy();
   ```

7. Zwei Matrizen M und N können zu einer Summenmatrix A addiert werden. Dabei werden die Elemente von M und N paarweise addiert:

   $$A(x, y) = M(x, y) + N(x, y) \text{ für alle } x, y$$

   Zwei Matrizen können nur dann addiert werden, wenn sie das gleiche Format haben.

   Erweitern Sie die Klassen um Matrizenaddition, wobei die Summenmatrix als neues Objekt zurückgeliefert wird. Beispielsweise gibt `m.add(m).add(m).print()` aus:

```
 3  6  9
12 15 18
```

8. Zwei Matrizen M und N können zu einer Produktmatrix P multipliziert werden. Ein Element $P(x, y)$ berechnet sich folgendermaßen:

   $$P(x, y) = \sum_i M(i, y) \cdot N(x, i)$$

   Zwei Matrizen können nur dann multipliziert werden, wenn die Spaltenzahl von M gleich der Zeilenzahl von N ist. Erweitern Sie die Klassen um Matrizenmultiplikation, wobei die Produktmatrix als neues Objekt zurückgeliefert wird.

10d. Textgenerator

Texte in verschiedenen Sprachen haben charakteristische Zeichenhäufigkeiten. Im Deutschen sind „e" und „n" die häufigsten Buchstaben. Schreiben Sie ein Programm, das einen Text einliest und die Häufigkeit der einzelnen Zeichen feststellt. Texte finden Sie zum Beispiel im „Projekt Gutenberg" im Internet. Anschließend erzeugt das Programm einen neuen, sinnlosen Text mit den gleichen Häufigkeiten. Das Ergebnis sieht wahrscheinlich „deutsch" aus, enthält aber ziemlich unaussprechliche Wörter.

In dieser Aufgabe brauchen Sie ein Zufallselement. Dafür eignet sich die Klasse `java.util.Random`, die unter anderem eine Methode `nextInt(int n)` bietet, die eine Pseudo-Zufallszahl zwischen `0` (einschließlich) und `n` (ausschließlich) liefert.

Auch die Wahrscheinlichkeit dafür, dass zwei bestimmte Zeichen aufeinander folgen, ist typisch für eine Sprache. Modifizieren Sie das Programm so, dass es je zwei aufeinander folgende Zeichen mit der gleichen Häufigkeit erzeugt wie in einem gegebenen Text. Das Ergebnis ist lesbarer als im ersten Ansatz.

Erweitern Sie Ihr Programm noch einmal, sodass es die Häufigkeit von Zeichen-Drillingen analysiert und reproduziert. Jetzt „klingt" das Ergebnis deutlich nach dem Stil des Originals, obwohl es natürlich weiterhin völlig sinnlos ist.

Collections

11

ÜBERBLICK

Das Collection-Framework ist eine Bibliothek von Containertypen. Es bietet Lösungen für viele wiederkehrende „Standard-Probleme" und lässt sich flexibel an eigene Bedürfnisse anpassen. Durch Nutzung der im nächsten Kapitel diskutierten Generics werden viele potenzielle Fehler schon beim Übersetzen aufgedeckt, so dass mit diesen Klassen robuste und dennoch effiziente Programme entwickelt werden können.

- In 11.1 wird als populärer Vertreter von Collections die **Klasse `ArrayList`** eingeführt. `ArrayList`s haben viele Eigenschaften von normalen Arrays, heben deren Grenzen aber zum Teil auf.
- Collections sind eigentlich nur für Elemente von Referenztypen geeignet. In 11.2 wird gezeigt, wie der Mechanismus des Autoboxing auch **primitive Typen** zugänglich macht.
- Das Collection-Framework umfasst eine ganze Menge von Klassen und Interfaces. 11.3 gibt einen Überblick über die **Struktur des Frameworks**.
- Mit den **Iteratoren**, die in 11.4 vorgestellt werden, lassen sich Collections aller Arten durchlaufen. Das Konzept der Iteratoren lässt sich auch über das Collection-Framework hinaus verallgemeinern.
- Im Zusammenhang mit den Arrays wurde die ***for-each*-Schleife** eingeführt. In 11.5 wird gezeigt, wie diese Schleifen auch mit Collections und anderen Klassen eingesetzt werden können.
- Eine andere, wichtige Art von Klassen im Collection-Framework sind die **Maps**, die in 11.6 beschrieben werden. Maps speichern Elementpaare und repräsentieren damit Abbildungen allgemeiner Art.
- Schließlich wird in 11.7 die Klasse `Collections` vorgestellt, die in Form statischer Methoden häufig gebrauchte **Algorithmen** und andere nützliche Methoden im Zusammenhang mit Collections anbietet.

11.1 ArrayList

Eigenschaften von `ArrayList`

Arrays sind effiziente und nützliche Datenstrukturen. Dennoch hat ihre fixe Größe eine Verschwendung von Speicherplatz oder Rechenleistung zur Folge, wenn eine halbwegs zuverlässige Vorhersage der Elementanzahl schwierig oder gar unmöglich ist. Diese Probleme werden mit der Klasse „`ArrayList`" gelöst.

Der Name der Klasse „ArrayList“ aus dem Package java.util legt schon nahe, dass sie einige Eigenschaften mit Arrays teilt:

- Die Elemente einer ArrayList sind in einer linearen Folge angeordnet. Es gibt zum Beispiel ein erstes und ein letztes Element.
- Der Zugriff auf alle Elemente ist etwa gleich schnell (engl. *„random access“*).
- Elemente werden über Indexwerte vom Typ int angesprochen.
- Die Indexwerte zählen ab 0 für das erste Element fortlaufend hoch.

ArrayList entspricht veränderlichen Arrays

Im Gegensatz zu Arrays ist die Anzahl der Elemente einer ArrayList aber veränderlich. Das bedeutet, dass man in eine bestehende ArrayList Elemente eingefügen und Elemente daraus löschen kann. Die ArrayList wächst und schrumpft dabei.

ArrayList-Objekte erzeugen

ArrayList als normale Klasse

Die Klasse ArrayList genießt im Gegensatz zu den Arrays keine syntaktische Sonderbehandlung. Um ein ArrayList-Objekt zu erzeugen, wird ein Konstruktor mit new aufgerufen. Alles Weitere wird über Methodenaufrufe abgewickelt.

Angabe des Elementtyps

Verschiedene ArrayLists können unterschiedliche Elementtypen aufnehmen. Die Elemente einer gegebenen ArrayList haben alle den gleichen Typ. Es gibt also viele verschiedene ArrayList-Typen, ebenso wie es viele verschiedene Arraytypen gibt. Der ArrayList-Typ für einen Elementtyp T wird bezeichnet mit:

```
ArrayList<T>
```

Im folgenden Beispiel wird eine neue ArrayList für Strings als Elemente erzeugt und an die Variable stringlist vom gleichen Typ zugewiesen:

```
ArrayList<String> stringlist = new ArrayList<String>();
```

Die Angabe „ArrayList<String>“ ist eine einzelne, abgeschlossene Typangabe und wird gelesen als „ArrayList mit String-Elementen“. Der Ausdruck „new ArrayList<String>()“ ruft den Default-Konstruktor auf und liefert ein neues Exemplar einer solchen Liste nur für Strings.

ArrayLists mit unterschiedlichen Elementtypen sind inkompatibel und können nicht gemischt werden:

```
ArrayList<Object> objectlist;
objectlist = new ArrayList<String>();    // Fehler
```

Obwohl der Elementtyp `String` vom Elementtyp `Object` abgeleitet ist, gilt das nicht für die entsprechenden `ArrayList`-Typen. In diesem Punkt unterscheiden sich `ArrayLists` von Arrays! Darauf wird in Kapitel 12.3 (Seite 396) noch ausführlich eingegangen.

Elemente anfügen

Methode add fügt ein Element an

Eine neu erzeugte `ArrayList` ist leer, sie enthält noch keine Elemente. Neue Elemente werden mit der Methode `add` hinten angefügt:

```
...
stringlist.add("element #0");
```

Jetzt ist die `ArrayList` ein Element lang. Mit der folgenden Schleife werden nacheinander 99 weitere Elemente hinten angefügt:

```
...
for(int i = 1;  i < 100;  i++)
    stringlist.add("element #" + i);
```

ArrayList wächst beim Anfügen

Die `ArrayList` wächst dabei fortlaufend mit und enthält am Ende hundert Strings. Das Argument von `add` muss kompatibel zum Elementtyp der `ArrayList` sein, andernfalls wird der Aufruf mit einem Typfehler abgewiesen:

```
ArrayList<Object> objectlist = new ArrayList<Object>();
objectlist.add("element #0");    // ok - String ist ein Object

ArrayList<String> stringlist = new ArrayList<String>();
stringlist.add(new Object());    // Fehler - Object ist kein String
```

null-Element in jeder ArrayList erlaubt

`null` ist als Element in jeder Liste zulässig:

```
...
stringlist.add(null);                // ok
objectlist.add(null);                // ok
```

Duplikate in ArrayList

Ein Element kann auch mehrfach eingefügt werden:

```
...
String s = "another element";
stringlist.add(s);
stringlist.add(s);
stringlist.add(s);                  // 3x in der Liste
```

Elemente lesen und ersetzen

Die Methode `T get(int i)` liest ein Element aus einer `ArrayList` mit Elementtyp `T`. Das Element wird über einen Index `i` adressiert, der fortlaufend ab null für das erste Element gezählt wird.

Elementzugriff mit Index

Die Methode `set(int i, T t)` ersetzt ein Element in einer `ArrayList` mit Elementtyp `T`. Die Länge der Liste bleibt dabei gleich, aber der Inhalt wird verändert.

Mit diesen beiden Methoden kann eine `ArrayList` genauso wie ein Array verwendet werden:

Gegenüberstellung mit Arrays

	Array	ArrayList
Definition	`String[] a;`	`ArrayList<String> a;`
Erzeugen	`a = new String[100];`	`a = new ArrayList<String>();`
Schreiben	`a[i] = "Hello";`	`a.set(i, "Hello");`
Lesen	`String x = a[i];`	`String x = a.get(i);`

Im folgenden Beispiel werden zehn Elemente an eine `ArrayList` angefügt, dann mit neuen Werten überschrieben und schließlich wieder ausgegeben:

```
for(int i = 0;  i < 10;  i++)              // Elemente anfügen
    stringlist.add(i, "element #" + i);

for(int i = 0;  i < 10;  i++)              // Elemente ersetzen
    stringlist.set(i, "new element #" + i);

for(int i = 0;  i < 10;  i++)              // Elemente lesen
    System.out.println(stringlist.get(i));
```

`get` und `set` verändern die Größe der `ArrayList` nicht. Genauso wie bei Arrays führt der Zugriff mit unzulässigen Indexwerten zu einer Exception, in diesem Fall einer `IndexOutOfBoundsException`.

Indexfehler

Elemente entfernen

Die Methode „`boolean remove(T t)`“ nimmt das Element `t` aus einer `ArrayList` mit Elementtyp `T` heraus:

Elemente löschen

```
stringlist.remove("element #23");
```

Wenn tatsächlich ein Element entfernt wurde, ist das Resultat `true`. Wenn das gegebene Element nicht gefunden und folglich auch nichts entfernt wurde, ist das Resultat `false`.

Die `ArrayList` verhält sich dabei wie ein Bücherstapel: Wenn man ein Buch herauszieht, fällt der Rest nach unten. Die Elemente hinter einem gelöschten Element rücken also um eine Indexposition nach vorne; die ganze Liste wird dabei um ein Element kürzer.

Sollten mehrere Exemplare des Elementes in der Liste vorkommen, wird irgendeines davon gelöscht. Das muss nicht unbedingt das vorderste sein!

`equals` erkennt Elemente

`remove` benutzt die Methode `equals`[1], um das gesuchte Element in der Liste zu erkennen. Das bedeutet aber auch, dass eine Klasse eine brauchbare Implementierung von `equals` zur Verfügung stellen muss, wenn ihre Objekte in einer `ArrayList` gespeichert werden sollen. Nachdem man beim Entwurf einer neuen Klasse kaum ausschließen kann, dass die Objekte jemals in einer `ArrayList` verstaut werden, muss man eigentlich immer `equals` redefinieren. Das Gleiche gilt für `hashCode`, wie auf Seite 369 begründet wird.

Die überladene Methode „`T remove(int i)`“ erwartet einen Index, entfernt das adressierte Element und liefert es als Ergebniswert zurück. Das folgende Beispiel gibt die Elemente aus und hinterlässt eine leere Liste:

```
for(int i = 0;  i < 10;  i++)
// Elemente anfügen
    stringlist.add(i, "element #" + i);
for(int i = 0;  i < 10;  i++)
// Elemente ausgeben und entfernen
    System.out.println(stringlist.remove(0));
```

Länge einer ArrayList

Länge einer Liste

Die Methode `size` liefert die aktuelle Anzahl Elemente in einer `ArrayList`. Das Ergebnis entspricht dem Ausdruck `a.length` bei einem Array `a`. Die folgende Schleife löscht alle Elemente, die in der Liste `blist` vorkommen, aus der Liste `xlist`:

```
for(int bi = 0;  bi < blist.size();  bi++)
    for(int xi = 0;  xi < xlist.size();)
        if(xlist.get(xi).equals(blist.get(bi)))
            xlist.remove(blist.get(bi));
        else
            xi++;
```

1 `equals` wurde im Kapitel 8.6 auf Seite 264 vorgestellt.

Weitere ArrayList-Methoden

Einige weitere Methoden tragen dazu bei, dass ArrayLists bequem verwendet werden können.

Die Methode contains sucht nach einem gegebenen Element und liefert true oder false. Wie remove ruft diese Methode equals auf, um die Gleichheit von Elementen festzustellen.

Element enthalten?

Die Methoden indexOf und lastIndexOf liefern den Index des ersten beziehungsweise letzten Vorkommens eines gegebenen Elementes in der ArrayList. Wenn nichts gefunden wird, liefern beide Methoden den Fluchtwert -1 zurück. Auch hier wird equals benutzt, um ein Element zu erkennen.

Wo ist ein Element?

Mit der Methode toArray kann eine ArrayList in ein Array übertragen werden. Als Argument gibt der Aufrufer ein vorhandenes Array an, das die Elemente der ArrayList aufnimmt:

Umwandlung in ein Array

```
String[] stringarray =
        stringlist.toArray(new String[stringlist.size()]);
```

Wenn die Länge des übergebenen Arrays zu groß ist, werden die überzähligen Elemente mit null gefüllt. Wenn das übergebene Array zu kurz ist, wird ein neues Array passender Größe allokiert und zurückgegeben, wie im folgenden Beispiel:

```
String[] stringarray = stringlist.toArray(new String[0]);
```

11.2 Autoboxing und Wrapperklassen

Bisher wurde nicht ausdrücklich darauf hingewiesen, dass als Elementtypen von ArrayList nur Referenztypen erlaubt sind. Das steht im Gegensatz zu Arrays, bei denen jeder Elementtyp zulässig ist, insbesondere auch primitive Elementtypen. Zunächst klingt diese Einschränkung recht drastisch, weil damit eine ArrayList zum Beispiel keine int-Werte speichern kann.

Nur Referenztypen als Elemente

Zwei Maßnahmen, Wrapperklassen und Autoboxing, reduzieren die Folgen dieses Ausschlusses primitiver Elementtypen aber so weit, dass sie kaum noch spürbar sind.

Wrapperklassen

Wrapperklasse für jeden primitiven Typ

Für jeden der acht primitiven Javatypen ist eine so genannte „*Wrapperklasse*“ (dt. etwa „Hüllklasse“) definiert, zum Beispiel die Klasse `Integer` für den primitiven Typ `int`. Die vollständige Liste finden Sie in Anhang C auf Seite 431.

Wrapperklassen sind unveränderlich

Unter anderem speichert ein Objekt der Wrapperklasse einen Wert des entsprechenden primitiven Typs. Wrapperklassen sind unveränderlich. Der „verpackte“ primitive Wert wird im Konstruktor festgelegt und kann später nicht mehr ausgetauscht werden:

```
Integer integer = new Integer(23);
```

Jede Klasse bietet weiter eine Getter-Methode zum Auslesen des verpackten Wertes an, zum Beispiel `intValue` zum Auslesen des `int`-Wertes eines `Integer`-Wrapperobjektes:

```
...
int i = integer.intValue();
```

Wrapperklasse als Elemente in `ArrayList`

Als „echte“ Klassen sind Wrapperklassen als Elementtyp in `ArrayLists` zulässig. Auf diesem Umweg lassen sich also doch primitive Werte in einer `ArrayList` speichern. Der Preis ist allerdings eine Vielzahl von „kleinen“ Objekten.

Autoboxing

Expliziter Umgang mit Wrapperobjekten umständlich

Obwohl mit Wrapperklassen primitive Werte in `ArrayLists` aufgenommen werden können, bleibt die Handhabung dennoch umständlich, weil beim Eintragen ein Konstruktor und beim Auslesen ein Getter aufgerufen werden muss:

```
ArrayList<Integer> intlist = new ArrayList<Integer>();
intlist.add(new Integer(23));          // Eintragen
int i = intlist.get(0).intValue();     // Lesen
```

Listing 11.1: Wrapperobjekte in einer `ArrayList`

Autoboxing fügt automatisch Methodenaufrufe ein

Diese Situation wird durch das so genannte „**Autoboxing**“ vereinfacht. Beim Autoboxing fügt der Compiler die im Beispiel explizit genannten Methodenaufrufe automatisch ein. Autoboxing arbeitet in zwei Richtungen:

1. Wenn ein Objekt gebraucht wird, aber nur ein primitiver Wert zur Verfügung steht, wird der primitive Wert automatisch in ein Wrapperobjekt verpackt. Die Wertzuweisung

```
Integer integer = new Integer(23);
```

kann mit Autoboxing verkürzt werden zu:

```
Integer integer = 23;
```

Der Konstruktoraufruf wird durch Autoboxing automatisch eingefügt.

2. Wenn ein Wrapperobjekt zur Verfügung steht, aber ein primitiver Wert gebraucht wird, fügt Autoboxing automatisch einen Getter-Aufruf ein. Statt

```
...
int i = integer.intValue();
```

kann man schreiben:

```
...
int i = integer;
```

Hier wird der Aufruf von `intValue` automatisch eingeschoben. Diese Richtung wird manchmal auch als „**Auto-Unboxing**" bezeichnet.

Autoboxing in jedem Kontext

Autoboxing ist nicht auf `ArrayLists` beschränkt, sondern wird in allen Situationen angewendet:

```
Integer integer = 3;
Integer more = integer + 2;
more++;
Double root = Math.sqrt(more + more + more);
```

Autoboxing als Typkonversion

Autoboxing spielt eine ähnliche Rolle wie implizite Typkonversionen zwischen primitiven Typen (Kapitel 2.4, Seite 41). Primitive Typen und ihre Wrapperklassen sind damit kompatibel zueinander (siehe Anhang E).

Grenzen des Autoboxing

Autoboxing führt von einem primitiven Typ ausschließlich zum direkt zugeordneten Wrappertyp. Weitere Typumwandlungen werden nicht implizit eingeschoben.[2] In der folgenden Zuweisung steht ein `int`-Wert zur Verfügung, aber ein `Double`-Objekt wird verlangt:

```
Double d = 4;                  // Fehler
```

2 Diese Entscheidung wurde bewusst getroffen, um keine Konversionsketten auszulösen, die im Fehlerfall kaum noch nachvollziehbar wären.

Autoboxing produziert aus dem `int`-Wert zwar ein `Integer`-Objekt, aber kein `Double`-Objekt. Die Zuweisung wird nicht übersetzt, weil `Integer` und `Double` nicht kompatibel sind. Die nächsten Beispiele funktionieren dagegen:

```
Double d;
d = 4.0;                // ok, double -> Double
d = new Double(4);      // ok, int -> double
```

Primitive Werte in ArrayList

Primitive Werte können mit Autoboxing praktisch wie Referenztypen mit `ArrayLists` benutzt werden. Das Beispiel von Listing 11.1 kann man mit Autoboxing viel einfacher schreiben:

```
intlist.add(23);
int i = intlist.get(0);
```

Einzige Spur des Autoboxing ist die Typangabe „`ArrayList<Integer>`“ in der Definition der Liste, bei der die Wrapperklasse statt des primitiven Typs als Elementtyp angegeben wird.

Autoboxing und überladene Methoden

Autoboxing bei überladenen Methoden

Bei der Auswahl überladener Methoden wird Autoboxing erst dann angewendet, wenn keine andere Typkonversion zum Ziel führt (siehe Seite 4.7). Von den beiden Methoden

```
void foo(double d)
void foo(Integer i)
```

wird für den Aufruf `foo(1)` die erste Methode ausgewählt, weil sie nach der impliziten Konversion `int`→`double` passt. Die zweite Methode wird nicht berücksichtigt. Erst wenn die erste Definition fehlt, wird mittels Autoboxing die zweite Methode aufgerufen.

Autoboxing und Varargs

Autoboxing hat damit den gleichen Rang wie Vararg-Methoden. Von den beiden folgenden Methoden

```
void foo(Integer i)
void foo(int... i)
```

wird bei Aufruf `foo(1)` die erste ausgewählt, weil sie genauer passt als die zweite Methode. Jeden Aufruf an die erste Methode würde auch die zweite akzeptieren, dazu noch alle mit mehr als einem Argument. Die erste Methode passt also genauer und wird ausgewählt.

Mit den beiden Definitionen

```
void foo(Integer... i)
void foo(int... i)
```

ist der Aufruf `foo(1)` dagegen mehrdeutig, weil beide Methoden gleich genau passen. Die zweite Methode akzeptiert wegen Auto-Unboxing auch alle Aufrufe mit `Integer`-Argumenten.

11.3 Aufbau des Collection-Frameworks

Das Collection-Framework ist eine komplexe und flexible Sammlung von Klassen und Interfaces. Eine vollständige Diskussion würde den hier zur Verfügung stehenden Rahmen sprengen. An dieser Stelle sollen wesentliche Komponenten und Merkmale vorgestellt werden, die die häufigsten Anwendungsfälle abdecken.

Containertypen im Collection-Framework

`ArrayList` ist nur eine Klasse aus dem gesamten Collection-Framework. Die Klassen im Collection-Framework sind Container, das heißt, sie speichern Objekte anderer Typen als Elemente. Darüber hinaus sind alle Klassen generisch: Als Elementtypen können alle Referenztypen benutzt werden. Autoboxing ebnet auch den Weg für den Einsatz primitiver Typen.

Die verschiedenen Bestandteile des Collection-Frameworks fallen zunächst in zwei größere Gruppen:

- **Collections** speichern Einzelelemente. Alle Klassen aus dieser Gruppe implementieren das Interface `Collection`. Die Klasse `ArrayList` gehört zu dieser Gruppe.
- **Maps** speichern Element-Paare. Alle Klassen aus dieser Gruppe implementieren das Interface `Map`. Maps werden in Kapitel 11.6 weiterdiskutiert.

Collections

Innerhalb der ersten Gruppe, den Collections, gibt es wiederum zwei Untergruppen, die sich in der Organisationsform der Elemente unterscheiden:

- Listen ordnen ihre Elemente in einer Reihe an. Es gibt zum Beispiel ein erstes und ein letztes Element. Alle Listen implementieren das Interface `List`. Die Klasse `ArrayList` gehört zu dieser Untergruppe.

- Mengen speichern die Elemente ungeordnet. In Mengen sind keine Duplikate erlaubt, jedes Element kann höchstens einmal enthalten sein. Alle Mengen implementieren das Interface `Set`.

Eigenschaften von Containertypen

Die folgende Liste zeigt einige konkrete Klassen, die das Interface `Collection` implementieren, mit ihren Schlüsseleigenschaften:

`ArrayList`
implementiert das Interface `List`.

- Indexzugriff auf Elemente ist überall ungefähr gleich schnell.
- Einfügen und Löschen ist am Listenende schnell und wird mit wachsender Entfernung vom Listenende langsamer.

`LinkedList`
implementiert ebenfalls das Interface `List`.

- Indexzugriff auf Elemente ist an den Enden schnell und wird mit der Entfernung von den Enden langsamer.
- Einfügen und Löschen *ohne Indexzugriff* ist überall gleichermaßen sehr schnell. Ansonsten bestimmt der Indexzugriff die Geschwindigkeit.

`HashSet` implementiert das Interface `Set`. Wie bei allen `Sets` sind keine Duplikate erlaubt.

- `null`-Elemente sind zulässig.
- Einfügen, Suchen und Löschen sind immer gleich schnell.

`TreeSet` implementiert ebenfalls das Interface `Set`. Duplikate sind nicht erlaubt.

- `null`-Elemente sind nicht erlaubt.
- Die Geschwindigkeit von Einfügen, Suchen und Löschen fällt proportional zum Logarithmus der Anzahl Elemente.

Die Elemente eines `TreeSet` können der Größe nach sortiert abgerufen werden. Das bedeutet, dass eine Ordnung unter den Elementen definiert sein muss. Auf diese Anforderung wird im Kapitel 11.7 (Seite 372) näher eingegangen.

Abbildung 11.1 zeigt einige wichtige Klassen und Interfaces der Collections.

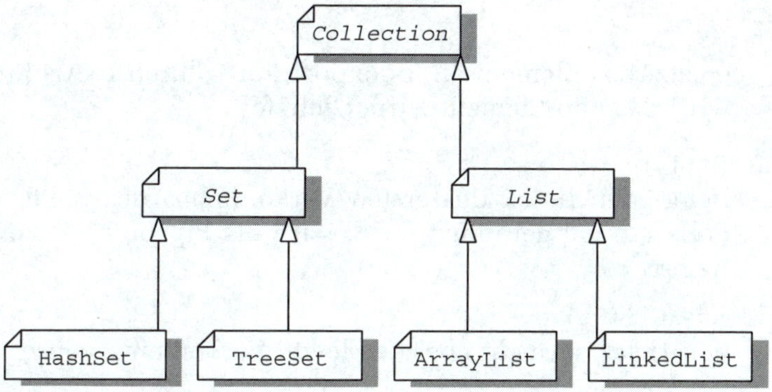

Abbildung 11.1: Wichtige Collections

Collection-Methoden

Methoden aller Containertypen

Einige der bereits bei der Klasse `ArrayList` vorgestellten Methoden (siehe Kapitel 11.1) sind für alle Collections, also `Lists` und `Sets` gleichermaßen, definiert. `T` steht dabei für den jeweiligen Elementtyp der Collection.

`int size()`
: liefert die Anzahl der Elemente in dieser Collection.

`boolean add(T t)`
: fügt das Element `t` ein. Das Ergebnis zeigt an, ob tatsächlich ein Element eingefügt wurde. Bei `Sets` wird zum Beispiel kein Duplikat von `t` eingefügt.

`boolean remove(T t)`
: löscht das Element `t`. Das Ergebnis zeigt an, ob tatsächlich ein Element gelöscht wurde.

`boolean contains(T t)`
: gibt Auskunft, ob das Element `t` in dieser Collection enthalten ist.

`Iterator iterator()`
: liefert einen Iterator über diese Collection. Iteratoren werden in Kapitel 11.4 besprochen.

Methoden von Listen

Einige weitere Methoden sollen erwähnt werden, die mit Indexwerten arbeiten und deshalb nur für Listen, aber nicht für `Sets` definiert sind:

`T get(int i)`
: liefert das Element an Indexposition `i`. Indexfehler lösen eine Exception vom Typ `IndexOutOfBoundsException` aus.

`T set(int i, T t)`
: ersetzt das Element an Indexposition `i` durch `t`. Als Ergebnis wird das alte Element zurückgeliefert.

`int indexOf(T t)`
: liefert den Index des ersten Vorkommens des Elementes `t`. Falls `t` nicht gefunden wird, wird als Ergebnis `-1` zurückgeliefert.

`int lastIndexOf(T t)`
: wie `indexOf`, sucht aber das letzte Vorkommen von `t`.

Das folgende Beispielprogramm sammelt alle Wörter, die in einem String `s` vorkommen, in einem `HashSet` und gibt dann die Anzahl der verschiedenen Wörter aus (`StringTokenizer` siehe Seite 189):

```
StringTokenizer st = new StringTokenizer(s);
HashSet<String> words = new HashSet<String>();
while(st.hasMoreTokens())
    words.add(st.nextToken());
System.out.println(words.size());
```

11.4 Iteratoren

Bei Listen können Elemente über Indexwerte angesprochen werden. Allgemeine `Sets` müssen dagegen unter ihren Elementen keine bestimmte Reihenfolge aufrechterhalten, sodass Indexwerte keine Bedeutung hätten.

Iteratoren sind Indexobjekte

Iteratoren sind eine Verallgemeinerung von Indexwerten. Iteratoren werden ähnlich wie Indexwerte verwendet, ihr innerer Aufbau bleibt allerdings verborgen. In Java implementieren alle Iteratoren das gemeinsame Interface `Iterator`.

Auch Iteratoren sind generisch, wie `ArrayList` und andere Collections. Sie haben den gleichen Elementtyp wie die zugrunde liegende Collection. Syntaktisch wird der Elementtyp in spitzen Klammern nachgestellt, wie bei Collectiontypen.

Vergleich mit Indexzugriff

Das folgende Beispiel zeigt einen „konventionellen" Durchlauf einer Stringliste `list` mit einem Index:

```
int i = 0;
while(i < list.size())
```

```
{
    String x = list.get(i);
    System.out.println(x);
    i++;
}
```

Listing 11.2: Durchlauf einer Stringliste `list` mit einem Index

Die entsprechende Konstruktion mit einem Iterator sieht folgendermaßen aus:

Verwendung von Iteratoren

```
Iterator<String> i = list.iterator();
while(i.hasNext())
{
    String s = i.next();
    System.out.println(s);
}
```

Listing 11.3: Duchlauf einer Stringliste `list` mit einem Iterator

Ein Iterator wird auf dem Weg über die Liste `list` erzeugt und initialisiert. Die Methode `iterator()` produziert einen neuen Iterator und setzt ihn *vor* das erste Element der Liste.

Die Methode `hasNext` eines Iterators testet, ob es weitere Elemente gibt (Ergebnis `true`) oder nicht (`false`). Die Methode `next` liefert das nächste Element und rückt den Iterator gleichzeitig um ein Element weiter. Das bedeutet, dass aufeinander folgende Aufrufe von `next` immer neue Elemente liefern. Zugriff und Vorrücken sind bei Iteratoren kombiniert und können nicht getrennt werden.

Iteratoren arbeiten mit jeder Collection, also nicht nur mit `Lists`, sondern auch mit `Sets`. Listing 11.3 lässt sich auf jede Collection übertragen. Bei `HashSets` gibt es keine bestimmte Reihenfolge, in der die Elemente vom Iterator geliefert werden. Bei `TreeSets` werden die Elemente der Größe nach besucht.

Eigenschaften

Sequentieller Durchlauf

Ein Iterator läuft von Beginn an Element für Element durch eine Collection. Sprünge sind genauso wenig möglich wie ein Start in der Mitte einer Collection. Ein Iterator steht immer *zwischen* zwei Elementen, wie Abbildung 11.2 veranschaulicht.

Einweg-Nutzung

Ein Iterator ist verbraucht, wenn er am Ende angekommen ist. Er kann nicht wiederverwendet werden. Stattdessen erzeugt man für den nächsten Durchlauf einen neuen Iterator.

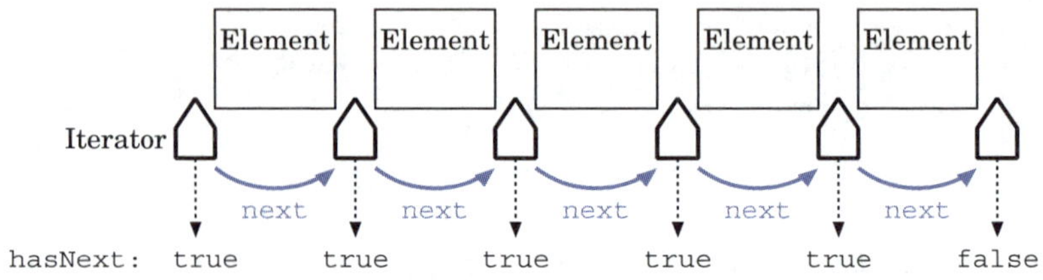

Abbildung 11.2: Bewegung eines Iterators

Mehrere Iteratoren Innerhalb einer Collection können gleichzeitig mehrere Iteratoren unterwegs sein. Sie sind unabhängig voneinander und können einzeln bewegt werden.

Listen-Iteratoren

Neben den oben besprochenen, allgemeinen Iteratoren für beliebige Collections gibt es für `List`-Collections **Listen-Iteratoren**, die das Interface `ListIterator` implementieren. `ListIterator` ist von `Iterator` abgeleitet.

Listen-Iteratoren mit zusätzlichen Möglichkeiten Ein `ListIterator` kann sich vorwärts und rückwärts durch die Liste bewegen. Zusätzlich zu den Methoden `next()` und `hasNext()` definiert er die Methoden `previous()` und `hasPrevious()`, die sich auf das jeweils vorhergehende Element beziehen.

Iteratoren und Indexwerte Die Elemente einer `List` können über Indexwerte angesprochen werden. Ein `ListIterator` liefert die Indexwerte des vorhergehenden und nächsten Elementes mit den Methoden `previousIndex()` und `nextIndex()`.

Das Beispielprogramm in Listing 11.4 schickt einen `ListIterator` erst zum Ende der Liste und lässt ihn dann wieder zum Anfang zurücklaufen. Auf dem Rückweg werden die Elemente ausgegeben:

```
ListIterator<String> li = stringlist.listIterator();
while(li.hasNext())
    li.next();
while(li.hasPrevious())
    System.out.println(li.previous());
```

Listing 11.4: Liste rückwärts ausgeben

Im Gegensatz zu einem normalen Iterator ist ein Listen-Iterator nicht verbraucht, wenn er am Ende der Liste angekommen ist, sondern kann wieder in die Gegenrichtung bewegt werden.

Modifikation entwertet Iteratoren

Ungültige Iteratoren

Wenn eine Collection modifiziert wird, werden alle Iteratoren ungültig. Die Iteratoren der hier vorgestellten Collection-Klassen bemerken das und werfen beim nächsten Zugriffsversuch nach einer Änderung eine ConcurrentModificationException. Diese Eigenschaft wird *„fail-fast"* genannt: Statt irgendwann später in einen undefinierten Zustand zu geraten, werden die Iteratoren sofort unbrauchbar gemacht. Im folgenden Beispielprogramm wird eine Liste mit Strings gefüllt:

```
ArrayList<String> stringlist = new ArrayList<String>();
for(int i = 0;  i < 100;  i++)
    stringlist.add("element #" + i);
```

Ein Iterator wird erzeugt und anschließend ein weiteres Element an die Liste angefügt. Das ist eine Modifikation, die den Iterator entwertet. Der nächste Zugriff auf den Iterator bricht das Programm ab:

```
...
Iterator<String> i = stringlist.iterator();
stringlist.add("element #100");
i.next();                    // ConcurrentModificationException
```

Iteratoren reagieren nur auf strukturelle Änderungen. Das Ersetzen eines Elementes mit set verändert die Struktur einer Collection nicht und lässt Iteratoren intakt.

Modifikation über Iteratoren

Collection-Modifikation über Iteratoren

Iteratoren werden bei Modifikationen der Collection entwertet. Allerdings bieten die Iteratoren selbst Änderungsoperationen an, bei denen der betreffende Iterator funktionsfähig bleibt.

Alle Iteratoren definieren die Methode remove(). Diese Methode entfernt das *zuletzt überquerte* Element aus der Collection. remove ist mit Vorsicht anzuwenden:

1. Ein neu geschaffener Iterator hat sich noch nicht bewegt. Deshalb darf nicht sofort remove aufgerufen werden.

2. Nach einem Aufruf von remove muss erst wieder ein Element überquert werden, bevor erneut remove aufgerufen werden kann.

3. Auch bei Listen-Iteratoren wird das zuletzt überquerte Element gelöscht. Je nach Fahrtrichtung des Iterators kann dieses aus Sicht des Listenanfangs vor oder hinter dem Iterator liegen.

Die folgende Schleife löscht alle Elemente der Collection `c` mit Elementtyp `T`:

```
Iterator<T> i = c.iterator();
while(i.hasNext())
{
    i.next();
    i.remove();
}
```

Einfügen und Ersetzen mit Listen-Iteratoren

Zusätzlich zu `remove` definiert die Klasse `ListIterator` zwei weitere Methoden:

`void add(T t)`

schiebt das neue Element `t` in die Lücke, in der der Iterator steht. Der Iterator steht anschließend, vom Listenanfang aus gesehen, hinter dem neu eingefügten Element. Die folgende Schleife baut mit Hilfe eines Iterators die Liste 0, 1, 2, ..., 9 auf:

```
ArrayList<Integer> intlist = new ArrayList<Integer>();
ListIterator<Integer> it = intlist.listIterator();
for(int i = 0;  i < 10;  i++)
    it.add(i);
```

`void set(T t)`

ersetzt das zuletzt überquerte Element durch `t`. Die folgende Schleife inkrementiert alle Elemente der `Integer`-Liste aus dem vorhergehenden Beispiel. Anschließend enthält die Liste die Werte 1, 2, 3, ..., 10:

```
...
ListIterator<Integer> it = intlist.listIterator();
while(it.hasNext())
    it.set(it.next() + 1);
```

Bei Änderungen über einen Iterator bleibt nur dieser eine Iterator intakt. Andere Iteratoren, die in der gleichen Collection unterwegs sind, werden weiterhin ungültig.

11.5 *foreach*-Schleifen über Collections

Elemente einer Collection sequentiell durchlaufen

Ebenso wie Arrays (Kapitel 10.4) können auch Collections mit *foreach*-Schleifen durchlaufen werden.

Die folgende Konstruktion mit einer *foreach*-Schleife entspricht der Schleife in Listing 11.3. Der Iterator ist, wie die Indexvariable beim Array-Durchlauf, nicht mehr explizit sichtbar:

```
for(String s: c)
    System.out.println(s);
```

An die Variable s wird in jedem Schleifendurchgang ein neues Element der Collection c zugewiesen und kann im Schleifenrumpf verarbeitet werden.

foreach-Schleifen über Collections unterliegen den gleichen Einschränkungen wie bei Arrays (siehe Seite 324).

Auch *foreach*-Schleifen arbeiten mit Iteratoren, selbst wenn diese unsichtbar bleiben. Eine Änderung der Collection während des Durchlaufes führt zu einer Exception, wie beim Durchlauf mit einem expliziten Iterator. Im folgenden Beispiel wird das erste Element der Liste noch ausgegeben, dann aber, infolge der Erweiterung mit add, die Exception ausgelöst.

```
for(String s: stringlist)
{
    System.out.println(s);
    stringlist.add("x");
}
```

Das folgende Beispielprogramm sammelt alle Wörter, die in einem String s vorkommen, in einem TreeSet und gibt dann eine alphabetisch sortierte Liste der verschiedenen Wörter aus (StringTokenizer siehe Seite 189):

```
StringTokenizer st = new StringTokenizer(s);
TreeSet<String> words = new TreeSet<String>();
while(st.hasMoreTokens())
    words.add(st.nextToken());
for(String w: words)
    System.out.println(w);
```

11.6 Maps

Arrays und Collections speichern einzelne Werte des Elementtyps. Die Elemente können über Indexwerte adressiert werden, wenn auch mit unterschiedlicher Effizienz. Der Typ der Indexwerte ist int.

Maps als verallgemeinerte Arrays

Man kann sich **Maps** als eine Verallgemeinerung von Arrays vorstellen, die beliebige Index-Typen zulassen. Der Indextyp muss nicht einmal numerisch sein und auch keiner bestimmten Ordnung unterliegen.

Ein Beispiel für eine Map ist ein Telefonbuch, in dem unter jedem Namen eine Telefonnummer verzeichnet ist. Der „Indextyp“ ist hier

`String`, der „Elementtyp" vielleicht `int`.[3] In diesem Beispiel unterliegt der Indextyp `String` zwar einer Ordnung, aber das wird von `Maps` nicht verlangt.

Maps als Relationen Im Zusammenhang mit Maps sind die Begriffe **Schlüssel** (engl. „*key*") und **Wert** (engl. „*value*") gebräuchlich. Jedem Schlüssel ist genau ein Wert zugeordnet. Eine Map ist eine Menge von Schlüssel-Wert-Paaren, die auch als „Einträge" bezeichnet werden. So gesehen speichert eine Map eine Relation, die jedem Element der Schlüsselmenge einen Wert zuordnet.

Eindeutige Schlüssel, beliebige Werte Schlüssel müssen innerhalb einer Map eindeutig sein, nicht aber die Werte.

Maps werden oft als eine Art „Mini-Datenbank" benutzt, freilich ohne all die hoch entwickelten Eigenschaften einer echten Datenbank.

Klasse HashMap

HashMap als universelle Map Die Klasse `HashMap` ist eine sehr nützliche Art von Map. Die Einträge in einer `HashMap` sind nicht geordnet. So gesehen ähnelt eine `HashMap` also einem `HashSet`, wie die Benennung schon andeutet.

In einer `HashMap` werden zwei unabhängige Typen benutzt: zum Einen der Typ der Schlüssel, zum Anderen der Typ der Werte. Beide sind Referenztypen. Für primitive Typen ebnen Wrapperklassen, in Kombination mit Autoboxing, den Weg.

Eine `HashMap` für das oben genannte Beispiel eines Telefonbuches verwendet als Schlüsseltyp `String` und als Wertetyp `Integer`. Eine neues Telefonbuch wird folgendermaßen erzeugt:

```
HashMap<String, Integer> m = new HashMap<String, Integer>();
```

Die neue `HashMap` ist noch leer, sie enthält keine Einträge.

Auch `HashMap` ist ein generischer Typ, der zwei Typargumente braucht. Das erste Typargument legt den Typ der Schlüssel fest, das zweite den Typ der Werte. Die zwei Typargumente sind unabhängig und können nach Bedarf gewählt werden.

[3] `int` ist für Telefonnummern nicht gerade ideal: Führende Nullen fallen unter den Tisch, `int` erlaubt maximal neunstellige Nummern und so weiter. All das sei um der Einfachheit willen hingenommen.

Methoden der Klasse HashMap

Die Methode put speichert einen Eintrag in der Map ab. put erwartet zwei Argumente, einen Schlüssel und einen Wert. Die Argumenttypen von put müssen kompatibel zu den Typen sein, mit denen die HashMap definiert wurde. Hier werden Einträge in das Telefonbuch gesetzt:

Eintragen mit put

```
m.put("Bach, Sebastian", 16850321);
m.put("Lionheart, Richard", 0);
m.put("Newton, Isaac", 16430104);
```

Wenn ein Schlüssel mehrfach benutzt wird, wird der vorher gespeicherte Wert kommentarlos ersetzt und der zuletzt abgespeicherte Wert gilt:

```
m.put("Lionheart, Richard", 1);
m.put("Lionheart, Richard", 11570000);
```

Der Wert zu einem Schlüssel wird mit get abgerufen:

Suchen mit get

```
int phone = m.get("Lionheart, Richard");    // phone = 11570000
```

get liefert das Ergebnis null, wenn der Schlüssel nicht in der Map vorkommt. Dieses Ergebnis ist allerdings mehrdeutig, weil null auch der Wert eines Schlüssels sein kann. Die Methode containsKey gibt Auskunft, ob ein Schlüssel in der Map existiert oder nicht:

```
if(m.containsKey("Bach, Sebastian"))
    System.out.println(m.get("Bach, Sebastian"));
else
    System.out.println("not found");
```

Die Methode remove löscht einen Eintrag zu einem gegebenen Schlüssel:

Löschen mit remove

```
m.remove("Bach, Sebastian");
```

Wenn der Schlüssel nicht in der Map vorkommt, passiert nichts. Das Ergebnis von remove ist der Wert des gelöschten Schlüssels. Wenn nichts gelöscht wurde, wird null zurückgegeben. Dieses Resultat ist allerdings mehrdeutig, weil null auch als Wert gespeichert sein könnte.

Gleichheit von Schlüsseln

Als Schlüssel können beliebige Referenztypen verwendet werden. Wie bei Collections stellt sich die Frage, wann zwei Schlüssel gleich sind.

equals erkennt gleiche Schlüssel `HashMap` und andere Klassen des Collection-Frameworks rufen die Methode `equals` (siehe Seite 264) auf, um die Gleichheit von Schlüsselobjekten festzustellen.

hashCode zur inneren Organisation Weiter verwenden viele Klassen des Collection-Frameworks die Methode `hashCode` (Seite 267), um die internen Speicherstrukturen effizient zu organisieren. Dabei ist es unerlässlich, dass zwei Schlüsselobjekte den gleichen Hashcode liefern, wenn sie laut `equals` gleich sind. `equals` und `hashCode` müssen also unbedingt im Einklang stehen.

equals und hashCode zusammen redefinieren Wie bereits angesprochen, sollten alle Klassen die Methoden `equals` und `hashCode` definieren. Die von `Object` ererbten Fassungen dieser Methoden sind selten ausreichend, weil sie nur auf die *Identität* von Objekten prüfen, den Inhalt aber ignorieren.

Maps und Collections

Die Maps sind Teil des Collection-Frameworks, auch wenn sie nicht das Interface `Collection` implementieren. Trotzdem sind Maps und Collections verknüpft.

Schlüssel einer Map als Set Die Methode `keySet` liefert die Menge aller Schlüssel einer Map in Form eines `Sets`. Der Elementtyp des `Sets` ist der Typ der Schlüssel in der Map. Im Beispiel des Telefonbuches erhält man folgendermaßen die Menge aller Namen:

```
Set<String> names = m.keySet();
```

Werte einer Map als Collection Entsprechend liefert die Methode `values` die Werte der Map. Nachdem nichts über die Organisation und die Eigenschaften der Werte einer Map bekannt ist, ist das Ergebnis von `values` nur eine allgemeine `Collection`. Der Elementtyp der Collection ist der Typ der Werte in der Map. Das folgende Codefragment druckt alle Telefonnummern aus, die im Telefonbuch gespeichert sind:

```
Collection<Integer> numbers = m.values();
for(Integer n: numbers)
    System.out.println(n);
```

Schlüssel/Wert-Paare einer Map als Set Schließlich liefert die Methode `entrySet` die Menge der Einträge der Map. Die Ergebnismenge hat den Elementtyp `Map.Entry<K, V>`[4] für eine Map mit dem Schlüsseltyp `K` und dem Wertetyp `V`.

4 `Map.Entry` ist eine „innere Klasse“. Innere Klassen sind eine von vier Arten von Klassendefinitionen in Java, neben normalen, lokalen und anonymen Klassen. Für diesen Zusammenhang reicht es aus, „`Map.Entry`“ wie einen gewöhnlichen Klassennamen zu behandeln, der mit einem Punkt in der Mitte geschrieben wird.

`Map.Entry` definiert die beiden Methoden `getKey()` und `getValue()`, mit denen der Schlüssel und der Wert des einen Eintrags ausgelesen werden können.

Nachdem Maps selbst keine Iteratoren kennen, kann man auf diesem Weg auf den gesamten Inhalt einer Map zugreifen. Das folgende Codefragment gibt das Telefonbuch aus:

```
for(Map.Entry<String, Integer> e: m.entrySet())
    System.out.printf("%s: %s%n", e.getKey(), e.getValue());
```

Sichten

Sichten für effizienten Zugriff

Den drei Map-Methoden `keySet`, `values` und `entrySet` ist gemeinsam, dass sie keine neuen Collections erzeugen, sondern so genannte „**Sichten**" (engl. „*views*") auf die Map liefern. Man kann sich vorstellen, dass zum Beispiel `keySet` einen Blick auf eine Map bietet, der auf die Schlüssel eingeengt ist und alles andere ausblendet.

Die Methoden arbeiten auch bei großen Maps effizient, weil keine Daten kopiert werden. Sichten greifen direkt auf die zugrunde liegende Map zu.

Modifikation über Sichten

Änderungen an Sichten wirken sich demzufolge auf die dahinter stehende Map aus und umgekehrt: Wenn die Map geändert wird, schlägt sich das sofort in allen Sichten nieder. Im folgenden Beispiel wird ein Schlüssel aus der Schlüsselmenge entfernt. Der entsprechende Eintrag verschwindet auch aus der Map:

```
Set<String> names = m.keySet();
names.remove("Bach, Sebastian");
System.out.println(m.get("Bach, Sebastian"));   // liefert null
```

11.7 Collection-Algorithmen

Das Collection-Framework bietet neben vielen vordefinierten Containerklassen auch Algorithmen, die mit den Containerklassen arbeiten, wie zum Beispiel das Suchen und Sortieren von Elementen.

Algorithmen als statische Methoden

Die Algorithmen sind als statische Methoden in der Klasse `Collections`[5] gesammelt. Objekte dieser Klasse sind nicht sinnvoll und sollen nicht erzeugt werden. Der einzige Konstruktor ist deshalb `private`.

5 Man beachte den Plural im Namen `Collections`. Das Interface `Collection` (Singular) wurde weiter vorne diskutiert und hat einen ganz anderen Zweck.
Die Klasse `Collections` spielt eine ähnliche Rolle wie die Klasse `Arrays` (Seite 338) mit Hilfsmethoden im Zusammenhang mit Arrays.

Methoden der Klasse `Collections`

Stellvertretend für viele weitere Methoden sollen hier die folgenden vorgestellt werden:

`void sort(List<T> l)`
: sortiert die Elemente der Liste `l` mit Elementtyp `T`[6] nach aufsteigender Größe.

`int binarySearch(List<T> l, T t)`
: sucht das Element `t` in der sortierten Liste `l` und liefert seinen Index zurück. Das Ergebnis ist negativ, wenn `t` nicht gefunden wurde. Bei mehreren Vorkommen von `t` wird der Index irgendeines `t` geliefert.

  Diese Suche ist auch in langen Listen sehr effizient. Voraussetzung ist allerdings, dass die Liste sortiert ist.

`T max(Collection<T> c)`
: liefert das größte Element der Collection `c`. Bei einer leeren Collection wird eine `NoSuchElementException` geworfen.

`void shuffle(List<T> l)`
: mischt die Elemente der Liste `l` zufällig.

Größenvergleich

Algorithmen brauchen Größenvergleich

Viele Methoden, wie zum Beispiel `sort`, `binarySearch` und `max`, vergleichen Elemente der Größe nach. Für beliebige Elementtypen ist aber nicht ohne weiteres klar, welches von zwei Objekten das „größere" sein soll. Ein Beispiel sind komplexe Zahlen, bei denen es keine selbstverständliche Reihenfolge gibt.

Interface `Comparable` für Klassen mit Größenordnung

Das Interface `Comparable` definiert eine einzige Methode, `compareTo`. Diese Methode wird von den Collection-Algorithmen benutzt, um Objekte zu vergleichen.

`Comparable` als generisches Interface

`Comparable` ist ein generisches Interface,[7] dessen Elementtyp in spitzen Klammern festgelegt wird. Die Syntax entspricht der Angabe des Elementtyps bei Collection-Klassen. In diesem Fall werden die Elemente allerdings nicht gespeichert, sondern verglichen.

Die folgende Definition der Klasse `Rational` für Brüche implementiert das Interface:

---

[6] Der Elementtyp `T` muss das Interface `Comparable` implementieren. Der hier gezeigte Methodenkopf ist vereinfacht und drückt das nicht aus. Das Gleiche gilt auch für die Methoden `binarySearch` und `max`.

[7] Generische Typen werden in Kapitel 12 genauer erklärt.

```
class Rational implements Comparable<Rational>
{
    ...
    public int compareTo(Rational r)
    {...}
}
```

Das Ergebnis von compareTo ist ein int-Wert ...

Vergleichsmethode compareTo

- > 0 wenn dieses Objekt größer als der Parameter ist,
- < 0 wenn dieses Objekt kleiner als der Parameter ist,
- 0 wenn dieses Objekt und der Parameter gleich sind.

Im Beispiel der Brüche könnte compareTo folgendermaßen implementiert werden:

```
class Rational implements Comparable<Rational>
{
    ...
    public int compareTo(Rational r)
    {
        if(getNum()*r.getDenom() > getDenom()*r.getNum())
            return 1;
        if(getNum()*r.getDenom() < getDenom()*r.getNum())
            return -1;
        return 0;
    }
}
```

Interface Comparator

Objekte sollen gelegentlich nach verschiedenen Kriterien sortiert werden. Zum Beispiel könnte man Listen komplexer Zahlen nach Realteil, Imaginärteil, Betrag oder irgendeinem anderen Kriterium sortieren. Eine einzige Methode compareTo reicht dafür nicht aus.

Beliebige Sortierkriterien in Comparator-Objekten

Viele der Collections-Methoden sind mit einem zusätzlichen Parameter, einem Comparator, überladen:

```
void sort(List<T> l, Comparator<T> cmp)
int  binarySearch(List<T> l, T t, Comparator<T> cmp)
T    max(Collection<T> c, Comparator<T> cmp)
```

Diese Methoden erfüllen den gleichen Zweck wie die vorne vorgestellten Fassungen ohne Comparator. Zum Elementvergleich benutzen sie aber das als Argument übergebene Comparator-Objekt anstelle der compareTo-Methode des Elementtyps.

Comparator ist ein generisches Interface mit einer einzigen Methode, compare. Diese Methode akzeptiert zwei Objekte des Elementtyps, vergleicht die beiden und liefert ein int-Ergebnis, entsprechend zu compareTo.

Eine Klasse zum Vergleich von komplexen Zahlen entsprechend des Realteils kann folgendermaßen definiert werden:

```
class ComplexRealComparator implements Comparator<Complex>
{
    public int compare(Complex a, Complex b)
    {
        if(a.getReal() > b.getReal())
            return 1;
        if(a.getReal() < b.getReal())
            return -1;
        return 0;
    }
}
```

Um eine Liste von komplexen Zahlen zu sortieren, wird die Methode sort mit einem Exemplar der Klasse ComplexRealComparator aufgerufen:

```
List<Complex> cl = ...;
Collections.sort(cl, new ComplexRealComparator());
```

Mit weiteren, entsprechend definierten „Vergleicher-Klassen" kann die Liste nach anderen Kriterien sortiert werden.

Geordnete Mengen und Maps

Geordneter Zugriff auf ungeordnete Mengen

Die Elemente von Listen sind in einer Reihe angeordnet. Für die Klassen HashSet und HashMap gilt das nicht: Ihre Elemente beziehungsweise Einträge unterliegen keiner festen Anordnung.

Neben den Standardklassen HashSet und HashMap werden die Interfaces Set und Map auch von den Klassen TreeSet und TreeMap implementiert. TreeSet und TreeMap erhalten unter ihren Bestandteilen eine Ordnung aufrecht, im Gegensatz zu HashSet und HashMap.

Elementtypen mit Größenordnung

Voraussetzung dafür ist allerdings, dass die Elementtypen bezüglich ihrer Größe vergleichbar sind. Das lässt sich dadurch erreichen, dass sie das Interface Comparable implementieren.

Im folgenden Beispiel werden Strings in ein TreeSet eingefügt:

```
TreeSet<String> ts = new TreeSet<String>();
ts.add("Lionheart, Richard");
ts.add("Newton, Isaac");
ts.add("Bach, Sebastian");
```

Beim Durchlauf des TreeSet werden die Elemente in alphabetischer Reihenfolge ausgegeben, weil der Elementtyp String die entsprechende Methode compareTo definiert:

```
for(String s: ts)
    System.out.println(s);
```

Das Gleiche gilt für eine TreeMap:

```
TreeMap<String, Integer> tm = new TreeMap<String, Integer>();
tm.put("Lionheart, Richard", 0);
tm.put("Newton, Isaac", 16430104);
tm.put("Bach, Sebastian", 16850321);
```

Die Methode keySet liefert eine geordnete Menge der Schlüssel. Die folgende Schleife durch die Schlüsselmenge gibt diese in alphabetischer Reihenfolge aus:

```
for(String k: tm.keySet())
    System.out.println(k);
```

Auch die Einträge werden nach Schlüsseln sortiert geliefert:

```
for(Map.Entry<String, Integer> e: tm.entrySet())
    System.out.printf("%s: %d%n", e.getKey(), e.getValue());
```

Auch Elementtypen, die nicht das Interface Comparable implementieren, können in TreeSet und TreeMap gespeichert werden. Nachdem die Elementtypen selbst dann aber keine Ordnung festlegen, muss ein externes Comparator-Objekt zur Verfügung gestellt werden, das die Maps zum Vergleichen heranziehen können.

Im folgenden Beispiel implementiert Complex nicht das Interface Comparable. Stattdessen wird ein ComplexRealComparator-Objekt benutzt, um eine Reihenfolge der Elemente festzulegen:

```
TreeSet<Complex> ts =
       new TreeSet<Complex>(new ComplexRealComparator());
ts.add(...);
```

Auf dem gleichen Weg können für jeden Elementtyp beliebige Sortierkriterien in Form passender Comparator-Objekte vorgegeben werden. Der folgende Comparator dreht die alphabetische Ordnung von Strings um:

```
class Z1stComparator implements Comparator<String>
{
    public int compare(String s0, String s1)
    {
        return s1.compareTo(s0);
    }
}
```

Die eventuell vorhandene, eigene compareTo-Methode des Elementtyps wird dabei ignoriert. Die Elemente in ts sind alphabetisch rückwärts sortiert:

```
TreeSet<String> ts = new TreeSet<String>(new Z1stComparator());
```

Unveränderliche Collection-Klassen

Die bisher benutzten Klassen aus dem Collection-Framework sind veränderlich. Auf verschiedenen Wegen können Elemente und Einträge eingefügt, gelöscht, ersetzt, neu geordnet werden und so weiter.

Unveränderliche Sichten auf veränderliche Container

In vielen Fällen möchte man diese Container zur Verfügung stellen, aber dabei Änderungen unterbinden. Die Klasse Collections bietet einige statische Methoden, mit denen unveränderliche Sichten auf vorhandene Container erzeugt werden können:

```
List<T>    unmodifiableList(List<T>)
Set<T>     unmodifiableSet(Set<T>)
Map<K, V> unmodifiableMap(Map<K, V>)
```

Sichten auf eine Datenstruktur (siehe auch Seite 370) kopieren eine zugrunde liegende Datenstruktur nicht, sondern bieten eine eingeschränkte Darstellung. Im hier gezeigten Fall besteht die Einschränkung aus der Sperre aller schreibenden Methoden.

Im folgenden Codefragment wird eine unveränderliche Sicht des Telefonbuches erzeugt:

```
HashMap<String, Integer> m = new HashMap<String, Integer>();
...
Map<String, Integer> rom = Collections.unmodifiableMap(m);
m.remove("Newton, Isaac");                // Ok
rom.remove("Newton, Isaac");              // Fehler!
```

Wenn eine ändernde Methode mit einer unveränderlichen Sicht aufgerufen wird, wie in der letzten Zeile des Beispiels, dann wird eine `UnsupportedOperationException` ausgelöst.

Reaktion auf Änderungsversuch

Die Schreibsperre betrifft nur den Zugriff auf die Datenstruktur über die betreffende Sicht. Die Datenstruktur selbst bleibt weiterhin veränderlich.

11.8 Übersicht

Die folgende Tabelle stellt die wichtigsten Eigenschaften verschiedener Klassen aus dem Collection-Framework gegenüber:

Typ	Geordnet	`null`-Elemente	Duplikate
`ArrayList`	ja	ja	ja
`LinkedList`	ja	ja	ja
`HashSet`	nein	ja	nein
`TreeSet`	ja	nein	nein
`HashMap`	nein	ja	Schlüssel nein, Werte ja
`TreeMap`	ja	Schlüssel nein, Werte ja	Schlüssel nein, Werte ja

11.9 Aufgaben

11a. Effizienz von Listenoperationen

Schreiben Sie ein Testprogramm, das die Effizienz von `ArrayList` und `LinkedList` gegenüberstellt. Vergleichen Sie folgende Operationen für ein hinreichend großes `N`, wie zum Beispiel 50000:

- Anfügen von `N` Elementen an das Ende;
- Einschieben von `N` Elementen am Anfang;
- sequentieller Zugriff auf jedes der `N` Elemente über den Index;
- sequentieller Zugriff auf jedes der `N` Elemente über einen Iterator;
- `N`-maliges Löschen des jeweils ersten Elementes über den Index;
- `N`-maliges Löschen des jeweils ersten Elementes über einen Iterator;

Die Laufzeit eines Codefragmentes kann folgendermaßen bestimmt werden:

```
long start = System.currentTimeMillis();
/*
... Code dessen Laufzeit gemessen werden soll ...
*/
System.out.println(System.currentTimeMillis() - start);
```

11b. Netze

Ein Netzwerk besteht aus Knoten, die mit Kanten verknüpft sind. Jeder Knoten hat einen Namen, der in einem String gespeichert ist. Kanten sind ungerichtet und verbinden jeweils genau zwei Knoten.

1. Schreiben Sie eine Klasse `Node`, die Knoten eines Netzwerkes repräsentiert. Ein neuer, unverknüpfter Knoten wird mit dem Konstruktor „`Node(String s)`“ erzeugt. Der Getter `getName` liefert den Namen des Knotens zurück.
2. Neben seinem Namen speichert jeder Knoten eine Liste seiner direkten Nachbarknoten. Definieren Sie zwei Methoden `connect` und `disconnect`,

um einen Knoten mit einem anderen zu verknüpfen, beziehungsweise eine bestehende Verknüpfung zu lösen.

3. Schreiben Sie eine Anwendung, die das in Abbildung 11.3 dargestellte Netz aufbaut.

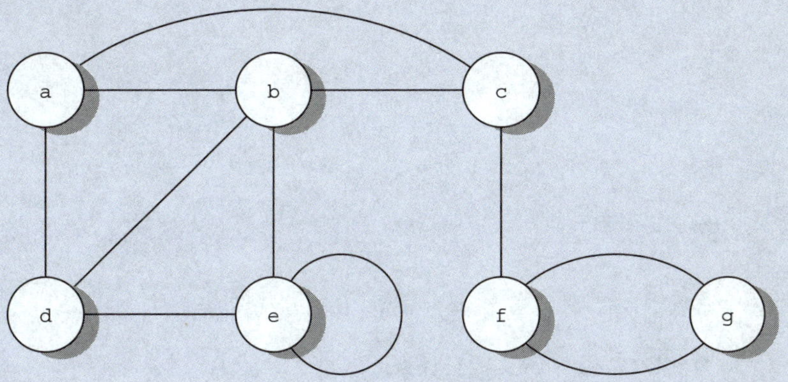

Abbildung 11.3: Beispiel-Netz

4. Definieren Sie ein Interface `Visitor` mit einer einzigen Methode „`void process(Node n)`".

5. Geben Sie der Klasse `Node` eine Methode „`visitAll(Visitor v)`", die jeden Knoten des Netzwerkes besucht und dabei die Methode `process` des übergebenen `Visitor`-Objektes `v` aufruft. Die Reihenfolge spielt keine Rolle, aber jeder Knoten muss genau einmal besucht werden.

6. Definieren Sie eine `Visitor`-Implementierung `Printer`, die den Knotennamen ausgibt und erstellen Sie damit eine Knotenliste des Netzes von Abbildung 11.3.

7. Definieren Sie eine andere `Visitor`-Implementierung `Counter`, die die Anzahl der Knoten eines Netzwerkes ausgibt. Stellen Sie sicher, dass die Knotenanzahl für das Netz in Abbildung 11.3 korrekt berechnet wird.

8. Schreiben Sie eine Methode `isConnected`, die für zwei beliebige Knoten feststellt, ob sie direkt oder indirekt verbunden sind.

   Prüfen Sie am Beispiel des Netzes von Abbildung 11.3, ob die Knoten a und g verbunden sind. Der Knoten e muss mit sich selbst verbunden sein. Entfernen Sie dann die Kante cf und testen Sie erneut die Verbindung von a und g.

   Hinweis: Ein `Visitor` leistet hier gute Dienste.

11c. Filetree Walker

Das folgende Programm durchläuft einen Directorybaum und verarbeitet alle Dateien mit der Methode `process`, die in diesem Beispiel nur den Namen und die Dateilänge ausgibt.

```
import java.io.*;

class FileTreeWalker
{
    public static void main(String[] args) throws IOException
    {
        new FileTreeWalker().walk(args[0]);
    }

    void walk(String pathname) throws IOException
    {
        File[] files = new File(pathname).listFiles();
        if(files != null)
            for(File file: files)
                if(file.isDirectory())
                    walk(file.getCanonicalPath());
                else
                    process(file.getCanonicalPath(), (int)file.length());
    }

    void process(String name, int length)
    {
        System.out.printf("%-70s%9d%n", name, length);
    }
}
```

1. Modifizieren Sie das Programm so, dass es die Dateien nach fallender Länge sortiert ausgibt.
2. Erstellen Sie eine andere Variante des Programms, das „Duplikate" findet. Duplikate sind Dateien mit gleichen Namen in unterschiedlichen Directories.

   Wahlweise sollen nur Duplikate mit gleicher Länge berücksichtigt werden.

Generics

12

ÜBERBLICK

Generics sind Schablonen für Klassen, Interfaces oder Methoden, in denen Komponententypen bei der Definition noch unbekannt und durch Typvariablen vertreten sind. Eine nahe liegende Anwendung sind Containertypen, deren Elementtyp erst später in einer Anwendung festgelegt wird. Generics sind in Java einerseits statisch typsicher und erweitern andererseits die Flexibilität der Sprache ganz wesentlich.

- An einem Beispiel wird in 12.1 der Bedarf nach generischen Klassen **motiviert**.
- In 12.2 wird gezeigt, wie **generische Klassen definiert** und eingesetzt werden können. Bestimmte Anforderungen an die Anwendung einer generischen Klasse legen **Typebounds** fest.
- Eine generische Klasse definiert eine Menge von **generischen Typen**. Das Verhältnis dieser generischen Typen untereinander wird in 12.3 diskutiert. Dabei kommt das Konzept der **Varianzen** zum Tragen.
- Der Java-Compiler übersetzt Generics mit einem Mechanismus, der **Type-Erasure** genannt wird und der in 12.4 erklärt wird.
- Aus der Type-Erasure ergeben sich ganz **spezifische Einschränkungen** für Generics, die in 12.5 aufgezeigt und begründet werden.
- In 12.6 werden schließlich **polymorphe Methoden** beschrieben, die unabhängig von generischen Klassen eingesetzt werden können und der Sprache Java noch mehr Flexibilität verleihen.

12.1 Motivation

Container speichern Objekte

Containerklassen speichern andere Objekte als ihre Elemente. Für die Arbeitsweise eines Containers spielt der konkrete Typ der Elemente aber oft keine Rolle. Ein Beispiel ist die Klasse `ArrayList` aus dem Collection-Framework.

Elemente beliebiger Typen

In der Definition einer Containerklasse kann man als Elementtyp `Object` verwenden, um die Anwendungsmöglichkeiten möglichst flexibel zu halten. Damit kann der Container Elemente beliebiger Referenztypen aufnehmen. Welche Schwierigkeiten man sich damit aber einhandelt, wird im übernächsten Abschnitt (Seite 385) beschrieben.

Beispiel: Knotenklasse

Als Beispiel soll eine Klasse `Node` definiert werden, die einen Knoten in einem binären Baum repräsentiert. Jeder Knoten hat zwei Kindknoten des gleichen Knotentyps und trägt eine Information in Form eines Objektes. Die Kindknoten dürfen bei Blattknoten auch `null` sein. Abbildung 12.1 zeigt ein Beispiel für einen binären Baum mit sechs Knoten.

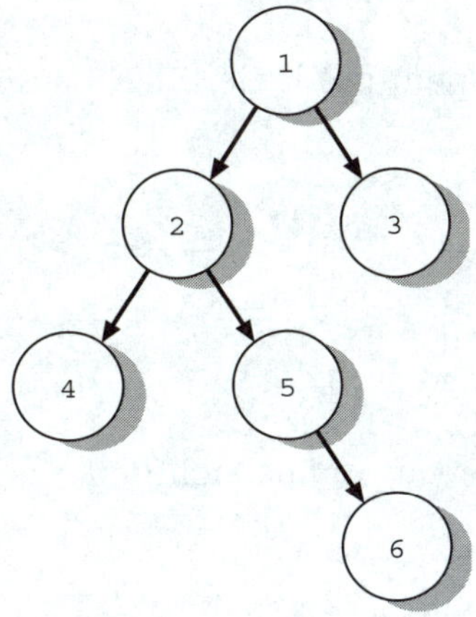

Abbildung 12.1: Binärer Baum

Die Knoten tragen `Integer`-Informationen. Knoten 1 ist der Wurzelknoten. Die Knoten 3, 4 und 6 sind Blattknoten. Knoten 5 hat nur einen rechten und keinen linken Kindknoten.

Datenelement von Node

Die Klasse `Node` definiert die Datenelemente `left`, `right` und `info` für die beiden Kindknoten und die Knoteninformation:

```
class Node
{
    private Node left;
    private Node right;
    private Object info;
}
```

Konstruktoren von Node

Ein Knoten wird mit einem Konstruktor initialisiert. Der zweite Konstruktor erzeugt einen Blattknoten und dient zur einfacheren Handhabung der Klasse.

```
class Node
{
    ...
    Node(Object i, Node l, Node r)
    {
        info = i;
```

```
        left = l;
        right = r;
    }

    Node(Object i)
    {
        this(i, null, null);
    }
}
```

Das folgende Codefragment produziert den Baum in Abbildung 12.1:

```
Node n6 = new Node(6);
Node n5 = new Node(5, null, n6);
Node n4 = new Node(4);
Node n2 = new Node(2, n4, n5);
Node n3 = new Node(3);
Node n1 = new Node(1, n2, n3);
```

Kompakter, aber auch etwas unübersichtlicher erledigt das Gleiche die folgende Anweisung:

```
Node n = new Node(1, new Node(2, new Node(4),
                                 new Node(5, null, new Node(6))),
                     new Node(3));
```

Getter von Node Auskunftsmethoden liefern die Eigenschaften eines Knotens:

```
class Node
{
    ...
    Object getInfo()
    {
        return info;
    }

    Node getLeft()
    {
        return left;
    }

    Node getRight()
    {
        return right;
    }
}
```

Schließlich werden noch Setter zur Manipulation von Knoten definiert:

Setter von Node

```
class Node
{
    ...
    void setInfo(Object i)
    {
        info = i;
    }

    void setLeft(Node l)
    {
        left = l;
    }

    void setRight(Node r)
    {
        right = r;
    }
}
```

Probleme der Knotenklasse

Probleme der Definition

Die oben skizzierte Lösung funktioniert aus technischer Sicht. Die anscheinend zukunftssichere Wahl von `Object` für den Typ der Knoteninformationen erweist sich aber in der Praxis als problematisch:

- In der Regel ist es sinnvoll, dass die Informationen der Knoten eines bestimmten Baums alle den gleichen Typ haben.

  Die oben skizzierte Knotenklasse ist in dieser Beziehung keine Hilfe. Ohne weiteres können Bäume aus Knoten mit beliebig zusammengewürfelten Informationen produziert werden. Im folgenden Beispiel hängen an einem `Integer`-Elternknoten ein `String`- und ein `Double`-Kindknoten:

  ```
  Node n1 = new Node("foo");
  Node n2 = new Node(3.141592);
  Node n0 = new Node(23, n1, n2);
  ```

- Beim Auslesen von Knoteninformationen ist ein Typecast erforderlich, weil die Auskunftsmethode `getInfo` nur den Typ `Object` zurückliefert:

  ```
  String s = (String)n.getInfo();
  ```

  Der Typecast ist, wie jeder Typecast, riskant und müsste mit einer Laufzeit-Typprüfung (`instanceof`) abgesichert werden. Das gilt für jeden einzelnen Zugriff auf Knoteninformationen.

Unbrauchbar: Neue Klasse pro Elementtyp

Eine indiskutable Lösung wäre die Definition neuer Knotenklassen für jeden denkbaren Elementtyp, also zum Beispiel `StringNode`, `IntegerNode`, `RationalNode` und so weiter.

Generische Typen

Lösung: generische Klasse

Generische Klassen bieten eine kompakte und elegante Lösung für diese und ähnliche Situationen: Bei der Definition der Containerklasse wird die Wahl des Elementtyps offen gelassen und der unbekannte Elementtyp durch eine **Typvariable** repräsentiert.

Generische Typen

Erst beim Einsatz der generischen Klasse wird die Typvariable durch einen konkreten Typ, das **Typargument**, ersetzt. Dabei entsteht aus der generischen Klasse ein **generischer Typ**. Im Gegensatz zu normalen, nicht-generischen Klassen definiert eine einzige generische Klasse also viele unterschiedliche Typen, einen für jedes konkrete Typargument.

Übertragen auf das Beispiel der Knoten bedeutet das, dass zunächst eine generische Knotenklasse definiert wird, in der der Informationstyp nicht `Object`, sondern eine Typvariable ist. Erst beim Einsatz wird als Typargument ein konkreter Typ, zum Beispiel `String`, angegeben und dabei ein neuer generischer Typ erzeugt, der ausschließlich auf Strings als Knoteninformationen festgelegt ist.

Umsetzung alleine durch Compiler

Begriffswahl und Anwendungsschema erinnern an Parameter und Argumente bei Methoden. Diese Ähnlichkeit ist allerdings äußerst trügerisch, denn generische Klassen und Typen werden vom Compiler zur Übersetzungszeit umgesetzt. Die Parameterübergabe bei Methoden wird dagegen von der virtuellen Maschine zur Laufzeit abgewickelt. Der Kontext dieser beiden Mechanismen könnte unterschiedlicher nicht sein. Die Spielregeln hierfür haben überhaupt nichts gemeinsam.

Begriffe

An dieser Stelle ist ein ausdrücklicher Hinweis auf die Bedeutung der benutzten Begriffe angebracht:

- Eine generische Klasse ist eine Klassendefinition, in der unbekannte Typen durch Typvariablen vertreten sind. Für generische Interfaces gilt Entsprechendes.
- Ein generischer Typ ist eine Typangabe, in der eine generische Klasse mit einem konkreten Typargument versehen wird.

Man kann einen generischen Typ auch als eine „Anwendung" einer generischen Klasse betrachten.[1] Dieselbe generische Klasse kann vielfach angewendet werden und produziert dabei immer neue generische Typen. Eine einzige generische Klasse kann also viele generische Typen erzeugen („generieren").

Bei Generics ist ein sorgfältiger Umgang mit den Begriffen „Klasse" und „Interface" auf der einen Seite und „Typ" auf der anderen Seite notwendig. Bei normalen, nicht-generischen Klassen und Interfaces gilt eine 1:1-Zuordnung, sodass „Klasse" (beziehungsweise „Interface") und „Typ" fast synonym sind. Bei generischen Klassen, Interfaces und Typen trifft das nicht mehr zu, weil hier eine 1:*n*-Zuordnung gilt.

12.2 Definition und Anwendung

Definition einer generischen Klasse

Definition mit Typvariable

Eine generische Klasse wird nach dem gleichen Schema definiert wie eine normale, nicht-generische Klasse. Zusätzlich wird dem Klassennamen eine Typvariable in spitzen Klammern nachgestellt:

```
class Node<T>
{...}
```

Die Typvariable kann ein beliebiger Identifier sein. Per Konvention werden allerdings einzelne Großbuchstaben gewählt, die im Alphabet in der Nähe des „T" liegen. Diese lassen sich im Rest der Klassendefinition verhältnismäßig leicht wieder erkennen.

Typvariable wie konkreter Typ

Im Klassenrumpf kann die Typvariable wie ein normaler Typ benutzt werden — fast. Die Einschränkungen werden in Kapitel 12.5 im Einzelnen diskutiert. Im Beispiel `Node` haben die Kindknoten den gleichen Informationstyp `T` wie der Elternknoten:

```
class Node<T>
{
    private T info;
    private Node<T> left;
    private Node<T> right;
}
```

1 Manchmal wird auch vom „Aufruf" einer generischen Klasse gesprochen. Diese Wortwahl ist äußerst unglücklich, weil sie einen dynamischen Ablauf suggeriert, Generics aber ein rein statischer Mechanismus sind.

Parameter mit Typvariablen Der Konstruktor der generischen Klasse akzeptiert als Parameter wieder nur Knoten des gleichen Typs `Node<T>`:

```
class Node<T>
{
    ...
    Node(T i, Node<T> l, Node<T> r)
    {
        info = i;
        left = l;
        right = r;
    }
}
```

Ergebnistyp mit Typvariablen Schließlich liefern die Auskunftsmethoden Objekte vom Typ `Node<T>` beziehungsweise `T` zurück.

```
class Node<T>
{
    ...
    T getInfo()
    {
        return info;
    }

    Node<T> getLeft()
    {
        return left;
    }

    Node<T> getRight()
    {
        return right;
    }
}
```

Auch die Setter schränken ihre Parameter mit der Typvariablen ein:

```
class Node<T>
{
    ...
    void setInfo(T i)
    {
        info = i;
    }

    void setLeft(Node<T> l)
    {
        left = l;
    }
```

```
    void setRight(Node<T> r)
    {
        right = r;
    }
}
```

Generische Typen

Generischer Typ

Bei der Anwendung einer generischen Klasse wird für die Typvariable ein konkretes Typargument angegeben. Die Kombination einer generischen Klasse mit einem Typargument liefert einen generischen Typ.

Jeder generische Typ ist ein eigenständiger, neuer Typ und kann wie jeder andere Typ verwendet werden, zum Beispiel um Variablen zu definieren, für Konstruktoraufrufe, für Methodenparameter und als Rückgabetyp von Methoden. Aus der generischen Klasse `Node<T>` und dem konkreten Typargument `String` wird zum Beispiel der generische Typ „`Node<String>`" für Knoten mit String-Information:

```
Node<String> ns;
ns = new Node<String>("foo");
```

`String` ist in diesem Beispiel das Typargument zur Typvariablen `T` der generischen Klasse `Node<T>`. Im selben Programm können parallel andere generische Typen der gleichen generischen Klasse benutzt werden, wie zum Beispiel Knoten mit `Integer`-Information:

```
Node<Integer> ni;
ni = new Node<Integer>(1);
```

Statische Typprüfung

`Node<String>` und `Node<Integer>` sind zwei unterschiedliche und inkompatible Typen, ebenso wie `String` und `Integer`. Die folgende Zuweisung liefert einen Typfehler:

```
Node<Integer> ni;
ni = new Node<String>("foo");    // Typfehler
```

Mit dieser Typprüfung lassen sich jetzt nur noch Knoten gleicher Informationstypen verknüpfen:

```
Node<Integer> ni = new Node<Integer>(1);
Node<String> ns = new Node<String>("foo", ni, null);    // Typfehler
```

Der Compiler erkennt den unpassenden Typ des Arguments `ni`. Es hat den Typ `Node<Integer>`, der Konstruktor akzeptiert aber nur `Node<String>`.

Typecast fällt weg Die Auskunftsmethoden liefern jetzt ein Ergebnis des Typarguments. Ein Typecast ist nicht mehr nötig:

```
String s = ns.getInfo();           // ohne Typecast
Node<String> l = ns.getLeft();
```

Der Compiler prüft beim Übersetzen die korrekte Verwendung von Typen und erfasst dabei gleichermaßen normale und generische Typen. Zur Laufzeit finden keine Tests mehr statt. Die statische Typprüfung durch den Compiler ist eines der Hauptziele von Generics, weil Programme mit Typfehlern überhaupt nicht übersetzt werden und im fertigen Code keine Zeitbomben dieser Art mehr schlummern können.

Generische Interfaces

Definition wie Klasse Ebenso wie generische Klassen können auch **generische Interfaces** definiert werden. Die Syntaxregeln sind dieselben wie bei generischen Klassen.

Beispiel für generisches Interface Das folgende Beispiel definiert ein generisches Interface `Taggable`, das zwei Methoden zum Eintragen und Ablesen einer Markierung (engl. „*tag*“) festlegt:

```
interface Taggable<T>
{
    void setTag(T tag);
    T getTag();
}
```

Nicht-generische Klasse implementiert generischen Interfacetyp Jede Klasse kann einen generischen Interfacetyp implementieren. Dazu wird das generische Interface mit einem konkreten Typargument versehen, das auch gleichzeitig die Signaturen der entsprechenden Methoden festlegt:

```
class Someclass implements Taggable<String>
{
    private String tag;

    public void setTag(String t)
    {
        tag = t;
    }

    public String getTag()
    {
        return tag;
    }
    ...
}
```

Eine generische Klasse kann auch das generische Interface implementieren und dabei die eigene Typvariable an die Typvariable des Interfaces koppeln:

Generische Klasse implementiert generisches Interface

```
class Node<T> implements Taggable<T>
{
    private T tag;

    public void setTag(T t)
    {
        tag = t;
    }

    public T getTag()
    {
        return tag;
    }
    ...

}
```

In diesem Beispiel haben die Information im Knoten und die Markierung gemäß des Interfaces `Taggable` den gleichen Typ.

Mehrere Typvariablen

Eine generische Klasse kann mehrere Typvariablen verwenden. Im folgenden Beispiel wird eine generische Klasse `Pair` definiert, die zwei Objekte zu einem Paar verknüpft.

Liste mehrerer Typvariablen

```
class Pair<T, U>
{
    private final T first;
    private final U second;
}
```

Die beiden Typvariablen `T` und `U` vertreten zwei beliebige, unbekannte Typen, die voneinander unabhängig sind.

Die Klasse `Pair` definiert Getter für die Elemente des Paares:

Methodentyp unterschiedlicher Typvariablen

```
class Pair<T, U>
{
    Pair(T fst, U snd)
    {
        first = fst;
        second = snd;
    }
```

```
    T getFirst()
    {
        return first;
    }

    U getSecond()
    {
        return second;
    }
}
```

Mehrere Typargumente

Generische Typen zur generischen Klasse `Pair` werden mit zwei Typargumenten definiert, eines für jede Typvariable. Die beiden Typvariablen `T` und `U` sind unabhängig voneinander. Dementsprechend können auch beliebige Typargumente angegeben werden, die beide frei gewählt werden dürfen:

```
Pair<String, Integer> psi;
```

Statische Typprüfung sichert Konsistenz

Die statische Typprüfung des Compilers stellt sicher, dass keine Typfehler gemacht werden:

```
Pair<String, Integer> p = new Pair<String, Integer>("foo", 1);
int i = p.getFirst();                   // Fehler!
int j = p.getSecond();                  // ok
```

Generische Typen sind selbst vollwertige Typen, können also auch als Typargumente eingesetzt werden:

```
...
Pair<Integer, Pair<String, Integer>> pp;
pp = new Pair<Integer, Pair<String, Integer>>(23, p);
int k = pp.getSecond().getSecond();     // ok
```

Typebounds

Einschränkung von Typargumenten

In der allgemeinen Form werden beliebige Typen als Typargumente akzeptiert. Eine generische Klasse stellt aber oft Anforderungen an ihre Typvariablen, die nicht von jedem beliebigen Typargument erfüllt werden. Zu diesem Zweck können die Typargumente eingeschränkt werden.

Typebound für Typvariable

Syntaktisch wird in der Definition einer generischen Klasse nach der Typvariablen ein „**Typebound**" genannt. Der Typebound kann ein beliebiger Typ sein und sogar die Typvariable einbeziehen.

Typargumente in generischen Typen müssen zum Typebound kompatibel sein.

Als Beispiel sollen Bäume dienen, deren Knoten Zahlen speichern. Aus technischer Sicht muss die Knoteninformation kompatibel zur Klasse `Number` sein.

Beispiel: Bäume mit numerischen Knoten

Die folgende neue Fassung der generischen Knotenklasse schränkt die späteren Typargumente mit dem Typebound `Number` ein:

Typebound sichert Vergleichbarkeit

```
class Node<T extends Number>
{...}
```

Bei Typebounds wird das Schlüsselwort „`extends`" gleichermaßen für Klassen und Interfaces benutzt.

Die generischen Typen `Node<Integer>` und `Node<Double>` sind jetzt erlaubt, weil die Typargumente von `Number` abgeleitet sind. `Node<Object>` und `Node<String>` sind dagegen unzulässig, weil beide dem Typebound nicht genügen:

Unpassende Typargumente werden abgelehnt

```
Node<Integer> ni;        // ok
Node<Double> nd;         // ok
Node<Object> no;         // Fehler!
Node<String> ns;         // Fehler!
```

Mehrfache Typebounds

Eine Typvariable kann mit mehreren Typebounds eingeschränkt werden, die nach der Typvariablen aufgezählt werden:[2]

Liste von Typebounds

```
class classname<T extends type1 & type2 & type3 & ...>
```

Der erste Typebound (*type1*) kann dabei ein beliebiger Typ sein, also eine abstrakte oder konkrete Klasse oder ein Interface. Der zweite und alle weiteren Typebounds (*type2*, *type3*, ...) dürfen nur Interfaces sein. Das entspricht der generellen Begrenzung von Java auf einfache Vererbung. Die Reihenfolge unter den Interfaces ist ohne Belang.

Zum Beispiel seien die beiden folgenden Interfaces definiert:

Beispiel: Geordnete Bäume mit nummerierten Knoten

```
interface Timestamped
{
    String getTimestamp();
}

interface Printable
```

2 Die etwas eigenartige Syntax ist aus der Not geboren, denn Kommas würden zu Mehrdeutigkeit führen. Zum Beispiel könnte die Angabe `<T extends U, V>` für zwei Typebounds oder zwei Typvariablen stehen.

```
{
    void print();
}
```

Eine generische Knotenklasse, deren Information diese Interfaces implementieren soll, kann folgendermaßen definiert werden:

```
class Node<T extends Timestamped & Printable>
{...}
```

Typargumente müssen beide Interfaces implementieren:

```
class InfoDeluxe implements Timestamped, Printable
{
    public String getTimestamp() {...}
    public void print() {...}
    ...
}

...
Node<InfoDeluxe> nidlx;        // ok
Node<String> ns;               // Fehler
```

Die Knoteninformation ist kompatibel zu beiden Typebounds und kann ohne Typecasts beispielsweise an Variablen jedes der beiden Typebounds zugewiesen werden:

```
Timestamped t = nidlx.getInfo();
Printable p = nidlx.getInfo();
```

Typebounds mit Typvariablen

Beispiel: geordnete Bäume

Die Typvariable kann bei der Formulierung der Typebounds benutzt werden. Als Beispiel sollen geordnete Bäume dienen. In einem geordneten Baum sind die Knoten so arrangiert, dass bezüglich jedes Knotens alle Informationen im linken Teilbaum kleiner und alle Informationen im rechten Teilbaum größer oder gleich sind. In Abbildung 12.2 ist der rechte Baum geordnet, der linke nicht.

Das Ordnen eines Baumes setzt voraus, dass die Knoteninformationen überhaupt verglichen werden können. Eine Möglichkeit, das sicherzustellen, bietet das Interface `Comparable` (Seite 372). Dieses Interface ist selbst ein generisches Interface, dessen Typargument den Typ der vergleichbaren Objekte festlegt.

Typebound sichert Vergleichbarkeit

Die folgende neue Fassung der generischen Knotenklasse schränkt die späteren Typargumente mit dem Typebound `Comparable<T>` auf Typen mit Größenvergleich ein:

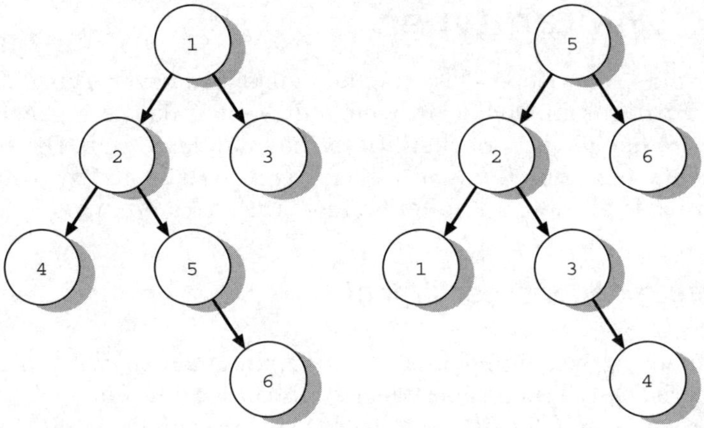

Abbildung 12.2: Ungeordneter und geordneter Binärbaum

```
class Node<T extends Comparable<T>>
{...}
```

Unpassende Typargumente werden abgelehnt

Die generischen Typen `Node<String>` und `Node<Integer>` sind jetzt erlaubt, weil die Typargumente `String` und `Integer` das Interface `Comparable` implementieren. `Node<Object>` ist dagegen unzulässig, weil `Object` dem Typebound nicht genügt:

```
Node<String> ns;        // ok
Node<Integer> ni;       // ok
Node<Object> no;        // Fehler
```

Diese Lösung ist noch nicht perfekt. Eine abgeleitete Klasse, deren Basisklasse `Comparable` implementiert, wird nicht akzeptiert, weil die Definition „`<T extends Comparable<T>>`“ verlangt, dass das Typargument *selbst* `Comparable` implementiert:

```
class Base implements Comparable<Base>
{...}

class Derived extends Base
{...}

...
Node<Base> nb;       // ok
Node<Derived> nd;    // Fehler
```

Mit contravarianten Wildcardtypen (Seite 402) kann auch dieses Problem gelöst werden.

12.3 Wildcardtypen

Jede einzelne generische Klasse erzeugt viele generische Typen. Im Folgenden wird durchleuchtet, in welchem Verhältnis diese generischen Typen der gleichen generischen Klasse zueinander stehen. Dabei ergibt sich eine neue Art von Kompatibilität zwischen Referenztypen auf einer anderen Basis als der in Kapitel 8 eingeführten Vererbung.

Vererbung generischer Typen

Invarianz: Abgeleitete Typargumente implizieren keine abgeleiteten generischen Typen

Eine Ableitungsbeziehung zwischen Typargumenten wird nicht auf die generischen Typen übertragen. Obwohl zum Beispiel `Integer` von `Number` abgeleitet ist, ist `Node<Integer>` nicht kompatibel zu `Node<Number>`. Die folgende Wertzuweisung ist deshalb fehlerhaft:

```
Node<Number> n = new Node<Integer>(23);        // Fehler
```

`Node<Integer>` und `Node<Number>` sind zwei getrennte Typen, die ebenso unverträglich sind wie beispielsweise `String` und `Rational`.

Diese Eigenschaft wird als **Invarianz** bezeichnet: Eine Variation der Typargumente in Bezug auf die Vererbungsbeziehungen wirkt sich nicht auf die generischen Typen aus.

Wildcards bei Typangaben

Wildcard als Typargument

Generische Typen können ein unbestimmtes Typargument nennen. Syntaktisch wird dann als Typargument das **Wildcardzeichen** „?“ angegeben, wie im folgenden Beispiel:

```
Node<?> nx;
```

Ein derartiger generischer Typ heißt „Wildcardtyp“.

Alle generischen Typen der gleichen generischen Klasse sind kompatibel zu diesem Wildcardtyp. Man kann sich vorstellen, dass der Wildcardtyp die Rolle einer „Basisklasse“ aller entsprechenden generischen Typen spielt, obwohl hier natürlich keine Vererbung im Spiel ist. Alle generischen `Node`-Typen sind zu `Node<?>` kompatibel und können zugewiesen werden:

```
Node<?> nx;
nx = new Node<String>("foo");
nx = new Node<Integer>(1);
nx = new Node<Double>(3.14);
```

Die folgende Wertzuweisung ist unzulässig, weil Kompatibilität nicht symmetrisch ist:

```
...
Node<String> ns = nx;          // Typfehler
```

Anwendungsbeispiel für Wildcardtyp

Wildcardtypen eignen sich für Situationen, in denen das konkrete Typargument keine Rolle spielt. Zum Beispiel kann, unabhängig von der generischen `Node`-Klasse, eine Methode `nodesCount` definiert werden, die die Anzahl der Knoten eines Baumes bestimmt. `nodesCount` arbeitet alleine auf der Struktur des Baumes und braucht die Knoteninformationen nicht. Der Parameter der Methode kann deshalb ein Wildcardtyp sein:

```
class Util
{
    int nodesCount(Node<?> n)
    {
        if(n == null)
            return 0;
        else
            return 1 + nodesCount(n.getLeft())
                                  + nodesCount(n.getRight());
    }
    ...
}
```

Kein Bezug auf Wildcard möglich

Aus der Sicht des Compilers ist ein derartiger Wildcardtyp ein beliebiger Typ mit völlig unbekannten Eigenschaften. Deshalb ist weder schreibender noch lesender Zugriff erlaubt:

```
Node<?> nx;
...
String s = nx.getInfo();    // Fehler
nx.setInfo(1);              // Fehler
```

Grenzfälle `Object` und `null`

Dabei gibt es zwei Grenzfälle. Jeder Referenztyp ist zwangsläufig kompatibel zu `Object`, einschließlich des unbekannten Wildcardtyps. Deshalb kann ein `Object` immer gelesen werden:

```
...
Object x = nx.getInfo();    // ok
```

Entsprechend ist der Wert `null` kompatibel zu jedem Referenztyp, auch zum unbekannten Wildcardtyp:

```
...
nx.setInfo(null);           // ok
```

Covarianz generischer Typen

Einge-schränkte Wildcards

Zu einem Wildcardtyp mit Typargument `?` sind *alle* generischen Typen der betreffenden generischen Klasse kompatibel. Wenn dieser Spielraum zu groß ist, können Wildcardtypen mit Typebounds eingeschränkt werden:

```
Node<? extends Number> nb;
```

Zum eingeschränkten Wildcardtyp `Node<? extends Number>` sind nur noch die generischen `Node`-Typen kompatibel, deren Typargument `Number` ist oder davon abgeleitet.

Der Typ der Knoteninformation ist jetzt nicht mehr völlig unbestimmt.

```
...
nb = new Node<Integer>(23);                // ok
nb = new Node<Object>(new Object());       // Fehler
```

Ein derartiger Typebound wird auch als „Upper-Typebound" bezeichnet, weil er aus der Sicht der Vererbungshierarchie eine „Obergrenze" für die konkreten Typargumente festlegt.

Covarianz generischer Typen

Mit „Upper-Typebounds" wird **Covarianz** für generische Typen eröffnet, entsprechend zu den Arrays (siehe Seite 340). Ein mit `extends` eingeschränkter Wildcardtyp wird deshalb als „covarianter Wildcardtyp" bezeichnet. Die Kompatibilität zwischen einem covarianten Wildcardtyp und den anderen generischen Typen folgt der *gleichen* Richtung wie die Vererbungsbeziehung zwischen Upper-Typebound und konkretem Typargument.

Allgemein gilt:

`C<A>` ist kompatibel zu `C<? extends B>`, wenn
`A` ist kompatibel zu `B`

Gleiches Typproblem wie bei Arrays?

Bei Arrays führt Covarianz zu einer Lücke im statischen Typsystem, wie das Beispiel von Seite 340 zeigt:

```
Number[] a = new Integer[23];
a[0] = new Double(3.14);                   // ArrayStoreException
```

Ohne weitere Maßnahmen würde diese Lücke bei covarianten Wildcardtypen repliziert werden:

```
Node<? extends Number> n = new Node<Integer>(23);
n.setInfo(3.14);                       // ??
```

Um covariante Wildcardtypen nicht mit den Problemen von Arrays zu „infizieren", sind schreibende Zugriffe bei covarianten Wildcardtypen generell unzulässig. Lesende Zugriffe sind dagegen erlaubt:

Verbot schreibender Zugriffe schließt Lücke

```
Node<? extends Number> n;
...
n.setInfo(1);                // Fehler
Number x = n.getInfo();      // ok
```

Dieses Verhalten ist nachvollziehbar:

- Der covariante Wildcardtyp `Node<? extends Number>` legt lediglich fest, dass die Knoteninformation irgendeinen zu `Number` kompatiblen Typ hat. Ein beliebiger anderer, ebenfalls zu `Number` kompatibler Typ muss dazu aber nicht unbedingt passen. Der Schreibzugriff wird deshalb abgewiesen.

  Einzige Ausnahme ist die Zuweisung des Wertes `null`, der zu jedem Referenztyp kompatibel ist.

- Lesende Zugriffe sind dagegen bei covarianten Wildcardtypen zulässig. Was immer der tatsächliche Typ der Knoteninformation ist, er ist kompatibel zu `Number`.

Covariante Wildcardtypen können auch in generischen Klassen verwendet werden. Im folgenden Beispiel wird in der generischen Klasse `Node` eine Methode `copyFrom` definiert, die einen anderen Knoten als Parameter erwartet und dessen Information in diesen Knoten holt. Der Informationstyp des anderen Knotens muss natürlich zu diesem Knoten passen. Typebound ist hier die eigene Typvariable:

Covariante Wildcardtypen in generischen Klassen

```
class Node<T>
{
    ...
    void copyFrom(Node<? extends T> other)
    {
        info = other.getInfo();     // Lesen - ok
    }
}
```

Die Methode kann folgendermaßen verwendet werden:

```
Node<Number> nn;
Node<Integer> ni;
...
nn.copyFrom(ni);        // ok
ni.copyFrom(nn);        // Fehler
```

Der erste Methodenaufruf ist in Ordnung, weil der ganzzahlige Wert aus dem Knoten `ni` sicherlich in den Knoten `nn` mit einem allgemeinen Zahlenwert geholt werden kann. Der zweite Methodenaufruf ist dagegen nicht zulässig, weil eine beliebige Zahl keine ganze Zahl sein muss.

Contravarianz

Auf Basistypen eingeschränkte Wildcards

Im vorhergehenden Abschnitt wurden covariante Wildcardtypen eingeführt, die Upper-Typebounds festlegen. Alle diejenigen generischen Typen, deren Typargument vom Upper-Typebound abgeleitet ist, sind zum covarianten Wildcardtyp kompatibel.

Ebenso sinnvoll ist die umgekehrte Einschränkung mit einem „Lower-Typebound“:

```
Node<? super Number> n;
```

Die Typargumente müssen hier Basistypen des Lower-Typebound sein.

Zum Beispiel ist die erste der folgenden Wertzuweisungen zulässig, denn `Object` ist Basistyp von `Number`. Die zweite ist dagegen fehlerhaft, weil `Integer` kein Basistyp von `Number` ist.

```
Node<? super Number> n;
n = new Node<Object>(new Object());      // ok
n = new Node<Integer>(23);               // Fehler
```

Contravarianz generischer Typen

Diese Situation wird als **Contravarianz** bezeichnet, die entsprechenden Wildcardtypen als „contravariante Wildcardtypen“. Die Kompatibilität zwischen contravarianten Wildcardtyp und den anderen generischen Typen verläuft in der *Gegenrichtung* zur Vererbung zwischen Lower-Typebound und konkretem Typargument.

Der generische Typ `Node<Object>` ist zum Beispiel kompatibel zum contravarianten Wildcardtyp `Node<? super Number>`, weil `Object` ein Basistyp von `Number` ist.

Allgemein gilt:

> `C<A>` ist kompatibel zu `C<? super B>`, wenn
> `B` ist kompatibel zu `A`

Verbot lesender Zugriffe

Die Symmetrie zwischen Covarianz und Contravarianz setzt sich konsequent fort: Die statische Typprüfung bleibt intakt, weil bei contravarianten Wildcardtypen im Zusammenhang mit dem Typebound nur schreibende, aber keine lesenden Zugriffe erlaubt sind:

```
Node<? super Number> n = new Node<Object>(new Object());
n.setInfo(1);                // ok
Number x = n.getInfo();      // Fehler
```

Dieses Verhalten ist einleuchtend:

- Der contravariante Wildcardtyp `Node<? super Number>` garantiert, dass die Information im Knoten den Typ `Number` oder einen Basistyp davon hat. Ein `Number`-Objekt ist dazu sicherlich kompatibel. Der Schreibzugriff ist deshalb erlaubt.
- Auf der anderen Seite kann nicht sichergestellt werden, dass die Knoteninformation wirklich `Number` ist. Deshalb ist kein Lesezugriff zulässig. Einzige Ausnahme ist das Lesen eines `Object`, zu dem jeder Wildcardtyp kompatibel ist.

Contravariante Wildcardtypen in generischen Klassen

Als Beispiel wird in der generischen Klasse `Node` eine Methode `copyTo` definiert, die einen anderen Knoten als Parameter erwartet und die Information aus dem eigenen in den anderen Knoten schreibt.[3] Wieder darf der Informationstyp im anderen, fremden Knoten nicht beliebig sein. Er muss die Information dieses Knotens aufnehmen können. Das bedeutet, dass der Informationstyp des anderen Knotens der gleiche wie in diesem Knoten oder ein Basistyp davon sein muss. Der contravariante Wildcardtyp des Parameters drückt genau das aus:

```
class Node<T>
{
    ...
    void copyTo(Node<? super T> other)
    {
        other.setInfo(info);     // Schreiben - ok
    }
}
```

Die Methode kann folgendermaßen verwendet werden:

```
Node<Number> n;
Node<Integer> i;
...
n.copyTo(i);            // Fehler
i.copyTo(n);            // ok
```

Der zweite Methodenaufruf ist in Ordnung, denn im Knoten `nn` für beliebige Zahlen kann sicher die ganze Zahl aus dem Knoten `ni` gespeichert werden. In einem Knoten für ganze Zahlen kann aber keineswegs

3 Ob eine derartige Methode überhaupt eine gute Idee ist, sei dahingestellt.

eine beliebige Zahl untergebracht werden, deshalb wird der erste Aufruf nicht übersetzt.

Contravarianter Typebound

Mit contravarianten Typebounds kann das Problem der generischen Knotenklasse gelöst werden (Seite 395), deren Typebound im ersten Ansatz zu streng war und nur Typargumente zuließ, die selbst das Interface `Comparable` implementieren:

```
class Node<T extends Comparable<T>>
{...}
```

Akzeptiert werden sollen aber auch Typargumente, bei denen irgendeine Basisklasse das Interface `Comparable` implementiert. Die gelockerte Einschränkung lässt sich folgendermaßen formulieren:

```
class Node<T extends Comparable<? super T>>
{...}
```

Diese Art von Typebound findet sich zum Beispiel auch im Java-API in der Klasse `Collections`.

Zusammenfassung Varianzen

Aus formaler Sicht gibt es die folgenden vier Arten der Varianz:

Invarianz

Die einfachste, aber auch sprödeste Form ist die Invarianz. Invarianz bedeutet, dass generische Typen (ohne Wildcards) untereinander nicht kompatibel sind, ungeachtet der Kompatibilität der Typargumente.

Bivarianz

Wildcardtypen ohne Einschränkungen (`C<?>`) führen zu Bivarianz. Zu einem unbeschränkten und damit bivarianten Wildcardtyp sind alle anderen generischen Typen zur gleichen generischen Klasse kompatibel.

Bei unbeschränkten Wildcardtypen sind im Zusammenhang mit dem Typargument weder schreibende noch lesende Zugriffe erlaubt.

Covarianz

Wildcardtypen mit einem Upper-Typebound (`C<? extends B>`) erlauben Covarianz. Zu covarianten Wildcardtypen sind alle generischen Typen kompatibel, deren Typargument zu `B` kompatibel ist.

Lesende Operationen können auf den Upper-Typebound Bezug nehmen, nicht aber schreibende Operationen.

Contravarianz

Schließlich führen Wildcards mit einem Lower-Typebound (`C<? super B>`) zu Contravarianz. Zu contravarianten Wildcardtypen sind alle generischen Typen kompatibel, zu deren Typargument `B` kompatibel ist.

Lesende Operationen sind unzulässig, aber schreibende Operationen können sich auf den Lower-Typebound beziehen.

Die folgende Tabelle fasst die wesentlichen Merkmale zusammen:

	Typ	Lesen	Schreiben	kompatible Typargumente
Invarianz	`C<T>`	erlaubt	erlaubt	`T`
Bivarianz	`C<?>`	verboten	verboten	alle
Covarianz	`C<? extends B>`	erlaubt	verboten	`B` und abgeleitete
Contravarianz	`C<? super B>`	verboten	erlaubt	`B` und Basistypen

Varianzen und Objekte

Einschränkungen für Variablen, nicht Objekte

Die in diesem Kapitel beschriebenen Einschränkungen von Wildcardtypen ergeben sich aus den Erfordernissen der statischen Typprüfung und werden vom Compiler durchgesetzt. Sie sind keine Eigenschaften von Objekten.

Der Knoten im folgenden Beispiel hat den generischen Typ `Node<Integer>`:

```
Node<Integer> ni = new Node<Integer>(23);
```

Wenn man diesen Knoten einer Variablen eines covarianten Wildcardtyps zuweist, dann werden die oben beschriebenen Einschränkungen wirksam. Zum Beispiel ist kein Schreibzugriff mehr erlaubt:

```
Node<? extends Number> nn = ni;
nn.setInfo(24);                    // Fehler
```

Der Knoten selbst ist davon aber unberührt und kann zum Beispiel über die Variable `ni` weiterhin ganz normal verändert werden:

```
ni.setInfo(24);                    // ok
```

Wozu Wildcardtypen?

Gewinn durch Wildcardtypen

Mit Wildcardtypen lässt sich flexiblerer Code schreiben. Das gilt insbesondere für Methoden mit Parametern von Wildcardtypen. Solche Methoden akzeptieren Argumente vieler unterschiedlicher generischer Typen, und nicht nur Argumente eines einzigen generischen Typs.

Preis für statische Typprüfung

Der Preis für diese Flexibilität sind Einschränkungen bezüglich des Einsatzes von Wildcardtypen. Der Compiler muss die oben erklärten Grenzen auferlegen, um die statische Typprüfung durchzuhalten. Andernfalls könnte es in fehlerfrei übersetzten Javaprogrammen zur Laufzeit zu Typfehlern kommen. Der Entwickler hätte keinerlei Hinweis auf diese Zeitbomben und müsste die korrekte Verwendung von Typen letztendlich selbst von Hand sicherstellen. Selbst bei Programmen mäßiger Komplexität wäre das praktisch aussichtslos.

12.4 Type-Erasure und Rawtypes

Generics werden durch Type-Erasure übersetzt

Hinter der Übersetzung generischer Klassen, Interfaces, Typen und Methoden steckt ein Mechanismus, der „**Type-Erasure**" genannt wird. Obwohl das Verständnis dieses Mechanismus für den Umgang mit Generics nicht unbedingt erforderlich ist, lassen sich daraus die Möglichkeiten und Grenzen von Generics schlüssig ableiten.

Im Rest dieses Kapitels werden zur Vereinfachung nur generische Klassen angesprochen. Gemeint sind dabei immer generische Klassen und generische Interfaces gleichermaßen.[4]

Type-Erasure reduziert generischen Code auf nicht-generischen Code

Generics und deren Anwendungen werden in zwei Schritten übersetzt:

1. Mit Type-Erasure wird „generischer Code" mit Typvariablen und Typargumenten auf normalen, nicht-generischen Java-Quelltext reduziert.

2. Der nicht-generische Java-Quelltext wird weiterverarbeitet wie bisher.

Generics werden vom Compiler verarbeitet

Generics werden in Java ausschließlich vom Compiler verarbeitet. Das bedeutet, dass das Laufzeitsystem, und damit die JVM, nichts von Generics weiß. Es gibt keine Laufzeitinformation über Generics.

[4] „Generischer Typ" ist *kein* Sammelbegriff für generische Klassen und generische Interfaces, siehe Seite 386.

Eine generische Klasse wird einzeln und getrennt von ihren späteren Anwendungen übersetzt wie eine normale, nicht-generische Klasse.[5] Die Informationen über die Typvariablen werden in so genannten „Signaturattributen" in den Bytecode einer generischen Klasse eingebettet. Signaturattribute sind optional und werden von der JVM und älteren Compilern ignoriert.

Generische Klassen werden vor ihren Anwendungen übersetzt

Beim Übersetzen der Anwendung einer generischen Klasse werden die Signaturattribute vom Compiler wieder ausgewertet, um beispielsweise die statische Typprüfung abzuwickeln.

Type-Erasure einer generischen Klasse

Beim Übersetzen einer generischen Klasse zeichnet der Compiler zunächst alle Vorkommen von Typvariablen und ihrer Typebounds auf, und bettet sie in Form von Signaturattributen in den Bytecode ein.

Type-Erasure löscht Typvariablen

Anschließend werden im Zuge der Type-Erasure einer generischen Klasse ...

Auswirkungen der Type-Erasure

- Typvariablen in spitzen Klammern gelöscht,
- Vorkommen von Typvariablen mit einem oder mehreren Typebounds durch den einzigen beziehungsweise zuerst genannten Typebound ersetzt,
- Vorkommen von Typvariablen ohne Typebound durch `Object` ersetzt. `Object` ist also der voreingestellte „Default-Typebound", falls eine explizite Angabe fehlt.

Das folgende Codefragment zeigt die Wirkung der Type-Erasure am Beispiel der generischen Knotenklasse. Auf der linken Seite steht der Originalcode, auf der rechten Seite der Code, den die Type-Erasure hinterlässt:

Beispiel für Type-Erasure

```
class Node<T>                       class Node
{                                   {
    private T info;                     private Object info;
    private Node<T> left;               private Node left;
    private Node<T> right;              private Node right;

    Node(T i)                           Node(Object i)
```

5 Die Situation ist komplett verschieden von C++. Dort werden Templates nicht isoliert übersetzt, sondern nur zusammen mit ihrer Anwendung. Aus diesem grundsätzlichen Unterschied resultieren die völlig verschiedenen Eigenschaften von Generics in Java gegenüber Templates in C++.

```
    {
        info = i;
        left = null;
        right = null;
    }

    Node(T i,
         Node<T> l, Node<T> r)
    {
        info = i;
        left = l;
        right = r;
    }

    T getInfo()
    {
        return info;
    }

    Node<T> getLeft()
    {...}

    ...

    void setInfo(T i)
    {
        info = i;
    }

    ...
}
```

```
    {
        info = i;
        left = null;
        right = null;
    }

    Node(Object i,
         Node l, Node r)
    {
        info = i;
        left = l;
        right = r;
    }

    Object getInfo()
    {
        return info;
    }

    Node getLeft()
    {...}

    ...

    void setInfo(Object i)
    {
        info = i;
    }

    ...
}
```

Type-Erasure bei generischen Typen

Statische Typprüfung Bei generischen Typen stellt der Compiler zunächst im Rahmen der statischen Typprüfung die korrekte Verwendung sicher. Das umfasst die folgenden Tests:

- Typargumente müssen, falls angegeben, allen Typebounds genügen (siehe Seite 392). Die notwendigen Informationen stehen in den Signaturattributen des übersetzten, generischen Typs.
- Generische Typen müssen untereinander korrekt verwendet werden. Das betrifft insbesondere Wildcardtypen (siehe Kapitel 12.3, Seite 396).

Anschließend wird durch Type-Erasure normaler, nicht-generischer Quelltext erzeugt. Dazu werden

Type-Erasure löscht Typargumente, fügt Typecasts ein

- Typargumente, einschließlich Wildcards, in spitzen Klammern gelöscht und
- Typecasts eingeschoben, wo ein Wert eines Typargumentes benutzt wird.

Das folgende Codefragment benutzt die generische Knotenklasse:

Beispiel für Type-Erasure

```
Node<String> n = new Node<String>("foo");
String s = n.getInfo();
```

Zuerst wird die korrekte Verwendung der generischen Klasse überprüft:

- In den generischen Typen ist als Typargument `String` angegeben. Die Knotenklasse gibt keinen expliziten Typebound vor, deshalb gilt `Object` als Typebound. `String` ist von `Object` abgeleitet und wird deshalb als Typargument akzeptiert.
- In der ersten Zeile steht links und rechts des Wertzuweisungszeichens der gleiche generische Typ `Node<String>`. Die Wertzuweisung ist korrekt.
- In der zweiten Zeile wird aus dem Knoten `n` ein `String` gelesen. `n` hat den invarianten Typ `Node<String>`, der lesende Zugriff ist also in Ordnung.

Nach diesen Prüfungen werden die Typargumente in spitzen Klammern gelöscht und das Ergebnis des Methodenaufrufs `n.getInfo()` mit einem Typecast auf `String` versehen. Insgesamt entsteht daraus der folgende nicht-generische Code:

```
Node n = new Node("foo");              // Typargumente gelöscht
String s = (String)n.getInfo();        // Typecast eingefügt
```

Alle generischen Typen teilen sich eine einzige Implementierung ihrer Klasse. Zur Laufzeit existieren keine Typvariablen, Typargumente, Typebounds oder Wildcards mehr.

Rawtypes

Rawtype entsteht durch Type-Erasure

Eine durch Type-Erasure reduzierte Definition liefert den so genannten „**Rawtype**“ der generischen Klasse. Zu jeder generischen Klasse gibt es immer genau einen entsprechenden Rawtype.

Rawtypes als nicht-generische Typen

Rawtypes sind normale, nicht-generische Klassen und lassen sich auch als solche benutzen. Zum Beispiel kann der Rawtype der generischen Knotenklasse folgendermaßen verwendet werden:

```
Node n = new Node("foo");
String s = (String)n.getInfo();
```

Das ist eine explizite Version des Codes, der durch Type-Erasure automatisch erzeugt wird, wie im vorhergehenden Beispiel gezeigt. Die generische Knotenklasse muss dazu nicht neu übersetzt werden.

Verwendung generischer Collection-Typen in „alten“ Anwendungen

Generische Klassen können auch von Anwendungen benutzt werden, die nicht mit Generics arbeiten. Das ist besonders im Zusammenhang mit dem Collection-Framework wichtig, das bis Java 1.4 normale, nicht-generische Klassen enthielt. Mit Version 5.0 wurde das gesamte Collection-Framework auf generische Klassen umgestellt. „Alte“ Anwendungen können dennoch mit dem „neuen“ Collection-Framework arbeiten, sprechen dann aber nur die Rawtypes an.

Verlust der statischen Typsicherheit

Auf der Ebene der Rawtypes geht allerdings die Sicherheit der statischen Prüfung der generischen Typen verloren. Der Compiler übersetzt zwar den Code, warnt aber bei der Nutzung von Rawtypes:

```
uses unchecked or unsafe operations
```

Die korrekte Verwendung von Typen liegt jetzt in der Verantwortung des Nutzers. Typfehler werden vom Compiler nicht mehr aufgedeckt, wie das folgende Beispiel zeigt:

```
Node n = new Node("foo");
Integer i = (Integer)n.getInfo();    // ClassCastException!
```

Das Programm wirft zur Laufzeit in der zweiten Zeile eine `ClassCastException`, weil der `String` nicht in ein `Integer`-Objekt umgewandelt werden kann.

12.5 Grenzen generischer Typen

Aus dem Übersetzungsmechanismus generischer Klassen und Typen (siehe vorhergehendes Kapitel ab Seite 404) ergeben sich grundsätzliche Grenzen, die zwar zum Teil umgangen werden können, aber trotzdem den Nutzen von Generics spürbar einschränken.

Einschränkungen von Generics ergeben sich aus Type-Erasure

Ursache für die Einschränkungen ist die zeitlich getrennte Übersetzung einer generischen Klassen und ihrer Anwendungen. Das bedeutet in erster Linie, dass mit Typvariablen nicht so umgegangen werden kann, als wären sie konkrete Typen.

Primitive Typargumente

Primitive Typen unzulässig als Typargumente

Als Typargumente sind nur Referenztypen geeignet, weil Typvariablen durch die Type-Erasure auf `Object` oder auf explizite Typebounds reduziert werden. Primitive Typen sind nicht kompatibel zu `Object`.

Das bedeutet zunächst, dass Knoten des generischen Typs `Node` zum Beispiel keine `int`-Information speichern können. Das wäre für eine Knotenklasse vielleicht noch hinzunehmen, aber für die generischen Containerklassen des Collection-Frameworks ist es nicht tragbar. Eine `ArrayList`, in der keine `int`-Werte verstaut werden können, ist schlicht inakzeptabel.

Autoboxing kaschiert Einschränkung auf Referenztypen

Im Kapitel 11.2, Seite 355, wurde der Mechanismus des Autoboxing eingeführt, der für eine automatische Typkonversion zwischen primitiven Typen und den zugeordneten Wrapperklassen sorgt.

Autoboxing umgeht die Einschränkung auf Referenztypen als Typargumente praktisch vollständig. Letzte erkennbare Spur ist die Angabe von Wrapperklassen als Typargumente anstelle der primitiven Typen selbst.

Eine Knotenklasse für `int`-Information kann folgendermaßen benutzt werden:

```
Node<Integer> ni = new Node<Integer>(23);
int i = ni.getInfo();
```

Das Autoboxing erledigt die Typkonversionen zwischen `int` und `Integer`.

Statische Elemente

Typvariablen nicht für statische Elemente

Statische Datenelemente und statische Methoden einer generischen Klasse können keine Typvariablen verwenden. Das folgende fehlerhafte Beispiel macht diese Einschränkung deutlich:

```
class Broken<T>
{
    static T data;  // wird nicht übersetzt!
}
```

Zwei verschiedene generische Typen dieser Klasse würden statische Datenelemente mit unterschiedlichen Typen definieren:

```
Broken<String> s = new Broken<String>();
Broken<Integer> i = new Broken<Integer>();
```

Es gibt aber nur ein Exemplar eines statischen Datenelementes. Welchen Typ soll dieses haben?

Dynamische Typprüfung

instanceof kann keine Typvariablen abprüfen

Eine Typvariable kann nicht mit dem Operator `instanceof` zur dynamischen Typprüfung herangezogen werden, wie im folgenden Beispiel versucht:

```
class Node<T>
{
    boolean hasMatchingType(Object x)
    {
        if(x instanceof T)       // wird nicht übersetzt!
            ...
    }
    ...
}
```

Der Compiler müsste beim Übersetzen dieser generischen Klasse bereits Code für einen Test auf einen Typ generieren, den er noch gar nicht kennt. Das ist nicht möglich.

Die Type-Erasure würde die Bedingung zudem auf den sinnlosen Test „`x instanceof Object`“ reduzieren, der natürlich immer `true` liefern würde.

Typecasts

Typecast auf Typvariable produziert Compiler-warnung

Im übersetzten Code eines generischen Typs werden Typvariablen durch `Object` oder den ersten Typebound ersetzt. Ein Typecast auf eine Typvariable wird dabei auf einen Typecast zum Typebound reduziert.

Im folgenden Beispiel wird eine Methode `setAny` definiert, die versucht, ein beliebiges Objekt als Knoteninformation einzutragen:

```
class Node<T>
{
    private T info;

    void setAny(Object x)
    {
        info = (T)x;
    }
    ...
}
```

Diese Methode wird zwar übersetzt, der Typecast ist aber völlig wirkungslos. Der Compiler weist darauf ausdrücklich mit einer Warnung hin:

```
warning: unchecked cast to type T
```

Undurchsichtiger Fehler nach Typecast

Die Methode lässt sich anschließend aufrufen und trägt klaglos Argumente jedes Typs in den Knoten ein:

```
Node<String> ns = new Node<String>("foo");
ns.setAny(23);
```

Beim Versuch, die Information wieder auszulesen, fliegt der Fehler auf:

```
String s = ns.getInfo();        // ClassCastException
```

Das Resultat ist ein Laufzeitfehler zu einem Zeitpunkt, der kaum einen Bezug zur eigentlichen Ursache des Problems erkennen lässt. Compilerwarnungen, wie die oben gezeigte, sind also sehr ernst zu nehmen und sollten unbedingt behoben werden.

Konstruktoraufrufe

Keine Konstruktoraufrufe mit Typvariablen

Wegen der fehlenden Information über spätere Typargumente können in einer generischen Klasse keine Konstruktoren von Typvariablen aufgerufen werden.

Im folgenden Beispiel wird versucht, im Default-Konstruktor der generischen Knotenklasse das Datenelement `info` mit einem neuen Objekt der Klasse der Typvariablen zu initialisieren.

```
class Node<T>
{
    private T info;

    Node()
```

```
        {
            info = new T();     // wird nicht übersetzt!
        }
        ...
    }
```

Der hier gezeigte Code kann nicht übersetzt werden, denn ein späteres Typargument definiert möglicherweise überhaupt keinen Default-Konstruktor. Ein Beispiel ist die Klasse `Integer`. Was sollte also im folgenden Beispiel an das Datenelement zugewiesen werden?

```
Node<Integer> ni = new Node<Integer>();
```

Es gibt beispielsweise folgende Auswege:

- Der Aufrufer liefert einen Startwert für das Datenelement:

```
Node(T v)
{
    value = v;
}
```

- Das Datenelement wird vorläufig mit `null` initialisiert:

```
Node()
{
    value = null;
}
```

Es hängt von der Semantik der Klasse ab, welche dieser Möglichkeiten sinnvoll ist.

Arrays von Typvariablen

Arrays von Typvariablen können nicht allokiert werden, ebenso wie Konstruktoren einer Typvariablen nicht aufgerufen werden dürfen:

```
class Container<T>
{
    private T[] a = new T[100];     // Fehler
}
```

Arrays von Typvariablen notwendig für Containertypen

Gerade für generische Containerklassen, wie sie zum Beispiel im Collection-Framework angeboten werden, sind aber Arrays unbedingt notwendig, um die Elemente der Collections zu speichern.

Mit einem Typecast lässt sich der gewünschte Typ erzwingen:

```
class Container<T>
{
    private T[] a = (T[])new Object[100];    // Warning
}
```

Dieses Vorgehen funktioniert, rein technisch betrachtet, unter Ausnutzung der ungeschützten Covarianz von Arraytypen. Im `Object`-Array `a` können später beliebige Objekte untergebracht werden. Der oben gezeigte Code wird übersetzt, wenn auch mit der expliziten Warnung:

Nutzung der heiklen Covarianz von Arrays

```
uses unchecked or unsafe operations
```

Die statische Typprüfung ist mit dieser Konstruktion unterlaufen. Es ist jetzt allein Sache der generischen Klasse, Typfehler mit dem privaten Array zu verhindern. Mit korrekten Zugriffsmethoden lässt sich das erreichen:[6]

Korrekter Umgang mit Typen per Implementierung

```
class Container<T>
{
    private T[] a = (T[])new Object[100];    // Warning

    void set(int i, T t)
    {
        a[i] = t;
    }

    T get(int i)
    {
        return a[i];
    }
}
```

Die `set`-Methode stellt sicher, dass ausschließlich `T`-Objekte in das Array gelangen. Diese Objekte können auch wieder gefahrlos mit `get` zurückgegeben werden. Im Anwendungsprogramm sorgt die statische Typprüfung des Compilers dafür, dass die beiden Methoden `get` und `set` nur mit konsistentem Typ aufgerufen werden.

Generische Basistypen

Typvariablen können nicht als Basisklassen benutzt werden. Die folgende generische Klasse merkt sich den Zeitpunkt, an dem das Objekt erzeugt wurde und versucht, diese Information einer beliebigen Basisklasse zur Verfügung zu stellen:

Keine generischen Basistypen

6 Indexfehler werden hier zur Vereinfachung ignoriert. Es geht um Typfehler.

```
class Timestamped<T> extends T          // wird nicht übersetzt!
{
    private java.util.Date timestamp;

    Timestamped()
    {
        timestamp = new java.util.Date();
    }
}
```

Eine derartige Konstruktion kann nicht übersetzt werden, weil jeder Konstruktor einer abgeleiteten Klasse einen Basisklassenkonstruktor aufrufen muss. Hier ist die Basisklasse aber unbekannt. An welchen Konstruktor soll der Aufruf also gerichtet werden? Das Problem spiegelt die Situation beim Aufruf eines generischen Konstruktors wider (siehe Seite 411).

Exceptions

Generische Typen ungeeignet für Exceptions

Generische Typen können nicht sinnvoll im Exception-Handling benutzt werden, weil dieses vom dynamischen Typ der geworfenen Exceptionobjekte abhängt. Bei der Type-Erasure werden die Typvariablen auf Typebounds reduziert und stehen zur Laufzeit nicht mehr zur Verfügung.

Von der Basisklasse `Throwable` aller Exceptiontypen darf grundsätzlich keine generische Klasse abgeleitet werden. Der Compiler blockiert das mit der folgenden Fehlermeldung:

```
a generic class may not extend java.lang.Throwable
```

12.6 Polymorphe Methoden

Neben generischen Klassen, Interfaces und Typen umfassen die Generics von Java auch generische Methoden, die auch als „**polymorphe Methoden**" bezeichnet werden. Dieser Begriff beschreibt ihre Wirkungsweise etwas besser und wird deshalb in diesem Text vorgezogen.

Polymorphe Methoden unabhängig von generischen Typen

Polymorphe Methoden sind unabhängig von generischen Typen und können in normalen, nicht-generischen Klassen definiert und aufgerufen werden. Auch Konstruktoren und statische Methoden können polymorph sein. Ihr Potenzial zeigen polymorphe Methoden dennoch im Zusammenspiel mit generischen Typen.

Definition

Definition mit Typvariablen

Bei der Definition polymorpher Methoden werden Typvariablen angegeben, die bei Aufrufen mit konkreten Typargumenten versorgt werden müssen.

In der Definition einer polymorphen Methode steht eine Liste von Typvariablen in spitzen Klammern vor dem Ergebnistyp. Im folgenden Beispiel wird eine Methode `vote` mit drei Parametern definiert, die über das Ergebnis „abstimmen". Wenn wenigstens zwei davon gemäß `equals` gleich sind, wird einer davon zurückgegeben, ansonsten liefert die Methode `null`. Keiner der Parameter darf `null` sein, sonst wirft die Methode eine `NullPointerException`.

```
<T> T vote(T x, T y, T z)
{
    if(x.equals(y)) return x;
    if(y.equals(z)) return y;
    if(z.equals(x)) return x;
    return null;
}
```

Statische polymorphe Methoden

Auch statische Methoden können polymorph sein. Das hat nichts mit statischen Elementen generischer Klassen zu tun (Seite 409), weil der Compiler hier keine Objekte von Typvariablen allokieren muss. Die folgende statische Methode verpackt die Argumente in ein Array und liefert dieses zurück. Sie nutzt die Eigenschaft von Vararg-Parametern, ihre Argumente in einem Array zu liefern (Kapitel 10.5).

```
class Util
{
    static <T> T[] makeArray(T... a)
    {
        return a;
    }
}
```

Listing 12.1: Statische polymorphe Methode

Aufruf

Aufruf mit Typargumenten

Beim Aufruf einer polymorphen Methode wird das Typargument unmittelbar vor den Methodennamen gesetzt. Aus syntaktischen Gründen muss darüber hinaus in jedem Fall explizit ein Zielobjekt angegeben werden, bei Methodenaufrufen des eigenen Objektes gegebenenfalls auch `this`:

```
String s = this.<String>vote("foo", "foo", "bar");
int i = this.<Integer>vote(1, 2, 2);
```

Statische Typprüfung verhindert Typfehler

Die Typprüfung des Compilers stellt sicher, dass Parameter und Ergebnis im Einklang stehen:

```
String s = this.<String>vote(1, 2, 2); // Typfehler!
```

Statische polymorphe Methoden müssen mit dem Klassennamen angesprochen werden, wie im folgenden Beispiel die Methode `makeArray` von Listing 12.1. Das gilt auch bei Aufrufen innerhalb der eigenen Klasse.[7]

```
String[] s = Util.<String>makeArray("1st", "2nd", "3rd");
Integer[] i = Util.<Integer>makeArray(1, 2, 3);
```

Typebounds

Typebounds für polymorphe Methoden

Wie bei generischen Typen können die Typargumente einer polymorphen Methode mit Typebounds eingeschränkt werden. Im folgenden Beispiel wird eine Methode `median` mit drei Parametern definiert. Sie soll den der Größe nach mittleren der Parameter zurückliefern. Zum Größenvergleich muss für das Typargument die Methode `compareTo` aus dem Interface `Comparable` definiert sein, andernfalls sind Elemente nicht vergleichbar. Ein Typebound stellt das sicher:

```
<T extends Comparable<? super T>> T median(T x, T y, T z)
{...}
```

Jetzt sind nur Aufrufe zulässig, bei denen das Typargument das Interface `Comparable` implementiert:

```
Integer i = this.<Integer>median(1, 3, 2);      // ok
Object c = this.<Object>median(...);            // Fehler
```

Der zweite Aufruf wird nicht übersetzt, weil die Klasse `Object` das Interface `Comparable` nicht implementiert.

Type-Inference

Type-Inference ersetzt explizite Typargumente

In vielen Fällen können konkrete Typargumente beim Aufruf einer polymorphen Methode weggelassen werden, weil der Compiler durch „**Type-Inference**" aus dem Kontext des Methodenaufrufs die korrekten Typargumente bestimmen kann.

Die beiden folgenden Aufrufe sind äquivalent. In der zweiten Anweisung wird das fehlende Typargument `String` automatisch erkannt und vom Compiler wieder eingefügt:

---

7 Es gibt kein Auto-Unboxing zwischen Arraytypen. Deshalb bleibt das Ergebnis des zweiten Methodenaufrufs `Integer[]`.

```
String s;
s = this.<String>vote("foo", "foo", "bar");
s = vote("foo", "foo", "bar");
```

Beispiel für Type-Inference über mehrere Stufen

Polymorphe Methoden können dank Type-Inference recht bequem verwendet werden. Im folgenden Beispiel sind polymorphe Methoden definiert, die mit Arrays arbeiten:[8]

```
// liefert das erste Element im Array array
<T> T first(T[] array)
{
    return array[0];
}

// liefert das letzte Element im Array array
<T> T last(T[] array)
{
    return array[array.length - 1];
}

// liefert ein Array mit n Kopien des Wertes x
<T> T[] fill(int n, T x)
{
    T[] array = (T[])new Object[n];
    for(int i = 0;  i < n;  i++)
        array[i] = x;
    return array;
}
```

Wegen der Typargumente liest sich ein verschachtelter Aufruf dieser Methoden etwas sperrig:

```
String[] a = new String[] {"foo", "bar", "baz"};
String s = this.<String>first(this.<String>fill(5,
              this.<String>last(a)));
```

Die Typargumente werden aber durch Type-Inference selbst über mehrere Stufen hinweg korrekt erkannt, wie im folgenden Beispiel, das äquivalent zum vorhergehenden ist:

```
...
String s = first(fill(5, last(a)));
```

[8] Das generische Array in der Methode `fill` ist zulässig wegen der ungeschützten Covarianz von Arraytypen, siehe Seite 413.

Type-Inference bei gemischten Typargumenten

Type-Inference findet gemeinsamen Basistyp

Bei Aufrufen polymorpher Methoden mit Argumenten unterschiedlicher Typen für die gleiche Typvariable fällt die Type-Inference auf den „nähesten" gemeinsamen Basistyp zurück. Im folgenden Aufruf sind, kraft Autoboxing, zwei `Integer`- und ein `Double`-Argument für die gleiche Typvariable angegeben:

```
vote(1, 3.14, 1);
```

Es ist zu klären, was unter dem „nähesten" Basistyp zu verstehen ist. Im Beispiel sind sowohl `Number` wie auch `Object` gemeinsame Basisklassen von `Integer` und `Double`. Allerdings ist `Number` von `Object` abgeleitet und liegt damit näher. Die Type-Inference setzt folglich `Number` als Typargument ein:

```
Number n = vote(1, 3.14, 1);      // ok
Integer i = vote(1, 3.14, 1);     // Fehler
Double d = vote(1, 3.14, 1);      // Fehler
Object o = vote(1, 3.14, 1);      // ok wegen Kompatibilität
```

Polymorphe Methoden und Überladen

Nach Type-Erasure eindeutige Signaturen

Bei der Definition überladener Methoden darf eine polymorphe Methode nicht gleichzeitig mit einer normalen Methode definiert werden, wenn beide nach der Type-Erasure kollidieren würden. Beispielsweise schließen sich die beiden folgenden Definitionen gegenseitig aus:

```
Object vote(Object x, Object y, Object z)
<T> T vote(T x, T y, T z)
```

Nachdem die Type-Erasure Typvariablen auf den Typebound reduziert, sind die beiden nächsten Definitionen verträglich:

```
Object median(Object x, Object y, Object z)
<T extends Comparable<? super T>> T median(T x, T y, T z)
```

Überladene und polymorphe Methoden

Beim Aufruf überladener Methoden werden polymorphe Methoden erst dann berücksichtigt, wenn keine normalen Methoden passen. Zum Beispiel sind die folgenden drei Methoden definiert:

```
void foo(Integer x)
void foo(Number x)
<T> void foo(T x)
```

Der Aufruf

```
foo(1);
```

ruft die erste der drei Methoden auf, weil sie am genauesten passt (siehe Seite 130).

Wenn die erste Definition fehlt, wird `foo(Number)` aufgerufen, weil das Argument kompatibel zum `Number`-Parameter ist.

Wenn auch die zweite Definition fehlt, wird die polymorphe Methode benutzt.

12.7 Aufgaben

12a. Ringe

Ein „Ring“ ist eine Container-Datenstruktur, deren Elemente in einem Ring angeordnet sind. Ein Ring hat keinen Anfang und kein Ende, kein erstes und kein letztes Element.

Ein bestimmtes Element des Rings ist jeweils das „aktuelle Element“. Ein leerer Ring hat kein aktuelles Element. In einem Ring mit einem Element ist dieses automatisch das aktuelle Element.

Definieren Sie eine generische Klasse `Ring`, deren Elementtyp eine Typvariable ist. `Ring` bietet die folgenden Methoden an:

`Ring(int cap)`
: Der Konstruktor erzeugt einen neuen Ring mit einer Kapazität von `cap` Elementen. Zur Vereinfachung wird die Kapazität eines Rings hier festgelegt und kann sich nicht mehr ändern. Speichern Sie den Inhalt des Rings in einem Array. Der Ring ist noch leer, er enthält keine Elemente. Die Methode wirft eine `IllegalArgumentException`, wenn die Kapazität negativ ist.

`int size()`
: gibt Auskunft über die Anzahl der Elemente im Ring. Bei einem neuen Ring ist das null. Die maximale Anzahl Elemente ist gleich der Kapazität.

`int capacity()`
: gibt Auskunft über die Kapazität des Rings, wie sie im Konstruktor angegeben wurde.

`int add(T t)`
: fügt das neue Element `t` links vom aktuellen Element ein. Das aktuelle Element bleibt unverändert. Wirft eine `IllegalArgumentException`, wenn der Ring voll ist.

`void back()`
: macht den linken Nachbarn des aktuellen Elements zum neuen aktuellen Element. Wirft eine `NoSuchElementException`, wenn der Ring leer ist.

`void remove()`
löscht das aktuelle Element aus dem Ring und macht das Element rechts von der Lücke zum neuen aktuellen Element. Wirft eine `NoSuchElementException`, wenn der Ring leer ist.

`void set(T t)`
ersetzt das aktuelle Element durch `t` und macht den rechten Nachbarn zum neuen aktuellen Element. Wirft eine `NoSuchElementException`, wenn der Ring leer ist.

`T get()` liefert das aktuelle Element zurück und macht den rechten Nachbarn zum neuen aktuellen Element. Wirft eine `NoSuchElementException`, wenn der Ring leer ist.

`public String toString()`
liefert eine lesbare Darstellung des Rings samt Inhalt.

Testen Sie die Ringklasse mit verschiedenen Typargumenten. Konstruieren Sie einen Ring mit 5 Ringen, die jeweils 5 Strings enthalten, und initialisieren Sie diese Ringe.

Schreiben Sie eine Klasse `Rings` mit statischen Hilfsmethoden zum einfacheren Umgang mit Ringen. Definieren Sie die folgenden Methoden in `Rings`:

`removeAll`
löscht alle Elemente aus einem Ring, die gleich einem gegebenen Element `x` sind. Benutzen Sie `equals` zum Vergleich.

Der Typ von `x` muss mit dem Typ der Ringelemente nichts zu tun haben.

`removeLess`
löscht alle Elemente aus einem Ring, die kleiner als ein gegebenes Element `x` sind. Benutzen Sie `Comparable.compareTo` zum Größenvergleich.

Der Typ von `x` muss mit dem Typ der Ringelemente vergleichbar sein.

`revert` liefert einen neuen Ring, in dem die Elemente in der entgegengesetzten Reihenfolge angeordnet sind wie im ursprünglichen Ring.

`merge` trennt zwei gegebene Ringe mit gleichem Elementtyp jeweils links vom aktuellen Element auf und liefert einen neuen Ring, in dem die Elemente der beiden ursprünglichen Ringe hintereinander stehen.

Setzen Sie Wildcardtypen ein, um die Methoden so flexibel wie möglich zu halten.

12b. Physikalische Größen

Viele Programme arbeiten mit physikalischen Größen. Dabei werden zwar Beträge verarbeitet, aber deren Einheiten implizit unterstellt. Generische Klassen erlauben eine elegante Lösung.

1. Schreiben Sie ein Interface `Unit` für physikalische Einheiten. `Unit` definiert zwei Methoden:

   `String toString()`
   : liefert eine Textdarstellung der Einheit, zum Beispiel „`m`“ für Meter, „`km`“ für Kilometer oder „`mm`“ für Millimeter.

   `double baseUnits()`
   : liefert die Anzahl Basiseinheiten dieser Einheit. Basiseinheit für Längen ist beispielsweise 1 Meter, für Zeit 1 Sekunde. Die Methode liefert zum Beispiel `1000` für die Einheit „Kilometer“, `0.001` für die Einheit „Millimeter“, `1` für die Einheit „Meter“ selbst oder `86400` für die Einheit „Tag“.

2. Definieren Sie zwei Klassen `Length` und `Time` für allgemeine Längen- und Zeiteinheiten.

3. Definieren Sie ein paar konkrete Klassen für Längeneinheiten mit der Basiseinheit Meter, wie zum Beispiel Millimeter, Meter, Meile und Lichtjahr. Definieren Sie entsprechend ein paar Klassen für Zeiteinheiten mit der Basiseinheit Sekunde, wie zum Beispiel Mikrosekunde, Sekunde, Stunde, Tag und Jahr. Das lässt sich gut mit Aufzählungstypen realisieren.

4. Definieren Sie jetzt eine generische Klasse `Quantity`, die eine physikalische Größe aus Betrag und Einheit repräsentiert. Der Betrag ist ein schlichter `double`-Wert, die Einheit eine Typvariable. Die Klasse ist unveränderlich und braucht Getter, aber keine Setter. Außerdem ist die Methode `toString` praktisch. Natürlich kommt nicht jedes Typargument in Frage. Schränken Sie die Typvariable passend ein.

5. Schreiben Sie eine Anwendung, die die Größen „1500 m“, „2 Meilen“ und „$2 \cdot 10^{-12}$ Lichtjahre“, „$\frac{1}{4}$ Stunde“, „3 Tage“ und „$2\frac{1}{2}$ Jahre“ definiert und ausgibt.

6. Definieren Sie in der Klasse `Quantity` eine Methode `add`, die zwei Größen addiert und das Ergebnis in einem neuen Objekt zurückliefert. Selbstverständlich können zum Beispiel Längen und Zeiten nicht addiert werden.

7. Definieren Sie in der Klasse `Quantity` eine Methode `to`, die eine Größe in eine andere Einheit umrechnet. Dabei können nur passende Einheiten benutzt werden.

8. Leiten Sie von `Unit` eine generische Klasse `Ratio` ab, die ein Verhältnis zweier Einheiten repräsentiert, wie zum Beispiel Geschwindigkeit als Verhältnis von Länge zu Zeit. Die beiden Einheiten sind Typvariablen von `Ratio`.

9. Definieren Sie im Hauptprogramm Objekte für die Geschwindigkeiten „km/h" und „Meilen/Tag". Definieren Sie damit die Geschwindigkeiten „60 km/h" und „200 Meilen/Tag". Addieren sie beide und geben Sie das Ergebnis aus.

10. Definieren Sie in der Klasse `Quantity` eine Methode `per`, die eine andere Größe als Parameter akzeptiert und das Verhältnis der eigenen zur anderen Größe zurückliefert. Berechnen Sie die Geschwindigkeit eines Ferienfliegers, der 2400 Meilen in 4 Stunden zurücklegt. Geben Sie die Geschwindigkeit in „m/s" aus.

Anhang

A

ÜBERBLICK

A Reservierte Wörter

Die folgende Liste zeigt alle reservierten Wörter in Java. Einträge ohne Seitenangaben werden in diesem Buch nicht behandelt.

`abstract`	Modifier für eine abstrakte Klasse oder Methode (Seite 257)
`assert`	Zusicherung (Seite 280)
`boolean`	Primitiver Typ für Wahrheitswerte (Seite 73)
`break`	bricht eine Schleife ab (Seite 90); beendet einen `switch`-Zweig
`byte`	primitiver, ganzzahliger Typ mit 8 Bit
`case`	Label für `switch`
`catch`	fängt eine Exception (Seite 293)
`char`	primitiver Typ für Zeichen (Seite 178)
`class`	Definition einer Klasse (Seite 103)
`const`	ohne Funktion
`continue`	startet neuen Schleifendurchgang (Seite 91)
`default`	Joker-Label für `switch`
`do`	annehmende Schleife
`double`	primitiver Typ für Gleitkommawerte (Seite 38)
`else`	Alternative einer `if`-Anweisung (Seite 66)
`enum`	Definition eines Aufzählungstyps (Seite 158)
`extends`	Basisklasse oder Basis-Interface (Seite 244)
`false`	`boolean`-Literal* (Seite 73)
`final`	Modifier für unveränderliche Variablen (Seite 34); Modifier für eine nicht ableitbare Klasse oder nicht redefinierbare Methode
`finally`	Abspann eines `try`-Blocks, der unter allen Umständen durchlaufen wird (Seite 307)
`float`	primitiver Typ für ungenauere Gleitkommawerte als `double`

`for`	Zählschleife oder *foreach*-Schleife über Container (Seite 95)
`goto`	ohne Funktion
`if`	Alternative (Seite 62)
`implements`	implementiertes Interface (Seite 228)
`import`	Klausel zum Einbinden eines Packages (Seite 203)
`instanceof`	Operator zum Test des dynamischen Typs eines Objektes (Seite 261)
`int`	primitiver Typ für ganze Zahlen mit 32 Bit (Seite 33)
`interface`	Definition eines Interfaces (Seite 224)
`long`	primitiver Typ für ganze Zahlen mit 64 Bit
`native`	Modifier für eine Methode, die in einer anderen Sprache definiert ist
`new`	Operator zum Erzeugen eines neuen Objektes (Seite 107)
`null`	Literal für Referenztypen* (Seite 111)
`package`	Klausel zum Festlegen des Packages (Seite 197)
`private`	Zugriffsschutz-Modifier für die eigene Klasse (Seite 146)
`protected`	Zugriffsschutz-Modifier für das eigene Package und abgeleitete Klassen (Seite 245)
`public`	Zugriffsschutz-Modifier für freien Zugriff (Seite 207)
`return`	Rückkehr aus einer Methode (Seite 137)
`short`	primitiver Typ für ganze Zahlen mit 16 Bit
`static`	Modifier für statische Methoden oder Datenelemente (Seite 151)
`strictfp`	Modifier für IEEE754-Standard-konforme Floatingpoint-Arithmetik; liefert auf allen Systemen exakt die gleichen Ergebnisse
`super`	Bezug auf das Basisklassenobjekt oder einen Basisklassenkonstruktor (Seite 251)
`switch`	Kontrollstruktur für `if`-Kaskade
`synchronized`	ordnet den parallelen Ablauf bei mehreren Threads
`this`	Referenz auf das eigene Objekt (Seite 122)

`throw`	Auslösen einer Exception (Seite 291)
`throws`	Exceptionsignatur (Seite 295)
`transient`	Modifier für Datenelemente, die bei der Serialisierung übergangen werden
`true`	`boolean`-Literal* (Seite 73)
`try`	klammert Anweisungen für Exception-Handling (Seite 293)
`void`	Pseudotyp für „nichts“ (Seite 140)
`volatile`	Modifier für Datenelemente, die sich ohne Zutun der JVM ändern können
`while`	Schleife (Seite 78)

*Formal betrachtet kein Schlüsselwort, sondern ein Literal

B Operatorentabelle

Die Querstriche trennen Gruppen von Operatoren gleicher Priorität. Die Priorität der Gruppen nimmt nach unten ab.

Operator	Prioritäten	Assoziationen	Stell.	Operandentypen	Bemerkung
+	1	rechts	1	numerisch	positives Vorzeichen
-	1	rechts	1	numerisch	negatives Vorzeichen
++	1	rechts	1	numerische Variable	Inkrement (Präfix/Postfix)
--	1	rechts	1	numerische Variable	Dekrement (Präfix/Postfix)
~	1	rechts	1	ganzzahlig	bitweises Komplement
!	1	rechts	1	`boolean`	Negation, logisches Not
`new`	1	rechts	1	Klassenname	erzeugt neues Objekt
(*type*)	1	rechts	1	beliebig	Typecast
*	2	links	2	numerisch	Multiplikation
/	2	links	2	numerisch	Division
%	2	links	2	numerisch	Modulus = Divisionsrest
+	3	links links	2 2	numerisch `String`	Addition Konkatenation
-	3	links	2	numerisch	Subtraktion
<<	4	links	2	ganzzahlig	Linksshift mit 0-Bit
>>	4	links	2	ganzzahlig	Rechtsshift mit Vorzeichenbit
>>>	4	links	2	ganzzahlig	Rechtsshift mit 0-Bit
<	5	links	2	numerisch	Vergleich „echt kleiner"
<=	5	links	2	numerisch	Vergleich „kleiner oder gleich"
>	5	links	2	numerisch	Vergleich „echt größer"
>=	5	links	2	numerisch	Vergleich „größer oder gleich"
`instanceof`	5	links	2	Objekt, Referenztyp	dynamischer Typvergleich
==	6	links links	2 2	primitiv Objekt	gleicher Wert gleiches Objekt
!=	6	links links	2 2	primitiv Objekt	anderer Wert anderes Objekt
&	7	links links	2 2	ganzzahlig `boolean`	bitweises And logisches And

Operator	Prioritäten	Assoziationen	Stell.	Operandentypen	Bemerkung
^	8	links links	2 2	ganzzahlig boolean	bitweises Xor logisches Xor
|	9	links links	2 2	ganzzahlig boolean	bitweises Or logisches Or*
&&	10	links	2	boolean	logisches And**
||	11	links	2	boolean	logisches Or**
?:	12	rechts	3	boolean/beliebig/ beliebig***	bedingter Operator
=	13	rechts	2	Variable/beliebig	Wertzuweisung
+=	13	rechts rechts	2 2	Variable/numerisch Variable/String	Operatorzuweisung Operatorzuweisung
-=	13	rechts	2	Variable/numerisch	Operatorzuweisung
*=	13	rechts	2	Variable/numerisch	Operatorzuweisung
/=	13	rechts	2	Variable/numerisch	Operatorzuweisung
%=	13	rechts	2	Variable/numerisch	Operatorzuweisung
<<=	13	rechts	2	Variable/ganzzahlig	Operatorzuweisung
<<<=	13	rechts	2	Variable/ganzzahlig	Operatorzuweisung
>>=	13	rechts	2	Variable/ganzzahlig	Operatorzuweisung
&=	13	rechts rechts	2 2	Variable/ganzzahlig Variable/boolean	Operatorzuweisung Operatorzuweisung
|=	13	rechts rechts	2 2	Variable/ganzzahlig Variable/boolean	Operatorzuweisung Operatorzuweisung
^=	13	rechts rechts	2 2	Variable/ganzzahlig Variable/boolean	Operatorzuweisung Operatorzuweisung
&&=	13	rechts	2	Variable/boolean	Operatorzuweisung
||=	13	rechts	2	Variable/boolean	Operatorzuweisung

*vollständige Auswertung
**teilweise Auswertung
***zwei beliebige, aber *gleiche* Typen

Ganzzahlige Typen sind `byte`, `char`, `short`, `int` und `long`.
Numerische Typen sind alle ganzzahligen Typen sowie `float` und `double`.
Primitive Typen sind alle numerischen Typen sowie `boolean`.

C Primitive Typen

Wrapperklassen

Typ	Werte	Wrapperklasse	Lesemethode
boolean	Wahrheitswerte	Boolean	booleanValue()
byte	ganze Zahlen	Byte	byteValue()
short	ganze Zahlen	Short	shortValue()
char	Unicodezeichen	Character	charValue()
int	ganze Zahlen	Integer	intValue()
float	Gleitkommazahlen	Float	floatValue()
long	ganze Zahlen	Long	longValue()
double	Gleitkommazahlen	Double	doubleValue()

Wertebereiche und Platzbedarf

Typ	Wertebereich	Platzbedarf
boolean	false, true	1 Bit
byte	$-128 \ldots +127$	1 Byte
short	$-32768 \ldots +32767$	2 Byte
char	\u0000 ... \uFFFF	2 Byte
int	$-2147483648 \ldots +2147483647$ ($\approx \pm 2 \cdot 10^9$)	4 Byte
float	$\pm 3.40282347 \cdot 10^{+38} \ldots \pm 1.40239846 \cdot 10^{-45}$	4 Byte
long	$-9223372036854775808 \ldots$ $+9223372036854775807$ ($\approx \pm 9 \cdot 10^{18}$)	8 Byte
double	$\pm 1.79769313486231570 \cdot 10^{+308} \ldots$ $\pm 4.94065645841246544 \cdot 10^{-324}$	8 Byte

Implizite Typkonversionen

	→short	→int	→long	→float	→double
byte→	+	+	+	+	+
short→		+	+	+	+
char→		+	+	+	+
int→			+	+*	+
long→				+*	+*
float→					+**

*Möglicherweise Verlust von Genauigkeit durch Runden
**Kein Informationsverlust, falls `strictfp`

D Zeichensatz ISO-Latin-1

0/00	1/01	2/02	3/03	4/04	5/05	6/06	7/07	8/08	9/09	10/0A	11/0B	12/0C	13/0D	14/0E	15/0F
16/10	17/11	18/12	19/13	20/14	21/15	22/16	23/17	24/18	25/19	26/1A	27/1B	28/1C	29/1D	30/1E	31/1F
32/20	! 33/21	" 34/22	# 35/23	$ 36/24	% 37/25	& 38/26	' 39/27	(40/28	) 41/29	* 42/2A	+ 43/2B	, 44/2C	- 45/2D	. 46/2E	/ 47/2F
0 48/30	1 49/31	2 50/32	3 51/33	4 52/34	5 53/35	6 54/36	7 55/37	8 56/38	9 57/39	: 58/3A	; 59/3B	< 60/3C	= 61/3D	> 62/3E	? 63/3F
@ 64/40	A 65/41	B 66/42	C 67/43	D 68/44	E 69/45	F 70/46	G 71/47	H 72/48	I 73/49	J 74/4A	K 75/4B	L 76/4C	M 77/4D	N 78/4E	O 79/4F
P 80/50	Q 81/51	R 82/52	S 83/53	T 84/54	U 85/55	V 86/56	W 87/57	X 88/58	Y 89/59	Z 90/5A	[91/5B	\ 92/5C	] 93/5D	^ 94/5E	_ 95/5F
` 96/60	a 97/61	b 98/62	c 99/63	d 100/64	e 101/65	f 102/66	g 103/67	h 104/68	i 105/69	j 106/6A	k 107/6B	l 108/6C	m 109/6D	n 110/6E	o 111/6F
p 112/70	q 113/71	r 114/72	s 115/73	t 116/74	u 117/75	v 118/76	w 119/77	x 120/78	y 121/79	z 122/7A	{ 123/7B	| 124/7C	} 125/7D	~ 126/7E	127/7F
128/80	129/81	130/82	131/83	132/84	133/85	134/86	135/87	136/88	137/89	138/8A	139/8B	140/8C	141/8D	142/8E	143/8F
144/90	145/91	146/92	147/93	148/94	149/95	150/96	151/97	152/98	153/99	154/9A	155/9B	156/9C	157/9D	158/9E	159/9F
160/A0	¡ 161/A1	¢ 162/A2	£ 163/A3	¤ 164/A4	¥ 165/A5	¦ 166/A6	§ 167/A7	¨ 168/A8	© 169/A9	ª 170/AA	« 171/AB	¬ 172/AC	- 173/AD	® 174/AE	¯ 175/AF
° 176/B0	± 177/B1	² 178/B2	³ 179/B3	´ 180/B4	µ 181/B5	¶ 182/B6	· 183/B7	¸ 184/B8	¹ 185/B9	º 186/BA	» 187/BB	¼ 188/BC	½ 189/BD	¾ 190/BE	¿ 191/BF
À 192/C0	Á 193/C1	Â 194/C2	Ã 195/C3	Ä 196/C4	Å 197/C5	Æ 198/C6	Ç 199/C7	È 200/C8	É 201/C9	Ê 202/CA	Ë 203/CB	Ì 204/CC	Í 205/CD	Î 206/CE	Ï 207/CF
Ð 208/D0	Ñ 209/D1	Ò 210/D2	Ó 211/D3	Ô 212/D4	Õ 213/D5	Ö 214/D6	× 215/D7	Ø 216/D8	Ù 217/D9	Ú 218/DA	Û 219/DB	Ü 220/DC	Ý 221/DD	Þ 222/DE	ß 223/DF
à 224/E0	á 225/E1	â 226/E2	ã 227/E3	ä 228/E4	å 229/E5	æ 230/E6	ç 231/E7	è 232/E8	é 233/E9	ê 234/EA	ë 235/EB	ì 236/EC	í 237/ED	î 238/EE	ï 239/EF
ð 240/F0	ñ 241/F1	ò 242/F2	ó 243/F3	ô 244/F4	õ 245/F5	ö 246/F6	÷ 247/F7	ø 248/F8	ù 249/F9	ú 250/FA	û 251/FB	ü 252/FC	ý 253/FD	þ 254/FE	ÿ 255/FF

E Typkompatibilitäten

Die folgende Liste zeigt die Kompatibilitäten zwischen Typen:

1. Ein Typ ist kompatibel zu sich selbst.
2. Ein primitiver Typ `T` ist kompatibel zum primitiven Typ `U`, zu dem es eine implizite Typkonversion `T`→`U` gibt (siehe Anhang C).
3. Eine Klasse ist kompatibel zu jedem Interface, das sie implementiert (siehe Seite 231).
4. Eine abgeleitete Klasse ist kompatibel zu jeder direkten oder indirekten Basisklasse (siehe Seite 249).
5. Ein primitiver Typ ist kompatibel zu seiner Wrapperklasse (Autoboxing, Seite 356).
6. Eine Wrapperklasse ist kompatibel zu ihrem primitiven Typ (Auto-Unboxing, Seite 356).
7. Ein generischer Typ `C<T>` ist kompatibel zum Wildcardtyp `C<?>` (Bivarianz, Seite 396).
8. Ein generischer Typ `C<T>` ist kompatibel zum Wildcardtyp `C<? extends U>`, wenn `T` zu `U` kompatibel ist (Covarianz, Seite 398).
9. Ein generischer Typ `C<T>` ist kompatibel zum Wildcardtyp `C<? super U>`, wenn `U` zu `T` kompatibel ist (Contravarianz, Seite 400).

F Programmrahmen

In diesem Anhang finden Sie kurze, vollständige Programme, die kleine Aufgaben erledigen. Diese Programme sind auf den minimalen Umfang reduziert und erledigen jeweils eine einzige Aufgabe. Sie benutzen zum Teil Sprachmittel und Bibliotheksmethoden, die über den Stoff dieses Buches hinausgehen. Verwenden Sie diese Programme als Ausgangspunkt oder Bausteine in Ihren eigenen Projekten oder zur Lösung der Aufgaben in diesem Buch.

F.1 Eingabe von der Kommandozeile lesen

Das Programm `ReadCmdline` liest Text wortweise von der Kommandozeile und gibt ihn zur Kontrolle wieder aus:

```
class ReadCmdline
{
    public static void main(String[] args)
    {
        for(String arg: args)
        {
            System.out.printf("input = %s%n", arg);
        }
        System.out.printf("end%n");
    }
}
```

Das Programm kann zum Beispiel folgendermaßen benutzt werden:

```
$ java ReadCmdline Hello there "This is a text sample"
input = Hello
input = there
input = This is a text sample
end
```

F.2 Text von der Tastatureingabe lesen

Das Programm `ReadStdinput` liest Text zeilenweise von der Konsole, bis die Eingabe beendet wird. Wenn Sie mit Unix arbeiten, signalisieren Sie mit der Tastenkombination *Control-d* das Ende der Eingabe (`<EOF>`). Unter MS-Windows hat *Control-z* die gleiche Wirkung. Jede Zeile wird zur Kontrolle wieder ausgegeben:

```
import java.io.*;

class ReadStdinput
{
    public static void main(String[] args) throws IOException
    {
```

```
        Reader reader = new InputStreamReader(System.in);
        BufferedReader input = new BufferedReader(reader);
        for(String line = input.readLine();
            line != null;
            line = input.readLine())
        {
            System.out.printf("input = %s%n", line);
        }
        System.out.printf("end%n");
    }
}
```

Das Programm kann zum Beispiel folgendermaßen verwendet werden:

```
$ java ReadStdinput
Hello there
input = Hello there
This is a text sample
input = This is a text sample
<EOF>
end
```

F.3 Text aus einer Datei lesen

Das Programm `ReadFile` liest Text zeilenweise aus einer Textdatei, deren Name auf der Kommandozeile angegeben wird. Jede Zeile wird zur Kontrolle wieder ausgegeben:

```
import java.io.*;

class ReadFile
{
    public static void main(String[] args) throws IOException
    {
        InputStream istream = new FileInputStream(args[0]);
        Reader reader = new InputStreamReader(istream);
        BufferedReader input = new BufferedReader(reader);
        for(String line = input.readLine();
            line != null;
            line = input.readLine())
        {
            System.out.printf("input = %s%n", line);
        }
        input.close();
        System.out.printf("end%n");
    }
}
```

Die Datei `sample.txt` hat beispielsweise den folgenden Inhalt:

```
Hello there
This is a text sample
```

Das Programm kann so benutzt werden:

```
$ java ReadFile sample.txt
input = Hello there
input = This is a text sample
end
```

F.4 Text von einem URL lesen

Das Programm `ReadURL` holt sich den Inhalt eines gegebenen URLs und gibt jede Zeile zur Kontrolle wieder aus:

```
import java.io.*;
import java.util.*;
import java.net.*;

class ReadURL
{
    public static void main(String[] args) throws IOException
    {
        URL url = new URL(args[0]);
        HttpURLConnection uc = (HttpURLConnection)url.openConnection();
        InputStream is = uc.getInputStream();
        Reader reader = new InputStreamReader(is, "ISO8859_1");
        BufferedReader input = new BufferedReader(reader);
        for(String line = input.readLine();
            line != null;
            line = input.readLine())
        {
            System.out.printf("input = %s%n", line);
        }
        input.close();
        System.out.printf("end%n");
    }
}
```

Das Programm kann beispielsweise folgendermaßen aufgerufen werden, falls eine Verbindung zum Internet existiert:

```
$ java ReadURL http://www.google.de
input = ...
...
end
```

Möglicherweise verläuft Ihre Verbindung zum Internet über einen so genannten „Proxy“. In diesem Fall ersetzen Sie die Definition von `uc` durch die folgenden drei Zeilen:

```
SocketAddress sa = new InetSocketAddress("my.proxy.hostname", proxyport);
Proxy proxy = new Proxy(Proxy.Type.HTTP, sa);
HttpURLConnection uc = (HttpURLConnection)url.openConnection(proxy);
```

Dabei ist „`my.proxy.hostname`" der symbolische oder numerische Hostname Ihres Proxys und `proxyport` seine Portnummer. Beides entnehmen Sie zum Beispiel der Netzwerkeinstellung Ihres Webbrowsers.

F.5 Umlaute einlesen und ausgeben

Manche Systeme haben Probleme mit der Ein- und Ausgabe von Zeichen außerhalb des ASCII-Zeichensatzes, wie zum Beispiel mit den deutschen Umlauten im ISO-Latin-1-Zeichensatz (siehe Seiten 180 und 432). Das Programm `Umlaut` liest eine Zeile mit Umlauten von der Konsole und gibt sie, ebenfalls mit Umlauten, wieder aus.

```
import java.io.*;

class EchoUmlaut
{
    public static void main(String[] args) throws IOException
    {
        Reader reader = new InputStreamReader(System.in, "ISO8859_1");
        BufferedReader input = new BufferedReader(reader);

        System.setOut(new PrintStream(System.out, true, "ISO8859_1"));

        String line = input.readLine();
        System.out.println("you entered: " + line);
    }
}
```

Das Programm kann so benutzt werden:

```
$ java EchoUmlaut
Tütüt
you entered: Tütüt
```

F.6 Text in eine Datei schreiben

Das Programm `WriteFile` schreibt Text in eine Textdatei, deren Name auf der Kommandozeile angegeben wird.

```
import java.io.*;

class WriteFile
{
```

```
    public static void main(String[] args) throws IOException
    {
        OutputStream ostream = new FileOutputStream(args[0]);
        Writer writer = new OutputStreamWriter(ostream, "ISO8859_1");
        PrintWriter output = new PrintWriter(writer);

        output.println("Tütüt");
        output.println("Tataa");

        output.close();
    }
}
```

Ein Beispielaufruf des Programms

```
$ java WriteTextFile sample.txt
```

Anschließend enthält die Datei `sample.txt` den Inhalt:

```
Tütüt
Tataa
```

F.7 E-Mail senden

Das Programm `SendEmail` verschickt eine E-Mail. Die Bestandteile der E-Mail werden in Strings bereitgestellt.

```
import java.io.*;
import java.net.InetAddress;
import java.util.*;
import javax.activation.*;
import javax.mail.*;
import javax.mail.internet.*;

class SendEmail
{
    public static void main(String[] args) throws IOException,
                                                  MessagingException
    {
      String server = "outgoing.mailserver.hostname";
      String from = "sender@sender.organisation";
      String to = "recipient@recipient.organisation";
      String subject = "Hello!";
      String body = "What you always suspected is true!";

      Properties props = System.getProperties();
      props.put("mail.smtp.host", server);
      Session session = Session.getDefaultInstance(props, null);
      MimeMessage msg = new MimeMessage(session);
```

```
        msg.setFrom(new InternetAddress(from));
        msg.setRecipients(Message.RecipientType.TO,
                        InternetAddress.parse(to, false));
        msg.setSentDate(new Date());
        msg.setSubject(MimeUtility.encodeText(subject, "iso-8859-1", "Q"));
        msg.setHeader("X-Mailer", "SendEmail");
        msg.setText(body, "iso-8859-1");
        Transport.send(msg);
    }
}
```

Bevor Sie das Programm starten, müssen die Stringvariablen angepasst werden. Sie brauchen außerdem Verbindung zu einem Mailserver, der ausgehende E-Mails akzeptiert.

Dieses Programm setzt voraus, dass das „JavaMail-API“ und das „JavaBeans Activation Framework“ installiert sind. Diese sind nicht Teil der Standardbibliothek, sondern müssen getrennt installiert werden. Beide werden von Sun Microsystems, Inc., zur Verfügung gestellt.

Literaturverzeichnis

1. JDK^{TM} 5.0 Documentation
   `http://java.sun.com/j2se/1.5/docs`

2. Java^{TM} 2 Platform, Standard Edition 5.0, API Specification
   `http://java.sun.com/j2se/1.5/docs/api`

3. Gilad Bracha: *Generics in the Java Programming Language*
   `http://java.sun.com/j2se/1.5/pdf/generics-tutorial.pdf`

4. Marin Gardner: *Mathematical Games*
   Scientific American, 223 (Oct. 1970): 120–123.

5. James Gosling, Bill Joy, Guy Steele, Gilad Bracha: *The Java Language Specification*
   `http://java.sun.com/docs/books/jls`, 2. ed. 2000.

6. Donald E. Knuth: *The Art of Computer Programming, Vol. 1: Fundamental Algorithms.*
   Reading, MA: Addison-Wesley, 3. ed. 1997.

7. Kathleen Jensen, Niklaus Wirth: *Pascal User Manual and Report*
   New York: Springer, 2. ed. 1975.

Register

M

N

O

P

R

S

T

U

V

W

X

Z

PEARSON
Studium

Moderne Betriebssysteme

2., überarbeitete Auflage

Andrew S. Tanenbaum

Zum Buch:

Diese komplett überarbeitete zweite Auflage von Moderne Betriebssysteme enthält neue Kapitel zu aktuellen Themen wie Sicherheit, Multimedia-Betriebssystemen und Betriebssystementwurf. In seinem gewohnt lebhaften und leicht verständlichen Stil stellt der Autor den aktuellen Stand der Forschung dar. Zahlreiche Abbildungen und viele, auch große Beispiele erleichtern das Verstehen der vorgestellten Konzepte und Theorien. Zum Üben des Stoffes gibt es 450 zum Teil neue oder aktualisierte Übungsaufgaben.

Aus dem Inhalt:

- Einführung
- Prozesse und Threads
- Deadlocks
- Speicherverwaltung
- Ein- und Ausgabe
- Dateisysteme
- Multimedia-Betriebssysteme
- Mehrprozessorsysteme
- IT-Sicherheit
- Unix und Linux
- Windows 2000
- Entwurf von Betriebssystemen
- Literaturangaben
- Fachwörterverzeichnis
  Englisch – Deutsch
  Deutsch – Englisch

Über den Autor:

Andrew S. Tanenbaum ist der Autor von sechs internationalen Bestsellern zu Betriebssystemen und Computernetzwerken. Er lehrt und forscht an der *Vrije Universiteit in Amsterdam* und ist Wissenschaftlicher Direktor der *Advanced School for Computing and Imaging in Delft.*

ISBN: 3-8273-7019-1
€ 49,95 [D], sFr 83,50
1021 Seiten

i betriebssysteme

Pearson-Studium-Produkte erhalten Sie im Buchhandel und Fachhandel
Pearson Education Deutschland GmbH • Martin-Kollar-Str. 10 – 12 • D-81829 München
Tel. (089) 46 00 3 - 222 • Fax (089) 46 00 3 - 100 • www.pearson-studium.de

PEARSON Studium

Objektorientierte Softwaretechnik

mit UML, Entwurfsmustern und Java

Bernd Brügge, Allen Dutoit

Zum Buch:

Brügge und Dutoit beschreiben die Grundlagen, Methoden und aktuellen Werkzeuge der Softwaretechnik. Dabei stellen sie schrittweise und durch Fallbeispiele leicht nachvollziehbar den aktuellen Stand der objektorientierten SWT von der Erhebung der Anforderungen bis zum Testen dar. Sie behandeln außerdem die wichtigsten Elemente und Aspekte von UML und Java, sowie weiterführende Themen wie Rationale Management und den Lebenszyklus von Software. Zahlreiche Übungsaufgaben am Kapitelende ermöglichen eine direkte Überprüfung des Lernerfolgs.

Aus dem Inhalt:

- Einführung in die Softwaretechnik
- Modellieren mit UML
- Projektorganisation und Kommunikation
- Erhebung von Anforderungen
- Analyse
- Systementwurf
- Objektentwurf
- Abbildung von Modellen in Code
- Rationale Management
- Management der Software Konfiguration
- Projektmanagement

Über die Autoren:

Bernd Brügge leitet den Lehrstuhl für *Angewandte Softwaretechnik der TU München.* Nach rund 20-jähriger Lehrtätigkeit an der *Carnegie Mellon University in Pittburgh* ist er außerdem dort weiterhin als außerordentlicher Professor tätig.
Allen Dutoit ist wissenschaftlicher Assistent am Lehrstuhl für Angewandte Softwaretechnik *der TU München.*

ISBN: 3-8273-7082-5,
€ 49,95; sFr 83,50
2., Auflage
ca. 600 Seiten

i softwaretechnik